일본대중문화사

NIHONTAISHUBUNKASHI

© Nichibunken Taishubunkakenkyu Project 2020

Korean translation rights arranged with International Research Center
for Japanese Studies

일본대중문화총서 05

일본대중문화사

일문연 대중문화연구 프로젝트 엮음

엄인경·하성호 옮김

보고사
BOGOSA

역자 서문

요즘 아시아뿐 아니라 전 세계에서 일반적인 문화, 젊은이 문화, 시대의 문화, 유행 문화라고 한다면 대중문화(pop culture)로 통용된다. 미디어 환경의 변화 탓/덕분이 크다고 할 수 있는데, 그만큼 문화라는 것이 시간적인 세로축보다 공간적인 가로축을 중심으로 공유를 전제로 하는 성격을 띠게 된 것을 의미한다. 또 이는 글로벌화의 현황이자 동시에 코로나19가 가속시킨 측면임을 부정할 수 없다.

본 시리즈는 소비되고 망각되기 바쁜 뉴 미디어를 기반으로 순식간에 전 세계에서 맹위를 떨치는 소비 중심의 대중문화를, 일본이라는 창을 통해 문화사, 재난, 신체, 캐릭터, 전쟁이라는 다섯 테마로 나누어 학술적으로 정리한 것이다. 원서는 인문학 기반 일본 관련 최대 연구 기관인 국제일본문화연구센터(이하, 일문연)가 2016년부터 2021년까지 5년 동안 착수한 대중문화연구 프로젝트의 성과이다. 일본 문화를 국제적이자 통시적으로 고찰하여 대중문화의 큰 흐름을 주도하는 일본의 새로운 상과 문화적 특징을 파악하기 위한 목적에서 기획되어 KADOKAWA가 간행한 다섯 권의 연구서이다. 이를 고려대학교 글로벌일본연구원(이하, 본 연구원)이 팀을 구성하여 번역하였으며 일본대중문화 총서 5~9권으로 간행하게 되었다.

2020년과 2021년, 즉 코로나19가 세계를 강타했던 그 시기에 잇따라 결실을 본 이 시리즈가, 2023년 본 연구팀의 번역 과정을 거쳐

2024년 초두에 한국에 소개된 데에는 몇 가지 중요한 과정이 있었다. 우선, 최근 한 세기 동안 세계에 유래가 없었던 팬데믹을 경유하는 동안 각종 매스 미디어와 소셜 미디어, OTT 등의 발달과 더불어 전 세계가 공유하게 된 대중문화의 유동성을 고려하면, 학술적 성과라고 할지라도 신속한 해석과 소개가 필요하다고 판단했다.

이후 본 연구팀의 번역 문의에 일문연이 전폭적으로 부응하였고, 번역의 가장 큰 난관인 도합 47명에 이르는 각 권의 편저자들 및 대형 출판사 KADOKAWA와의 교섭에 나서 주었다. 그 과정에서 일문연의 교직원들로부터 수고로운 연락과 공지, 번역 및 자료 게재 허가 등 일일이 열거하기 어려운 다대한 행정적 지원을 받게 되었다. 돌이켜 보면 일본의 대중문화를 일본 내에서 해명하려는 이 시리즈가 바다를 건너 현재 대중문화의 큰 물결, 그야말로 K-wave를 활발히 만들고 있는 한국에서 한일 연구자들의 관심, 신뢰, 협력을 통해 완역되어 간행된 것이라 하겠다.

일본 대중문화의 폭과 저변이 상당히 넓다는 것은 주지의 사실인데, 본 시리즈는 이를 다섯 테마로 나누어 그 연원을 추적하고 일본적인 문화의 특성을 탐색하고 있다. 일문연 대중문화연구 프로젝트로 기획된 시리즈 다섯 권의 개요는 다음과 같다.

먼저 『일본대중문화사』는 만화 원작자로도 유명한 일문연의 오쓰카 에이지 교수가 대중문화연구 프로젝트를 발안하여 착수한 첫 번째 서적으로, 본 연구원의 엄인경 교수와 일본 대중문화를 전공하는 고려대 박사과정 하성호 씨가 공역하였다. 고대로부터 현대에 이르기까지 대중 또한 작자로서 문화를 만들어 왔다는 것이 이 연구의 근간이 되는 입장인데, 이 책은 다종다양한 문화가 지금까지 어떻게 만들어지고 계승되며 갱신되어 왔는지 천착한다. 각 시대마다 존재했던 '장(場)' 혹은 '미디어'와의 연결에 착목하여 장르를 횡단하면서 이를 통사로 읽어 나가는 의욕적인 작업이라 하겠다. 지금까지의 문화사를 쇄신하여 다가올 사회와 문화의 양태를 고찰하는 연구 프로젝트로서, 시간과 영역을 넘나드는 '2차 창작'이라는 행위의 성쇠를 흥미진진하게 그리고 있다.

두 번째 『재난의 대중문화—자연재해·역병·괴이』는 일문연 전 소장인 고마쓰 가즈히코 명예교수의 편저로, 고려대 류정훈 연구교수와 가천대 이가현 연구교수가 공역하였다. 고대부터 현대에 이르기까지 대중 또한 창작의 주체였음에 초점을 맞추어 지진, 화재, 역병 등 다양한 집단적 경험을 통해 공포와 슬픔을 극복하기 위해 사람들이 만들어 낸 것을 탐색한다. 이처럼 재앙과 구원의 상상력을 힌트로 민중의 심성에 접근하는 본서는 아마비에, 메기 그림 등 사람들은 무엇을 그렸고, 무엇을 바랐는지, 일본의 역사를 되돌아보며 자연재해가 가져온 재앙과 재난에 대해 사람들이 어떻게 대응해 왔는지 살펴본다.

세 번째 『신체의 대중문화—그리다·입다·노래하다』에서는 '신체(몸)'가 중심 주제로, 일문연 야스이 마나미 교수와 에르난데스 알바로 연구원이 대표 편저하였고, 본 연구원 정병호 원장과 충남대 이상혁 연구교수가 공역하였다. 신체는 단순히 우리의 몸이라는 의미를 넘어 그 자체가 세계와의 관계 방식이자 욕망이 기입되는 장소이기도 하다. 대중문화라는 미디어에 나타나는 성(性), 두려움, 소망과 욕망을 통해 이 장소로서의 신체를 살펴봄으로써 우리의 몸에 기입되는 세계와의 관계 방식 및 욕망이 어떻게 구성되고 있는지 엿볼 수 있다.

네 번째 『캐릭터의 대중문화—전승·예능·세계』는 일문연의 아라

키 히로시 교수와 교토예술대학의 마에카와 시오리 교수, 교토첨단
과학대학의 기바 다카토시 교수가 편저하였고, 본 연구원 김효순 교
수와 엄인경 교수가 공역하였다. 본서는 고대부터 현대에 이르는 다
양한 문화 사상(事象)을 '캐릭터'와 '세계'라는 키워드를 중심으로 고
찰한 것으로, 대중문화에 있어 '캐릭터'란 무엇인지를 규정하고, 그
것이 미인, 전승세계, 회화 및 예능 분야에서 어떤 양상을 보여 왔는
지, 그리고 그것이 현대 대중문화에 어떻게 투영되었는지를 분석하
고 있다.

마지막 다섯 번째 『전시하의 대중문화—통제·확장·동아시아』는
일문연 류지엔후이 교수와 이시카와 하지메 연구원이 편저하고, 고
려대 일어일문학과 유재진 교수와 남유민 연구교수가 공역하였다.
본서는 전시하 '일본 제국' 일대 지역의 대중문화를 다루는데, 문학,
광고, 건축, 만화, 영화, 패션, 스포츠 등의 장르가 일본을 넘어 '외지'
에서 전개된 양상을 통해 제국주의 지배의 실태와 의미를 밝히고 있
다. 이를 일본 식민지 대중문화 연구 영역으로 편입하려는 이 책의
시도는 일본 역사와 문화 총체를 파악하여 보다 나은 미래로 나아가
기 위한 것이다.

번역 과정에서는 일본 문학과 문화를 전공으로 한 번역팀 입장에
서 내용의 재미와 각성을 크게 얻을 수 있었던 것과는 전혀 별개로
두 가지 거대한 난관이 있었다. 먼저 내용적으로는 일본 특유의 전통
적 대중문화의 흐름을 다루는 관계상 전근대의 다양한 문화 현상과
인물, 작품이 현대의 수많은 대중문화의 캐릭터 및 작품, 현상 속에
서 끝도 없이 등장하는 것을 어떻게 처리해야 할지 고민이 많았다.
하지만 학술적으로 철저히 추적한다는 원서의 취지를 살려, 가독성
에는 다소 방해가 되지만 역자들의 각주가 많을 수밖에 없었던 것을

미리 말해둔다. 거듭 이야기하지만 이와 별도로 그야말로 종횡무진 자유자재로 신화에서부터 대중문화적 요소를 다루고 연결하는 일본 연구자들 각 저자들에게는 일일이 고개 숙여 경의를 표하고 싶은 만큼 감탄하며 흥미롭게 공부할 수 있는 번역 작업이었다.

아울러 형식적 측면에서도 난관이 있었는데, 대중문화라는 분야의 특성상 원서에는 독자의 이해를 돕는 이미지가 상당히 많았다는 면이다. 이는 300장이 넘는 방대한 양의 이미지들을 각 이미지 소장처로부터 일일이 사용 허가를 받아야 하는 것을 의미했고, 상당히 지난한 과정이었다. 다행히 일문연이 소장한 그림들에 대해서는 일괄 허가를 받아 수월하게 진행할 수 있었으며, 대부분 개별 저자들로부터 세세한 이미지 사용 허가의 안내를 받을 수 있어서 생각보다는 많은 이미지들을 수록할 수 있었다. 이를 정리하고 도와준 일문연의 사카지히로 연구원과 학술적 사용임을 감안하여 무료 사용을 허락해 준 수십 곳의 일본 소장처에 깊이 감사한다.

마지막으로 역자 서문의 자리를 빌려 이 책이 번역 간행되는 데 도움을 주신 분들께 감사의 말씀을 드리는 바이다. 우선 집필자들에게 한국어 번역의 취지를 전달하고 이를 진행할 수 있도록 도움을 주신 일문연의 대표 편자들 고마쓰 가즈히코 전 소장, 야스이 마나미 교수, 아라키 히로시 교수, 류지엔후이 교수, 오쓰카 에이지 교수께 감사드린다. 또한 저작권 과정에서 문제가 없도록 계약서와 법률관계 등을 꼼꼼히 살피고 조정해 준 일문연의 국제연구추진계와 다키이 가즈히로 교수, 출판사 KADOKAWA, 무엇보다 일문연과 본 연구원의 기관 대 기관의 연구 교류 작업으로 본 번역 작업을 추진할 수 있도록 각종 의결 과정에서 큰 힘을 실어주신 이노우에 쇼이치 소장님, 마쓰다 도시히코 부소장님께도 심심한 감사 인사를 드린다.

또한 무엇보다 이 총서의 번역 과정을 함께 해 주시면서 방향 제언과 행정적으로 전폭적 지원을 해 주신 본 연구원의 정병호 원장님, 번역 워크숍 진행과 제반 연락에 동분서주했던 이상혁 선생을 비롯한 번역팀 연구자 동료들에게 박수를 보낸다. 그리고 오랫동안 본 연구원과 호흡을 맞추어 총서 작업을 함께 해 준 보고사의 사장님, 편집장님을 비롯한 편집부 모든 담당자들의 수고에 진심으로 감사드린다. 끝으로, 일본대중문화 총서 작업에 찬동하여 출판비 지원을 결정해 준 공익재단법인 간사이·오사카21세기협회에 마음으로부터 깊은 감사를 전하는 바, 이 출판 지원이 없었더라면 아무리 중요하고 관심 있는 테마일지언정 본 번역서 시리즈 완간에는 감히 도전하기 어려웠을 것이다.

유행을 따라잡기 바쁜 것과, 어떻게 볼 것인지의 관점을 갖고 넓은 시야로 세상을 보려고 노력한다는 것은 너무도 다른 차원의 의식이자 행위라 할 수 있다. 본 시리즈의 간행이 애니메이션이나 다양한 캐릭터로 대표되는 일본의 대중문화에 대한 이해뿐 아니라, 한일 대중문화의 교류와 이해, 동아시아의 대중문화 교류사 등 보다 거시적인 연구에 학술적 자극이 될 수 있기를 바라 마지않는다.

2024년 1월 초
교토 서쪽 일문연 연구실에서
엄인경 씀

목차

제1부 목소리와 신체

제2부 미디어

제3부 미디어 믹스

에필로그 디바이스

일러두기

1. 이 책은 『日本大衆文化史』(KADOKAWA, 2020)의 한국어 번역서이다.

2. 일본의 지명 및 인명과 같은 고유명사의 표기는 국립국어원이 제정하고 교육부가 고시한 외래어 표기법에 따랐다. 다만, 이미 한국에서 번역, 유통되고 있는 작품이나 대중문화 콘텐츠는 한국 내에서 소개된 제목의 표기를 따랐다.

3. 단행본, 잡지명, 신문명 등은 『 』로, 논문, 기사 등은 「 」로, 강조, 간접 인용은 ' ', 직접 인용이나 ' ' 내의 강조나 인용은 " "로, 그 외의 예술 작품 및 대중문화 콘텐츠의 제목이나 행사명은 〈 〉로 표시하였다.

4. 원어나 한자가 필요한 경우 ( )로 병기하였으며, ( ) 안에 다시 병기가 필요한 경우는 [ ] 안에 넣었다.

5. 본문 중의 각주는 모두 역자들에 의한 것이며, 원저자의 주는 각 장의 뒷부분에 제시하였다.

6. 본문 중의 그림은 소장처로부터 역서 사용에 허가를 받은 것으로, 소장처 등을 그림 캡션에 표기하였다.

7. 참고문헌은 저자와 논문 및 단행본까지 우리말로 옮겼으며, 원문헌의 서지사항 중 학술지명이나 출판사는 원어로 표기하였다. 단, 원저자 주에서는 참고문헌의 제목과 서지사항만이 언급되어 있을 경우, 저자명과 제목을 포함한 모든 서지사항을 원어 그대로 표기하였다.

일본대중문화사는 가능한가

오쓰카 에이지

통사를 쓰고 싶은 욕망이란 무엇인가?

'일본대중문화사'라는 '통사'를 생각하고 있다고 하면 꼭 돌아오는 말이 '대중' 또는 '대중문화'를 어떻게 정의할 것인가, '일본'을 그냥 부여된 것이라 간주해도 되는가, 그리고 애초 '통사'라는 것이 가능한 가 등등, 이 책 제목에 사용한 거의 한 글자 한 단어에 대한 회의적 질문들이다. 분명 하나하나 모두 중요한 질문이며, 그렇기 때문에 이 책은 그러한 질문에 대해 하나의 견해, 혹은 입장을 제시하는 것을 염두에 두고 썼다. 하지만 그 한편으로 이 '질문'들에서 내가 종종 느낀 것은 '통사 기피'라고 할 만한 연구자들의 기묘한 마음 상태이다.

왜냐하면 이러한 '질문'에 이어지는 것은, 예를 들어 '나는 이렇게 대중을 정의한다', '일본을 상대화하는 수단으로서 이러한 시점이 필 요한 것이 아닌가?'라는 '일본대중문화사'를 가능케 하는 제언이 아 니니, 그래서 불가능하다, 해도 소용없다는 언외의 부정으로 끝나기 때문이다.

아니나 다를까 덴무 천황(天武天皇)[1]이 히에다노 아레이(稗田阿礼)[2] 에게 『고사기(古事記)』[3]의 바탕이 되는 문헌을 '되풀이하여 암송'하게 했다는 입증할 수 없는 고사 자체에서 시작되며, 이 책에서도 언급한 황기(皇紀)[4] 2600년에 맞춘 국민 공모에 의한 '정사(正史)' 출판에 이르기까지, 대략 '통사'라는 시도는 항상 정치적 의도와 무관하지 않았다. 이 책의 시작이 된 국제일본문화연구센터의 대중문화 연구 프로젝트도 또한 제로년대[5]에 접어든 이후 이어지는 '쿨 재팬 정책'과 전혀 관계가 없다며 시치미 뗄 생각은 추호도 없다.

'통사'에 대한 정치적 요청 같은 것은 어느 시대든 제대로 된 게 아니다.

그리고 그 하나하나의 정성스러운 자료 비판을 쌓아 올림으로써 영원한 지그소 퍼즐을 만드는 것이야말로 아카데믹하고 과학적인 역사 연구라는 것도 모르는 바가 아니다.

그러나 한편으로 누구나 가지는 '역사'에 대한 관심에 대해서는, 대체 누가 응답해야 하는 것일까.

---

1) 덴무 천황(天武天皇, ?~686). 일본의 제40대 천황으로 재위 기간은 673~686년이다. 일본이라는 국호, 천황이라는 군주명을 비롯해 전근대 시절 일본의 체제를 완성시킨 인물이자 강력한 전제 권력을 행사한 천황이었다.

2) 히에다노 아레이(稗田阿礼, 생몰년 미상). 아스카 시대부터 나라 시대의 관리로 『고사기(古事記)』의 편찬자로 알려져 있다. 남다른 총명함으로 덴무 천황의 토네리(舍人)를 지냈고 덴무 천황이 고대 일본의 역사를 송습(誦習)하라고 명령했다는 기록이 남아 있다.

3) 일본에서 가장 오래된 역사서로 712년에 편찬되었다. 겐메이 천황(元明天皇)에게 칙령을 받은 오노 야스마로(太安万侶)가 히에다노 아레이가 외우는 내용을 글로 기록해 지었다고 전한다. 고대 일본의 신화와 전설에서 34대 스이코 천황(推古天皇)까지의 역사를 다루고 있다.

4) 일본 초대의 진무 천황(神武天皇)이 즉위한 해를 기준으로 표시하는 단위로, 기원전 660년을 원년으로 삼는 기년법(紀年法)이다. 1940년에는 진무 천황 즉위를 기념해 이른바 '황기 2600년 기념 행사'를 개최하였다.

5) 2010년대 이전의 2000년대를 가리킨다. 아즈마 히로키 등 비평가들 사이에서 주로 사용되는 업계 용어적 측면이 있다.

특정 시대의 특정 인물이나 사건 현상에 대한 관심이라면 그 분야의
'전문가'가 답을 가지고 있을지 모른다. 그러나 '역사'에 대한 관심은
'세부'에 대한 관심에서만 그칠 수는 없다. 특정 시대 특정 인물의
사소한 사건에 대한 관심이 '전문가'의 손을 떠나 종종 논란이 되는
것은, 그 '세부'의 '왜'가 밝혀졌을 때 비로소 작은 의문이 역사의 퍼스
펙티브로 한꺼번에 열리기 때문이다. 역사라는 '통찰' 속에서 먼 과거
의 세부와 지금의 자신이 연결된다는 쾌락은 누구나 기대하는 바이다.

그러나 당연히 그것은 매우 위태로운 측면을 갖는다. 그 쾌락은
착각일지도 모르기 때문이다. 이른바 황국사관뿐 아니라, 예를 들어
옴진리교 사건[6]에서 교주 아사하라 쇼코(麻原彰晃)[7]가 간부 신도들에
게 행한 것은, 자신이 말하는 페이크 히스토리 속에 그들을 위치시키
는, 즉 허구의 역사적 퍼스펙티브를 주는 것이었다.

원래 사람은 현재와 과거를 다이렉트로 연결하는 것을 매우 좋아한
다. 거기에 안이하게 '전통'이나, 이 나라에서는 '일본'이 마법처럼 출현
할 것 같은 기분이 들기 때문이다. 따라서 나 또한 과거와 현재를
안이하게 연결하는 쾌락 같은 종류에 대한 반박의 의미로, 중세의
〈시기산 유래 에마키(信貴山縁起絵巻)〉[8]나 〈조수인물희화(鳥獣人物絵

---

6) 옴진리교가 일으킨 사건의 총칭이지만 1995년 3월 20일 도쿄에서 발생한 동시다발
   테러인 지하철 사린 사건이 대표적이다. 지하철역 구내에서 독극물 사용으로 다수를
   살인한 사건이며 14명이 사망, 약 6,300명이 부상당했다.
7) 아사하라 쇼코(麻原彰晃, 1955~2018). 옴진리교의 창시자이자 교조로 국가전복을 목
   표로 하는 일련의 사건을 주모하였으며, 1995년 지하철 사린 사건 주모자로 체포되었
   고 2006년 사형이 확정, 2018년 집행되었다.
8) 헤이안 시대 말기의 일본 4대 에마키 중 하나이며 국보로 지정되어 있다. 나라현 시기산
   (信貴山)에서 수행하던 묘렌 상인(命蓮上人)의 일화를 그린 것으로, 총 세 권으로 이루
   어져 있고 저자는 불명이나 그림의 표현력이 가히 걸작으로 꼽히며 일본 만화의 기원으
   로 거론되기도 하는 작품이다.

画)〉[9]를 현재 애니메이션이나 만화 표현 융성의 근거로 삼는 논의를 '만들어진 전통에 불과하다'고 여러 차례 부정해 왔다.

그래서 전문 영역을 넘어선 '통사' 같은 것에 현명한 연구자라면 손대지 말아야 한다는 게 언외 부정의 이유일 것이라는 분위기는 짐작할 수 있다.

그러나 이러한 연구자들의 '통사' 기피의 분위기는 내 인상론이라고 치더라도, 현재 '일본'에서는 전망을 가진 '역사' 기술이 오로지 작가의 일이 되어 있는 것과 무관하다고는 생각되지 않는다. 시바 료타로(司馬遼太郎)[10]로 대표되는 역사 소설가뿐 아니라, 다카하시 가쓰히코(高橋克彦)[11], 햐쿠타 나오키(百田尚樹)[12], 데구치 하루아키(出口治明)[13]와 같은 좋든 싫든 화제의 책인 통사를 쓴 사람들도 '작가'다.

---

9) 12세기에서 13세기의 작품으로 헤이안 시대 말기부터 가마쿠라 시대의 세태를 반영해서 동물이나 인물을 희화적으로 그린 에마키. 갑·을·병·정의 네 권으로 이루어져 있고 일본의 국보이며, 일부 장면에는 현대 만화의 효과와 유사한 기법을 볼 수 있어 '일본에서 가장 오래된 만화'로도 불린다.

10) 시바 료타로(司馬遼太郎, 1923~1996). 국민 작가로 일컬어지는 인기 작가로 본명은 후쿠다 데이이치(福田定一). 신문사 재직 중에 『올빼미의 성(梟の城)』으로 나오키상(直木賞) 수상, 『료마가 간다(竜馬がゆく)』, 『언덕 위의 구름(坂の上の雲)』을 비롯한 역사 소설로 유명하다.

11) 다카하시 가쓰히코(高橋克彦, 1947~). 이와테현(岩手県) 출신 소설가. 고등학생 시절 유럽 여행을 하며 비틀즈를 만난 최초의 일본인이 되었다. 추리 소설, 전기 소설, 역사 소설, 호러 등 폭넓은 장르에서 활약하였으며, NHK 대하드라마의 원작을 몇 차례 담당했다.

12) 햐쿠타 나오키(百田尚樹, 1956~). 오사카(大阪) 출신 방송작가이자 소설가, 유투버. 2006년 『영원의 제로(永遠の0)』로 소설가 데뷔, 2019년에는 소설가 은퇴를 선언하였는데 이 해에 그의 저작은 발행 부수 누계 2,000만 부를 돌파했다. 혐한과 극우 성향의 발언으로도 논란이 많다.

13) 데구치 하루아키(出口治明, 1948~). 라이프넷생명보험 주식회사를 창업한 실업가이자 리쓰메이칸(立命館) 아시아 태평양 대학 학장. 만 권 이상의 독서와 40권이 넘는 저작 활동으로 유명하며, 책 『인생을 재미있게 만드는 진정한 교양(人生を面白くする

또한 『만화 일본의 역사(マンガ日本の歷史)』의 이시노모리 쇼타로(石ノ
森章太郞), 『풍운아들(風雲児たち)』의 미나모토 다로(みなもと太郞)[14] 같
은 '만화가'도 '통사'의 기술자다. 이들의 작업에 관해서는 칭찬도 있
고 비판도 있지만, 역사라는 퍼스펙티브를 독자들에게 보여 줄 수
있다는 점에서 적어도 공통적이다.

　이러한 경향에 대해 아카데미즘 내부에는 '작가'는 '역사 연구'에
참견하지 말라는 사람도 있다. 꼭 그런 사람들이 몹시 경솔하게 '역사
만화'를 논하곤 하는데, 그보다 작가나 만화가가 역사 연구자를 대신
해 '통찰'을 제시하는 역할을 자청하고 나선 것에 대해, 역사 연구자
들은 스스로의 게으름과 결부시켜서 생각하지 못하는 것인가?

　나에게는 통사의 부재가 아카데미즘 연구자가 아니라는 의미에서
'아마추어' 작가들의 오류를 비웃고 넘길 문제라고는 생각되지 않는
다. 그것은 역사 자체의 부재를 방치하고, 결과적으로 역사 수정주의
나 음모 사관과 같은 것에 대한 사람들의 내성마저 취약하게 만들지
나 않을지 우려된다. 역사 기술에 학술적 근거는 당연히 필요하다
하더라도 통사는 미래의 영겁 끝에 달성되는 성전(聖典) 같은 것이
아니라, 현재형으로 계속 이야기되고 갱신되어야 하지 않을까? 대체
이정표도 없는 시간의 축을 사람과 사회가 어떻게 살아야 한다는 말
인가?

　그것이 '문화사'에 한하는 것이기는 하지만, 본서가 쓰일 수밖에

本物の敎養)』은 베스트셀러이다.
14) 미나모토 다로(みなもと太郞, 1947~2021). 일본의 만화가. 개그 만화 『호모호모 7(ホ
　モホモ7)』, 근세부터의 일본 역사를 다룬 『풍운아들(風雲児たち)』 등의 대표작이 있다.
　기본적으로 개그 만화가이지만 비평가적인 관점을 지니고 창작에 임하며, 하나의 만화
　안에서 장르가 다른 그림체를 동시에 구사하는 등의 실험적인 시도로도 유명하다.

없었던 가장 큰 이유이다.

원래 지금의 일본 고등학교 교육에서 일본사는 선택 과목에 불과하다. 그 선택의 기준도 오로지 수험에 유리하냐 불리하냐에 있다. '일본사'의 기본적인 흐름조차 파악하지 못한 채 대학에 입학하는 사람도 적지 않다.

예를 들어 내가 전에 있던 학교는 만화 창작 실기 위주로 가르치는 대학이었다. AO[15]나 실기 위주 입시에서 '일본사'는 입시 과목이 아니다. 당연히 '일본사'나 '세계사'에 대한 초보적 지식이 없는 상태로 입학한다. 그것을 대학이 허용한다. 그렇다면 '만화 그리는 법'을 배우는 데에 '역사'가 불필요하다는 말인가? 그렇지가 않다. 그것은 역사 만화의 소재 때문이 아니라, 애초 표현에 관여하는 사람은 자신들의 표현 내력에 관해서는 그만한 지식이 필요하기 때문이다. 하물며 자신들이 앞으로 배우려는 방법론이 어떤 내력 끝에 형성된 것인지 모른다면 그것을 배워서 발전시킬 도리가 없다.

그때 문제가 되는 것은 역사적 지식이라기보다 학생들에게 '역사'라는 시간 축이 부재하다는 사실이다. 일단 거기부터 시작해야 한다. 나의 경우는, 그러니까 만화사 수업은 동시에 근대사 강의이기도 했다. '만화 그리는 법'이 근대의 역사 속에서 다른 영역의 표현이나 정치나 경제와 어떻게 관련되면서 만들어졌는지 그들이 병행해서 배우고 있는 '방법'의 역사적 태생에 관하여 설명했다. 실기 연습에 학점도 받지 못할 역사 강의가 강제 옵션으로 붙는, 학생들에게는 다소

---

15) 'Admissions Office(대학입학사정관)'의 약자로, 학력 시험 중심이 아닌 고교 내신이나 소논문, 면접 등으로 학생을 선발하는 입시 제도다. 즉, 학력, 적성, 열정 등을 종합적으로 평가하는 방식으로 한국의 수시와 비슷하다.

성가신 수업이었을 것이다. 당연한 이야기지만, 그때 강의 내용은 이 책에 상당 부분 활용되어 기술되었다.

자포니즘과 포스트모더니즘의 야합

이러한 학교 교육이 초래하는 시간 축의 부재와 더불어 아카데미즘화한 만화·애니메이션 연구도 또한 역사 부재라는 문제를 안고 있다. 만화·애니메이션 연구가 해외에서는 좋든 나쁘든 '일본 문화 연구'의 무시할 수 없는 영역이 되어 있지만, 연구자의 관심은 오로지 80년대 이후, 특히 제로년대 이후에 집중되어 있다. 국내에서도 마찬가지다. 눈앞의 새로운 현상이나 표현을 논하려는 욕구 자체는 부인하지 않지만, 연구의 시간 축이 밀레니엄의 벽, 혹은 80년대 벽 너머에 닿지 않는 것은 문제로 보인다.

예를 들면, 이 책에서도 언급하겠지만 '전후'로부터 현재에 이르는 일본 만화·애니메이션 등의 방법론이나 미학의 대부분은 1931년 만주 사변[16]으로 시작되어 1945년 패전에 이르는 '15년 전쟁기', 즉 전시하에 형성되었다. 그러나 1980년 이후에만 존재하는 퍼스펙티브 안에서는 일본 만화·애니메이션은 선진 자본주의 국가에서 일찌감치 포스트모던에 도달한 문화로 받아들여졌고, 그러한 속설이 유포되었다. 그것이 자포니즘과 결합되어 중세의 에마키(絵巻)[17]를 지금

---

16) 1931년 9월 일본군이 중국 랴오닝성 선양의 남만주 철도를 폭파한 뒤 중국 군벌의 소행이라 위장하고 만주 공격에 나선 사건.

17) 경전의 그림풀이, 사찰이나 신사의 유래, 고승의 전기, 설화나 이야기 등을 그림으로 그리고 변화하는 화면을 감상하는 두루마리. 보통 화면을 설명하는 글[고토바가키(詞書)]를 그림과 번갈아 곁들인다. 나라 시대에 시작되어 헤이안, 가마쿠라 시대에 성행하였으며 무로마치 시대에는 쇠퇴하였다. 〈시기산 유래 에마키(信貴山縁起絵巻)〉, 〈겐지 이야기 에마키(源氏物語絵巻)〉, 〈조수희화(鳥獣戯画)〉 등. 에마키모노(絵巻物)라

의 만화·애니메이션의 기원으로 삼는 또 다른 속설을 용인하기도 했다. 에마키와 현대 만화는 국내외 미술관에서도 정설처럼 관련지어져 전시되는 경우가 적지 않다.

그러나 에마키와 근대의 영상 표현을 연결하는 담론은, 바로 15년 전쟁하에 정치적으로 필요해서 만들어진 '일본 문화론'이다. 그럼에도 불구하고, '고전'을 중심으로 하는 종래의 일본 문화론과 '현재'만을 논하는 만화·애니메이션 연구 사이에 '전시하의 소거'라는 일종의 공범 관계마저 생겨서, 그것이 '쿨 재팬'[18]적인 일본 스고이론(スゴイ論)[19]으로서 유통되는 것을 허용하고 있다. 15년 전쟁기에는 만화·애니메이션뿐만 아니라 사진, 영화, 광고 표현 등 다양한 시각 표현의 출발점이 있다. 그러나 그 사실을 언급하지 않은 채 중세나 근세의 '일본 문화'가 현재의 만화·애니메이션과 결합되고, 역사를 참조하지 않는 역사의 재생산이 용인되고 있다. 이처럼 역사의 부재는 근현대사의 기피이며, 그것이 음모 사관이나 역사 수정주의, '전통 창조'의 온상이 되고 있음은 누구나 알아차릴 일이 아니던가.

이는 단순히 학교 교육 속에서 제대로 된 역사 교육을 받지 못한 세대, 그들의 책임이라고 할 수 없으며 공부를 안 하는 것과는 전혀 다른 차원의 문제다.

그러니까 그때 문제가 되는 것은, 자주 지적되듯 교육하는 쪽과

고도 한다.

18) 외국인에게 호평받는 일본의 만화, 전통 공예, 일본 음식을 비롯하여 첨단 테크놀로지와 관광에 이르기까지 폭넓은 상품과 서비스를 일컫는 말로, 2010년 일본 정부가 내놓은 경제·문화 정책의 슬로건.

19) 일본의 항간에서 '일본은 스고이(すごい=대단하다)'라며 자국의 훌륭함에 도취되어 있는 논조.

교육받는 쪽의 '교양'의 격차가 아니다. 분명 지도하는 측은 '고전'이
나 이른바 하이 컬처를, 지도를 받는 젊은 세대는 만화나 애니메이션
이나 게임이나 보컬로이드나 라이트 노벨을 '일본 문화'라고 생각한
다. 언뜻 보기에 그 지식의 격차는 메우기 어렵다.

그러나 필요한 것은 '교양'의 간극을 사들이는 것이 아니다. 양자를
'잇는', 혹은 '이을 방법이 없는' 것을 드러낼지 모르는 '통찰'이야말로
필요한 것이다. 그러기 위해서는 역시 '통사'라는 형식이 적절하지
않을까?

원래 역사적 통찰이 없는 역사 연구란 있을 수 없지만, '일본 만화·
애니메이션' 연구 주변에서는 그것이 허용된다. 그리고 그 '통찰'의
부재는, 내 입장에서 '고전', '하이 컬처' 연구에 현대 문화의 연구가
침입하는 것을 막는 완충 지대 역할을 맡고 있는 것처럼까지 여겨진다.

그러나 그것을 방치하면 '일본 문화사'라고 하는 한정적인 영역에
서조차 역사의 통찰을 희구하는 사람들의 요구에 연구자가 부응하지
못하게 되는 것은 아닐까?

그것이 이 책이 '교과서'를 상정한 '통사'를 지향하는 이유이다.

'대중'이란 '무리로서의 작가'이다

이 때 다시금 문제가 되는 것이 '일본', '대중', '문화', '사'라는 본서
의 타이틀을 구성하는 각 개념의 파악 방법과 재검토이다.

'일본'에 관해서는 아주 심플하다. 이 책은 조만간 쓰일 필요가 있
는 '세계 대중문화사'의 로컬한 한 챕터에 불과하다. 그 때문에 각각
에게 있는 '일본'이라는 '확신'을 다소라도 상대화하는 것이 '일본' 문
화 연구의 대전제가 되는 목적이다. '일본'을 주어진 것으로서 불문으
로 삼지 않기 위해 '일본 연구'가 있다. 역사학이 '작가'의 개입을 꺼리

는 것은 사람들이 과거에 대해 가지는 동경이라는 낭만주의가 '민족'
이나 '전통'을 당연히 주어진 것으로 보고, 역사학과 문학 영역을 모
호하게 만든다고 느낄 수 있기 때문이다. 당연히 그 점에 관해서는
본서도 신중하게 접근하고자 한다.

시대마다 이 열도에 성립한 정치권력(그것이 복수였던 시절도 있었다)
의 지배지는 비대해졌다가 축소되기를 반복한다. 그것이 문화의 형
성이나 변용에 끼친 역할은 적지 않지만, 그래서 더욱 '일본 문화 연
구'는 '일본'이라는 보편적인 무언가의 소재를 꿈꾸고 입증하는 것이
어서는 안 되는 것이다.

그러므로 이 책이 문제 삼는 계통은, 당연하지만 '대중'이라는 말로
집약된다. 즉, '일본인'이 아니라 '대중'이라는 보편적인 누군가가 이
책의 주인공이다. 왜냐하면 그들이야말로 '문화'의 주체이기 때문이다.

그렇다면 '대중'을 어떻게 정의해야 할까?

이 '대중'이나, 그와 유사한 '민중', '서민', '상민', '인민'이라고 하
는 말에는, 암묵적으로 포함하는 요소가 두 가지 있는 것 같다.

하나는 계급성이다. '대중'이라는 이미지에는 위정자나 귀족과 같
은 '위'의 계급에 비해 '아래' 계급에 속하는 것이라는 뉘앙스가 따라
다닌다. '하이 컬처'와 같은 말을 연구자는 태연하게 입에 올린다. 필
연적으로 '대중문화'란 '낮은' 계급 사람들에게 제공되는 '문화'가 되
는 셈이다. 그러나 하이 컬처라는 것이 처음부터 하이 컬처로 성립되
어 일관되게 지금에 이르는지에 대해서는 일일이 예를 들어 반박할
필요도 없을 것이다. 문화에 대해 '로 컬처'이니 문화라는 이름값에
걸맞지 않다고 생각하는 것에도, 거꾸로 '민중' 문화로서 무비판적으
로 특권화하는 것에도, 이 책은 회의적이다. 가장 먼저 고정된 삼각
형 그림으로 나타내려는 문화의 위계질서를 이 책은 쓰레기통에 버

리고자 한다.

또 하나 '대중' 이미지에 처음부터 부여된 것으로 포함되는 것이, 그 존재가 문화의 수용자, 소비자로서 일방적으로 정의돼 있다는 점이다.

이러한 시각은 '대중문화'를 1920년대 무렵부터 역사의 표층에 나타나는 대량 생산, 혹은 복제 표현의 집단적 수용자로 간주하는 것과 연결된다. 이러한 대중 이해는 대중문화론으로서는 비교적 이론이 나오기 어려울 것이다.

그러나 이 책은 그 점에 대해서도 회의적이다.

대중이란 정말 대량 생산품 복제 문화의 수동적 소비자에 불과한 것일까? 예컨대 역사학 연구자 입장에서 보자면 대중 소비재에 불과한 통속 역사서가 있다고 하자. 그것은 학술적 평가와는 별도로 대량 생산·대량 소비라는 점에서 '대중문화'일 터이다. 그러나 그것을 접한 '독자'는 그저 그것을 다 읽고 끝나는 것일까? 일방적 수용자에 그칠 뿐인가?

그렇지 않을 것이다. 거기서 얻은 지견을 말하지 않을 수 없는 사람이 적지 않을 것이다.

이는 꼭 '역사책'에만 국한되는 것이 아니다.

도대체 어떠한 '표현'을 접하고 그에 대해 무언가 말하고 싶은 충동을 '대중'이 갖지 않는다는 말인가? 하물며 현재는 이를 위한 인프라로서 SNS가 발달해 있다. 누구나 발언할 수 있다.

그야말로 이들을 '대중'이라고 부르든 부르지 않든, 이 책이 그리려고 하는 역사 담당자의 대전제가 되는 속성이다. 동시에 '대중문화론'의 대전제이기도 하다.

다시 말해 무언가를 말하는, 즉 '발화'하는 것은 전문가나 작가라는 고유명을 가진 사람만의 특권이 아니다. SNS는 '좋아요'나 '♡'나 'RT' 같은 손가락 하나로 하는 조작을 포함해 누구나가 '말'을 발신하는 것을 가능하게 한, '발화'를 사람들에게 열어 주는 인프라이다. 확실히 SNS상에서는 팩트 체크를 견뎌 내지 못할 '말'이 산더미처럼 떠돌고 있다. 거기에는 혐오 발언과 중상모략도 많이 섞여 있다. 웹상에는 바야흐로 혼돈스럽고 때로는 긍정하기 어려운 세계 인식과 역사 인식마저 꿈틀거리지만 그것까지 포함해 집합 지(知)로 형성되어 사람들은 디바이스를 통해 거기에 참여하고 있는 것이다. 그것은 집합 지인 동시에 발화를 위한 데이터베이스이기도 하다.

그것을 '문화'라고 부르는 것에 거부감이 있을지도 모른다. 그러나 그것이야말로 '대중문화'의 가시화된 모습이 아닐까? 거기에는 발화하는 주체로서의 '대중'이 역력하다.

이 책은 사람들이 이러한 의미에서 문화 형성에 관여하는 것을 '대중'의 중요한 속성으로 생각한다. 사람은 특별한 고유명을 갖지 않더라도 '문화'를 만드는 존재인 것이다.

그리고 동시에 '발화하는 대중', '문화를 만드는 대중'은 SNS가 초래한 것이 아니며, 다시 말해 역사적으로 거슬러 올라갈 수 있는 것이라고 생각한다.

다만 이때 '만든다'는 개념에는 재검토가 필요하다. 사람들은 '무'에서 '유'를 만들어 내는 것이 창조적 행위라고 생각하기 쉽지만, 실제로 대부분의 표현들은 선행하는 표현의 수용과 변형에 의해 발생하는 것이다.

이런 사고방식은 특별히 엉뚱한 것은 아닐 것이다. 대중문화사를 생각함에 있어 피해갈 수 없는 논자 중 한 사람인 야나기타 구니오(柳田國男)[20]는 구승 문예 전승에 관해 논한 글 속에서 '문예'의 본래 모습을 일찍이 이렇게 적고 있다.

　　작가와 암송자의 지위는 아직 지극히 가깝다. 혹자는 가장 충실하게
　　일언반구까지 지키려고 하고, 또 혹자는 빈번히 새로운 뜻을 더하며
　　옛 전승에 시대의 단장을 덧칠하려고 힘쓰는데, 모두 청중이 미리 기대
　　하는 바의 범위에서 멀리 떨어지지 않으려는 태도는 같다. 무리가 작가
　　이며 작가는 그저 그 슬기롭고 민첩한 대표자에 불과했던 옛 세상의
　　모습은, 지금도 여기저기에 남아 있는 것이다.[*1]

　즉, 옛날이야기 등 구전 문예를 화자가 전승할 경우, 선대 전승자
로부터 수용한 표현을 '일언일구' 모두 암기하는 것이 아니다. 오히려
새로운 수용자의 기대에 부응하면서 '새로운 뜻'을 더하고 변화시키
는 것이라고 야나기타는 말한다. 이때 '창작'과 '암송' 사이는 회색
지대다. 당시의 '화자'가 모종의 '작가'라고 해도, 그것은 받아들이는
사람의 기대치라는 틀 안에서 말하는 이상 그 내용에 개입하는 '작가'
는 그 자리에 있는 자, 즉 청중 전체이다. 겉으로 드러나는 작가는
사실 그 대표에 지나지 않는다고까지 생각한다. 그러니까 '작가'란
개인이 아니라 '무리'라고 야나기타는 말하는 것이다.

　그런 의미에서 히에다노 아레이는 실존 인물인지조차 의심스럽지
만, 그가 '암송'자라고 정의된 것은 흥미로운 문제이다. 그는 『고사
기』의 소재가 되었다고 여겨지는 서적을 '암기'한 것이 아니라, 적절

---

20) 야나기타 구니오(柳田國男, 1875~1962). 일본 민속학의 창시자. 1923년에 제네바에
　　머물면서 유럽 인류학을 배워 이를 바탕으로『도노 이야기(遠野物語)』등을 저술하였
　　고 향토회 조직, 민속학 관련 잡지 발행 등 일본 민속학의 조직화, 체계화를 위해 노력
　　한 인물이다.

히 걸맞게 머릿속으로 정리 해석을 한 것이다. 즉, 그가 가령 실재했다면 단순한 IC 레코더가 아니라 '작가와 암송자'의 회색 지대에 선 한 사람이었을 것이라 여겨진다. 이러한 '암송'자 '무리'가 과거에는 '역사'를 말하는 이야기의 담당자였을지도 모른다고 상상하고 싶다. 마찬가지로 옛날이야기나 셋쿄부시(説経節)[21] 전승자는 한 글자 한 구절을 '암기'하는 것이 아니라 그 자리에서 즉석으로 각색을 더하는 '작가'이다. 그러나 『고사기』 편찬자의 이름은 오노 야스마로(太安万侶)[22]라는 고유명이 전해지지만, 문화의 '암송'자들 대부분은 이름을 남기지 않는다.

이처럼 '작가와 암송자'의 경계는 모호하며, 작가란 하나의 텍스트가 다시 이야기될 때마다 나타나는 존재라 할 수 있다. 그러한 의미에서 공간상으로나 시간 축으로나 작가는 '무리'인 것이다.

설화의 전승자들이 해석과 갱신을 가하면서 다시 이야기한다는 사실은 민속학이나 문학 연구자들에게는 당연한 일일 것이다. 단카(短歌)[23] 또한 마찬가지일 것이다. 야나기타 구니오는 계원파(桂園派)[24]의 가인이기도 했기 때문에 단카가 선달들의 표현으로부터의 순열 조합임을 알고 있었다. 그에 대해 비아냥거리는 듯한 문장도 남긴

---

21) 17세기에 유행한 이야기 예능으로, 불교의 경전 해설이 세속화하여 음악적으로 이야기된 것. 샤미센(三味線)과 같은 악기와 인형을 동반하는 형태도 등장하며 연극적으로 발전하였다.

22) 오노 야스마로(太安万侶, 660~723). 아스카 시대부터 나라 시대의 문관으로 겐메이 천황의 명을 받들어 일본 최고의 역사서인 『고사기(古事記)』를 편찬한 인물.

23) 5·7·5·7·7의 5구 31음절로 구성된 일본 고유의 단시형 정형시이다. 오랫동안 와카(和歌)로 불렸으나 근대 이후 단카(短歌)라는 호칭으로 정착되었다.

24) 와카의 한 유파로 에도 시대 후기의 가인 가가와 가게키(香川景樹)가 창시하고 『고킨슈(古今集)』풍의 가풍을 수립한 것이며 메이지 초기까지 가단(歌壇, 단카 문단)의 주요 세력이었다.

바 있다.

그러나 야나기타가 이 '무리로서의 작가'를 언급한 문맥에 조금 주의할 필요가 있다. 그 앞 단락에서 이렇게 말하고 있기 때문이다.

표절, 재탕의 사태는 당연히 그동안 일어날 수밖에 없었다. 원래 투서 문학이라는 것은 메이지 문화의 큰 특징 중 하나였지만, 이처럼 갑작스럽게 중앙에 집합한 몇만 수의 단카·하이쿠(俳句)가 각각 새로우면서 중복도 우연히 일치하는 경우도 없이, 내지는 천편일률로 타락하지 않기를 바란 것이 억지스러운 이야기였다. …중략… 그것이 문서에 기록되어 널리 전국적으로 비교라도 하게 된다면, 이 방안이 거듭 충돌하게 되는 것은 당연한 결과라고 해도 좋을 것이다.[2]

여기에 묘사된 것은 메이지 시대(明治時代, 1868~1912) 문예지의 광경이다. 메이지 시대의 문예지가 독자의 '투고'로 이루어진 '투고 공간'이었다는 것은 제4장에서 언급하겠지만, 그 성립 직후에는 벌써 선행 작품의 '표절'이 문제가 되었다. 야나기타는 그 일을 말하고 있다. 잡지라는 인쇄 매체에 '무리'로서의 창작자가 '작가'라는 고유한 존재인 양 착지하려다 생긴 것이 '표절' 문제였다. 그것은 메이지 시대의 문학청년이던 야나기타가 실시간으로 목격한 광경이다. '투서'에서 창작과 표절이 그러데이션을 이룬 모습을 그는 알고 있는 것이다. 여기서 중요한 것은 그것을 표절, 즉 '도용'이나 '베끼기'로 간주하는 순간 보이지 않게 되는 문화의 모습이다.

'장(場)', '세계(世界)', '취향(趣向)'

그렇다면 이러한 '무리'로서의 작가는 어떻게 '이야기하는' 것인가? 거기에 이 책은 관심의 중심축을 두려고 한다.

야나기타는 그것을 수용자의 욕구, 즉 '청중이 미리 기대하는 바'에
서 찾았다. 그것은 현대적인 독자나 시청자의 요구라기보다는, 화자
의 눈앞에 있는 청중의 다이렉트한 반응이라고 하는 편이 나을 것이
다. 실제로 옛날이야기의 화자가 청중의 기대에 부응하여 '이야기'를
변화시키는 것은 학창 시절 민속학을 배우는 학생이었던 나도 여러
번 목격했다. 즉, '청중이 미리 기대하는 바'가 표출되는 것이 '장'이
다. 그러한 '장'을 포함하여 참여하는 수용자의 존재가, 야나기타가
말하는 '무리로서의 작가' 이미지일 것이다.

이러한 '장'은 노(能)[25]나 가부키(歌舞伎)[26]가 상연되는 무대였을 수
도 있고, 옛날이야기가 펼쳐지는 난롯불 주변, 혹은 길거리나 요세(寄
席)[27] 등으로 다양하게 변화했을 것이다. 극단적인 이야기로 들릴지
모르지만 SNS 플랫폼도 '장'일지 모른다.

그러나 '장'과는 별개로 표현이 만들어지는 '구조'가 있었다고도 생
각할 수 있다. 야나기타는 자기 할머니가 '한 번에 2만 수천 수의 단카
를 읊었고, 그것을 나이가 든 다음에 때때로 재사용하여 필요에 응했
다'고 술회한다. 그것이 가능했던 것은, 단카가 『만요슈(万葉集)』[28]나

---

25) 약 600년의 역사를 자랑하는 일본의 대표적인 전통 가무극으로, 배우는 주연 격인
   '시테'와 조연 격인 '와키'가 있고, 시테는 노멘(能面) 또는 오모테(面)라고 부르는 가면
   을 쓰고 연기한다.
26) 17세기 초부터 전해지는 일본의 전통 연극으로, 남성 배우만 공연을 하여 여성 역할을
   전문으로 하는 온나가타(女形) 배우가 있다. 전용 극장인 가부키자(歌舞伎座)에서 공
   연되며 일본의 주요 무형 문화재이자 유네스코 지정 세계 무형 유산에 등록되어 있다.
27) 사람을 모아 돈을 받고 재담이나 만담, 야담 등을 들려주는 대중적 연예장을 말하며
   요세 자리(寄せ席)라고도 한다.
28) 7세기 후반에서 8세기 후반에 걸쳐서 만들어진 일본에 현존하는 가장 오래된 가집(歌
   集)이다. 천황이나 귀족부터 잘 알려지지 않은 신분까지 다양한 사람들의 와카를 4,500

『고킨와카슈(古今和歌集)』[29] 등 과거의 작품을 지금 식으로 말하자면 데이터베이스, 집합 지로 공유하고, 어느 정도 궁리를 더해 자기 작품으로 만들기 때문이다. 어떻게 보면 그것은 기계적인 창작이라고 해도 될 것이다.

그래서 메이지 시대, 구식 단카에서 벗어나고 싶어 한 요사노 뎃칸(与謝野鉄幹)[30]이 계획한 것이, 메이지 가인들의 데이터베이스 자체를 갱신하는 것이었으며, 그 때문에 그는 유럽의 예술이나 문학으로 『묘조(明星)』[31]의 지면을 채운 것이다.[*3]

일본 문학 연구에서는 화자가 발화하는 것은 암기의 재생이 아니라 기억된 등장인물이나 시퀀스와 '정해진 문구'를 조합함으로써, 그때그때마다 이야기가 발생한다는 '구두적 구성법'에 의한 것이라는 사고방식이 있다.[*4] 즉, '구어'를 위한 패턴화된 말의 집합으로 이루어진 일종의 사전과 그 사용 규칙을 화자가 머릿속에 가지고 있고, 그 자리 그 자리마다 그때그때 다시 이야기되는 것이다. 그렇다면 '전승' 되는 것은 설화의 세부가 아니라 이 사전과 그 사용법으로서의 이야기 방식이다.

수 이상 모았다.

29) 헤이안 시대 전기의 가집이자 최초의 칙찬(勅撰) 가집으로 1,100여 수의 와카가 춘, 하, 추, 동, 사랑 등의 분류에 따라 20권에 수록되었다. 다이고 천황(醍醐天皇)의 명령에 따라 기노 도모노리(紀友則), 기노 쓰라유키(紀貫之) 등이 편찬을 담당했다.

30) 요사노 뎃칸(与謝野鉄幹, 1873~1935). 메이지 시대의 대표적 가인으로 요사노 아키코(与謝野晶子)와 결혼, 단카 문단에 혁신 운동을 일으킨 인물. 낭만적, 탐미적, 남성적인 성격의 단카로 유명하며 서양 문학 소개에도 노력하였다. 주요 작품으로는 가집 『동서남북(東西南北)』이 있다.

31) 시가 중심의 문예 잡지. 도쿄 신시샤(東京新詩社)의 기관지로 제1차는 요사노 뎃칸을 중심으로 1900년 4월부터 1908년 11월까지 통권 100호가 간행되었다. 낭만주의를 바탕으로 단카, 신체시 혁신에 크게 기여하였으며 수많은 시가인을 배출하였다.

이처럼 무엇인가를 표현할 때 사람들이 공유하는 '집합 지'가 일종의 데이터베이스 역할을 하며, 거기에서 정보를 샘플링하고 편집하며 자신이 고안한 것을 덧붙여 말하는 행위는 단카나 셋쿄부시에만 국한되지 않는다. 구두적 구성법은 오로지 '이야기를 풀어내는 말투'의 데이터베이스화를 문제삼았지만, 셋쿄부시를 풀어내는 다유(太夫)가 말하는 '오구리 판관(小栗判官)' 같은 하나하나의 설화, 그 삽화나 등장인물 또한 데이터베이스로 계승되었을 것이다.

그것을 창작 모델로 제시한 것이 근세에 성립된 『세계강목(世界綱目)』[32]이다. 이것은 가부키나 인형 조루리(人形浄瑠璃)[33]의 분야에서 보내는 사람과 받는 사람에게 공유되는 제재를 '세계'라 부르고 그것을 망라한 책이다. 가부키 등의 작가용 창작 매뉴얼로 보인다.

100개 전후의 '세계'가 수록되어 있으며 구체적으로 하나하나의 '세계'는 '명장면'과 캐릭터 목록으로 구성되어 있다. 가부키 관객에게도 공유되어 다음 흥행의 상연 목록을 물을 때, "이번 '세계'는 무엇인가?"라고 물음으로써, 예를 들면 그 내용을 다음과 같이 상상할 수 있는 구조였다.

---

[32] 가부키 작가를 위한 극의 '세계'를 만들기 위한 편람적 성격의 책으로 저자는 알 수 없다. 1791년 이전에 원형이 성립되었다고 보며 이후의 가부키 작자들이 전사(転写)하거나 보필(補筆)한 것이다.

[33] 인형을 '조루리(浄瑠璃)'라는 노래에 맞추어 놀린다는 뜻으로, 세 사람이 하나의 인형을 조종하며 다양한 이야기를 연기하는 일본 전통의 인형극. 노(能)나 가부키와 더불어 일본의 가장 중요한 무대 예술로 손꼽히고 극단의 이름을 따서 '분라쿠(文楽)'라 부르기도 한다.

'세계'를 『다이코키(太閤記)』[34]에서 취했다고 하면, 그 새로운 연극에는 미쓰히데(光秀)[35]가(물론 마시바 히사요시[真柴久吉], 오다 하루나가[小田春永], 다케치 미쓰히데[武智光秀]로서)[36] 등장해서, 친숙한 인간관계, 익숙한 사건의 추이에 근거해 대강의 줄거리가 세워지는 것을 알 수 있다. 그러한 구조로 되어 있던 것이다.[*5]

요컨대, 만약 내년 NHK 대하드라마의 주인공은 오다 노부나가(織田信長)라고 보도되면, 아아, 오케하자마(桶狭間) 전투[37]를 앞두고 '인간 오십 년(人間五十年)'[38] 춤을 추며 '혼노지의 변(本能寺の変)'[39]으로 아케치 미쓰히데의 모반을 마주하고 마지막을 맞게 되는 것을 연상한다. 그러한 캐릭터 이름이나 삽화의 총체가 바로 '세계'인 것이다. 어떠한 '세계'를 선택할지는 근세(近世) 가부키의 '얼굴 보이기 흥행

---

34) 에도 시대 초기 도요토미 히데요시(豊臣秀吉)의 전기(伝記). 전투담을 위주로 일대기를 서술한 역사 군담으로 작자는 오제 호안(小瀬甫庵).

35) 아케치 미쓰히데(明智光秀, 1516~1528)를 말함. 오다 노부나가(織田信長)의 측근으로 오다를 살해하는 '혼노지의 변(本能寺の変)'을 일으킨 주모자이다. 이 사건의 여파로 결국 도요토미 히데요시가 집권하게 되면서 근세 일본사는 파란을 겪게 된다.

36) 극에서 역사적 인물의 본명을 그대로 사용하지 못하고 비슷한 발음과 한자로 인물을 설정했다는 의미.

37) 1560년 6월 12일에 2만 5,000의 대군을 이끌고 오와리국(尾張国)을 침공한 이마가와 요시모토(今川義元)를 오다 노부나가가 겨우 2,000의 병사들을 이끌고 야간 기습으로 대군을 격파한 화려한 역전극으로 일컬어지는 전투. 일본 전국시대 3대 야전의 하나로 꼽힌다.

38) 고와카마이(幸若舞) 「아쓰모리(敦盛)」의 한 구절로, 아쓰모리가 무사로서의 인생의 무상함을 깨닫고 불문에 든다는 이야기에서 유래한 노래다. '인간 오십 년'은 오다 노부나가의 생사관, 나아가 캐릭터 전부를 압축한 말로 '노부나가=인간 오십 년'이 강력히 결부되어 있다.

39) 1582년 6월 2일 새벽 오다 노부나가의 측근 아케치 미쓰히데의 지휘하에 1만 3,000명의 군사가 노부나가가 머물고 있는 교토 혼노지를 습격하여 노부나가가 살해당한 사건.

(顔見世興行)'[40]에서는 중대사였다고 보인다. 서구라면 '아서 왕의 전설'하면 '랜슬롯', '원탁의 기사', '성배 탐색' 등이 금방 떠오른다. 그것이 '세계'다.

이러한 '세계'는 당연히 유행에 부침이 있으며 내용 갱신이나 새로운 '세계'를 추가하면서 계속된다.

그리고 가부키 하나하나의 상연 목록의 경우는, 그 '세계'를 답습하여 어느 인물, 어느 삽화를 어떻게 묘사하느냐에 따라 창의성 고안을 겨룬다. 그것을 '취향'이라고 한다. 오리지널리티란 제로부터 무언가를 만드는 것이 아니라, 지금의 말로 말하면 어레인지나 편집에서 발휘된다.

예컨대 『태평기(太平記)』 '세계'의 캐릭터와 에피소드를 원용하여, 얼마 전에 일어난 아사노 나가노리(浅野長矩)[41]가 일으킨 칼부림 사건을 모티브로 그리자는 아이디어가 탄생한다. 그것이 〈가나데혼 주신구라(仮名手本忠臣蔵)〉[42]이다. 즉, 그때마다 '취향'에 공을 들이는 것이다. 이 '세계', '취향'은 가부키 용어이며, 요즘 말하는 애니메이션이나 만화의 '세계관'이나 '캐릭터', '2차 창작'의 관계와도 가깝다.

이러한 틀 안에서의 창작 성립을, 근세 신분 제도로 굳어진 부자유

───

40) 가부키 연중행사 중 하나로, 해마다 한 번 각 극단의 배우들이 교대된 뒤에 신규 배우들이 얼굴을 선보이며 하는 맨 첫 공연 흥행을 말하며, 보통 11월이나 12월에 이루어졌다.
41) 아사노 나가노리(浅野長矩, 1667~1701). 에도 시대 아코 번(赤穂藩) 제3대 번주로 아사노 다쿠미노카미(浅野内匠頭)라는 관명으로 불린다. 부당한 모욕에 에도성 안에서 칼부림 사건을 일으켜 막부로부터 할복을 명령받은 비운의 번주로 이후 극화된다.
42) 막부의 처분에 불만을 품은 아사노 가문 가신들이 주군의 복수를 위해 기라(吉良) 저택에 침입하여 그를 살해한 아코(赤穂) 사건을 세 명의 작가가 합작으로 스케일 큰 연극으로 만든 작품. 충의와 인정, 의리 등의 드라마를 담은 이 극작품은 가부키나 인형 조루리 극의 최대 인기 흥행작이다.

스러운 시대의 '자유'의 반영이라고 보는 논의도 있지만, 이 책에서는
좀 더 보편적인 문화의 생성 원리로 본다.

따라서 본서는 '2차 창작 문화'를 에도 시대(江戶時代, 1603~1868)에
형성된 일본 문화의 특성이라고 할 생각은 추호도 없다.

북미 텔레비전 드라마 시리즈 〈스타트렉〉의 팬들에게 2차 창작 문
화가 있다는 것은 알려진 사실이고,[*6] 셜록 홈즈나 러브크래프트[43]
소설의 '2차 창작'은 탐정 소설이나 호러 소설에 지금도 풍요로운 표
현을 가져다주며, 새로운 팬들을 2차 창작자로 불러들이고 있다. 셰
익스피어의 희곡도 '세계'로서 공유돼 있다. 다양한 종교 설화나 종교
예술 또한 각 종교 설화의 '세계'에서 아웃풋된 '취향'으로 생각할 수
있다.

즉, '무리로서의 작가'든 '세계'와 '취향' 모델이든, 문화 생성의 보
편적 양식 중 하나이며 그렇게 해서 생성되는 문화, 그리고 무엇보다
이러한 '구조' 자체를 이 책은 '문화'라고 부른다. 그리고 이 중 어떤
가치 기준으로 선정된 '작가'나 그 '생성물'에 의해 기존의 미술사나
문화사가 쓰여 왔다고 할 수 있다. 또 당연히 그 '파괴자'든 새로운
'세계'의 '창조자'가 되고자 욕망한 자도 있겠지만, 그 또한 '세계'의
하나로 대부분 회수된다.

이처럼 이 책은 궁극적으로 '대중문화'를 공유 자산으로서의 '세계'
로부터 '무리로서의 작가'들에 의해 그때그때 나타나는 '문화'라고 정
의한다. 문화의 계승이란 이 반복적인 아웃풋에 의해 이루어진다.

---

43) H. P. 러브크래프트(Howard Philips Lovecraft, 1890~1937) 미국의 호러, 판타지,
공상과학 소설가. 로드아일랜드주 출신으로 그가 만들어낸 신화의 체계는 후대에 많은
영감을 주었으며 크툴루 신화로 발전했고 현대 서브컬처에도 영향력이 크다. 인종 차별
주의자였으며 암으로 사망했다.

그때 말할 것도 없이 '무리로서의 작가'야말로 '대중'의 속성이 된다. '대중문화'의 주역은 이러한 의미에서 '만드는' 대중이다. '고유명'이 있는 작가나 작품, 고전조차도 종종 이 틀에서 창출된다. 『세계강목』이 나타낸 '세계'는 근세에 한해 가부키·인형 조루리뿐 아니라 다양한 근세 표현에 원용되었다. 현재 만화 동인지 분야에서 '2차 창작'의 대상이 되고 있는 여러 '원작'도 '세계'의 하나나 다름없다. 그중에는 고유명을 가진 작가도 '무리'의 한 사람에 불과해진다.

이 반복되는 문화의 생성이 시간 축을 따라 통시적으로 전개되면 고전의 계승이나 전승 문화가 되고, 같은 시간 속에서 공통적으로 여러 미디어로 전개되면 미디어 믹스가 된다. '세계'는 반복적으로 생겨나는 생성물에 의해서 갱신될 뿐만 아니라, 새로운 '세계'도 형성되고 망각되는 세계도 있다. 최종적으로는 그러한 '세계'가 흥망성쇠하는 역사로서 '대중문화사'를 그려내는 것이 가능할 것이다.

대중문화사란 이처럼 고유명을 가진 작가나 작품으로 이루어진 것이 아니라, 계속 생성되고 갱신되는 동태(動態)로 존재한다.

이야기 소비론/데이터베이스 소비론의 한계

하지만 "그런 것은 일찍이 당신이 80년대 말에 써 내려간 『이야기 소비론』을 제로년대에 아즈마 히로키(東浩紀)[44]가 '데이터베이스 소비론'으로 갱신한 논의의 영역에서 전혀 벗어나지 못하는 게 아닌가?"라고 말할지도 모르겠다.

---

44) 아즈마 히로키(東浩紀, 1971~). 일본의 비평가이자 소설가. 현대 사상, 표상 문화론, 정보 사회론 등의 분야의 연구를 바탕으로 일본의 서브컬처에 대해 적극적으로 발언한다. 잘 알려진 저서로 『동물화하는 포스트모던』, 『관광객의 철학』 등이 있다.

정말 그렇다.

원래 '쿨 재팬 정책'에서는 '2차 창작'을 일본 문화의 본질이라고만 말할 뿐, 해외의 '일본 문화' 연구에는 『이야기 소비론』, '데이터베이스 소비론'에 준거한 것도 적지 않다.

그렇기 때문에 이 책은 '무리로서의 작가'를 일방적으로 찬양하지 않는다. 당연히 그 애로와 역경을 묘사한다.

이야기 소비론에서 데이터베이스 소비론에 이르는 논의의 한계는, 그것이 본래 광고 이론으로 만들어졌다는 데 있다. 사실 『이야기 소비론』은 1980년대에 덴츠(電通)[45]나 하쿠호도(博報堂)[46]를 위해 쓰인 몇몇 짧은 글이 바탕이 되었다. 그것은 수용자에게 내재된 스토리텔링 능력을 유발하고 소비에 동원하기 위한 마케팅 이론이다. 그 사실은 쓴 당사자인 내가 단언할 수 있다.

그리고 좀 더 명확하게 말하면 『이야기 소비론』도, 자각 없이 이를 원용한 '데이터베이스 소비론'도 대중 동원 논리로서의 본질을 지닌다는 것이다.

그것을 비판적으로 논하지 않는 한, 이 책의 대중문화론은 동원의 이론에 기여하게 된다. 그렇기 때문에 우선 검증해야 하는 것은, 그런 '동원 대상으로서의 대중'이라는 대중상의 역사다. 대중 동원의 역사는 당연하지만 대중문화론의 핵심이어야 한다. 그것을 비평적으로 문제 제기하지 않는 한 대중문화사는 그려 낼 수 없다.

그렇기 때문에 본서는 다시 한번 두 가지 '대중'의 상을 '이념 틀'로

---

45) 일본을 대표하는 최대 광고 대행사 그룹일 뿐 아니라 규모 면에서는 세계적으로도 굴지의 회사.

46) 덴츠와 함께 일본을 대표하는 광고 대행사 그룹으로 세계 광고회사에서도 10위권에 드는 회사.

제시하기로 한다.

아마추어와 초심자

그것은 바로 '아마추어'와 '초심자'이다.

모두 일상어로 보이지만 역사적 맥락을 가진 용어라고 해도 좋다. '아마추어'란 메이지 후기부터 다이쇼 시대(大正時代, 1912~1926)에 즐겨 사용된 시민적 작가의 총칭이다. 그것은, '세계와 취향' 모델의 원용을 출발점으로 하면서도, 근대적인 '나'를 기점으로 해, 스스로의 존재나 사고가 주장을 표현하려고 하는 사람들을 말한다. 예를 들어 사진 역사에서는 '예술' 표현을 아마추어가 담당했던 시기가 길었다. 예술은 고유명이 있는 예술가만의 특권이 아닌 것이다. 야나기타가 말한 것처럼 '작가'는, 다시 말해 '대중'은 '무리'였다고 해도, 거기서 약간 낯간지러운 말이기는 하지만 '근대적 개인'이나 '시민'이 생겨나는 것이 당연하다.

야나기타는 '무리'라는 말을 보통 선거 시행 후, 자기 견해에 근거하지 않고 분위기에 휩쓸려 투표하는 사람들을 면전에서 매도하는 문맥에서도 이용했다.[7] 즉, 요즘 말하는 동조 압력의 뜻을, 한편으로는 '무리'의 말에 언외로 포함시키기도 했던 것이다. 그래서 보통 선거의 실현을 위해 사람은 '개인'이 돼야 한다고도 말한 것이다.

이처럼 '무리'와 근대적 '개인'이 야나기타 구니오 안에서 대립 개념임을 알 수 있을 것이다.

이처럼 표현하는 '아마추어'는 근세 단계에서 그 모습을 명확히 했다. 그리고 메이지 시대에 들어서면 근대적 미디어와 결부하여 '투고'하고 '취미'로 창작하는 사람들을 낳는다. '아마추어'라고 외래어로 표기되는 경우가 많은 사람들의 속성이다.

이 책이 근세부터 간토(関東) 대지진[47]까지를 하나의 시대로서 묶는 것은, 이 사이가 '아마추어의 시대'이기 때문이다. 물론 그 표현이 어디까지 주체적일 수 있었는지, 그리고 정치 권력으로부터 얼마나 자유로울 수 있었는지 많은 논란이 있을 것이다. 그러나 이 책은 '아마추어'를 논할 때 그 가능성 측면에 무게를 두고 기술할 것이다.

그에 비해 1930년대 즈음부터 '아마추어'를 대신하여 다른 뉘앙스로 사용되기 시작한 것이 '초심자'다. 이는 동원되는 무명 창작자를 부르는 새로운 호칭이다. 물론 '아마추어'와 '초심자'의 엄격한 어법 구분이 철저했다고까지는 말할 수 없다.

'초심자'는 기업 입장에서는 선전 광고로 구매욕을 유발하고, 마르크스주의 입장에서는 계몽의 대상으로, 그리고 익찬(翼賛) 체제[48]에서는 '국책 참여'의 대상으로 간주됐다. 어쨌든 '동원'되는 존재다. 『이야기 소비론』이 광고 이론이었다고 주의를 촉구하는 것은, 그것을 썼을 때의 나의 무지함과 애송이였던 측면을 부끄럽게 여겨서인데, '초심자'는 그저 프로파간다나 군정(軍政)의 총부리에 떠밀려서 '동원'되는 것이 아니다. 거기에서는 무엇보다 '자발성'이 연출된다. 즉, '초심자'란 스스로 자진하여 동원된다는 대중의 속성을 의미한다. 게다가 거기에는 '만든다'는 행위가 개재되는 것이다.

---

47) 1923년 9월 1일 11시 58분에 도쿄와 요코하마 등 간토(関東) 지역을 강타한 대지진. 매그니튜드 7.9, 진원지는 사가미만(相模湾) 북서쪽 부근 해저였으며, 피해는 도쿄와 요코하마를 중심으로 간토 전역에 걸쳐 사망자 10만 명 이상, 전괴나 소실, 유실 가옥 58만 호를 기록했다.

48) 대정익찬회(大正翼賛会)를 중심으로 태평양 전쟁하에서 군부 방침을 추인하여 지원하는 체제. 1942년 4월 30일 실시된 제21회 중의원 총선거에서 익찬 정치 체제 협의회(익협)가 결성되어 466명(정원과 동수)의 후보자를 추천, 전 의석의 81.8퍼센트에 해당하는 381명이 당선되었다.

프롤레타리아 예술운동이 '초심자' 측이 스스로 연극을 상연할 것을 권장하고. 고노에(近衛) 신체제[49]를 설계한 쇼와연구회(昭和研究会)[50]는 국민이 '만드는' 행위에 의한 국가 참여를 협동(協同)주의라고 불렀다. '협동'은 '協働'이라고도 쓴다. 그것은 쿨 재팬 논의에서 2차 창작이나 시민 참가를 '협동(協働)'이라고 표현하는 관제 용어로서 지금도 살아 있다. 대정익찬회(大政翼贊会)[51] 등이 관여한 전시 프로파간다가 '투고'를 중심으로 한 것이었듯, '동원'이란 파시즘 체제로 창작적 참여를 촉진하는 측면이 있었다. 이른바 참여형 파시즘이다. 그렇기 때문에 지금 이 시대에, 전문가가 아닌 '초심자'가 부상하고 만화나 영화 등 표현의 '교육' 체계화도 진행되는 것이다.

그것은 '전후'가 되어도 마찬가지다.

전시 프로파간다 담당자가 전후에는 광고대행사나 잡지 미디어, 혹은 텔레비전 등에서 '대중 동원'의 수법을 계승, 발전시켰다. 선전의 클라이언트가 국가에서 기업으로 바뀌었을 뿐 그 동원의 수법은 계승되었다. 그리고 다시 '초심자'가 참여하는 미디어로서 전후 민주주의 하의 라디오가 태동하고, 다른 한편에서는 텔레비전이라는 그저 사람들을 수동적인 존재로 만드는 것처럼 보인 미디어가 등장하였다.

그리고 현재.

'수용자'는 다시 미디어에 대한 주체성을 되찾을 것인가 아닌가의

---

49) 1940년 8월 제2차 고노에(近衛) 내각이 동아 신질서 건설 방침을 국책으로 천명하면서, 그 구체화 방책으로 제시한 신체제 운동.

50) 1933년에 설립된 고노에 후미마로의 정책 연구 단체로 고토 류노스케(後藤隆之助, 1888~1984)가 주재하였다. 정식 발족 수속은 1936년 11월이었으며 1940년 11월에 폐지되었다.

51) 고노에 후미마로가 신체제 운동 이후 창당한 유사 파시즘 정당.

선택지 앞에 있다. 그것이 마지막 장이다. 1980년대, 좋든 나쁘든 그 정보를 주체적으로 받아들여 재편집해 나가는 최초의 '오타쿠'들의 출현을 거쳐, 미디어는 그저 일방적으로 대량의 정보를 수용하는 툴이 아니라 주체적으로 그것을 이용하는 디바이스로 바뀌었다. 그 대표가 스마트폰이다. 이러한 디바이스를 통해서 날마다 누구나 투고하는 '현재'인 것이다.

이 책은 이상과 같은 시점에서 3부 플러스 에필로그로 구성된다.

제1부는 '미디어 이전'의 시대다. 목소리나 신체로 그때그때 '이야기'가 나오고 문자화되더라도 구전의 세계와 이어지며, 인쇄 수단이 보급되기 전이라 문자 텍스트마저 베껴 쓸 때마다 오기를 포함해 재창조된다. 그중에는 현재 '고전'이나 '일본 미술'로 불리는 것도 포함된다. 근세 이후, 대중문화 생성의 소재가 되는 '세계'의 대부분이 그 안에서 형성되어 간다. '무리로서의 작가'의 존재는, 문장의 역사에 문자로 기록되기 어렵지만. 이야기가 '작가'로서 고유한 이름을 갖는 것 또한 예외적이다.

제2부는 인쇄 미디어의 등장을 지표로 삼아 근세에서 간토 대지진까지를 '아마추어'의 시대로 파악하는 것이다. 종래에 '근세'라고 불려 온 시기와 '근대'의 전기를 한 덩어리로 본다. '무리로서의 작가'에서 '취미' 생활을 하는 개인이 태어나고, 근대적인 개인으로 향하는 시대다. 그것이 근세의 목판 인쇄로 시작되는 복제 미디어와 결부된다. 굳이 말하자면 '대중'을 긍정적으로 그린다.

제3부는 간토 대지진 이후의 시대다. 동원되는 '초심자'의 시대다. 왜 대지진에 의해 구분되는지는 본문을 참조하기 바란다. 다만, 지진이 세상을 일변시켰다는 등의 안이한 재액 사관의 입장이 아니라는 것만은 미리 말해 둔다. 여기에서 '대중'은 라디오, 텔레비전과 같이

잇따라 등장하는 미디어의 '동원' 대상인 '초심자'로 바뀐다. 그러나 그것은 수동적으로 동원되는 것이 아닌 '참여형' 동원이다. 동원 대상으로 발견되는 순간 아마추어는 '초심자'가 된다고 해도 좋을 것이다.

그리고 마지막이 디바이스를 개인 한 사람마다 손에 쥐고 있는 '현재'를 다루는 에필로그다.

비디오나 가정용 게임기 등의 출현으로 대중 동원 장치로 보였던 텔레비전이 디바이스를 접속하는 모니터로 바뀌게 된 것을 시대 구분 지표로 삼았다. 거기에서는 '세계'로부터 그때마다 '문화'가 발생하는 문화 생성 시스템은 '플랫폼'에 편입되어 버렸다. 그러한 '현재'이기도 하다.

그래서 우리는 도대체 '아마추어'인가 '초심자'인가? 어느 쪽의 가능성을 살고 있는 것인가? 혹은 다른 누군가가 되는 것인가?

그러한 물음과 더불어 이 '현재'가 있다.

이 책은 그 '통찰'이라기보다는 '물음'을 공유하는 것을 목적으로 하고 있다. 역사라는 통찰이 '내'가 귀속할 곳을 제시해 안도시켜 줄 뿐 아니라, '지금'이나 '세계'에 회의를 품게 하고 발밑 기반을 어느 정도 흔들어 놓는 것도 그 역할이기 때문이다.

마지막으로 이 책에 대해서 중요한 작품이나 작가, 사건이나 상황에 언급이 없다거나, 통설과 다르다거나, 논의가 너무 억지스럽다는 등 여러 가지 비판이 제기될 것이다. 그러한 책임은 기술의 오기나 오인을 포함하여 최종적으로 원고 전체를 체크한, 역사 전문가 아닌 나에게 있음을 부기해 둔다.

문화사라고는 하지만, 왜 이 '통사'에 이야기 작가이기도 한 내가 관여한 것인지, 역할 그 자체를 '당신들'에게 '질문'하면서 말이다.

본문에서 인용하는 고전이나 문헌 중에 현재의 인권에 대한 사회

통념에 비추어 부적절한 단어가 포함되는 경우가 있으나, 일차 사료
로서의 성격상 출처로 남아 있으므로 주의를 부탁하는 바이다.

원저자 주

*1 柳田國男, 『口承文芸史考』, 中央公論社, 1947.

*2 전게 주와 같음.

*3 大塚英志, 『ミュシャから少女まんがへ―幻の画家・一条成美と明治のアール・ヌー
ヴォー』, 角川新書, 2019.

*4 山本吉左右, 「説経節の語りと構造」, 荒木繁・山本吉左右 編注, 『説経節 山椒太夫
・小栗判官他』, 平凡社, 1973.

*5 津野海太郎, 「「世界定め」考」, 『新劇』 23巻 12号, 1976.

*6 Bacon-Smith, Camille, *Enterprising Women: Television Fandom and the
Creation of Popular Myth*, University of Pennsylvania Press, 1991.

*7 柳田國男, 『明治大正史 第四巻 世相篇』, 朝日新聞社, 1931.

제1부

목소리와 신체

일반적으로 고대, 그리고 중세라고 일컬어지는 시대이다. 복제 미디어 이전의 시대이며 목소리와 신체가 매체, 곧 미디어였다. 구전이 아닌 문자로 쓰인 '이야기'가 탄생했는데 대부분의 작가에게 이름은 없었다. 일본 미술사에 기록되는 에마키나 조각도 등장하나 그것을 그린 사람 중에는 이름을 남기지 않은 화공이나 직공들이 많이 포함되어 있다.

키워드 : 이야기, 설화, 퍼포먼스, 말하기=속이기, 하나시(咄), 자리(座), 『태평기(太平記)』, 길거리 모리배, 권진(勸進), 예능, 음독

제1장

이야기와 자리의 시대

- 8~16세기 -

대표 저자 : 구루시마 하지메
분담 저자 : 이토 신고

1. 이야기 문예

이야기란 누구의 것인가? 위정자나 지배자가 자기 권력을 정당화하는 술수인가? 아니면 서민의 오락인가? 확실히 말할 수 있는 것은 문화의 시작과 이야기의 출현이 그리 멀지 않은 시기이리라는 점이다. 어쩌면 그 이야기는 종교나 의례와 일체였을지도 모르고, 사람들의 세계 인식 자체가 '이야기'에 가까운 형태를 띠고 있었다고 할 수도 있다. 예를 들어 토우(土偶)가 무엇을 본떴는지를 입증하기란 어렵지만, 사람의 형상을 모방했다는 것은 적어도 무엇인가를 표현한 것이고, 그것이 풍요를 위한 기도였다 하더라도, 기도의 대상이 '신'이라면 거기에는 캐릭터와 이야기와 그것에 근거를 만들어 주는 '공유된 세계'가 있다. 그 '이야기'의 역사에서 고대 대중문화사를 시작하고자 한다.

신화와 설화

신화를 아주 간단하게 정의한다면 '세계의 시작과 자연 현상의 유래, 민족의 영광 등을 신들과의 관계에서 설명하는 이야기' 정도가 될까?

신화는 문자가 없는 민족에게도 구전이나 가요, 의식의 제문과 같은 형태로 전해진다. 신들의 시대를 재현하고 반복적으로 연기하거나 이야기함으로써 사람들은 신화를 공유하고 공동체로서의 결속을 높였다. 신화의 주인공은 영웅이거나 신의 후손인 왕족이지만 신화를 공유하고 전달하는 것은 '대중'이라는 호칭이 타당한지는 몰라도 피지배층을 포함한 공동체이다.

반대로 신화란 각 공동체에서 제각기 생겨난다. 어떤 지역, 어느 시대든 각각의 공동체가 신화를 만들어 내고 전승해 나갈 가능성이 있었다. 즉, '신화'란 세계 인식이 표출되는 방식이며 공동체 내의 커먼즈였다.

물론 신화로서의 이야기는 언어 단독이 아니라 신체적 퍼포먼스나 의례와 불가분의 관계였을 것이다. 의례가 공동체 기원의 이야기를 종종 반복하듯 이야기란 공동체의 세계 인식을 재확인하는 수단이었다.

일본 신화에 대해 생각할 때는 『고사기』와 『일본서기(日本書紀)』[1], 그리고 『풍토기(風土記)』[2]를 자료로 생각하는 것이 보통이다. 그런데

---

1) 720년에 편찬된 일본 최초의 편년체 사서로 육국사(六國史) 중 첫 번째에 해당한다. 일본의 건국 신화를 담고 있는 신대(神代)에서 시작하여, 697년 지토 천황(持統天皇)이 사망한 해까지의 역사를 연대순으로 기록한 통사.

2) 나라 시대(奈良時代)의 지방 문화 풍토, 문화 등에 대해 자세히 각 지역(国) 별로 기록, 편찬한 것. 713년 겐메이 천황(原明天皇)의 명에 따라 여러 지역의 생산물이나 지형, 설화나 지명의 유래 등을 적었다.

이들은 8세기 무렵 국가가 주도해서 만든 것이다. 『고사기』, 『일본서기』는 천황가의 계보와 성스러움, 지배의 정통성을 이야기하는 것, 『풍토기』는 지방의 명산품이나 지명, 풍속을 기록하고 보고하는 것이라는 성격이 강하다. 『풍토기』에는 지역의 전승을 반영하는 부분도 있지만, 그것이 지배층 이외의 사람들이 믿고 이야기하던 신화라고 단언할 수는 없다.

처음에 문자가 없던 일본에서는, 한자라는 중국에서 만들어진 문자를 이입시켜 기록이나 행정 문서를 작성함으로써 문자 문화의 막이 열렸다. 당연히 일본에서 이야기되던 말, 표현, 내용과는 달리 한자로 나타낼 수 없는 표현이나 다른 의미로 치환된 표현이 있었을 것이다. 신화에 관해서도 기록됨으로써 달라진 면이 크겠지만, 현재 우리는 기록되어 남겨진 것에서부터 생각해 갈 수밖에 없다.

『고사기』 서문에 따르면 역대 천황의 사적을 적은 내용이 전해졌으나 오류도 많았다. 그래서 덴무 천황이 히에다노 아레이라는 인물에게 여러 집안에 전하는 기록을 '암송'시켰다. 이후 겐메이 천황(元明天皇)[3]이 아레이가 하는 이야기를 오노 야스마로에게 필록시켰다고 한다. 이 시점에서의 '신화'가 말하자면, 히에다노 아레이라는 데이터베이스에 집약된 것이다. 공유 자산인 '이야기'는 자연스럽게 사람들에게 공유될 뿐만 아니라 이처럼 정치적 권력에 의해 관리된다. 그다음 그것은 반복된다.

그러나 이들 신화는 당연한 말이지만 지금의 우리가 믿는 '일본'보

---

3) 겐메이 천황(元明天皇, 661~721). 제43대 일본 천황이자 일본 역사상 다섯 번째 여성 천황. 707년에 즉위하였으며 화폐 주조, 영토 확장, 『고사기』, 『풍토기(風土記)』 등의 편찬, 수도 천도 등 역사적 과제를 추진한 탁월한 정치가로 인식된다.

다 훨씬 넓은 문화권에 입각해 있다는 점도 잊지 말아야 한다.

예를 들어 잘 알려진 '우미사치히코(海幸彦)·야마사치히코(山幸彦)'[4] 신화에서는, 고기잡이를 나갔다가 형 우미사치히코의 낚싯바늘을 잃어버린 동생 야마사치히코가 해신의 궁으로 가서 낚싯바늘과 조수간만을 조종할 수 있는 구슬을 손에 넣고 형을 이긴다. 야마사치히코는 해신의 딸과 결혼하고 그 손자가 진무 천황(神武天皇)이 된다. 한편, 형의 일족은 천황가를 섬기기로 약속하고 동생에 의해 만조가 된 바다에서 빠져 죽을 뻔한 고사를 가무를 섞어 전하고, 오랫동안 바닷속 궁문을 수호하는 역할을 담당했으며, 이것이 하야토(隼人, 미나미큐슈 [南九州]의 부족)라고 되어 있다.

그러나 이와 아주 비슷한 유형의 신화는 인도네시아와 미크로네시아에서도 회자되고 있다. 마스다 가쓰미(益田勝実)는 '우미사치히코·야마사치히코' 신화는 해신의 딸과 결혼하여 자기 부족의 선조로 삼은 어민의 전승을 중앙 국가가 흡수하면서 치환한 것이 아닐까 추측한다.[*1] 혹은 용궁으로 간 우라시마 다로(浦島太郎)[5]의 전승이 이 신화의 다른 형태의 계승자라고 생각할 수도 있다.

이처럼 '일본 신화'는 광역에 퍼져 있는 설화군이 야마토(大和) 조정[6]에 의해 정치적으로 로컬라이즈된 것인 셈이다.

---

4) 『고사기』나 『일본서기』에서 천손족(天孫族)과 하야토족(隼人族)의 싸움을 신화화한 이야기. 형인 우미사치히코와 동생인 야마사치히코의 갈등과 화해를 기본으로 하며 일본 전국에 퍼져 있다.

5) 일본 각지에 존재하는 용궁 신화로 『일본서기』를 기본으로 한다. 거북이를 도와준 보답으로 우라시마 다로가 용궁에 가서 용왕의 공주를 만나고, 뭍으로 돌아오니 엄청난 세월이 흐른 뒤였으며, 금기를 가진 상자를 열자 우라시마 다로도 갑자기 늙게 되었다는 내용이다.

6) 고대 일본 최초의 통일국가라는 야마토의 중앙 기관. 유력 호족이었던 황실이 호족들을

설화를 적다

그렇다면 이제 이야기를 '문자'가 짊어지게 된 길을 따라가 보자.

한자에서 가나(仮名)가 생겼어도 문자로 쓰인 이야기를 향수할 수 있는 것은 승려나 귀족에 한정되어 있었다. 종이나 붓, 먹과 같은 문구가 귀하고 식자층도 많지 않던 시절에 서민들이 즐길 수 있는 구전 이야기는 거의 사라졌으며, 예외적으로 남은 것은 승려나 귀족들이 써서 남긴 자료 속 설화이다.

승려가 쓴 설화로는 먼저 석가의 일대기나 자타카(闍多迦, 전생담) 등 경전에서 유래한 것이 있다. 자타카란 석가가 탄생하기 이전, 전생에 다양한 인간과 동물로 전생하면서 선행을 거듭했기 때문에 이번 생에 부처(붓다)로 태어난 것이라는 인연을 말하는 것으로, 고대 인도에서 각국으로 전해졌다. 비슷한 이야기가 증폭되거나 개변되면서 다양한 형태로 전승되어 『아라비안 나이트』나 『이솝 이야기』에도 영향을 주었다고 한다.

그 밖에 중국이나 일본에 들어와 만들어진 불보살이나 고승의 영험담, 그리고 사찰이나 사원의 창건 유래 같은 것도 많다. 이러한 불교 설화는 승려가 고인의 법요(法要) 자리에서 이야기하거나, 군중들을 앞에 두고 설법하거나, 음곡과 더불어 퍼뜨리기도 하였다. 가르침을 전하기 위한 설교(설경)를 창도(唱導)라고 한다. 한편 『마쿠라노소시(枕草子)』[7]에 '설경하는 강사는 생김새가 좋은 자'라고 하며, 얼굴

병합하여 만든 것으로 추측되며 4세기 중반까지 서쪽으로는 중부 지방에서 기타큐슈까지 통일하고 이후 동쪽으로는 간토, 도호쿠 지방까지 평정했다고 보이며, 근거지는 현재의 나라현으로 추측된다.

7) 일본 수필의 효시로 불리는 대표적 고전. 11세기 초 세이 쇼나곤(淸少納言)이라는 뇨보(女房)가 천황비인 중궁(中宮) 데이시(定子)를 모시면서 경험한 궁중 생활을 바탕으로

생김새가 좋지 않으면 강사가 하는 이야기도 귀에 잘 들어오지 않는
다고 썼는데, 이것도 그 당시 창도의 실태였을 것이다. 의외로 오늘
날 배우나 아이돌에게 요구되는 요소와 그리 동떨어져 있지 않다.

한편으로 『마쿠라노소시』와 당시 귀족들 일기에서는, 궁중 내의
소문과 오래된 전설, 이국에 전해지는 신기한 이야기 등 다양한 설화
가 난무했음을 엿볼 수 있다. 그 설화들은 발화된 시점에서는 그 자리
에 같이 있던 여러 사람이 즐길 수 있는 내용이면 되었고, 등장인물에
대한 관심이나 소재의 진기함이 흥미를 끌었다. 동시에 그것은 현재
의 도시 전설처럼 이야기될 때마다 새로운 요소들이 더해져 유형적
인 형식으로 흘러든다.

구전 이야기란 이러한 '이야기'의 장에서, 말하는 측이 듣는 사람의
표정이나 반응을 보면서 그때마다 다시 이야기해 나가는 것이다. 구
전 문예 담당자는 이야기를 암기하고 있는 것이 아니다. 그것은 예능
으로서 세련된 이야기라고 하더라도, 유언비어에 가까운 '만든 이야
기'에서도 마찬가지이다.

원래 '모노가타리(物語)'는 '무언가를 이야기하다(物語る)'의 명사형
이다. 고전의 용례를 보면, 신들이나 영웅들이 활약하는 신화·전설
에서부터 이른바 장편 이야기, 일상의 종잡을 수 없는 잡담·세간 이
야기, 남녀가 사이좋게 주고받는 대화에 이르기까지 범위가 넓은 말
이다.[2]

설화를 그것이 이야기되던 장에서 떼어 내서 모아 둔 것이 설화집
이며, 그 대표적 작품이 12세기 무렵 성립한 『곤자쿠 이야기집(今昔物

쓴 것이다. 당시 귀족들의 생활, 연중행사, 자연관 등을 개성적인 문체로 썼으며 헤이안
시대의 미의식을 담고 있다.

語集)』[8]이다. 여기에는 '지금은 옛날'이라고 시작되는 짧은 이야기들이 1000화 이상 담겨 있다. 그 내용은 불교 설화를 중심으로 하면서도 매우 다채롭다.

예를 들면 24권에서는 아베노 세이메이(安倍晴明)[9] 등 음양사(陰陽師)에 의한 불가사의한 활약상이나, 『이세 이야기(伊勢物語)』[10]와도 공통되는 아리와라노 나리히라(在原業平)의 이야기가 전개되어 있다.

지금의 문학사에서는 설화와 이야기를 장르로 구분하지만 그 경계는 모호하다. 『곤자쿠 이야기집』은 불교 설화집이지만, 그 이야기가 공유된 사람들의 세계가 어떠한지 반영한다고 할 수 있다.

한편, 아마도 『곤자쿠 이야기집』과 공통된 원본에서 나와서 자매 관계이면서도, 세속의 화제를 더욱 풍부하게 모은 것이 『우지슈이 이야기(宇治拾遺物語)』[11]일 것이다. 남을 속여 기부금을 받아 내려 하는 사이비 법사나 도깨비 잔치에 뛰어들어 춤을 추게 되는 혹부리 영감 이야기가 독특한 의태어나 반복이 많은 표현으로 적혀 있다.

소문과 세간 이야기는 귀족과 서민 모두에게 가장 쉬운 오락 중 하나이자 돈이 들지 않는 매체였다. 대부분은 그 자리에서 사라져

---

8) 12세기 초 성립했다고 보이는 불교 및 민간 설화집으로 편자는 미상이며 31권으로 전한다. 인도, 중국, 일본의 불교 설화와 다양한 세속 설화를 다루고 있으며 후대의 문학에 소재로 활용되는 등 큰 영향을 끼쳤다.

9) 10세기 중후반에 활동한, 일본 헤이안 시대의 대표적인 음양사(陰陽師)로 여우의 후손으로 설화화된 인물. 각종 작품에서 언급되는 음양사 이미지의 가장 중요한 모델이 되었다.

10) 헤이안 시대에 성립된 와카(和歌)와 관련된 이야기집으로 헤이안 시대 초 실존했던 귀족 아리와라노 나리히라(在原業平)를 연상시키는 남자를 주인공으로 하였다.

11) 13세기 전반경에 성립된 중세의 고전 설화집으로 귀족 설화, 불교 설화, 민간 설화 등 197편을 담은 작품집이며, 내용적으로 유머가 풍부하고 중세 초기 사람들의 생활 감정을 잘 전달한다.

버리는 일회성 이야기였지만 세대를 초월해 전해지는 설화=이야기
는 예능이나 표현 기교와 결부되어 양식화되고 정돈된 것이 많다.
그것은 설교(설경)사의 이야기이고 설화집 작가에 의한 문장 표현이
며, 어떤 경우에는 와카(和歌)[12]나 가요와 같은 운문이기도 했다. 이
러한 예능이나 표현에 의해 세대를 초월하여 설화=이야기는 전해져
내려온 것이다.

무가와 이야기

이야기를 담당하는 사람이 한편으로는 어느 시대든 위정자나 권력
의 편인 이상, 그 권력의 담당자가 바뀌면 이야기의 관리자도 변화해
간다.

『곤자쿠 이야기집』에 따르면 중·하류 귀족 중 군사적 직능을 담당하
는 가문은 '병사 가문'으로 불린다. '병사'들은 놀라운 대담함과 냉정함
으로 귀인을 경호하고 도적을 쫓는다. 다이라노 마사카도(平将門)·후
지와라노 스미토모(藤原純友)의 모반(조헤이텐교[承平天慶]의 난)[13]이나,
전구년 후삼년의 역(前九年後三年の役)[14]에 관련된 전투담도 이야기되
고 있다. 특히 다이라노 마사카도의 난에 대해서는 군기 이야기『쇼몬

---

12) 일본의 전통적인 정형시로 5음과 7음의 일본어로 구성되어 있다. 한시에 대비하여 일
   본의 노래는 의미를 갖는 명칭이며 다양한 형태의 정형시가 포함되지만 5구 31음절의
   단카(短歌)가 가장 기본적이고 일반적이다.
13) 10세기에 거의 동시에 일어난 간토(関東) 지역의 다이라노 마사카도(平将門)의 난과
   세토 내해(瀬戸内海) 지역의 후지와라노 스미토모(藤原純友)의 난을 아울러 부르는
   말. 단순 반란이라기보다 일본의 율령 국가가 쇠퇴하고 무사들이 발흥하는 것을 상징하
   는 사건들로 본다.
14) 11세기에 발생한 두 전투를 부르는 말로 이 두 전투에 의해 미나모토(源) 가문이 일본
   동쪽 지역에서 확고한 기초를 구축하게 되어 이후 가마쿠라(鎌倉) 시대를 여는 기반이
   된다.

키(將門記)』[15]와도 공통되는 전쟁터 기록 문서에서 표현을 취하고 있다.

반대로 말하자면 피비린내 나는 행위에 익숙한 '병사'이기 때문에 잔학한 도적이나 때로는 악령이나 귀신조차 두려워하지 않고 제압할 수 있다고 여겨진 것 같다. 27권에는 미나모토노 요리미쓰(源賴光)[16]를 섬겼던 다이라노 스에타케(平季武)가 인적도 없는 강 나루터에서 괴이한 임산부로부터 아기를 안으라는 압박을 받고 겁 없이 아기를 빼앗아 왔다는 설화가 있다. 이 임산부는 여우가 둔갑했거나 아이를 사산한 여자의 혼령이었을 것이라고 하며, 이를 목격한 동료들이 스에타케의 용기를 칭찬하며 전했다고 한다.

초기 무사 설화는 전장의 경험담이나 목격자에게서 전해 들은 것에서 발생하여, 그것이 도읍지에서 회자되는 동안 정착되었을 것이다. '병사 가문' 입장에서 설화는 역사를 배우고 가문의 공적이나 전장에서의 전투방식, 일상의 행동을 재인식하는 교양이었을 것이다. '무사'를 둘러싼 설화의 확대는, 새로운 계급에 대한 인식의 확산과 무사 자신에 의한 자아상을 형성하는 과정이기도 하다. 이처럼 이야기는 '세계'의 갱신, 덮어쓰기를 수행해 나간다.

겐페이(源平) 전투[17]를 거쳐 가마쿠라 시대(鎌倉時代, 1185~1333)로

---

15) 무사의 전투를 위주로 하는 군키 이야기(軍記物語)의 초기작에 해당하는 작품으로, 10세기 중반의 다이라노 마사카도의 난을 중심적으로 다루며 무사들의 양상을 처음으로 상세히 그려낸 작품이다.

16) 미나모토노 요리미쓰(源賴光, 948~1021). 헤이안 중기의 무장. 활쏘기에 능하고 오에산(大江山)에서 패악을 저지르던 악귀인 슈텐 동자(酒呑童子)를 퇴치한 전설의 주인공으로 유명하다.

17) 1180년부터 1185년까지 헤이안 시대 말기에 벌어진 내전. 이 전쟁에서 조정을 장악하고 있던 헤이시(平氏)와 지방 세력인 겐지(源氏)는 일본의 각 지역에서 전투를 벌였는데 결국 헤이시가 패배하고 겐지가 전국을 장악하여 가마쿠라 막부(鎌倉幕府)가 수립되기에 이른다.

접어들자 설화는 예능에 접목되었다. 비파를 연주하며 이야기하는
예능은 헤이안 시대(平安時代, 794~1185)부터 있었던 듯한데, 『헤이케
이야기(平家物語)』[18](헤이쿄쿠[平曲][19])를 전문으로 이야기하며 다니는
비파 법사가 등장한 것이다.

'헤이케 이야기'는 주로 사찰 경내와 큰길에서 죽은 자를 공양할
목적으로 열렸다. 그와는 별도로 책으로 유통되어 읽힌 『헤이케 이야
기』도 있다. 말하자면 강담(講談), 강석(講釈)[20]의 원형이다. 이야기와
책 중 어느 쪽이 먼저 성립되었는지는 단정할 수 없으나 서로 영향을
주고받으며 성장한 것으로 생각된다.

겐페이 전투와 가마쿠라 막부 초창기에 얽힌 이야기는 전국을 여
행하는 예능인, 종교인들에 의해 이야기되며 향토 전승으로도 정착
했다. 전국에 퍼져 있는 헤이케 가문 패배자들의 전승이나 요시쓰네
(義経)의 도피담 등이다. 또한 소가(曾我) 형제에 의한 원수갚기라는
사실을 바탕으로 한 『소가 이야기(曾我物語)』[21]는 하코네(箱根)를 중심
으로 한 창도 활동에 사용되었다.

---

18) 13세기 가마쿠라 시대에 성립되었다고 보이며 성립 사정이 상당히 복잡한 군키 이야기
의 대표작이다. 헤이케(平家)의 영화와 몰락, 전국에 걸친 미나모토 가문의 대두 및
승리, 가문 내부의 골육상쟁, 수많은 영웅담 등이 그려져 있다.
19) 헤이케 가문의 영화와 몰락을 현악기 비파(琵琶)에 맞추어 음악적으로 읊는 것으로
200장구(章句)로 구성되어 있다.
20) 에도 시대 때 손님을 모아 군키 이야기, 무용전, 협객전 등을 재미있게 장단을 맞춰
읽어 주는 이야기 예능이다.
21) 가마쿠라 시대 초기인 1193년 5월 28일에 후지산의 사냥에서 소가 형제가 아버지의
원수를 죽여 복수하는 사건을 다룬 군키 이야기.

『태평기(太平記)』라는 세계

무가 사회의 공유 자산으로 수용된 '이야기'는 '역사'로서 자신의 가문 정통성을 보장했다. 이러한 역사=이야기의 세계에는, 현대까지 공유되는 것이 있다.

『소가 이야기』는 형 소가 주로(曾我十郎)의 애인인 도라고젠(虎御前)의 후예라고 자처하는 여성들에 의해서도 이야기가 전해지며 전국으로 퍼졌다. 에도 시대에는 주신구라와 더불어 인기 콘텐츠가 되었으며 충과 효의 규범으로 수용되었다.

비파 법사 말고도 싸움 이야기를 장기로 삼는 승려는 있었던 듯하다. 이들은 전장에 종군하여 죽은 자의 공양을 맡기도 하고, 전투의 공백을 달래기 위해 이야기를 풀어놓기도 했다. 『태평기』도 그러한 종군 경험을 가진 이야기꾼 승려의 이야기가 원형이 됐을 것이라 한다.

『태평기』는 아시카가(足利) 가문[22] 아래에서 재편·증보되었다는 전승도 있으며 현존본은 40권에 이른다. 유교적 가치관이 강하기 때문에 교양서로서 정확성이 기대되었는지, 본문에 주석이나 비평을 가하면서 강석하는 '태평기 읽기(太平記読み)'라는 행위가 활약하게 된다(→【칼럼】「『태평기』 읽기」 참조).

『태평기』는 무가의 교양으로서 유포되는 한편, 다양한 이야기를 만들어 내는 '세계'로서 기능해 간다. 역사 인식마저도 그 틀 안에 수렴하기까지 한다. 이야기의 생성 모델로서의 『태평기』나 그것이 만들어낸 개개의 이야기의 그 이후에 대해서는, 본서에서 계속 되풀

---

22) 일본의 무사 가문의 하나로 본성은 겐지(源氏)로, 가계는 세이와 겐지(清和源氏)의 일족인 가와치 겐지(河内源氏)의 후손이다. 무로마치 막부(室町幕府)의 초기에 쇼군을 세습하게 된다.

이하여 언급할 것이다.

　무사 설화의 주인공 중에는 '이야기'인 이상 실존했는지 의심스러운 인물도 있다. 미나모토노 요리미쓰를 섬겼다고 알려진 와타나베노 쓰나(渡辺綱)[23]는 가마쿠라 시대에 성립한 『고콘초몬주(古今著聞集)』[24]에 요리미쓰의 심복으로 등장해 도적인 기도마루(鬼同丸) 토벌에 참가했다. 또한 『헤이케 이야기』 중 「검(劍)」권이나 『태평기』에서는 쓰나가 도깨비와 싸우다 한쪽 팔을 잘라 떨어뜨리지만 양어머니로 둔갑한 귀신에게 다시 팔을 빼앗겼다는 설화가 검에 얽힌 일화로 전해진다. 이러한 무용담 때문에 요리미쓰의 사천왕(四天王) 중에서도 가장 첫째로 꼽히지만, 가마쿠라 시대 이전에는 존재는커녕 전승조차 확인할 수 없다.

　와타나베노 쓰나의 자손들은 오사카(大阪)의 요도가와(淀川)강을 거점으로 활약하며 '와타나베 당(渡辺党)'이라 불리는 무사단을 형성했다. 아마 가마쿠라 시대가 되어 미나모토(源) 가문과의 연결 고리를 강조하고, 와타나베 당의 위세를 보여주기 위해 '요리미쓰의 심복'이라는 캐릭터로 이야기하기 시작했을 것이다. 현실의 와타나베 당의 활약으로부터 설화가 퍼졌고 한층 더 설화가 풍부해지면서 다른 예능이나 이야기로 전개됐다[그림 1].

---

23) 헤이안 시대의 무장. 미나모토노 요리미쓰의 부하로, 요리미쓰 사천왕 중 필두로 알려져 있다. 슈텐 동자 퇴치로 유명한 요리미쓰와 더불어 요괴 퇴치담에서 주역으로 등장한다.

24) 가마쿠라 시대 중기의 설화집으로 1254년에 성립되었다. 헤이안 시대부터 가마쿠라 시대 초기까지의 설화 약 700화를, 30편으로 나누어 담았다.

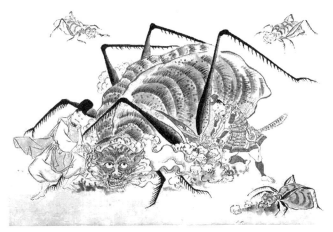

[그림 1] 거미 괴물을 퇴치하는 미나모토노 요리미쓰와 와타나베노 쓰나 『쓰치구모조시(土蜘蛛草子)』(국제일본문화연구센터 소장)

오토기조시(お伽草子)[25] 「슈텐 동자(酒呑童子)」[26]나 노 작품「라쇼몬(羅生門)」[27]에서는 쓰나가 도깨비와 대결한 장소가 라쇼몬, 도깨비는 슈텐 동자의 오른팔인 이바라키 동자(茨木童子)였다는 등의 설정이 더해진다. 에도 시대에는 쓰나의 아들 다케쓰나(竹綱)라는 캐릭터까지 생겨나 사카타 긴토키(坂田金時)[28]의 아들 긴피라(金平)와 더불어 차세대 사천왕으로서, 조루리나 기뵤시(黄表紙)[29]의 세계에서 활약했다(→

---

25) 무로마치 시대부터 에도 시대 초기에 걸쳐 만들어진 350편의 일본 설화 이야기집. 일본 중세의 대표적인 문학 장르의 하나로 꼽힌다.
26) 오에산에 살았다는 요괴의 두목 격으로 마을로 내려가 여자나 재물을 빼앗는 등 횡포가 심했던 설화 속의 존재이다. 천황의 명령에 따라 사천왕을 이끌고 온 미나모토노 요리미쓰에게 퇴치된다.
27) 현재노(現在能)에 속하며 간제 노부미쓰(観世信光)의 작품이다. 요리미쓰의 저택에서 주연이 열리는데 라쇼몬(羅生門)에 귀신이 출몰한다는 소문을 둘러싸고 논쟁을 벌이다가 라쇼몬으로 향하게 되고 귀신과 싸움을 벌여 결국 물리친다는 노 작품.
28) 헤이안 후기의 무사. 사가미 아시가라야마에서 태어났다고 전해진다. 미나모토노 요리미쓰의 사천왕 중 한 명.

이 책 p.158, 「긴피라 조루리와 '작자'의 탄생」).

오사카 주변에는 지금도 쓰나와 관련된 전승이 많이 전해지고 있다. 이야기란 지명과 결부되면서 사람들의 현실 공간에 뿌리내리게 된다.

2. '작가'의 탄생

이야기를 전하다

헤이안 문화의 중심은 와카이다. 칙찬 가집(勅撰歌集)[30]의 찬자나 수록 가인으로 이름을 남기는 것이 가인의 명예로 여겨졌다. 반면 '이야기'는 작자의 이름을 남기는 것이 아니었다. 공식 기록을 위한 한문이 아니라 사적 의미를 지닌 가나(仮名)로 쓰인 것에서 알 수 있듯이 이야기는 쉬운 읽을거리이지 이름을 적고 남기는 것은 아니었다.

또한 예능으로서 설화의 화자 같은 구전 문예의 담당자도, 일회성 이야기이기 때문에 작가의 '이름'이 기록되지는 않았다.

일본에서 가장 오래된 『다케토리 이야기(竹取物語)』[31]도 9세기경 성립되었다고 보는데 작가는 모른다. 유명한 "지금은 옛날, 다케토리 노인이라는 자가 있었다"로 시작하는 부분은 "옛날 옛적에"와 같은 이야기 시작의 상투구로 '옛날 일인데'라는 뜻일 것이다. 고대의 이야

---

29) 표지가 노란색이었던 것에서 유래한 에도 후기의 통속 소설로, 보통 5장을 한 권으로 삼아 그림을 중심에 배치하고 여백에 문장을 엮은 어른용 그림 이야기.

30) 천황에 의한 칙명 또는 상황에 의한 원선(院宣)에 따라 편찬된 와카집. 『고킨슈(古今集)』부터 『신쇼쿠고킨슈(新続古今集)』에 이르기까지 21권이 있어 21대집이라 부른다.

31) 일본에 현존하는 가장 오래된 이야기이며 '대나무 장수 이야기'라는 뜻으로 작자나 성립 연대는 미상이다. 대나무 장수 할아버지 이야기, 또는 가구야 공주(かぐや姫) 이야기라고 부르기도 한다.

기는 이와 같이, 정말 있었다(고 전해지)는 설정을 만들기도 한다.

현재 널리 읽히는 『다케토리 이야기』의 내용[그림 2]은 중국식 신선 사상의 영향이나 동시대에 대한 패러디 의식, 말장난 성격이 강하며 한적을 읽을 줄 아는 남성 귀족들이 오래된 전설을 바탕으로 만들었다고 한다. 그러나 오래된 사본이라면 14세기 것이 일부 남아 있을 뿐이며, 15세기 사본, 17세기 목판본이 남아 있는 정도이다. 사본끼리 차이도 있는데, 그 이상으로 '원래는 구전 이야기였다'는 설정으로 시작하는 점이 중요하다.

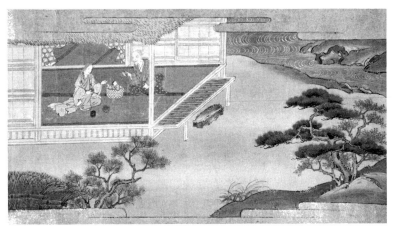

[그림 2] 대나무 바구니에서 키워진 가구야히메. 〈다케토리 이야기 에마키(竹取物語絵巻)〉(일본국립국회도서관 소장).

구전을 전제로 하면, 작자는 한 사람으로 한정할 수 없게 된다. 이는 근대적 소설과의 큰 차이일 것이다. 구두 이야기는 귓속말 게임처럼 많은 사람들에 의해 전해지면서 많은 변형을 낳았다. 예를 들어 『만요슈』에는 하늘에서 내려온 처녀와 '다케토리 노인'의 즐거운 교류가 노래되고 있으며, 가마쿠라 시대 기행문 『가이도키(海道記)』[32]

에서는 대나무 숲에서 발견된 꾀꼬리 알에서 가구야 공주(かぐや姫)가 태어나 후지산의 유래로 이어졌다고 기술하고 있다. 귀족들의 읽을거리일 뿐만 아니라 지역과 관련된 전승 측면도 남아 있는 것이다.

우리가 알고 있는 『다케토리 이야기』에서는 옹이 대나무 숲에서 발견한 아가씨가 아름답게 성장하여 구혼하는 다섯 귀공자 모두에게 난제를 내고 그들이 실패하는 모습을 보여 준다. 가구야 공주는 마침내 천황의 구혼조차 거절하지만 편지를 주고받고 마지막에는 천황에게 무례를 사죄하며 불사(不死)의 약을 전한 다음 달나라로 돌아간다. 천황은 전달받은 약을 많은 신하들에게 운반시켜 높은 산에서 태웠기 때문에, 그 산은 연기가 끊이지 않았고 '후지(富士·不死)의 산'이라 불렸다는 지명 전승으로 이어진다.

그러나 『곤자쿠 이야기집』 권31 제33화 「다케토리 옹, 대나무 숲에서 여아를 발견하여 기르게 된 일」은 조금 다른 버전을 전한다. 가구야 공주가 내놓는 난제는 세 가지이며 귀공자들의 이름이나 천황과의 교류도 거론되지 않는다. 가구야 공주는 모든 것을 거부한 채 달로 돌아가 버리는 것이다.

반대로 가마쿠라 시대에 성립한 『신도집(神道集)』[33]에 수록된 전승에서는, 노부부가 대나무 숲에서 발견한 「가구야(赫野) 공주」가 성장하여 지방관과 부부가 된다. 기른 부모들이 죽자 공주는 선녀의 세계로 돌아가는데, 남편이 보고 싶을 때는 후지산 정상에서 반혼향(反魂

---

32) 가마쿠라 시대의 기행문으로 작자는 미상. 1223년 교토와 가마쿠라를 잇는 도카이도(東海道)를 왕복한 기행의 내용이다.

33) 남북조 시대의 창도 설화집으로 10권짜리이며 1358년 무렵 성립된 것으로 추정된다. 현존본은 15세기 초 개편이라는 설이 있다. 총 50장으로 구성되어 있고 신도론과 일본 각지의 신사의 유래 등을 다룬 내용으로 구성된다.

香)을 피우라고 지시하고 나중에 후지 아사마(浅間) 대보살로 모셔졌다고 한다. 이야기는 한번 완성돼도 늘 재창조될 가능성이 있었다.

이러한 이야기의 변용은 라쿠고(落語)가 구연되는 상황을 상상하면 알기 쉽다. 고전 라쿠고는 구연자에 의해 각색이 추가되거나 요약되거나 타인의 각색을 채택함으로써 계승된다. 창작 라쿠고도 완전한 오리지널 작품은 아주 적으며, 고전을 현대식으로 개작하거나 해외 작품을 라쿠고식으로 바꿔서 만들어진다. 고대의 이야기도 마찬가지로 불전과 중국의 소설, 전설과 전승을 바탕으로 많은 작가들이 각색해서 만들어 갔다. 이처럼 '작가'는 우연히 전승의 어느 단계에 있던 무수한 '작가들' 중 한 명에 불과한 것이다.

이야기를 잇다

가구야 공주 이야기는 지방에서도 전해지는 전설이었는데, 귀족 사회 속에서 탄생하여 여러 작가들에게 전해져서 기록된 작품의 대표라면 『이세 이야기』일 것이다.

현재의 『이세 이야기』는 실존했던 중류 귀족, 아리와라노 나리히라를 모델로 한 듯한 남자의 일대기 형식으로 정리되어 있다. 나리히라의 이야기는 『고킨와카슈』 등에 담긴 와카의 도입 해설에서 그 맹아를 볼 수 있다. 현재 통설로는 '아리와라노 나리히라로 보이는 와카와 연애에 능통한 플레이보이'라는 캐릭터를 주인공으로 한 단편적인 남녀의 이야기나 와카가 여러 개 만들어져 단계적으로 증보된 것이 재편되어 지금의 형태가 되었다고 여겨진다.

많은 여성들과 사랑의 노래를 나누는 플레이보이 캐릭터는 단순히 여자를 좋아하는 것만이 아니다. 여성에 대해 진지하고 배려할 줄 알며 때로는 천황과 황후, 신을 섬기는 여성에 이르기까지 터부를 범해도 한결같이 헌신하는 격렬함을 지닌, 일종의 이상적 남성상이었다. 반대로 배려를 잘하지 못하고 정나미가 떨어지거나 소문만 믿고 엉뚱한 여자와 관계를 맺고 마는 남성들의 우스운 이야기도 친숙했다.

무라사키 시키부(紫式部)[34]가 만들어 낸 히카루 겐지(光源氏)[35]도 중궁(中宮)을 모시는 뇨보(女房)[36] 문화 속에서 사랑받은 연애 이야기의 주인공이었다. 그러나 『겐지 이야기(源氏物語)』[37]는 거기에 그치지 않고 현실의 권력 투쟁이나 인간의 애집을 반영한 대하소설로 성장해 후속 문화에 큰 영향을 끼쳤다. 스가와라노 다카스에노무스메(菅原孝標女)[38]가 『사라시나 일기(更級日記)』[39]에서 『겐지 이야기』를 처음부터 읽고 싶어 필사적으로 사본을 구해 몹시 기뻐했다는 내용은 유명하다.

---

34) 무라사키 시키부(紫式部, 973~1014). 헤이안 시대의 뇨보(女房, 황실의 궁녀)로, 작가이자 가인. 일본 특유의 장르라는 모노가타리의 최대작이자 세계적 고전인 『겐지 이야기(源氏物語)』의 작가로 잘 알려져 있으며 『무라사키 시키부 일기』라는 일기 문학도 남겼다.

35) 『겐지 이야기』의 주인공. 아버지 기리쓰보 천황(桐壺帝)이 가장 사랑했던 여인 기리쓰보 코이(桐壺更衣)가 낳은 아들로, 용모가 매우 아름답고 재주가 뛰어나며 몸에서는 좋은 향기까지 났기에 그를 직접 본 사람은 여성뿐만 아니라 남성들도 넋을 잃었다고 하는 인물 설정이다.

36) 헤이안 시대부터 에도 시대까지의 귀족 사회에서 귀인을 시중들던 여성 고용인.

37) 11세기 초, 궁중에서 일하던 무라사키 시키부가 창작했다고 일컬어지는 장편의 이야기로, 주인공 히카루 겐지(光源氏)의 일생과 그 주변인 및 후손들의 다양한 인생을 70년에 걸쳐 구성한 일본 최고의 고전 작품이며, 여성이 창작한 고대의 문학으로 세계적으로도 평가가 매우 높다.

38) 스가와라노 다카스에노무스메(菅原孝標女, 1008~?). 헤이안 중기 여성 문학자. 스가와라노 미치자네(菅原道真)의 5세손 스가와라노 다카스에의 차녀로 33세에 결혼. 남편이 죽은 후 자기 생애를 회상하는 『사라시나 일기(更級日記)』를 썼다.

39) 헤이안 시대 여성 일기 문학의 대표작. 스가와라노 다카스에노무스메가 11세부터 52세까지의 인생을 되돌아보며 쓴 회고록이다. 헤이안 시대의 사회와 문화를 접할 수 있는 것은 물론, 한 소녀의 성장 기록을 통해 일기 문학의 진수인 반성과 자기 성찰을 엿볼 수 있다.

　나중에 칙찬 가집의 찬자가 된 후지와라노 슌제이(藤原俊成)[40]는 "『겐지 이야기』를 모르는 가인(歌人)이 있다는 것은 유감이다"라며 그 미의식을 높이 평가한다. 또 슌제이의 아들 사다이에(定家[41], 또는 데이카)는 유동적이었던『이세 이야기』와『겐지 이야기』본문을 다듬어 사본을 남겼다. 이렇게 해서 이야기가 칙찬 가집과 마찬가지로 교양이나 연구를 위해 읽는 '고전'으로 자리매김해 간다.

　『겐지 이야기』의 영향 아래 만들어진 작품이 많아서, 후지와라노 사다이에나 스가와라노 다카스에노무스메도 이야기를 만들었다는데 확실하지는 않다. 또 속편이라 할 작품(『산길의 이슬(山路の露)』)이 다른 작가에 의해 2차 창작적으로 만들어지기도 했다. 무라사키 시키부라고 하는 '작가'의 이름은 있어도, 그 또한 복수의 작자에 의해서 반복되고 다시 만들어지는 것이다.

　칙찬 가집과 같은 '고전'으로 취급되면 그 내용을 이해하는 것이 사회적 신분이 된다. 필수 교양으로 자리매김함으로써 이야기의 표현을 바탕으로 한 와카가 지어지고, 본문 주석이 만들어졌다. 그 결과『겐지 이야기』의 작가 무라사키 시키부라는 이름도 강하게 의식되었으며, 무라사키 시키부가 허구의 연애 이야기로 사람들을 현혹

---

40) 후지와라노 슌제이(藤原俊成, 1114~1204). 헤이안 시대의 가인. 고전을 바탕으로 한 와카 창작법을 확립하고, 50대에 들어서 당시의 가장 유력한 와카 지도자의 지위에 서게 된다. 칙찬집『센자이슈(千載集)』를 편찬하였고 개인 가집도 남겼으며, 유려한 서정성을 기반으로 그 안에 고전의 정취를 녹여 내는 그의 가풍은 후대에 큰 영향을 미쳤다.

41) 후지와라노 사다이에(藤原定家, 1162~1241). 슌제이의 아들로 일명 데이카라고도 한다. 칙찬집『신코킨슈(新古今集)』의 편찬을 주도하는 한편, 와카뿐 아니라 방대한 기록으로서의 일기, 고전의 교정 및 연구에도 뛰어난 업적을 남겼으며『오구라 백인일수(小倉百人一首)』을 집대성했다.

시켰기 때문에 지옥으로 떨어졌다는 전승이 전해졌고, 무라사키 시키부를 지옥에서 구제하기 위해 '겐지 공양(源氏供養)'[42]이라는 법요도 행해졌다. 작가 그 자체가 캐릭터화해 가는 것이다.

한편 『이세 이야기』는 가인 나리히라의 실제 전승이라 이해되면서 각 장마다 '여인'의 실명을 특정하려고 하거나 난어의 의미를 독자적으로 해석하는 주석학이 활발해졌다.

『겐지 이야기』, 『이세 이야기』는 그 후에도 폭넓게 영향력을 가지며 왕조 문화의 이상으로서 경모되었다([그림3]). 요쿄쿠(謠曲)[43]에도 『겐지 이야기』, 『이세 이야기』를 본뜬 것이 많다. 또 이야기를 본떠서 향이나 악곡의 이름이 명명되기도 하고 병풍이나 부채, 문갑이나 조개 맞추기 같은 물품에 모티브가 사용되기도 한다([그림4]). 이와 같이 하나의 이야기는 '물건'을 채색하면서 물질화해 간다. 하나의 이야기 세계가 이차적인 이야기뿐만 아니라 다양한 것들을 생성하는 장치로 기능하고 있음을 알 수 있을 것이다.

에도 시대에 들어서자 몇 안 되는 소품으로 이야기를 상상하게 만드는 고안이 궁리되었다. 수레라면 『겐지 이야기』의 '수레 싸움(車争い)'[44], 우물이라면 『이세 이야기』의 '쓰쓰이즈츠(筒井筒)'라는 식으로 이야기가 널리 공유되어 있지 않으면 성립하지 않는 디자인이었다.

---

42) 무라사키 시키부가 『겐지 이야기』를 지었기 때문에 광언기어(狂言綺語)의 죄로 지옥에 떨어졌을 것이라는 전승에서 그 영혼을 공양하는 것.

43) 일본의 대표적 가면 음악극인 노(能)의 사장(詞章), 또는 그 사장에 절을 붙여 노래 부르는 것.

44) 『겐지 이야기』 「아오이(葵)」 권에는 가모 신사의 새 재원이 아오이 마쓰리가 열리기 전에 목욕재계 의식을 치르는 날, 히카루 겐지의 정처인 아오이노우에(葵の上)와 히카루겐지와 내연 관계인 로쿠조노미야슨도코로(六条御息所)가 구경하러 나갔는데 좋은 자리에 서로 수레를 대려다가 하인들끼리 싸움을 벌이는 장면.

[그림 3] 〈이세 이야기 그림 병풍(伊勢物語図屛風)〉 오른쪽(사이쿠역사박물관 소장).

[그림 4] 〈겐지 그림 서찰함(源氏絵文箱)〉(사이쿠역사박물관 소장).

『겐지 이야기』가 공유 자산라는 의미의 '교양'이 되었음을 알 수 있다. 오가타 고린(尾形光琳)[45]의 〈연자화도병풍(燕子花図屛風)〉도 그려진 제비붓꽃만으로 『이세 이야기』의 「동쪽 지역행(東下り)」[46]의 내용

---

45) 오가타 고린(尾形光琳, 1658~1716). 에도 시대의 화가이자 공예가. 처음에는 가노파(狩野派)를 배웠으나 혼아미 고에쓰(本阿弥光悦)나 다와라야 소타쓰(俵屋宗達)의 영향을 받아 대담하고 경묘한 화풍을 통해 독자적인 조형미를 펼치고, 린파(琳派)를 확립했다.

을 바탕으로 한 고전적 모티브임을 전하고 있다.

그러나 이런 것은 오히려 예외였다. 다른 많은 이야기들은 역시 무명, 익명으로 전해졌다. 남녀 역전의 희비극을 다룬『바뀌었으면(とりかへばや)』[47]처럼 원래 쓰인 작품이 황당무계하다며 개작되어, 개작본인『지금 바뀌었으면(今とりかへばや)』이 오늘날 전해지는 작품도 있다. 가마쿠라 시대에 쓰여진『무묘조시(無名草子)』라는 이야기 평론서에는 지금은 전하지 않는 이야기들의 이름이 많이 적혀 있다.

왜 이야기는 무명인 채 사라져 간 것일까? 역시 와카나 한시문이야말로 문화의 정점이며 이름을 기재할 만하다는 의식이 강했기 때문일 가능성도 있다. 또 작가와 독자는 같은 문화적 교양을 공유하고 있는 사람들이며, 차이가 분화되지 않은 것도 요인일지 모른다.

14세기부터 17세기 후반까지는 '오토기조시'라 불리는 단편 이야기가 다수 지어졌다. 문체는 대체로 읽어서 들려주기 쉽고 간단한 것이었으며, 대부분은 에마키, 그림이 들어간 책과 같이 그림을 수반하는 것이다.『일촌 법사(一寸法師)』[48],『사발 쓴 아가씨(鉢かづき)』[49]처럼 옛날이야기와 같은 소재를 지닌 것도 있고, 고대의 이야기나 전투

---

46)『이세 이야기』9단부터 13단까지의 남자 주인공이 현재의 간토 지역인 무사시국(武蔵国)으로 여행하는 이야기를 포함한 것이다.

47) 헤이안 말기의 이야기로 작자는 미상. 당시 높은 직위였던 곤다이나곤에게서 태어난 두 명의 아이가 성격과 기질이 정반대여서 남자아이를 여자로, 여자아이를 남자로 양육하지만, 성인이 되어 결국 원래 모습으로 돌아가 행복해진다는 내용으로, 당시에도 퇴폐적 내용으로 공격받았다.

48) 무로마치 시대 오토기조시(お伽草子) 이야기 중 하나. 키가 한 치(一寸)밖에 안 되는 주인공 일촌 법사가 귀신을 퇴치하고 훌륭한 젊은이가 되어, 공가의 공주와 결혼해 귀족으로 출세한다는 이야기.

49) 역시 오토기조시 이야기 중 하나로, 어머니의 임종으로 머리에 벗겨지지 않는 바리때를 쓴 딸이 계모 때문에 집에서 쫓겨나지만 그 바리때로 인해 결국 행복해지는 이야기.

이야기의 일부를 끄집어낸 것도 오토기조시로 꼽는다.

흥미롭게도 많은 오토기조시는 헤이안 왕조 시대를 무대로 한다. 말해야 하고 전해져야 할 시대는 역시 『겐지 이야기』, 『이세 이야기』로 대표되는 시대였다. 이러한 작자 미상의, 대중에게 사랑받은 이야기군은 다양한 변형을 낳으며 사본으로 전해져 갔다.

그러나 교호(享保) 연간(1716~1736)에는 교토의 시부카와 세이에몬이 오토기 문고 23편을 세트로 간행한다. 활자로 출판되면 본문의 흔들림은 적어지고 같은 본문이 널리 유통된다. 더욱이 출판 문화가 융성해지자 작가의 이름이 이야기와 함께 정착되었다. 이하라 사이카쿠 등 우키요조시 작가의 등장은 이 직전이다. 여기서는 이미 이야기가 시장 상품으로서 독자에게 소비되고 있으며, 작가와 독자의 분리가 확립되어 있다.

물론 에도 시대에도 사본 문화는 남아 있었다. 다이묘(大名) 집안의 상속 다툼 소동이나 괴담을 다룬 실록(실록체 소설이라고도 한다)은 체면상 윗분의 눈치를 꺼려 출판되지 않고 사본으로만 전해졌다. 이러한 실록 작가들은 강석사(講釋師) 등이 많았던 것 같지만 불분명한 점이 많아서 '무명 작가'의 계보에 속한다고 할 수도 있다.

'이야기'와 '작가'가 자명한 것으로 연결된다는 것은 역사상으로는 오히려 특수한 일이다.

3. 자리의 문예

렌가시(連歌師)의 등장

야나기타 구니오는 문예 담당자로서 '무리로서의 작가' 개념을 제시했다. '작가'가 고유한 이름을 가진 개인이라는 근대적 통념에 대해, '이야기 장(場)'에서 말하는 자와 듣는 자의 상호 작용에 의해 담당되는 「문예」의 형식 또한 세련되어 갔다.

렌가(連歌) 등은 작가가 단독이 아니라는 가장 알기 쉬운 예일 것이다. 렌가란 5·7·5·7·7의 와카 형식을 긴 구(5·7·5)와 짧은 구(7·7)로 나누어 각기 다른 작가가 창화(唱和)하는 형식으로 한 것이다. 짧게 주고받는 단렌가는 『만요슈』시대부터 볼 수 있고, 이윽고 귀족들의 여흥의 놀이처럼 정착되었다.

가장 간단한 형식은 앞 구 붙이기이며, 뒤의 짧은 구에 대해 앞의 긴 구, 또는 긴 구에 대해 짧은 구를 붙이는 것이다. 이를 여러 작가들이 사슬 모양으로 50구, 100구로 이어 가는 것인데, 13세기에는 100운이 주류를 이루면서 전개를 즐기기 위한 식목(式目, 룰)이 정비되었다.

앞 구에 대해, 식목을 감안한 다음 그 자리의 참가자가 납득하는 적당한 구를 붙이려면 상당한 교양과 재치가 필요했다. 앞 구를 받아서 어떻게 세계를 확장할 것인가, 아니면 전환시킬 것인가. 작가의 개성과 공동 제작의 어려움이 조합된 게임성에, 와카에 정통한 귀족과 승려뿐 아니라 하급 관리와 무가, 서민까지 열중하게 되면서 구의 완성도를 겨루는 도박으로까지 융성하게 되었다.

뛰어난 렌가시에게는 어떤 제목이나 어떤 구절에도 대응할 수 있는 폭넓은 식견이 필요했다. 특히 삼대집(三代集, 칙찬 가집 중 『고킨슈』, 『고센슈(後撰集)』[50], 『슈이슈(拾遺集)』[51]), 『겐지 이야기』, 『이세 이

---

50) 헤이안 중기의 칙찬 와카집. 951년에 무라카미 천황의 명에 의해 오나카토미노 요시노부, 기요하라노 모토스케 등 다섯 명이 10년간 편찬하였다.
51) 헤이안 중기의 칙찬 와카집. 1005~7년경 만들어졌다고 보며 약 1,350수의 와카를 수록하고 있다.

야기』 그리고 각지의 우타마쿠라(歌枕)[52]에 정통해야 했다. 그래서 제목마다 와카를 모은 제재 유형별 가집이나 명소, 명물을 정리한 나요세(名寄, 사전과 비슷한 것)도 만들어졌다. 말하자면 실천적인 단어장이나 데이터베이스다.

이윽고 식목에 정통한 애호가들 중에 렌가를 지도하거나 그 현상품으로 생계를 꾸리는 전문가가 나타났다. 무로마치 시대(室町時代, 1333~1573) 시대의 용어에 따라 궁중에 오를 수 있는 자격을 갖춘 상류 귀족의 렌가를 '당상(堂上) 렌가', 하급 관리나 서민의 렌가를 '지하(地下) 렌가'라 불러서 구별하는데, 전문적인 렌가시는 지방 무사나 승려 출신으로 지하의 신분이다. 이들은 최초의 직업 문화인이라 할 수 있다. 이름 있는 렌가시는 신분과 입장을 초월하여 일류 귀족들과 교류하며 사제 관계를 맺거나 비서 같은 일을 담당하기도 했다.[3]

또 교토의 사찰에서는 전문 렌가시들이 벚꽃 아래에서 렌가 모임을 열어서 귀천을 막론하고 서로 구를 붙이며 즐기는 '꽃 아래 렌가'라는 라이브 이벤트도 진행됐다. 이는 1245년(간겐[寬元] 3)경부터 확인할 수 있다.

14세기 남북조 시대의 섭관 가문 당주였던 니조 요시모토(二条良基)[53]는 고전 연구에 몰두한 일류 문화인이었는데, 렌가에 열정적인 애호가이기도 했다. 요시모토는 구사이(救済)[54]라는 렌가시와 협력하여 최초의 렌가집 『쓰쿠바집(菟玖波集)』[55]을 정리한 것은 물론이고,

---

52) 예로부터 와카에 자주 읊었던 명소나 옛터를 이르는 말.
53) 니조 요시모토(二条良基, 1320~1388). 남북조 시대의 와카 작가, 렌가(連歌)의 명수로 『쓰쿠바집(菟玖波集)』을 편찬하고 렌가의 규칙을 제정하는 등 렌가의 문학적 지위를 확립했다.
54) 니조 요시모토와 함께 『쓰쿠바집』(1356)을 편찬한 인물로 렌가의 부흥에 공헌.

식목을 제정하였으며 이론서를 저술했다. 그 중 하나인 『헤키렌쇼(僻連抄)』[56]에서 요시모토는 당시 당상보다 지하에 명인이 많다고 했으며 구사이 등의 이름을 거론했다.

렌가의 길은 신분의 상하를 초월한 교분이었고 향학열이 있는 서민들 입장에서는 출세의 왕도였다. 15세기를 대표하는 렌가시 소기(宗祇)도 이오(飯尾)라는 성씨로 불린 전반생에는 수수께끼가 많아 출신지조차 오미(近江, 시가현[滋賀県])냐 기이(紀伊, 와카야마현[和歌山県])냐 설이 나뉘어 있다. 30대에 늦은 데뷔를 하더니 당시의 렌가, 와카 문단의 중심적인 사람들에게 사사하였고, 곧 '고킨덴주(古今伝授)'[57]라 불리는 와카 주석의 비전을 받아 렌가와 와카 연구의 일인자가 되었다. 또한 소기는 일생을 여행으로 보내며 각지의 다이묘와 호족들을 제자로 삼고 교육하였다.

소기 시대에 렌가가 퍼진 이유는 사회 불안에도 있었다. 오닌(応仁)의 난[58] 전후에 교토의 치안이 어지러워지자 교토에서 활동하던 문화인들이 지방으로 전출되었고, 지방의 유력 다이묘들의 지원을 요청한 것이다. 지방 다이묘들도 교토 문화인들을 환영하고 경제적 지원 대신 고전 지식이나 예절, 교토의 정보 등을 배우며 중앙 문화권과 연결되고자 하였다.

---

55) 편찬자는 니조 요시모토와 규사이(救済)로, 우아함을 추구하는 우신 렌가(有心連歌)를 채록한 렌가집.
56) 남북조 시대의 렌가론서. 1349년 무렵에 니조 요시모토가 저술하였으며 전반에는 렌가의 연혁, 하이쿠의 마음가짐 등을 말하고 후반은 식목에 대한 내용으로 오안 신시키(応安新式)의 바탕이 되었을 것으로 추정된다.
57) 중세 고킨슈의 난해한 어구 해석 등을 비전으로 스승으로부터 제자에게 전수한 것.
58) 무로마치 시대인 1467년 1월 2일에 일어난 사건으로 쇼군 후계 문제를 둘러싸고 지방의 슈고 다이묘(守護大名)들이 교토(京都)에서 벌인 항쟁.

자리의 문예

이와 같은 렌가의 특성을 한마디로 말하면 자리의 문예인 셈이다. 렌가는 여러 렌주(連衆)라 불리는 참가자들이 협동하여 하나의 작품을 만들어 낸다. 식목을 이해하고 한자리에 모인 사람을 규합하는 종장의 존재도 중요하지만, 렌주가 없으면 렌가는 성립하지 못한다. 또한 렌가 모임에서는 세속적 신분을 버리고 종장을 따르며 자리의 조화에 힘쓰는 것이 중요했다.

중세 귀족일기를 보면 '쓰키나미(月次)' 즉 매월 항례적인 렌가 모임이 여럿 개최되었으며, 귀족 저택에 많은 사람들이 드나들었음을 알 수 있다. 50운, 100운의 렌가를 완성시키려면 하루 종일이 걸리기도 하고 며칠에 걸쳐 행해지기도 하였다. 무로마치 시대의 귀족 나카하라 야스토미(中原康富)[59]가 남긴 일기에서 렌가 모임의 실태를 살펴보자.

1448년(분안[文安] 5) 4월 5일, 의사 단바 모리토미(丹波盛長)의 저택에서 렌가 모임이 개최되었다. 이날 모인 사람들은 작년 봄에도 렌가 모임을 열었던 이들로, 승려와 무사 가문 출신자들도 섞여 있었다. 아침을 먹고 종일 렌가 모임을 하면서 한시와 와카를 번갈아 이어 짓는 와칸렌쿠(和漢聯句)[60]라는 형식으로, 야스토미가 집필(기록 담당)이 되었다. 술도 많이 마셨다. 밤이 되자 장소를 옮겨 또 렌가를 했으며 50운을 읊었다.

교제도 귀족 정치의 일부였다고는 하지만 여간 힘든 일이 아니다.

---

59) 나카하라노 야스토미(中原康富, 1400~1457). 무로마치 시대 외기국(外記局) 관인을 지낸 사람으로 그의 일기 『야스토미기(康富記)』는 당시의 귀족 사회의 상황을 잘 보여 주고 있다.
60) 가마쿠라 시대 이후 행해진 렌가로 오언(五言)으로 된 한시의 한 구절을 붙이며 차례차례 읊는다.

일기에 등장하는 야스토미의 렌가 동료 중에는 가단의 일인자였던
교코(堯孝)[61], 잇큐(一休)[62]와의 교류로 알려진 니나가와 신에몬(蜷川新
右衛門, 지운[智蘊]이라는 아호를 지녔다)과 같은 와카 전문가부터, 갓 상
경한 지방의 다이묘, 사루와카(猿若)[63] 등의 예능인들까지 다양한 사
람들이 있었다.

'자리의 문예'로서의 렌가 특성은 많은 문화에 영향을 미쳤다. 다
도, 꽃꽂이(花道), 향도(香道) 등의 예도는 무로마치 시대에 기초가 형
성되어 렌가와 나란히 애호되었다.

특히 다도에 관해서 말하자면, 14세기에 유행했던 것은 '투차(鬪茶)'
라 불리는 게임으로 차를 마셔서 산지와 품종을 맞추는 내기였다.
투차는 술자리나 음곡을 수반했으며 꽃과 미술품으로 장식된 넓은
공간에 젊고 아름다운 예능인(덴가쿠[田楽][64] 무희)들이 시중을 들었으
며 포상으로 금은보화를 쌓아 올리는 등 꽤나 호화로운 놀이였던 것
같다.

그러나 상인이자 렌가시였던 다케노 조오(武野紹鷗)[65]가, 무라타 주

---

61) 교코(堯孝, 1391~1455). 무로마치 시대의 가인, 승려. 증조부인 돈아(頓阿) 이후 와카
쇼(和歌所)를 담당하였으며 보수적인 니조파(二条派)의 중심으로 활동하였고, 칙찬집
『신쇼쿠코킨슈(新続古今集)』의 편찬에 관여하였다.

62) 잇큐(一休, 1394~1488). 무로마치 시대의 임제종 승려. 다도와 하이쿠를 통해 선(禪)
의 정신을 대중화시켰고 일본 사회의 통제된 규범을 벗어난 인물로 작품집에 『교운슈
(狂雲集)』 등이 있다.

63) 초기 가부키에서 우스꽝스러운 성대모사나 입담의 웅변술 등을 연기한 어릿광대 같은
역할.

64) 민간 농경 예능에서 출발하여 헤이안 시대에 자리 잡은 민속 예능. 모내기 때 논의
신을 모시고 노래한 것이 원형이며 가마쿠라 시대부터 무로마치 시대에 유행하였다.
모내기 춤 등 농경의 장에서 이루어진 예능의 총칭.

65) 다케노 조오(武野紹鷗, 1502~1555). 무로마치 시대 말기의 다도인. 다도 도구의 간소
화를 주장하였고 서민 생활 속에서 새로운 미를 추구하였으며 간소화한 와비차(侘び茶)

코(村田珠光)[66]가 시작한 와비차(侘茶)[67]를 퍼뜨리며 가치관을 일신시켰다. 와비차는 간소한 초암(草庵) 같은 다실에서 차를 즐기며 고담함 속에서 미를 발견해 내는 것이다. 와카나 노와 통하는 미의식인데, 조오는 후지와라노 사다이에의 와카를 배웠다고 한다. 조오의 제자가 센노 리큐(千利休)이며, 이 사제에 의해 다도가 퍼졌다.

이처럼 '자리(座)'라는 공간은 신분을 초월하여 다양한 사람들의 교류의 장이었고, 또 렌가와 같은 문예뿐 아니라 다양한 문화 양식에서 파생된 일종의 플랫폼이었다.

하이카이(俳諧)[68]와 하나시(咄)[69]

고전 교양을 바탕으로 한 정통 렌가에 비해 재치를 중시하고 웃음을 추구하는 렌가의 흐름은 '내뱉는 하이카이'로 전개되었다. 이들은 기록을 남기지 않고 식목도 느슨하게 적용했으며, 그 자리의 흥취로 행해진 것이다.

소기의 제자였던 소초(宗長)[70]의 여행 일기에서 교토의 잇큐지(一休

양식을 제자인 센노 리큐(千利休)에게 전수하였다.

66) 무라타 주코(村田珠光, 1423~1502). 무로마치 중기의 승려로 일본 다도의 시조라고 일컬어지는 인물. 차선일미(茶禪一味)라 하여 주인과 객의 정신 교감을 중시한 다도 모임의 본연의 자세인 와비차를 창시하였다.

67) 다도 형식의 하나로 무로마치 시대에 유행한 화려하고 호화로운 다도에 비해 초암의 좁은 다실 공간에서 이루어지는 다도로 무라타 주코, 다케노 조오를 거쳐 센노 리큐가 완성했다고 일컬어진다. 이후 와비차의 경지에 철저한 것이 다도의 궁극으로 여겨졌다.

68) 와카와 렌가를 이어받아 에도 시대 초기 발전한 단시의 형식으로 5·7·7 세 구 17음절의 형태로 웃음과 해학의 요소가 포함된 장르이며, 근대 이후 하이쿠로 불린다.

69) 강담(講談) 문예 중 하나로 그 길이가 비교적 짧고 듣는 이에게 웃음을 선사하고자 하는 소화(笑話)의 성격이 강하다.

70) 소초(宗長, 1448~1532). 무로마치 후기의 렌가시. 와카와 렌가를 소기(宗祇)에게 배워 그 문하생이며, 저서로『아마요노키(雨夜記)』, 렌가집에『가베쿠사(壁草)』등이 있다.

寺)에서 해를 넘겼을 때 화롯가에서 덴가쿠 두부(田楽豆腐)[71]를 먹으면서 지었다는 하이카이 일부를 소개한다.

쓰노쿠니(津の国)의 온천 산마을 여인 베개맡에서
고야산(高野山) 스님께서 잠자리 구하는 소리
여름밤 찢긴 모기장 휜당에서 튀어나오고

'셋쓰노쿠니(摂津国, 지금의 효고현[兵庫県]) 아리마(有馬) 온천에서 그 지역 사람(온천에서 일하는 유녀일 것이다)과 동침을 했다'는 앞의 구에 대해 '그럼 여행하던 고야산(高野山) 스님이겠지'라고 연결한 것이다. '여자를 구하다'와 '잠자리를 빌리고 싶다는 소리'를 합해서 멋을 부린 표현이다. 세 번째 구는 '그 스님은 찢어진 모기장을 친 휜당에서 도망쳐 나온 것이리라'고 전개해 간다. 요컨대 비속한 음담패설까지 뒤섞인 잡다한 웃음의 문예였다.

이러한 속어를 많이 사용한 하이카이는 본격적인 렌가를 배우기 위한 입문, 혹은 좌흥이었는데 이윽고 지금까지 내뱉어진 좋은 구들을 모으려는 움직임도 나타났다. 렌가집에 대해 『이누쓰쿠바집(犬筑波集)』[72]라고 명명되었고, 편자는 야마자키 소칸(山崎宗鑑)[73]으로 보는데[그림 5], 소칸 본인인지는 알 수 없다. 거기에서는 앞서 말한 소

---

71) 물기를 뺀 두부에 된장을 기본으로 삼은 양념장을 발라 양면을 구운 요리.
72) 1532년 야마자키 소칸(山崎宗鑑)이 편찬한 무로마치 시대 후기의 하이카이집으로 일본 최초의 하이카이 찬집으로 일컬어진다. 소칸, 소기, 소초 등의 하이카이를 370구 정도 수록하였으며 비속하고 골계적 표현을 중심으로 하여 렌가에서 하이카이가 독립할 수 있는 기운을 만들었다.
73) 야마자키 소칸(山崎宗鑑, 생몰년 미상). 무로마치 후기의 렌가시(連歌師). 『신센이누쓰쿠바집(新撰犬筑波集)』의 편찬자로 하이카이의 시조로 여겨지는 인물.

초의 '고야산 스님' 구에 대해 '아주 커다란 삿갓 쓰고 달빛도 깊어진 밤에'라고 이었다. 내뱉어진 즉흥적인 구가 전승되는 동안 새롭게 고안된 사례이다.

렌가에 대한 하이카이는, 노에 대한 교겐(狂言)[74]과도 흡사하여 분리하기 어렵게 결부되어 있다. 이 웃음의 계보에 우스운 이야기를 모은 『세이스이쇼(醒睡笑)』[75]까지 덧붙일 수 있다. 편자는 전국 시대부터 에도 시대 초기까지 살았던 정토종 승려 안라쿠안 사쿠덴(安楽庵策伝)[76]이다. 이 『세이스이쇼』에는 렌가시 소기가 등장하는 소화가 있다.

> 어느 날 소기가 시나노(信濃, 지금의 나가노현[長野県])로 향하는 여행 도중에 산속 초암에 들러 차를 요청했는데, 찻물이 미지근하여
> "차 미지근한 것은 봄이 온 표시인가"
> 하고 말을 거니, 곧바로 암자 주인이
> "너무 식힌 내 탓 매화철은 지나 차꽃이 한창"

이라고 답했다. '물을 너무 식힌 것은 내 탓(책임)이다'라는 뜻과 '매화의 계절이 지나 도가노오(栂尾)[77]의 차꽃이 한창입니다'라는 의미를

---

74) 노(能)의 상연에 빠지지 않는 희극적인 막간극. 부부 싸움이나 허풍쟁이 등을 소재로 하여 인간의 약한 성격을 농담처럼 다루거나 풍자하여 사회 모순에 대한 예리한 비판과 웃음을 제공한다.

75) 여덟 권으로 구성된 이야기 책(咄本)으로 안라쿠안 사쿠덴(安楽庵策伝)에 의해 1623년 성립. 근세 초기 오토기슈(お伽衆)에 의해 이야기되던 우스운 이야기(笑話)를 항목 분류하여 집대성하였다. 사회나 시대 풍조를 반영하였으며 후대 라쿠고(落語) 등 이야기 예능에도 영향을 미쳤다.

76) 안라쿠안 사쿠덴(安楽庵策伝, 1554~1642). 에도 시대 초기의 설교승이자 다도인, 소화의 작가로 다실 안라쿠안을 짓고 은거한 것에서 이름을 붙였으며, 라쿠고의 시조라고 일컬어진다.

중첩시킨 구이다.

시마즈 다다오(島津忠夫)에 따르면 『세이스이쇼』에서 소기가 등장하는 소화는 17화, 소초의 이야기도 12화나 있다. 물론 실화라고 단정할 수는 없다. 그러나 사쿠덴이 살았던 전국 시대에 '자리'를 주도하는 데에 능숙하고, 여행 기회도 많던 렌가시들이 우스운 이야기의 등장인물에 적합하다고 여겨진 것이다.

시마즈는 이러한 소화를 '렌가바나시(連歌咄)'라고 명명하고 '렌가시는 한편으로는 순정 렌가를 지도하여 문학의 지위를 결정짓는 역할을 하는 동시에, 또 한편으로는 이야기를 탁월하게 하여 이윽고 렌가바나시를 형성했다'고 말하며, 렌가시가 권력자 좌우에서 이야기 예능을 선보이던 실태를 상정한다.*4 즉, '오토기슈(御伽衆)'78)와 같은 신분으로서 다이묘의 말 상대가 된 것은 아닐지 생각할 수 있다.

오토기슈는 고참의 노무사나 차보즈(茶坊主)79), 승려 등으로 다양했으며, 주군의 말벗이 되는 것 외에도 부헨바나시(武辺話)80)나 경험담을 이야기하거나 여러 지역의 소문을 전달하거나 영지를 지배하는 데에 도움이 되는 고사를 이야기한 것으로 알려졌다. 렌가시 또한 와카 관련 지식을 바탕으로, 상경한 지방 다이묘를 향응하는 경험이 많았다.

---

77) 지금의 교토시 우쿄구에 위치한 곳으로 강 상류의 경승지이자 차밭으로 유명한 곳.
78) 무로마치 시대 후기부터 에도 시대 초기에 걸쳐 쇼군이나 다이묘들의 측근에서 모시며 이야기 상대를 하던 직업의 이름. 잡담에 응하거나 자기 경험담, 서책의 강석 등을 주로 이야기했다.
79) 무로마치 시대부터 에도 시대에 존재했던 직명의 하나로 쇼군과 다이묘 주위에서 찻물 준비와 차 대접, 내방객 안내 접대를 비롯해 성안의 온갖 잡일에 종사했다.
80) 무도에 관한 체험 등을 내용으로 하는 이야기로, 다이묘들을 모시는 오토기슈가 주로 구연하였다. 전투가 있을 때 크게 유행하였는데, 특히 진중에서 야경을 해야 할 때 졸음 방지 차원에서도 환영받았으며 무장들은 무헨바나시로 여러 지역의 동정을 알거나 사기 진작에 이용하기도 했다.

특정한 다이묘를 섬기지 않더라도 통하는 존재로 간주되었을 것이다.

옛날이야기를 구전하는 사람 중에는 이 오토기슈의 후예라고 자칭하는 자들도 있지만, 오히려 오토기슈는 주군들의 작은 세계 바깥의 이야기=정보를 전달하는 '세켄시(世間師)'[81]에 가까운 존재가 아니었을까 여겨진다.

동시대의 『의잔후각(義残後覚)』[82]에 수록된 것 중에는 가인 무장으로 유명한 호소카와 유사이(細川幽斎)[83]가 등장하는 소화도 있다.

어느 날 히데요시(秀吉)가 명했다.

"앞으로는 허리 아래 이야기(음담패설)는 하면 안 된다, 말하면 벌금이다."

그러자 유사이가 말하기를 "얼마 전 기요미즈데라(清水寺) 절에서 진귀한 차도구를 보았습니다. 녹나무로 만든 찻가마였습니다"라고 하자, 히데요시가 "나무면 찻가마의 엉덩이가 타서 쓸모가 없지 않으냐"라고 하자, 유사이가 "허리 아래 이야기를 했으니 벌금이십니다"라고 대꾸하여 히데요시도 크게 웃었다.

같은 이야기가 화자를 바꾸어 몇 가지로 전해지고 있으며, 유사이

---

81) 세간에 정통하여 약삭빠르고 처세에 능한 사람을 말하며, 이곳저곳으로 다니며 세상살이를 하는 사람을 의미하기도 한다.
82) 일곱 권에 85개 이야기가 정리되어 16세기 말 성립된 세간 이야기집으로 편자는 구켄(愚軒).
83) 호소카와 후지타카(細川藤孝, 1536~1610). 전국 시대에 활약한 무장으로 다이묘이자 가인. 아시카가 쇼군 가문의 측근으로 활약하다가 오다 노부나가, 도요토미 히데요시, 도쿠가와 이에야스에게도 중용된다. 근세 호소카와씨(細川氏)의 시조가 되었으며 일류 문화인으로도 유명하다.

가 아니라도 성립된다. 굳이 살아 있는 대다이묘였던 유사이가 등장하는 이유는, 유사이가 와카와 렌가만이 아니라 무도나 서예, 다도에도 능통했던 다재다능한 인물이었던 데서 유래할 것이다. 재능에 따라 신분을 초월한 사람들이야말로 가치관을 흔드는 소화의 담당자로 적합하다고 여겨졌던 모양이다.

하이카이렌가는 에도 시대에 들어와 더 널리 사람들에게 침투하였고 비틀며 웃음을 추구하는 하이카이의 정신은 근세 문예의 기조가 된다. 하이카이가 바르고 우아한 말들을 재검토하고 다도와 통하는 '와비'라는 미의식을 받아들여 심화시키게 되는 것은 바쇼(芭蕉)가 등장하고서의 일이다.

원저자 주

*1 益田勝実, 『益田勝実の仕事4 秘儀の島』, ちくま学芸文庫, 2006.

*2 小峯和明, 『説話の言説 中世の表現と歴史叙述』, 森話社, 2002.

*3 前田雅之, 『書物と権力 中世文化の政治学』, 吉川弘文館, 2018.

*4 島津忠夫, 「連歌師の咄」, 『国語国文』 35-10, 1966.10.

참고문헌

『증보 사료 대성 야스토미기(增補史料大成 康富記)』, 臨川書店, 1965.

안라쿠안 사쿠덴(安楽庵策伝) 저, 스즈키 도조(鈴木棠三) 역, 『동양문고 31 세이스이쇼 ―전국의 소화(東洋文庫31 醒睡笑―戦国の笑話)』, 平凡社, 1964.

시마즈 다다오(島津忠夫), 『소초 일기(宗長日記)』, 岩波書店, 1975.

도다 가쓰히사(戸田勝久) 편, 『다도학 대계 제9권 차와 문예(茶道学大系 第九巻 茶と文芸)』, 淡交社, 2001.

고미네 가즈아키(小峯和明), 『일본 문학사 고대·중세편(日本文学史 古代·中世編)』, ミネルヴァ書房, 2013.

무라카미 노리오(村上紀夫), 『거리의 예능사(まちかどの芸能史)』, 解放出版社, 2013.

오쿠다 이사오(奥田勲), 『렌가의 역사 중세 일본을 이은 노래와 사람들(連歌史 中世日本をつないだ歌と人びと)』, 勉誠出版, 2017.

마루야마 아키노리(丸山顕徳)・니시하타 유키오(西端幸雄)・히로타 오사무(廣田收)・미우라 슌스케(三浦俊介) 편, 『신편 앞으로의 일본 문학(新編これからの日本文学)』, 金寿堂出版, 2007.

제2장

목소리와 퍼포먼스의 시대

- 12~16세기 -

대표 저자 : 이토 신고

중세에는 많은 사람들이 문자를 매개로 하지 않은 상태로 문예를 만들어 내고 수용했다. 그들의 말과 행동은 사원(寺院) 사회, 무가(武家) 사회에서 만들어진 매체(이야기 책자·에마키·예능 등)를 통해 표현되는 것이 대세를 차지했고, 안타깝게도 근세부터 근대 대중처럼 자신의 사상이나 의사를 발신하는 문자의 문예를 갖지는 못했다. 그렇기는 하지만 그들 스스로 상상력을 구체화할 매체가 없는 것은 아니었다. 그것은 문학이나 회화라는 평면적인 작품이 아니라 무용이나 가요와 같은 신체 동작이나 음성 언어를 이용한 퍼포먼스이다. 그들은 문자 사회를 살지 않았고, 또 책을 통한 교류의 장 밖에 놓여 있었다. 그래서 문학이나 회화를 통해서가 아니라 신체를 통해서 문화적 창조 활동을 하는 것이 중심이 되었다.

한편, 서민의 생활에 관련하여 그들에게 지식이나 교양을 가져다주는 자들이 있었다. 그것이 불교승들이다. 스님은 설법 담화하는 장에서 갖가지 설화를 이용하며 부처의 가르침을 설파하였다. 또한 사원에서 이루어지는 예능은 부처나 신에게 봉납하는 것에서부터 전업

예능인이나 서민이 참여하여 오락성이 풍부한 예능으로 발전해 갔
다. 귀천을 막론하고 많은 사람들이 예능 흥행의 장으로 모이는 것을
이용하여 사찰이나 신사의 주최로 권진(勸進) 흥행을 열고 사원을 경
영할 자금을 조달하게 되었다. 또한 본존을 공개하고 참배자들에게
신불의 영험함이나 사원이 창건된 기원을 이야기하며 족자(괘도)나
에마키를 이용해 그림풀이를 했다.

이들 신불의 이야기를 말하고 또 읽는 것은 그 자체로 신불과 인연
을 맺는 행위이며, 그것을 듣는 것 또한 마찬가지로 공덕이 있다고
믿었다. 이러한 이야기 수용에 따라 위로는 천황가로부터 아래로는
서민에 이르기까지 다양한 층에서 받아들여지고, 또한 일본 각지로
이야기가 침투해 갔다.

이번 장에서는 목소리와 퍼포먼스에 따른 다양한 '작가'의 모습을
살펴본다. 또한 동시에 그 사람들에 의해 이야기나 신체 표현 등이
나타나는 '현장'을 확인해 보자.

1. 세속과 종교의 담화

일상과 문학 사이

무사 집안에서 태어나 조정에서 일한 사토 요시키요(佐藤義清)는 23세
에 출가하여 사이교(西行)[1]라는 이름으로 활동했다. 그리고 이후 여러

---

1) 사이교(西行, 1118~1190). 헤이안 시대의 승려이자 가인이다. 히가시야마(東山)와 사
   가(嵯峨) 근교에 초암을 짓고 살며 남녀 귀족들과 교류하였고, 일본 곳곳을 행각하며
   불도를 수행하거나 우타마쿠라(歌枕)를 찾기도 하고, 와카를 지어 남겼다. 달과 벚꽃의
   가인으로 알려져 있다.

지역을 돌며 수많은 뛰어난 와카를 남겼다. 그 생애는 갖가지 일화를 남기고『사이교 이야기(西行物語)』[2]로서 중세부터 근세에 걸쳐 널리 읽히게 되었다[그림 1]. 가인으로서, 또한 세속에서 벗어난 표박의 승려로서 그의 자취를 흠모하는 사람들이 많이 나타났고, 문학이나 예능, 회화 등 다양한 분야에서 다루어졌다.[*1] 중세 후기에 확립되어 이후 일본을 대표하는 무대 예능이 된 노 역시 사이교의 영향이 강하다.

[그림 1] 어린 딸을 걷어차고 출가하는 사토 요시키요(佐藤義淸)(훗날의 사이교 법사)(『사이교 이야기(西行物語)』, 일본국립국회도서관 소장).

---

2) 어린 딸이 사이교가 출가할 때 매달리자 걷어차고 집을 떠났다는 유명한 일화가 그려져 있다. 에도 시대에 유포된『사이교 이야기』판본에는 이 밖에도 딸과 재회하거나, 출가 후 수행한 이야기 등의 이야기가 더 포함되어 있다.

노의 주인공에 해당하는 시테(シテ)[3])는 노인이나 마을 여인의 모습으로 나타난 신이나 영이 나중에 정체를 드러내는 경우가 많다. 그 시테에게서 이야기뿐만 아니라 마침내는 본성을 끌어내는 것이 쓰레(ツレ)[4])의 역할이다. 노를 대성한 것은 제아미(世阿弥)[5])인데, 그 아버지 간아미(観阿弥)[6]) 때부터 쓰레 쪽에는 '여러 지역을 보고 돌아다니는 승려'를 자처하는 행각승이 등장하는 작품이 많아진다. 여기에는 실존 인물이며, 또한 후세에 전설화하는 사이교의 이미지가 투영되어 있다고 여겨진다.[*2] '여러 지역을 보고 돌아다니는 승려'는 일생을 여행으로 보내는 승려가 곳곳에서 만난 신과 유령, 사물의 정령 등의 인간적인 고뇌나 생전의 미련을 듣고 성불시키는 것이었다.

여행은 넓은 세상을 모르는 서민들의 견문을 넓히는 것이었는데, 그래서 여행하는 사람을 맞이하여 이야기를 듣는 일 또한 의미 있는 기회였다.

1575년(덴쇼[天正] 3)에 베껴 썼다고 하는 『시즈카의 책자(静の草紙)』(고쇼지[興正寺] 소장)에는 다음과 같은 내용이 기록되어 있다. 도읍 사람이 시골로 내려가면 '교토 이야기', 즉 도읍 이야기를 한다. 또 시골

---

3) 노가쿠(能楽)의 주인공. 시테는 주로 인간이 아닌 신, 수라도에 빠진 사무라이와 여자 유령, 광녀, 덴구, 용신 등 폭넓은 역을 연기하며 노멘(能面)이라는 가면을 사용할 경우가 많다.

4) 주인공인 시테의 조연 역할. 시테와 쓰레는 초현실적인 존재임을 표현하기 위해 노멘을 쓴다.

5) 제아미(世阿弥, 1363~1443). 일본의 전통 가무극인 노를 완성한 작가이자 배우. 노의 대성자라 불리며 노의 궁극적인 이념을 유겐(幽玄)의 구현으로 보고 이러한 예술관에 입각하여 많은 작품과 예술론을 저술하였다.

6) 간아미(観阿弥, 1333~1384). 아들 제아미와 함께 무로마치 시대 당시에 유행하던 덴가쿠(田楽), 사루가쿠(猿楽), 구세마이(曲舞) 등 당시 유행하던 예능을 접목시켜 노가쿠(能楽)를 성립시켰다.

사람이 상경하면 '시골 이야기', 즉 시골 이야기를 하는 것이다. 시골에 온 추억으로 신사에 참배하고 도읍으로 돌아간 뒤의 이야깃거리로 삼으려는 것이다. 나그네는 여행 도중의 체험을 이야기로 전달한다. 여행을 할 기회 자체가 거의 없고, 또한 오락이 적은 사회에서는 아직 보지 못한 곳에서의 체험담이나 견문담은 많은 사람들에게 요구되었다.

교겐 〈이천 석(二千石)〉[7]에서는, 주인인 다이묘에게 말도 없이 교토 구경을 간 하인 다로카자(太郎冠者)[8]가 교토 이야기를 하는 것을 조건으로 용서된다. 주인은 "나도 그 어느 때보다 화가 났지만 교토 안을 다녀왔다고 하니 용서한 것이다. 이리로 나와서 도읍이 어떠한지를 이야기해라"고 한다. 여행 이야기에는 그만한 가치가 있다고 여겨진 것이다. 교겐 〈지장 춤(地藏舞)〉에 "여러 사람이 말하기로는 젊었을 때 여행을 하지 않으면 늙어서 할 이야기가 없다고들 하신다"라는 대사가 있다. 팔다리가 튼튼한 젊은 시절에 여행을 하지 않으면 노후의 이야깃거리가 없다는 생각이 일반적인 경향이었던 것이다.[*3]

여행을 하는 인생은 승려나 산속 수행자 같은 종교인 외에 상인이나 예능인이 보내는 것이었다. 서민들 대부분은 지방 사찰에 참배하는 것 외에는, 나고 자란 지역에서 나오지 않고 생애를 마감했다. 그렇기 때문에 여행자가 하는 이야기는 세상을 알기 위한 중요한 정보

---

7) 다로카자(太郎冠者)가 주인공인 교겐 작품 중 하나로, 주인이 다로카자가 가문에 전해지는 우타이(謠)를 함부로 불렀다며 화를 내고 칼에 손을 대는데, 그 모습이 선대를 꼭 닮았다는 말을 듣고 아버지를 떠올리며 다로카자를 용서한다.
8) 교겐의 가장 대표적인 등장인물로 가자(冠者)는 사용인, 하인을 의미한다. 실수가 많고 잔꾀로 위기를 모면하기도 하는데 기본적으로 주인을 위하는 마음이 큰 인물로 그려지며 친근감과 애착이 느껴지는 캐릭터라 할 수 있다.

이자 오락이 된 것이다. 그리고 젊었을 때의 여행 경험은 노후의 이야 깃거리가 된 셈이다. 이를 듣는 젊은이 입장에서는 나이 드신 분의 말로 존중할 만한 것이었고, 노인 입장에서는 나이 든 후에 큰 위안이 되는 행위였다.

이야기의 '장'

또 먼 영지든 가까운 사찰이나 신사든 참배를 하고 밤에 머물면, 그곳이 이야기 전파의 장이 되었다. 교겐 〈탈바꿈(成り上がり)〉은 주인과 다로카자가 기요미즈데라 절에 참배를 가서 머무는데, 날이 밝아 돌아갈 때 두 사람은 다음과 같은 대화를 나눈다.

> 주인 "그런데 아무것도 신기한 이야기는 없었느냐?"
> 다로카자 "아, 바로 그에 관한 내용입니다. 제가 있던 근처에서 여러 잡담들을 하고 있었는데, 그중에서도 무언가가 탈바꿈한다는 이야기를 했는데, 들으셨습니까?"

많은 참배자들이 있는 가운데 오가는 이야기 중에서 신기한 이야기를 들은 것이다. 즉, 이야기의 '장'으로서 '자리'이다. 여기서부터 이 교겐의 테마인 '탈바꿈'이 도출된다.

참배는 그 사찰이나 신사의 신이나 부처(여기에서는 기요미즈 관음)과 인연을 맺는 종교적 행위이지만, 그와 동시에 잠을 자지 않고 하룻밤을 샐 필요가 있기 때문에, 재미있는 이야기, 진귀한 이야기를 말하는 장이자 듣는 장이기도 했다. 물론 신불의 앞이라는 공간이기 때문에 어떠한 화제라도 용서받을 수 있는 것은 아니다.

〈탈바꿈〉의 경우는, 다로카자가 주인이 맡긴 칼을 참배 중에 대나무 막대기로 바꿔치기당한 것을 속여 넘기기 위해, 참마가 출세해서 뱀장어로 '탈바꿈한' 것처럼 큰 칼도 대나무 막대기로 탈바꿈했다고 말했다. 이 교겐은 참배 이야기의 틀을 이용해 희극으로 만든 것인데, 대부분은 신앙과 얽힌 이야기가 오갔을 것이다. 『스와의 본지(諏訪の本地)』[9](『무로마치 시대 이야기 대성(室町時代物語大成)』 제8권 수록)에서는, 밤이 깊어 참배한 사람들 가운데에서 이야기가 시작되며, 그중에서도 영산을 돌며 순례하는 승려들 열 명 정도의 그룹이 신불에 얽힌 영험한 이야기를 하거나, 노승이 두루마리를 펼치며 외국의 모습을 이야기하고 있다. 이러한 밤샘 때의 담화를 이야기 형식으로 도입한 것이 오토기조시 『삼인 법사(三人法師)』이며, 그 후 참회 이야기의 규범이 되었다.

젊었을 때의 견문·경험은 이야깃거리로 기억 속에 보존되어 간다. 그것은 나이 든 사람의 이야기로서 자손에게 이야기되고, 또 가까운 젊은이에게 전해져 간다. 그리고 여행을 하며 사는 사람들은 정착하여 다른 지역을 잘 모르는 사람들에게 환대받았다. 정착해서 사는 서민 입장에서 그것은 세상을 알 수 있는 기회임과 동시에 재미있는 이야기, 진귀한 이야기를 듣는 오락이 되었다. 물론 나그네뿐 아니라 여행을 다녀온 사람들의 이야기도 마찬가지다. 사찰이나 신사 참배는 다양한 사람들이 교차하는 자리였고, 밤을 새우며 이야기가 전달되는 기회였다. 이렇게 여행을 통해 이야기·설화가 전파되고 전승되어 갔다. 그 근본에는 중세 사람들이 신분을 불문하고 이야기를 원하

---

9) 무로마치 시대의 이야기로 작자는 미상. 『신도집(神道集)』 권 10에 실린 스와 대사(諏訪大社)의 유래에 다룬 것으로, 근대에 들어 고가 사부로(甲賀三郎)가 연애담으로 각색하기도 한 이야기이다.

는 마음이 있었기 때문이다.

"신기한 일이 아닌가"(요쿄쿠 『고바야시(小林)』)라는 대사는 오락이자 교양이며 새로운 정보이기도 하는 등 여러 함의가 있지만, 어떠한 성격이든 사람들이 이동함으로써 문자에 의존하지 않고 구두로 발화되는 이야기·설화가 생겨났다가 사라진 것을 안다. 그리고 그것이 오늘날 전해지는 중세 문학의 저변을 이루었던 것이다.

무가의 교훈을 담은 『이세 사다치카 교훈(伊勢貞親教訓)』[10]에는, "인간은 태어나면서 사물의 이치를 아는 것이 아니다. 남이 하는 말을 듣고 남의 모습을 봄으로써 지혜가 몸에 익는 것이다. 귀로 들음으로써 가장 이득을 볼 수 있다"라고 적혀 있다. 현대인 이상으로 이른바 귀동냥으로 배우는 것이 중시되었음을 알 수 있을 것이다. 중세에는 자리(모여서 이야기 예능을 펼치는 장)의 문예가 번성했는데, 그중에서도 다도나 렌가 등, 여러 사람이 모여 같은 시간을 공유함으로써 교우가 깊어졌다. 무가 입장에서는 공가(公家)뿐 아니라 서민들과의 연계를 돈독히 하는 장이 되었다(자세한 것은 p.74, 「자리의 문예」 참조).

무가나 공가를 섬기는 유모나 시녀들도 주인의 딸인 공주에게 주는 교훈으로 오노노 고마치(小野小町)[11]의 이야기를 가지고 오는 등, 잘 알려진 이야기를 이용했다. 고마치는 여성 가인으로서뿐 아니라, 중세 이래 중국의 양귀비와 나란히 미인으로도 알려져 미녀의 대명사가

---

10) 이세 사다치카(伊勢貞親, 1417~1473)는 와카, 렌가 등을 잘했으며 쇼군 측근으로 일하며 여러 공식 행사를 담당했으므로 무가의 예식에 밝아 후세에 규범으로 존중되는 이세류(伊勢流) 형성에 큰 역할을 맡았다. 자식에게 38조항의 교훈을 쓴 『이세 사다치카 교훈(伊勢貞親教訓)』이 전한다.

11) 오노노 고마치(小野小町, 생몰년 미상). 헤이안 시대 전기의 여성 가인으로 와카를 잘 지어 육가선(六歌仙)의 한 사람으로 꼽혔다. 미모의 가인으로 수많은 전설이 있으며, 요쿄쿠나 가부키 등 후대의 극문학 소재가 되었다.

되었다. 『하니후 이야기(はにふの物語)』[12]에서는 남자로부터 연서를 받은 공주님에 대해 답신을 하라고 타이르는 유모가, 답장을 보내지 않으면 고마치처럼 되어 버린다고 말한다. 고마치는 남자에게 100일 동안 매일 밤 자기 있는 곳을 찾아와 주면 뜻을 이루게 해 준다고 약속하지만 남자는 99일째 밤에 죽고 말았다. 그 집념에 저주를 받아 고마치는 영락해 버린다(이 에피소드는 노 〈가요이 고마치(通小町)〉[13]나 〈솔도파 고마치(卒塔婆小町)〉[14], 오토기조시 『고마치의 책자(小町の草紙)』[15]를 통해서도 알려져 있었다).

승려와 설화

앞서 『스와의 본지』에서 영산을 돌며 순례하는 승려를 소개했는데, 스님은 지식을 관장하고 사람들을 가르치며 이끄는 존재로 파악되었다. 그렇기 때문에 그들의 이야기를 듣는 것은 귀천을 막론하고 존중받았다. 승려로 대표되는 종교인은 이야기의 중요한 관리자였다.

그러나 그 이상으로 불교의 담론을 평이하게 이야기하고 들려줄 것이 사회적으로 요구되었다. 추상적이고 난해한 교리를 사회에 전달해야 비로소 불교가 침투하는 셈이다. 그러기 위해 필요한 것이

---

12) 15세기에 지어진 이야기로 다이나곤(大納言)의 딸 히메기미(姫君)와 남조 쪽의 젊은 귀족 와카기미(若君)의 연애 및 와카기미의 출가 둔세를 그렸다.

13) 오노노 고마치를 사랑하다가 죽은 후카쿠사노 쇼쇼(深草少将)가 백일 밤 동안 그녀를 찾아가는 이야기를 그린 요쿄쿠.

14) 솔도파(卒塔婆)에 걸터앉은 나이 든 여인과 스님이 벌이는 불교 문답을 그린 요쿄쿠로 나이 든 여인이 오노노 고마치이다.

15) 천성의 미모와 와카의 재능으로 명성을 떨쳤던 오노노 고마치가 늙어 볼품없는 모습이 되어 마을에 구걸하러 나가면 사람들은 옛날의 오노노 고마치가 변모한 것을 비웃는다. 그녀는 유랑을 거듭하다 결국 초원 속에서 죽게 된다.

[그림 2] 「비파 법사(琵琶法師)」「장님 여인(女めくら)」. 중세 후기의 『칠십일번 직인 노래 겨루기(七十一番職人歌合)』를 답습한다(히시카와 모로노부[菱川師宣] 그림 『화국 제직 그림 모음(和国諸職絵づくし)』, 일본국립국회도서관 소장).

비유담, 즉 빗댄 이야기이다. 인간 사회나 동물 사회를 무대로 한 이 야기를 통해 심오한 교리를 알기 쉽게 가르치고 타이른다. 고대부터 만들어진 불교 설화집은 성립 사정이야 어떻든 그러한 목적을 위한 이야기 재료를 모은 것으로 이용되어 왔다.

　『사석집(沙石集)』[16]은 중세 전기에 성립된 불교 설화집이다. 『법화 험기(法華験記)』[17]나 『일본영이기(日本霊異記)』[18] 이래로 많이 만들어 진 불교 설화집은 대부분 '웃음'과는 무관한 인연담을 모은 것이다.

---

16) 가마쿠라 시대 불교 설화집으로 총 열 권이며 1283년에 성립했다. 영험담, 고승전, 문예담, 소화도 수록되었고 불교 사상뿐 아니라 일본 문학상에서도 귀중한 사료가 된다.
17) 1043년 성립했다고 보이는 헤이안 시대 불교 설화집. 『법화경』의 위력을 실증하기 위 한 법화경 신봉자의 이야기와 영험 설화를 집성한 것으로 『대일본국 법화경험기(大日 本国法華経験記)』라고도 한다. 명승, 고승, 수행자, 무명의 성인 설화, 서민과 동물의 왕생담까지 설화 내용이 다양하다.
18) 헤이안 시대 초기에 성립되어 일본에 전해지는 가장 오래된 설화집이라 일컬어지며 원래 명칭은 『일본국 현보선악 영이기(日本国現報善悪霊異記)』이다.

그런데 『사석집』은 우스개 이야기를 많이 수록하였고, 또한 경전에 수록된 설화를 번안할 뿐만 아니라 민간에 전승되어 온 설화마저 집어넣었다. 여기에는 후세의 라쿠고와 통하는 소화나 민간 설화와 같은 틀을 지닌 설화가 수록되어 있다. 불교가 서민화하면서 이들에게 어울리는 이야기 소재를 선택해 설법에 도입하게 된 것이다([그림2]).

중세 후기에 『법화경』 담화에 이용된 『법화경 직담초(法華経直談鈔)』[19]나 『직담 인연집(直談因縁集)』[20] 등에도 마찬가지로 우스개 이야기와 민간 설화(「우라시마 다로(浦島太郎)」나 「그림 아내(絵姿女房)」[21] 등)가 수록되었고, 또한 『사석집』 설화도 계승되었다[*4]. 그뿐 아니라 동시기의 이야기 문학, 즉 오토기조시나 이야기 문예와 동일한 컨텐츠가 이야기되고 있었다. 앞에서 서술한 『삼인 법사』도 그렇지만, 『유미쓰기(ゆみつぎ)』나 〈개구리 에마키(蛙の草紙絵巻)〉 등과 관련된 설화를 볼 수 있고,[*5] 설법 담의가 문학이나 예능, 민간 설화와 같은 다른 영역과 연동되었음을 알 수 있는 것이다.

승려는 불교의 창도라는 본래 목적을 위해 지식뿐만 아니라 상대방의 요구에 따라 말을 잘하는 기술도 필요했다. 그것은 단순히 글자를 이해하지 못하는 서민들을 위해서만이 아니라 교양 있고 고귀한 사람들에게 받아들여지기 위해서이기도 했다.

미승이 귀족 아내의 주목을 끈 것은 『마쿠라노소시』 시절부터 있었던 일이다. 소년승이나 젊은 미승들이 여인들에게 연모를 받고 그

---

19) 무로마치 시대 후기에 에이신(栄心)이 썼다고 일컬어지는 『법화경』의 주석서.

20) 닛코산(日光山) 린노지(輪王寺)에 전하는 천태 성교 전적(天台聖教典籍) 중 하나.

21) 어리석은 사내가 행복한 결혼에 이르는 이야기 유형의 하나. 아름다운 여인을 아내로 맞아 일도 하지 않는 남편을 위해 아내가 자기의 그림을 들고 가서 밭일을 하게 하자 바람에 그림이 날려 겪게 되는 부부의 우여곡절을 줄거리로 한다.

망집에 시달리는 이야기는 이미 고대 『법화험기』에서 볼 수 있으며 『사석집』에도 실려 있다. 그 후 그 미승에게 안친(安珍)이라는 이름이, 여자에게는 기요히메(清姬)라는 이름이 붙었다. 그리하여 중세 후기에는 두루마리로 만들어져 그림풀이가 이루어지게 되었다.

그림풀이란 족자 그림이나 에마키를 사람들에게 보여 주며 그림 설명을 하는 것인데, 그림의 제재가 되는 것은 사원의 창건 설화, 고승의 전기와 같이 크고 작은 이야기성을 지니고 있다. 필연적으로 그림에 대한 설명은 이야기를 하는 행위가 된다. 이야기의 줄거리를 이야기하며 그림 해설도 곁들인다. 화자인 스님 역량과 개성에 따라 다양한 이야기가 생겨났던 것이다.

안친과 기요히메 이야기는 이렇게 불교의 설법 담의나 그림풀이와 같은 불교적 행위에서 출발하여, 에마키, 노, 이야기 예능 등 장르를 초월한 콘텐츠로서 전개되고, 가부키, 조루리, 그림책, 속요, 우키요에 같은 근세의 대중문예에 필수 불가결한 것이 되었다. 대중문예 데이터베이스로서 '세계'의 하나가 된 것이다.

문화를 중개하다

그런데 말을 잘하는 승려 중에는 불교 창도에 그치지 않고 세속 사회에 관여하는 사람도 나타났다. 중세 후기 후시미(伏見) 마을에 있는 황족 저택에 한 승려가 찾아왔다. "이야기 솜씨가 좋다"라고 하여 주연 자리에서 이야기를 들었더니, 변설이 마치 구슬을 뱉는 듯하고 말은 꽃을 흩뿌리는 듯 훌륭했다. 그 자리에 있던 사람들은 모두 매우 흥미로워하였고 감탄했다고 한다(『간몬 일기(看聞日記)』[22] 1416.6.28.). 풍부한 이야깃거리와 지식, 교양을 갖춘 승려는 그 자체로 세속적으로도 유용하였고, 이들의 이야기는 귀로 듣는 학문에도 도움이 되었고 때로는 무료함을 달래는 오락이 되었다. 그러한 역할은 전국 시대에 이르자 무가 사회의 오토기슈에게로 계승되었으며, 또한 근세의 라쿠고로 이어졌다.

지금까지 이야기의 문예를 중심으로 살펴보았는데 승려가 이동하는 것, 말하는 것이 이야기 문예의 전승·전파에 크게 관여해 왔음을 알 수 있을 것이다. 물론 그것은 입에서 입으로, 문자에서 입으로만이 아니라, 문자에서 문자로 계승되는 데에도 승려가 중요한 존재였음은 두말할 필요도 없다. 예를 들어 부모의 원수 갚기를 테마로 하여, 제2차 대전 패전에 이르기까지 중요한 컨텐츠로 성장해 가는『소가 이야기』의 오래된 사본이 난소(南総, 지바현[千葉県] 남부)의 니치렌종(日蓮宗) 사원에 있다. 그러나 그것을 필사한 것은 휴가(日向, 미야자키현[宮崎県])에 사는 승려였다.*6 스오(周防, 야마구치현[山口県])의 사원에서 만들어진『법화경』의 담의서『일승습옥초(一乗拾玉抄)』가 히타치(常陸, 이바라키현[茨城県])의 담의소(談義所)를 거쳐 그것을 옮겨 베낀 사본이 도호쿠(東北) 지방에 전해진 사실도 있다.*7

중세는 정치사적으로 보면 무가의 시대이지만 중세를 일관하여 공가·무가에서 서민까지 계층을 초월하여 각 층과 교류를 가지고, 광역에 걸쳐 문화의 중개자 역할을 한 것은 불교 승려를 빼고는 말할 수 없을 것이다.

---

22) 무로마치 시대 고스코인(後崇光院)의 일기(1416~1448)로 총 44권이며 당시 궁정·막부·세속의 사건 등을 기록했다.

2. 권진과 예능

권진 활동과 뛰어난 말재주

그런데 스님의 여행 목적 중 하나로 권진 활동이 있다. 권진이란 사찰의 조영이나 중수 등의 자금과 물자를 조달하는 것으로 중세에 일반화되었다. 도다이지(東大寺)와 같은 칙원사(勅願寺)[23]나 규모가 큰 사찰에서는 대권진 스님의 지휘 아래 사찰 경제를 지탱하는 조직적 활동으로 중요시되었다. 대중문화 연구에서 어떻게 경제 활동과 연계되어 갔는지는 중요한 관점이다.

겐페이 전투(源平合戰) 후 헤이케를 멸망시키고 권력을 장악한 미나모토노 요리토모(源賴朝)[24]는 동생 요시쓰네를 조정의 적으로 만들어 토벌 부대를 파견한다. 요시쓰네는 전투에서 수많은 무공을 세웠으나 그 영웅적 활약이 오히려 원한을 사서 거짓 비방에 의해 도망자가 된다. 도읍을 떠나 북쪽 지역으로 도망치고 마침내 오슈(奧州)[25]에서 충의를 다하는 가신들과 전투에서 사망하는 모습은 『기케이키(義経記)』[26] 이후로 이야기 책자나 이야기 문예, 무대 예능, 회화 등 다양한 문예의 소재가 되었다. 그중에서도 북쪽 지역으로 쫓겨간 모습을 그

---

23) 천황이나 상황의 발원으로 지어지는 사찰.
24) 미나모토노 요리토모(源賴朝, 1147~1199). 헤이안 시대 말기부터 가마쿠라 시대 초기까지의 무장으로, 겐페이 전쟁에서 겐지(源氏)를 이끌었던 무사 가운데 한 명이었으며, 가마쿠라 막부를 개창한 초대 쇼군.
25) 현재 후쿠시마·미야기·이와테·아오모리 등 4개 현과 아키타현의 일부에 해당하는 도호쿠 지역의 구칭.
26) 무로마치 중기의 군기 이야기로 작자, 성립 연대 모두 미상이다. 가장 인기가 있었던 비극적 영웅의 요소를 갖춘 장수 미나모토노 요시쓰네(源義経)와 그의 추종자들에 대한 이야기를 담았다.

린 노 〈아타카(安宅)〉[27]는 유명 작품으로 알려져, 근세에는 가부키로도 만들어졌으며, 〈권진장(勧進帳)〉[28]은 가부키 십팔번[29]으로서 이치카와(市川) 가문이 특기로 삼는 작품이 되었다.

노 〈아타카〉에서 요시쓰네 일행은 야마부시(山伏)[30] 차림으로 변장하고 관문소를 피하려 한다. 도다이지의 권진 활동을 위해 여러 지역을 돌아다닌다는 것을 증명하기 위해 요시쓰네의 부하 무사시보 벤케이(武蔵坊弁慶)가 백지 두루마리를 펼쳐 권진장을 읽어 내는 장면이 대표적 볼거리이다.

권진 활동에서는 보통 불특정 다수의 사람들에게 권진의 취지를 알려야 하므로 권진장을 작성한다. 그 본문은 주로 한문체이며 대구 표현을 많이 사용하여 지극히 기교적인 문장이다. 즉, 격조 높은 시문으로 되어 있는데, 그렇기 때문에 음독을 해서는 뜻을 잘 이해하지 못하는 사람들이 많을 수밖에 없다. 권진은 귀천을 막론하고 많은 사람들로부터 일지반전(一紙半銭)이라 하여 종이 한 장, 못 한 자루, 약소한 금전, 즉 한 사람 한 사람에게서 조금씩 희사(기부)를 청하는 것이다. 인구의 대부분을 차지하는 서민들의 이해를 얻지 못하면 자금을 벌어들일 수 없다. 거기에서 뛰어난 말솜씨가 활용된다. 또한

---

27) 『기케이키(義経記)』 등에서 소재를 가지고 온 노 작품으로 무로마치 시대 성립으로 보이며 작가는 알 수 없다. 요시쓰네 무리가 오슈로 쫓겨가는 도중에 아타카의 관문에서 길을 막히자, 벤케이(弁慶)가 거짓 권진장을 읽어서 그 자리를 면하게 된 일화를 다룬다.

28) 노 〈아타카(安宅)〉를 바탕으로 만들어진 요시쓰네와 벤케이를 제재로 한 가부키 작품. 역사적 사실이 아니라 후대에 만들어진 이야기임에도 불구하고 많은 미디어 믹스를 통해 대중에게 친숙하다.

29) 19세기 전반기에 가부키 가문 중 가장 대표적인 이치카와(市川) 가문이 장기로 삼는 연기가 돋보이는 18작품을 선정한 것.

30) 산야에 살고 수행하는 스님, 혹은 산중에서 수행(修行)하는 산악 신앙인.

권진장을 가지고 있지 않아도 권진은 할 수 있지만, 있으면 정식 활동으로 신용을 얻고 원활하게 일을 진행할 수 있었다.

권진장은 음독되는 것이라는 전제로 파악해 버리기 쉽다. 실제로 아타카 관문소에서 벤케이나, 고시라카와인(後白河院)[31]의 어소에 당돌하게 찾아간 승려 몬카쿠(文覚)[32]가 문 앞에서 고성으로 음독하는 모습(『헤이케 이야기』)을 보면 그것은 자연스러운 인식일 것이다. 더불어 여러 낙중낙외도(洛中洛外図)[33]에는 권진승이 거리에 서서 권진장을 읽는 모습이 그려져 있으며, 여러 권진장 내용에서도 각지를 돌며 권진장을 읽고 문 앞에 서성인다는 표현을 볼 수 있다. 귀족 야마시나 도키쓰네(山科言経)[34]의 저택에 교토 안을 배회하던 미부(壬生) 지장당[35]의 권진 승려가 찾아왔기에 초대하여 들이니, 사찰의 기원을 조금 읽더라는 것도 그 한 예이다(『도키쓰네경기(言経卿記)』[36] 1597.4.4.).

---

31) 고시라카와인(後白河院, 1127~1192). 77대 천황으로 물러나 인(院)이 되었다. 천황이면서 문화인이라 『양진비초(梁塵秘抄)』를 저술하였으며 이마요(今様)와 같은 유행가에 심취하는 한편 잦은 불도 수행과 절, 신사 참배 등 독실한 종교 생활을 했다.

32) 몬카쿠(文覚, 생몰년 미상). 헤이안 말기부터 가마쿠라 초기에 걸쳐 활동한 진언종 승려. 미나모토노 요리토모의 거병을 도왔으며 가마쿠라 막부가 창설된 후 사찰을 부흥시켰다.

33) 교토 시내(洛中)와 교외(洛外)의 경관이나 풍속을 그린 병풍 그림(屏風絵)으로 두 점이 국보, 다섯 점이 중요 문화재로 지정되는 등 문화사적, 학술적 가치가 높이 평가되는 그림이다. 16세기부터 에도 시대에 걸쳐 제작되었고 미술사, 건축사, 도시사, 사회사 관점에서 연구되고 있다.

34) 야마시나 도키쓰네(山科言経, 1543~1611). 유직고실(有職故実)과 의약(醫藥)에 정통한 공경 귀족.

35) 교토시 나카교구에 있는 율종(律宗)의 별격 본산으로 통칭은 미부 지장(壬生地蔵). 991년에 만들어졌고 1005년 작은 미이데라(小三井寺)로 불렸다는 것이 유래이다.

36) 야마시나 도키쓰네의 일기. 1576년부터 1608년까지 이르는 기록으로 자필 원본 35권이 현존하고 있다. 공경 귀족이면서도 세상에 나가 서민들 사회나 풍속, 연중행사도 기록하고 있어 귀중한 사료로 취급된다.

권진 스님은 반드시 해당 사찰에 속하는 것이 아니라 임시로 고용되는 사람도 있었는데(『간몬 일기』 1421.5.18.), 그중에는 사기를 치는 사람도 있었다. 요즘 말하는 모금 사기의 일종이다. 활동 정당성의 근거가 되는 것이 권진장이었다. 고와카마이(幸若舞)[37]의 무곡 〈도가시(富樫)〉에서, 아타카 관문을 지키는 도가시노스케가 벤케이에게 "남도(南都, 나라[奈良]) 도다이지를 위한 것이면 권진장을 가지고 계실 테니 배알합시다"라고 완곡하게, 그러나 집요하게 권진장의 제출을 요구해 온다. 이는 권진장이 해당 권진을 보증하는 것으로 보였기 때문일 것이다. 실제로 그럴 만한 귀인이 쓴 자필 권진장도 심심찮게 만들어졌다. 특히 황족이나 쇼군 가문, 다이묘슈 등 굵직한 권진처에서는 그것을 회람하여 기부금을 모집할 때 이용하였다. 사륙변려체(四六駢儷体)[38]의 뛰어난 문장을 아름다운 장식이 된 종이에 능서가의 필체로 쓴 권진장은 기부금의 기록인 봉납장과 더불어 맡겨져서 감상되는 일도 있었던 것이다.[8]

각지를 돌아다니는 것이 아니라 경내와 다리 끝, 거리에서 여는 권진에서는, 드높은 목소리로 권진장을 읽거나 징을 치기도 했다. 그것이 곧 권진 활동임을 보여 주기 위해 그들은 유형적인 문구를 사용했다. 예를 들면 교토의 기타노텐만구(北野天満宮)에서는 '일지반전에 따르지 말고 권진, 권진, 권진'이나 '권진, 권진'이라는 단순한 표현을

---

37) 15세기에서 17세기에 걸쳐 유행한 북 반주에 맞추어 노래하고 춤추는 이야기 예능. 오다 노부나가 등 전국시대 무장들이 애호하여 인기를 끌었으며 에도 시대가 되면 막부가 정식 예능으로 취급하지만, 이후 대중들에게서 멀어져 단절된다.

38) 중국 육조와 당나라 때 성행한 한문 문체로 문장 전편이 대구로 구성되어 읽는 이에게 아름다운 느낌을 주며, 4자로 된 구와 6자로 된 구를 배열하기 때문에 사륙문(四六文)이라고도 한다.

볼 수 있다(덴리(天理)도서관 소장 〈덴진 유래 에마키(天神緣起絵巻)〉). 데와삼산(出羽三山)[39]의 야마부시는 지금도 겨울에 "권진, 권진"이라고 말하며 마을을 걷는데, 이는 중세까지 거슬러 올라가는 읊조리는 방식이었다.

이러한 권진 활동은 15세기 후반 오닌, 분메이(応仁·文明)의 대란[40] 등으로 낙중낙외의 여러 사찰들이 불타 사라지면서 증가해 갔다. 그리고 전국의 난세로 접어들면서 일본 전역의 사찰들이 전화에 휘말리는 가운데 더욱 늘어났다. 불당탑이나 불상 등을 새로 만들고 수리, 혹은 종을 주조하거나 경전을 새롭게 필사하거나 개판(開板)하는 것, 법회나 춤의 장신구 등 도구류의 마련, 등유료, 법회 재흥, 나아가 다리 놓기에 이르기까지 사찰 운영에 필요한 모든 것이 대상이 되었다.[*9]

이야기=속임수 예능

앞서 권진을 명목으로 한 사기 행위에 대해 언급했다. 야나기타 구니오는 사기 행각조차 문화로 간주했는데, 거기에는 경제와 문화의 보다 리얼한 연결 고리의 여러 모습이 보인다.

『우지슈이 이야기』에 '지장(地藏)'이라는 이름의 자식을 지장보살의 화신으로 믿은 채 죽은 나이 든 비구니가 극락왕생의 소회를 푸는 이야기가 있다. 이 비구니는 도박꾼에게 옷의 교환으로 '지장'이 있는

---

39) 데와 지역의 하구로산(羽黒山), 갓산(月山), 유도노산(湯殿山)을 총칭하는 말. 에도 시대까지는 신불습합이 이루어진 곤겐(権現)을 모시는 수험도(修験道)의 산으로 이후로도 수험도 신앙의 중심지로 여겨졌다.

40) 15세기 후반의 내란으로 오닌의 난(応仁の乱)으로 대표되어 불리는 경우가 많다. 무로마치 막부 쇼군 아시카가 요시마사가 동생 요시미를 후계자로 정했다가 뒤늦게 아들을 얻자 이를 번복하면서 비롯되었다. 이 난에 의해 막부의 권력이 실추되고 장원제가 붕괴되는 등 무가 사회에 큰 변동이 초래된다.

곳에 가게 된다. 실제로는 그저 사람의 아이인데, 깊이 믿었기 때문에 극락에 가게 된 것이니 결국 중요한 것은 신불을 믿는 마음이라는 것이다. 그러나 그 신심을 유도하여 사리사욕을 채우려는 자가 있다. 그것이 사기꾼인데 권진 활동에서도 종종 출몰했던 모양이다.

기부하는 사람들 입장에서는 이렇게 함으로써 신불과 인연을 맺었다고 믿고 마음을 충족시키게 된다. 한편 사기꾼은 현실적인 이익을 얻게 된다. 그러나 사기에 이용된 사찰은 권진에 따른 수입이 줄어들고, 세속 권력에서 보아도 질서를 어지럽히는 자이니 그냥 허용할 수 없다. 그래서 양측으로부터 단속을 받게 된다.

이러한 사기 행각을 벌이는 승려의 모습을 한 자를 매승(売僧)이라고 한다. 진짜 스님이라도 사기 비슷한 행각을 하면 매승이라고 불린다. 이들에게 요구되는 것은 교묘한 말재주이자 연기력이었다.

1491년(엔토쿠[延徳] 3) 봄 기타노텐만구의 권진을 자칭하며 교토 안에서 금전을 모으던 가짜 권진 스님이 체포된 일이 있다(『기타노 신사 가문 일기(北野社家日記)』 1491.3.26~27.). 언뜻 보기에 기타노 신사의 스님으로 보이는 이들이 진짜 승려인지 매승인지는 판단하기 어렵다. 덴만텐진(天満天神, 스가와라노 미치자네[菅原道真])의 영험이 얼마나 대단한지 외치며 기부를 권하면 인연을 맺으려는 서민들이 몰려들었을 것이다.

이보다 더한 연극을 벌인 매승도 있었다. 1416년(오에이[応永] 23) 7월 4일 무녀가 많은 사람들 앞에서 지장보살이 꿈에 나타나 다음날 돌부처로 모습을 드러내리라 고하였다. 과연 다음날 교토 가쓰라가와(桂川) 강변에 돌 지장이 갑자기 나타나 밝은 빛을 발산하며 널리 세상을 비추었다고 한다. 그리고 이 지장은 종종 영험을 나타냈다고도 한다(『가쓰라 지장기(桂地蔵記)』). 이것이 화제가 되어 가쓰라 지장에 연일 수많은 참배객이 방문하게 되었다. 그 영험담 중 하나로 귀천이 군집하게 된 계기의 이야기가 남게 된다.

지장이 어린 법사의 모습으로 나타나 아와(阿波, 도쿠시마현[德島県]) 지방의 가난한 남자를 가쓰라 지장이 있는 곳으로 이끌었다. 안치할 사거리 불당이 파손되어 지나가던 대나무 상인에게 불당 수리를 부탁했으나 거절당하고 마침내 싸움이 벌어진다. 그 결과 상인은 아와의 남자를 칼로 베려 하지만 허리를 펴지 못하게 되어 버린다. 이는 부처가 내리는 벌임에 틀림없다고 생각하여 지장에게 빌었더니 심신이 회복되었다고 한다. 이후 이 두 사람은 함께 지장당을 건립하게 되었다. 이 일을 들은 사람들이 귀천을 막론하고 참배하여 지장당 건립 권진에 협력하게 되었다(『간몬 일기』 1416.7.16.). 그러나 실은 이것이 대규모 사기였다. 아와의 남자는 인근 주민이었고, 다른 일곱 명의 동료와 공모해 금전을 사취했던 것이다(같은 기록, 동년 10.14.). 그렇다고 해도 지장 자체의 영험함은 의심되지 않았으며, 『간몬 일기』를 쓴 사다후사 친왕(貞成親王)[41]은 지장의 영험함이 인력으로 미칠 바가 아니라고 말하고 있다. 세상 사람 대부분도 비슷하게 이해하고 있었으며 이후로도 참배객은 줄을 이었다.

참고로 교겐 〈인왕(仁王)〉도 도박꾼 한 사람이 인왕 입상으로 변장하고, 다른 한 사람은 인왕께서 강림했다고 말하고 다니며 참배자를 모아 산전·산물을 가로채려는 모습이 그려져 있다. 가쓰라 지장과 마찬가지로 유행하는 신불을 만들어 사기 행각을 벌인 것으로, 역시 말재주와 연기력을 활용했다는 의미에서 예능적 성격을 지니고 있다.

---

41) 사다후사 친왕(貞成親王, 1372~1456). 무로마치 시대의 황족으로 저서에 『친요키(椿葉記)』, 일기 『간몬 일기(看聞御記)』 등이 있다.

이처럼 신불을 이용한 사기 행위는 사리사욕에 치우치지 않으면 충분히 선전력을 가지고 활용될 수 있는 것이었다. 1418년(오에이[応永] 25)에 국자를 입에 문 개가 교토 거리를 돌아다니며 권진을 하는 모습이 화제가 되었다(『야스토미기』 동년 9.6.). 몇 년 뒤 저명한 선승 잇큐 소준(一休宗純)⁴²⁾은 시문에 이 희귀한 개를 부리는 '고아미(コア ミ)'라는 스님에 관해 읊었다(『자계집(自戒集)』). 또 불에 타 버린 구라 마데라(鞍馬寺) 절 재흥에 공헌한 대권진 상인(권진 활동 지휘를 하는 승려)이 그 해에 160여 세가 되었다는 것은 충분히 화제가 되었을 것이 다(『나가오키 스쿠네기(長興宿禰記)』⁴³⁾ 1481.3.28.). 기이함으로 이목을 끌기는 했는데 권진이라는 목적을 달성하기 위해 유사한 행위가 이루어진 것이었다.

'이야기'란 곧 '속임수'일 수도 있다.

대중을 위한 사원의 예능 흥행

여기에서 일단 고대까지 거슬러 올라가 목소리와 신체에 의한 작가들의 계보에 대해 알아보자.

고대 교토를 중심으로 도시 문화가 발전함으로써 농업이나 산업과 같은 생업 중간중간에 부수입을 얻기 위해 걸립(乞粒) 등의 활동을 하는 자들이 나타났다. 대부분은 농한기인 정월 중에 집집마다 돌아

---

42) 무로마치 시대의 선사(禪師)이자 시인. 천황의 아들로 태어났지만 출가 이후 정처 없이 떠돌아다니며 덥수룩한 머리와 특이한 행동으로 기인으로 불렸다. 진리를 속이고 권력에 아첨하는 타락한 불교계를 보며 비판하는 시를 지었는데, 『광운집(狂雲集)』, 『자계 집(自戒集)』 등에 남아 있다.

43) 무로마치 시대의 관리 오쓰키 나가오키(小槻長興=오미야 나가오키[大宮長興, 1412~ 1499])가 남긴 일기이다. 그는 막부의 요인들과 가까이 지내며 고노에(近衛) 가문이나 이치조(一条) 가문을 모셨다.

다니며 새해를 축하하는 말을 건넸다. 그 말을 푸는 재주 또한 다채로웠다. 그 한편에서는 원래 농업이나 상공업을 생업으로 삼지 않는 사람들도 나타났다. 그들은 도시에 정착하는 사람도 있었고, 강변 등에 임시로 거주하는 부정착자도 있었다. 어느 쪽이든 생활을 위한 양식을 얻기 위해 예능 기술을 특화해 간 사람들이 있다. 그러한 사람들이 덴가쿠, 사루가쿠, 곡무, 설경 등을 맡았다. 그들은 '길거리패(道々の輩)'라고도 불렸다.

중세에 융성했던 축복 예능인 '천추만세'[44]는 정월에 도시의 집집마다 걸립을 하고 돌아다니는 쇼몬시(声聞師)[45]가 주로 맡았다. 산소(散所)에 사는 그들은 평생, 기요메(清目)[46]라고 하여 권문·사찰·신사의 오물 처리나 정돈, 수리, 정원 조성·정비, 가죽 제품 생산 등에 종사했다.[*10] 그들에게 예능은 부업이었다고 할 수 있다.

산소란 본소(本所)[47]와 달리 소작료·지대(地代) 등이 면제되는 대신 노역이 부과되는 영지를 말한다. 그러한 특성이 있으므로 비농업민이 모여, 거기에서 예능 담당자를 배출하게 되었다고 생각할 수 있다.[*11] 이들 산소에 사는 백성들은 덴가쿠뿐만 아니라 유행하는 사루가쿠노를 도입하여 덴가쿠노를 펼쳤으며 그밖에도 천추만세, 그림풀이 등 다양한 예능을 맡아 도시민들에게 오락거리를 제공하였다.

그중에서도 승려 연예인, 즉 산소 법사는 방하사(放下師)[48]라 하여

---

44) 정월에 남의 집 문전에서 그 집의 번영을 빌어 추는 춤의 하나.

45) 중세에 축복의 염불을 외면서 문전에서 금품을 얻어가던 민간인 음양가를 말하는데 '唱門師', '唱文師'라고도 썼다.

46) 절이나 신사에서 살생이 금지된 승려들을 대신하여 동물의 처리나 청소 업무를 맡던 사람들.

47) 장원 영주인 본가(本家) 및 영가(領家) 중에서 장원 업무를 행하는 권한, 즉 장원의 실효 지배권을 가진 자가 소작료, 지대를 받는 땅.

큰길거리 예능을 행하는 이도 있었다. 노 작품으로 만들어진 〈지넨 거사(自然居士)〉[49]는 그러한 이들 중 한 명이다. 이들이 하는 가무의 형태는 노를 통해 엿볼 수 있는 정도이지만, 가사는 몇 편 남아 있다. 중세 후기의 노래집 『한음집(閑吟集)』[50]에는 "재미있는 일 꽃피듯 한 도읍이네"라든가 "재미있는 일 바닷길 따라 내려" 등으로 시작하는 노래가 세 수 수록되어 있다. "재미있는 일 꽃피듯 한 도읍이네"는 "고키리코(小切子)[51]는 방하사 손에 잡힌, 고키리코의 두 대의 대나무 가, 세대를 거듭하며, 잘 다스리시는 치세로구나"로 끝나는데, 이 가사에 나오는 고키리코는 방하사가 반주로 사용한 대나무 악기이다. 마디를 파서 관통시키기만 한 간단한 악기를 능숙하게 다루며 가무를 선보였던 것이다.

한편으로는 전업적인 예능민도 생겨났다. '천추만세'의 담당자가 정월의 축복 예능뿐 아니라 사루가쿠나 곡예를 행하게 되는 것은 13세기 말경부터이다.[*12] 도시 사회에서는 이러한 오락적 퍼포먼스를 받아들이는 문화가 육성되어 온 셈이다.

---

48) 방하(放下)란 선종에서 나온 용어로 모든 것을 내던지고 무아의 경지에 드는 것을 말한다. 무로마치 시대에 승려 차림을 한 방하승이나, 높은 모자를 쓰고 사랑 노래를 적어 가지고 다니는 방하사 등이 활약했으며 어린아이와 여자들에게 인기를 얻었다.

49) 〈지넨 거사(自然居士)〉는 간아미가 지은 노의 한 작품으로 아들 제아미가 손질을 했다고 여겨진다. 불교의 설교인 지넨 거사가 재주를 다하여 어린아이를 구한다는 이야기이다.

50) 편찬자를 알 수 없는 무로마치 시대 후기의 가요집으로 1518년에 성립했다. 고우타(小歌) 226수 외에 사루가쿠(猿楽)의 노래 등을 합쳐 311수가 수록되어 있다. 연애를 중심으로 한 노래가 대부분이며 서민의 감정을 잘 전하여 이후 에도 가요의 기초가 되었다.

51) 민속 악기로 한 자가 되지 않는 대나무 막대를 양손에 하나씩 들고 쳐서 소리 나게 하는 것이며, 옛날에는 방하사 스님이 사용했던 것인데 지금은 일본 각지의 민속 예능으로 남아 있다.

사찰이나 신사의 예능으로 눈을 돌려 보면 고대부터 중세에 걸쳐 일반적으로 사원 측에서 연기하는 사람이 배출되었고, 보는 사람 또한 해당 사원 관계자를 중심으로 초청받거나 허가받은 권문세가 등 한정된 사람들이 차지하고 있었다. 다만, 보다 공개적인 행사도 있어서, 가모마쓰리(賀茂祭)[52]제 경마나 야부사메(流鏑馬)[53]는 귀천을 불문하고 구경꾼이 군집했다.

남도 고후쿠지(興福寺)에서 이루어지는 엔넨(延年)[54] 같은 것은 중세 후기까지 폐쇄적이었고 공개되지 않았다. 도시민의 세력이 증가하자 상공민의 자녀들이 엔넨에 참여하게 되었다.[*13] 엔넨은 법회의 일환으로 흥행되는 일련의 예능들의 총칭이다. 춤을 선보이거나 시라뵤시(白拍子)[55], 가이코(開口)[56], 렌지(連事)[57], 소풍류(小風流), 대풍류(大風流)[58] 등 다양한 예능이 포함된다. 그러나 점차 인기가 높은 소년승의 춤을 엔넨 또는 엔넨 춤이라고 부르게 되었다. 무로마치 쇼군 가문

---

52) 5월 15일에 열리는 교토의 3대 마쓰리 중 하나. 가모 신사의 마쓰리로 6세기 무렵 일본 전역에 풍수해가 심각하여 점쟁이에게 점을 쳤는데 가모 대신(賀茂大神)이 노한 것으로 나와 그 노여움을 풀기 위한 제례 의식에서 비롯된 것이라 한다.

53) 빠르게 달리는 말 위에서 과녁에 우는살을 쏘아 맞히는 전통 기사(騎射) 기술이자 의식.

54) 엔넨(延年)은 헤이안(平安, 794~1191) 시대 중기에 발생하여(문헌 기록은 1018년) 가마쿠라, 그리고 무로마치 시대에 사원을 중심으로 성행했던 사원 예능. 유마회(維摩會)나 강찬 법회(講讃法會), 신사의 제사가 끝난 후 여흥으로 공연되었다.

55) 12세기에 발생했다고 보이는 가무의 일종으로 남장을 한 유녀나 아이가 노래를 하며 춤을 추는 것을 말하며, 이 예능을 선보이는 예능인을 가리키기도 한다.

56) 노의 순서 중에 주연 시테(シテ)의 상대역인 조연 와키(ワキ)가 새로 지은 축하 노래를 간단한 가락으로 읊는 것, 혹은 그 노래.

57) 중세 시대에 사원들에서 이루어진 엔넨 예능. 문답과 가요로 이루어진 소박한 극으로 두세 명의 등장인물이 시가를 낭송하며 가요성이 농후하며 춤의 요소는 거의 없다.

58) 풍류란 고대 말기부터 근세 초기에 오래도록 유행한 하야시(拍子) 예능으로 춤과 노래를 뮤지컬풍으로 피로한 것인데 이후 가부키 성립에 큰 영향을 주었다.

등이 불러서 저택 안에서 상연하게 한 엔넨은 엔넨 춤을 말한다. 광의의 엔넨 중 하나인 가이코는 익살스러운 이야기에 의한 일종의 촌극으로, 나중에 교겐을 발생시킨 요인이 되기도 했다. 이미 가마쿠라 시대부터 행해졌던 듯한데, 대본은 전국 시대에 성립되었다.*14

또한 중세 후기에 널리 퍼져 지금도 각지에서 민속 예능으로 계속되는 풍류 춤은 원래 종교 예능으로서의 춤 염불에서 풍류 염불이 파생되었고, 거기서 화려한 옷차림이나 장식물에 주안점을 두는 풍류 춤으로 발전해 나간 것이다.*15 도시민의 화려한 기호는 고대부터 찾아볼 수 있다.

예를 들어 무라사키노(紫野)에 역신을 보내는 야스라이 마쓰리(やすらい祭)는 헤이안 시대부터 알려진 이마미야 신사(今宮社)의 어령회(御靈會)이다. 역병 보내기가 본 목적인데, 여기에 참여하는 사람들은 화려한 차림새를 하고 피리나 북을 치면서 행렬을 이루었다. '역병을 보낸다'라는 업무의 본질 부분에 저촉되지 않는 부분에서 봉사하는 사람들은 제각각 표현을 했던 것이다. 신사 업무이면서 한편으로 유흥의 측면을 지닌 것은 중세 이후에도 다양한 제례에서 볼 수 있다.

중세 후기 도사(土佐, 고치현[高知縣])에서 개최된 풍류 염불은 그곳 농민들이 행하는 것이지만, 교토의 예능인들에게도 부끄럽지 않은 표현력을 지니고 있었다(『마사모토공 여행 기록(政基公旅引付)』59) 1501.7.13.).

그런데 중세 후기가 되자 사원 무대를 빌린 예능의 흥행에는 해당 사원의 신앙과는 직접 연결되지 않는 내용의 연극 상연이 일상화됐다. 1424년(오에이 31) 후시미의 고코노미야(御香宮) 신사에서 개최된

---

59) 귀족 구조 마사모토(九条政基)가 1501년 3월부터 1504년 12월까지 가문의 영지로 내려가 업무를 보던 때의 일들을 기록한 자필 일기.

사루가쿠의 줄거리는 후세에 전하지 않고, 그곳에 은거하고 있던 후시미노미야 사다후사(伏見宮貞成)의 일기 기사(『간몬 일기』같은 해 3월 11일)밖에 단서가 없지만, 그에 따르면 「공가 사람의 피곤(公家人疲労の事)」, 즉 공가를 모시는 사람들이 난처하고 딱한 모습을 여러 가지로 재미있게 연기했음을 알 수 있다. 후시미노미야 사다후사의 측근 다무케 쓰네요시(田向経良)는 젠케이(禅啓)를 보내 이를 연기한 야다 사루가쿠(矢田猿楽)[60]의 우두머리를 질책했다. 천황이 머무는 숙소가 있어서 모시는 사람들도 살던 이곳에서 귀족을 조롱하는 듯한 연극을 하다니 어찌 된 일이냐는 것이다.

비슷한 일은 히에이잔(比叡山) 엔랴쿠지(延暦寺)[61]의 흥행에서도 있었다. 신의 사자인 원숭이를 교겐으로 만들었다고 해서 화가 난 이 절 스님이 사루가쿠시(猿楽師)를 칼로 베는 사건이 발생하였다. 또한 닌나지(仁和寺)에서 벌어진 흥행에서 스님을 모욕하는 듯한 교겐이 상연되었다. 그래서 이 절의 황족 출신 주지승이 죄과에 처했다고 한다. 어쨌든 장소를 가리지 못한 교겐이었던 셈이다. 그러나 이처럼 풍자가 돋보이는 사루가쿠를 보고 웃을 수 있는 계층이 있다. 그것은 귀족도 사찰 가문도 아닌 서민들이었다. 사원의 행사라 할지라도 그 내용은 대중들에게 받아들여지는 오락적 연극이었던 셈이다.

---

60) 현재 교토 가메오카시(亀岡市)에 본거지를 두었던 사루가쿠 극단. 가마쿠라 시대부터 있던 극단으로 15세기까지도 주요한 악두직(楽頭職)을 유지하며 봄과 가을의 신사(神事)에 사루가쿠 공연을 바쳤다.

61) 시가현(滋賀県) 오쓰시(大津市)에 있는 사찰로 788년 헤이안 시대 초반에 사이초(最澄)에 의해 세워진 일본 천태종의 본산.

권진 흥행과 예능

권진으로 이야기를 되돌리자. 스님의 권진 활동은 한 푼 두 푼이 기본이었던 만큼 꼭 효율적이라고는 할 수 없다. 그러나 사찰 조직에 의한 자발적인 자재 조달 면에서는 단순하고 확실한 것이었기 때문에 중세에 일관되게 이루어졌다. 대신 법회를 열어 설법을 담의하고, 거기에서 청중에게 시주로 희사하게끔 하는 일은 예로부터 있었다. 사가(嵯峨)의 석가당 조성을 위해 설법을 실시하였고, 이때 청문한 사람들은 옷가지와 대도, 칼 등을 희사하였다고 한다(『샤세키슈』). 시대가 흘러 신뇨도(真如堂)[62]에서는 1503년(분키[文亀] 3)에는 약 한 달에 걸쳐 본존 아미타상을 개장하고, 그동안 매일 『아미타경』 담의를 행했다고 한다(『신뇨도 유래(真如堂縁起)』[63]). 이는 연일 사람들이 몰려들 정도로 인기였다(『사네타카공기(実隆公記)』[64] 같은 해 3월 8일).

이러한 설법 담의는 일종의 이야기에 의한 퍼포먼스이다. 법화를 설파하여 신자를 늘리고 자재도 조달할 수 있다. 그러나 인간의 목소리에는 한도가 있고 확실히 많은 사람들을 불러들이는 것도 아니다. 그래서 오락 문화를 담당하는 예능인을 이용함으로써 한 번에 큰 수입을 올리는 방법도 이루어지게 되었다. 즉, 다수의 승려가 발로 한 푼 두 푼을 버는 것이 아니고, 또 인원수가 제약된 법당 안에서 설법하는 것도 아니며, 한 곳에서 예능을 흥행시키고 다수의 사람들을

---

62) 교토시에 위치한 천태종의 고찰로 중요 문화재인 본당, 삼층탑 등이 있다. 984년에 가이잔(戒算)이 엔랴쿠지의 상행당에 안치되어 있던 아미타여래상을 옮겨서 창건했다.
63) 무로마치 후기의 에마키. 신뇨도의 본존 아미타여래의 유래와 신뇨도 창건 여부 등을 설명한 것.
64) 무로마치 시대 후기의 공경 귀족 산조니시 사네타카(三条西実隆)의 일기. 1474년부터 1536년 2월까지 기록되어 있으며 당시 조정과 막부를 중심으로 한 정치사적인 사료이자 당시 문화의 실상을 파악하는 데도 중요한 자료이다.

불러들여 금전을 내게 하는 것이다.

당연히 효율적인 장소는 지방 촌락보다 도시 지역이기 때문에 도시 예능의 한 형태로 발전해 가게 된다. 즉, 도시의 사찰이나 사원, 강변에 무대가 가설되고 상설 무대도 갖춰진다. 그런 의미에서 사루가쿠노(猿楽能)[65]의 발전에는 권진이라는 흥행 형태가 중요한 역할을 하게 되었다고 볼 수 있다.

권진 흥행은 사찰이나 신사의 재흥이나 중수 등 경영상 자금 조달 수단으로 빈번하게 이루어진 셈인데 예능으로는 덴가쿠, 사루가쿠, 구세마이(曲舞)[66], 맹승의 비파(헤이케 가타리[平家語り])가 주를 이루었으며, 특히 사루가쿠는 중세 후기에 일관되게 서민들의 지지를 얻었다. 사찰과 신사가 주최한다고는 하지만 그 목적은 자금 조달이기 때문에 손님을 끌어모을 힘이 있는 예능이 요청된 것이다. 교토의 강가처럼 넓은 땅에 객석을 가설하여 다수의 관중을 불러들임으로써 한꺼번에 막대한 수익을 얻을 수 있다. 흥행 장소는 강변 등 넓은 땅이 선정되기도 하지만, 헤이케 이야기와 같이 규모가 작은 것은 음량적으로 중소 사찰 건물 안에서 여는 것이 고작이었다. 비파 법사에 의한 권진 헤이케가 15세기 중엽에는 사라지고 권진 구세마이로 대체된 것은 그 때문일 것이다.[*16]

비파 법사는 『헤이케 이야기』를 말하는 재주, 즉 헤이케 가타리의

---

65) 중고, 중세에 행해진 민간 예능으로 저속한 흉내나 익살스런 몸짓 등 곡예를 중심으로 한 극. 후에 화예(話芸)를 추가하여 차츰 연극화되었으며 이윽고 노와 교겐으로 나뉘어 성립된다.

66) 남북조 시대부터 무로마치 시대에 걸쳐 유행한 중세 예능 중 하나. 구세마이(久世舞)라고도 하며 옛이야기에 리듬을 붙여 북에 맞춰 부채를 들고 춤을 추는 것으로 기원이 분명해지지는 않다.

담당자이자 장님의 몸으로 비파를 들고 다닌 승려 차림의 예능인이
었다. 그들은 사원의 비호를 받고 있었고 헤이케 이야기 외에 축복의
예능이나 우스꽝스러운 이야기도 레퍼토리로 지니고 있었다. 헤이케
이야기를 전유하는 집단이나 그 이외의 세력 등 몇 가지로 전개해
나가지만, 개중에는 오락적인 도시의 예능으로 발전해 가는 흐름도
있었다.

16세기 말에는 헤이케 이야기뿐만 아니라, 조루리나 고우타, 빠른
이야기(빠른 말투로 말하는 익살스러운 이야기 예능), 나아가 비파가 아니
라 사피선(蛇皮線, 샤미센의 전신이던 오키나와의 악기)을 연주하는 등 재
주가 많은 비파 법사도 나타나서 관객들을 즐겁게 했다(『도키쓰네경기
(言経卿記)』 1592.8.15.). 근세에 이르면 도호쿠를 중심으로 오쿠(奥)조
루리[67]가 형성되고 규슈를 중심으로 지신 맹승(地神盲僧)[68]이 가마도
바라이(竈祓)[69]를 행하고 지신경(地神経)을 음송하는 한편, 이야기를
들려주기도 했다[*17].

개장(開帳)[70]과 설화

권진 흥행은 많은 사람들을 모아 자금을 조달하는 수단이었다. 개
장도 이와 발상이 비슷하다. 신심을 깊게 한다는 목적의 한편 수익을
얻는 것도 목적에 있었다. 다만 개장의 경우는 본존이나 집기를 공개

---

67) 센다이(仙台)나 모리오카(盛岡) 부근에서 맹인들이 이야기한 조루리(浄瑠璃). 원래는
　　세 개의 현악기를 맞추어서 고 조루리나 지카마쓰 작품을 풀어냈다.
68) 연말에 집집마다 돌아다니며 가마도바라에(竈祓)를 하는 장님 승려를 일컫는다.
69) 저택을 지키는 신의 일종인 토지신을 모시는 경문.
70) 사찰이 간직한 신불을 개문하여 참배한 사람들이 신불과 결연할 수 있도록 하는 행사.
　　에도 시대에 이르러 막부의 허가를 받아 가람의 수복을 도모하기 위해 종파를 막론하고
　　성행하게 되었다.

함으로써 참배자를 모으는 것이다. 사찰이나 신사 참배 길에는 시장
이나 한숨 돌릴 수 있는 찻집이 늘어서서 붐볐던 것으로 보아 참배객
들은 신과 인연을 맺는 것이 주목적이었겠지만, 한편으로 유흥이나
돌아다니며 구경한다는 목적도 있었을 것이다[*18].

1년마다, 또 몇 년마다 항례 행사로 치르는 경우도 있지만 오닌·
분메이의 대란 이후에는 임시 개장도 많이 이루어졌다. 그러나 전란
으로 인한 피해 복구 자금 마련을 위해 실시하는 개장이 상태화되자
세상에는 개장 때 병란이 일어난다며 원인과 결과를 거꾸로 한 소문
이 나돌게 되었다(『니스이키(二水記)』[71] 1517.4.11.).

그 밖에도 개장은 법회의 일환으로 실시하기도 했고, 나아가 예능
흥행을 하는 경우도 있었다. 1432년(에이쿄[永享] 4) 3월 17일 하세데
라(長谷寺) 절에서 무악이 상연된 것은 무대 공양을 하기 위해서인데,
그와 동시에 본존이 개장되었다(『간몬 일기』). 일종의 권진 흥행이어
서 한 푼 두 푼으로 시작해 거액의 시주를 하는 사람도 있었다.

또한 본존을 비롯한 보물이 공개될 뿐만 아니라 창립담·설화가 이
야기되었다. 1437년(에이쿄 9) 4월 21일 단바(丹波)의 아나오지(穴太寺)
관음당에서 개장된 목상 관음의 가슴에는 상처가 나 있고 머리는 기
울어져 있다. 새로 만든 본존 역시 가슴에 상처가 있고 피가 흘러내린
듯한 흔적이 보인다. 승려에 따르면 상처가 없는 상태로 만들었는데
나중에 구멍이 났다고 한다(『간몬일기』같은 해 4월 22일). 이러한 흔적
은 현실에서는 있을 수 없는 일이며, 그렇기 때문에 기적으로 주목받
고 참배객과 그들이 전하는 기적의 이야기를 들은 사람들을 더욱 감

---

71) 와시노오 다카야스(鷲尾隆康, 1485~1533)의 일기로 빠진 해가 있으나 1504년에서 시
작하여 33년간을 기록하고 있다.

동하게 만드는 것이었다.

3. 이야기의 낭독

읽고 듣는 것의 공덕

중세에는 신불의 영험과 사찰, 신사의 창건담이 많이 기록되어, 설화처럼 설화집으로 정리되거나 경전 주석서에 삽입되거나 문예와 예능에 접목되거나 한 편의 책자나 에마키로 만들어졌다. 그것은 다름 아니라, 그들 영험담이나 사찰, 신사의 창건담이 많은 사람들에게 요구되는 시대였음을 의미한다.

당연히 글자를 이해하지 못하는 서민들에게 환영받았던 이야기 문예나 사루가쿠노, 고와카마이라도 그렇다. 그러한 층들에 대해 불교를 창도하려면 구두로 영험담이나 사찰, 사원 창건담이 이야기되고 또 낭독되었다. 개장 때 본존을 앞에 두고 승려가 그 유래나 영험함을 설파하고, 족자나 에마키를 펼쳐 그림풀이를 하며, 설법 담의하는 자리에서 이야기하는 등의 활동을 통해 서민들 생활 속으로 침투해 간 것이다.

이러한 상황에 신불에 얽힌 이야기 책자를 두면 그것이 묵독되는 것이 아니라 낭독되는 것, 즉 귀로 듣는 문예로 필사되어 유포될 것이 기대되었음을 알 수 있다.

예를 들면 구마노 곤겐(熊野権現)[72]의 유래가 기록된 『구마노의 본

---

72) 구마노 일대의 3개 산, 즉 구마노 삼산(熊野三山)에 있는 큰 신사에 모셔진 12명의 신을 합쳐 부르는 명칭.

지(熊野の本地)』[73)의 한 계통(다이토큐(大東急) 기념 문고본 계통)에는 "이 책자를 한 번 읽으시면, 한 번 구마노에 참배하는 것입니다. 두 번 읽으면 두 번이 되고 다섯 번, 열 번 읽으시면 거듭거듭 구마노로 가는 것입니다. 몇 번이고 읽으셔야 합니다"라며 읽는 측의 공덕뿐 아니라, "이 책자를 듣는 자들은 반드시 악업을 뒤집어 선업으로 만들어야 한다"는 듣는 측의 공덕도 설파되고 있다.

기부네 묘진(貴船明神)[74)의 유래담을 기록한 『기부네의 본지(貴船の本地)』[75)의 한 편(게이오기주쿠[慶応義塾] 도서관장)에는 "이 책자를 귀로 접하고 들으려면 하루에 세 번을 지켜야 한다는 서약이 있다", 또한 "날마다 밤마다 본지를 읽고 들으면 신이 가호하시어 소원을 성취할 것이다. 잘 믿고 우러러야 할 것이다"라고 되어 있다.

아사마 곤겐(浅間権現)의 유래담을 기록한 『아사마 본지(浅間御本地)』 한 편(아카기[赤木] 문고 구장)에는 "저절로 읽는 사람(스스로 읽을 수 있는 사람)은 한 달에 세 번씩 읽어야 한다. 못 읽는 사람은 남에게 읽게 해서 한 달에 한 번이라도 청문이 있어야 한다"라고 설파하고 듣는 것도 수동적이 아니라 자발적으로 문자를 이해하는 사람에게 의뢰해 한 달에 한 번씩 들을 것을 권하고 있다.

이처럼 읽기와 듣기의 공덕이 나란히 설파되는 이야기 책자가 많이 만들어진 것이 중세 후기의 특징이다. 문자에 기록된 이야기는 묵독하

---

73) 무로마치 시대의 오토기조시. 천축의 왕비가 다른 비에게 시기당하여 산중에서 왕자를 낳은 후 죽임을 당해 왕자가 산짐승들에게 수호를 받으며 자라고 일본으로 건너가 구마노 곤겐이 된다는 내용.

74) 교토시 사쿄구에 있는 신사. 예로부터 기우(비를 내림)·지우(비를 멈춤)의 신으로 모셔졌다.

75) 오토기조시의 본지물 중 하나. 기부네 묘진에서 모시는 신들의 유래담으로, 당시 행해지고 있던 설화와 민간전승을 교묘하게 조합하고 있다.

는 것이 당연하다는 현대인과 다를 바 없는 개인적 독서 경험으로
파악할 것이 아니라, 신불의 영험함이나 사찰, 신사의 유래를 목소리
로 전달하고 귀로 수용하는 사회적 경험으로 파악할 필요가 있다.

덧붙여 말하면 읽기 전에 몸을 깨끗이 한다, 부정한 장소에서 읽어
서는 안 된다, 읽은 후에는 진언(真言)[76]을 외우라고 한 내용을 적은
것도 있다[*19]. 앞서 열거한 다이토큐본 『구마노의 본지』에 이르러서
는 이 책자를 집 안에 안치하면 반드시 구마노 곤겐이 강림하여 집을
수호해 준다는 수호 부적 기능도 갖추고 있다.

언뜻 보면 세속의 이야기로 보이는 이야기라도 마찬가지다. 진귀
한 청엽 피리에 얽힌 이야기인 『청엽 피리 이야기(青葉の笛物語)』[77]는
『법화경』의 공덕과 보현보살의 영험함이 기록되어 있다. 그 때문에
권말에는 "불종도 인연에서 일어난다고 하니 이 책자를 듣기만 해도
불도심을 일으키고 신심이 이익하며 자비, 정직함이 오로지 있을 것
입니다. 잘 청문해야 합니다. 조금이라도 의심을 품는 사람이 있으면
무간에 떨어져 영원히 부처가 될 수 없습니다. 잘 믿어야 합니다"라
며, 의심 없이 듣지 않으면 무간지옥으로 떨어진다며 위협한다.

우라시마 다로나 오노노 고마치, 모노쿠사 다로(物くさ太郎)[78] 등 세
속 인물을 그린 이야기도 마찬가지다. 오노노 고마치는 여의륜관음

---

76) 끝이 없이 진실된 말이라는 의미인데, 밀교에서는 부처나 보살 등의 진실된 말, 또는
그 작용을 나타내는 비밀스럽게 전하는 주문 같은 말을 뜻한다.

77) 겐지의 무장 구마가이 나오자네(熊谷直実)가 헤이케 진중에서 흘러나오는 다이라노
아쓰모리(平敦盛)가 부는 아름다운 피리 소리에 이끌린다는 이야기로 유명한 헤이케
가문의 비극적 일화.

78) 무로마치 시대의 오토기조시로 작자나 성립년 모두 미상이다. 시나노국(信濃国)의 모
노쿠사 다로라고 하는 거칠고 교양 없는 자가 결국 출세해, 사후에는 오타카노 다이묘
진(おたかの大明神)이라는 신이 된다는 내용.

의 화신이므로 "이 이야기를 듣는 사람, 하물며 읽으려는 사람은 곧
관음의 삼십삼체를 만들어 공양하는 것과 동등하다"라고 설파한다.
중세의 이야기 문학에는 신불의 영험함이 중요한 의미를 갖는 작품
이 적지 않지만, 그러한 작품을 읽는 것 자체가 종교적인 행위로 받아
들여지기도 하였다.

이러한 이야기 책자나 그림책의 수용 방식은 경전을 베껴 쓰거나
독경한 경험을 바탕으로 한 것이라 할 수 있을 것이다. 예를 들어
산조니시 사네타카(三条西実隆)[79]는 〈가스가 곤겐 영험기 에마키(春日権
現験記絵巻)〉를 볼 때 목욕재계를 했다(『사네타카공기(実隆公記)』 1529.3.2.).
아쓰타 묘진(熱田明神)의 유래가 기록된 『아쓰타의 심비(熱田の深秘)』에
는 "이를 말하는 자 묻은 때를 벗기고(목욕재계하고), 심신을 일으키지
않는 사람은 벌을 받아야 한다"라는 대목이 보이는데, 이와 같은 뜻이
작용하고 있다. 이 점에서 권진장도 마찬가지다. 사네타카는 권진장도
종종 베껴 썼는데, 그때 해당 사찰, 신사나 신불과 인연을 맺는 것을
생각하고 있었던 것이다[*20].

말벗으로서의 음독

문맹률이 낮았던 귀족 사회에서도 이야기 책자나 그림책 음독은
이루어졌다. 중세 후기는 이야기 자체의 사회적 수요가 증가하면서
이를 창작하고 수용하는 것이 확산되는 시대였다. 그러던 중 무로마
치 쇼군가와 천황가 사이에서 에마키를 빌리고 빌려주는 것으로 상

---

79) 산조니시 사네타카(三条西実隆, 1455~1537). 무로마치 시대 후기부터 전국 시대에
활동한 귀족. 문화인들과 교류하며 와카, 렌가 등 교토식 공경 귀족 문화에 관심이
지대했고 일본 최초의 향도(香道)를 만들었다.

징되는 문화 교류를 볼 수 있게 되었다[*21].

15세기 중반 고쓰치미카도 천황(後土御門天皇)[80] 때는 궁 안에서 수많은 작품들의 수집이나 빌려 보기, 혹은 제작이 이루어졌다. 이 천황은 이야기 책자 낭독을 좋아하여 가까운 신하들에게 종종 음독하게 했다. 『헤이케 모노가타리』나 『조큐키(承久記)』[81], 『태평기(太平記)』[82] 같은 역사 이야기도 있지만, 〈젠코지 유래 에마키(善光寺縁起絵卷)〉, 『혼간지 유래(本願寺縁起)』, 〈이시야마데라 유래 에마키(石山寺縁起絵卷)〉, 『비샤몬 유래(毘沙門縁起)』, 〈고보 대사전 에마키(弘法大師伝絵卷)〉, 〈현장 삼장 그림(玄奘三蔵絵)〉, 『추야장 이야기(秋夜長物語)』 등 대부분은 사찰이나 신사의 유래나 신불의 영험, 고승의 전기, 출가 둔세를 설파하는 이야기였다[*22].

전국 시대에 이르러 사루가쿠노의 내용을 적은 노래 책이나 고와카마이곡의 무용 책이 읽을거리나 노래 대본으로 유포되었다. 무대 예능으로 감상할 뿐 아니라 아마추어들도 노래나 춤을 즐기게 된 것이다. 오다 노부나가가 오케하자마 전투 전에 "인간 오십 년 인생"이라며 춤을 추는 장면은 오늘날에도 소설이나 만화, 드라마 등에서 반드시 재현되는 것인데, 이 춤은 고와카마이곡 〈아쓰모리(敦盛)〉의 한 구절이

---

80) 고쓰치미카도 천황(後土御門天皇, 1442~1500). 제103대 천황으로 치세 중에 오닌의 난이 일어났다. 이후 아즈치모모야마 시대에 이르기까지 황실은 무로마치 막부의 몰락과 극심한 대전란의 영향으로 매우 어려운 생활을 해야 했다.

81) 1221년에 고토바 상황(後鳥羽上皇)이 거병함으로써 일어나게 된 난을 기록한 공무적 성격의 군키 이야기.

82) 14세기 전반의 남북조 동란을 그린 군키 이야기(軍記物語)로 40권에 이르는 대작. 고지마 법사(小島法師, ?~1374)가 작가 중 한 명으로 거론되며, 천황과 호조(北条) 가문, 무로마치 막부를 세우는 아시카가 다카우지(足利尊氏) 등을 둘러싼 약 50년의 동란을 그렸다. 1370년대에 지금 전하는 형식이 되었으며, 에도 시대에 정치적 해석이나 강담으로 이용되는 등 후대의 영향력이 큰 작품이다.

다. 노부나가와 같은 시기의 오기마치 천황(正親町天皇)[83]은 특히 열심
이어서, 근신에게 노래 책을 지참시켜 어전에서 부르게 하는 경우가
종종 있었다[*23]. 이것은 일종의 좌흥이지만, 바꿔 말하자면 무료함을
때우기 위한 말벗의 일종이었다.

　같은 시기에 무가 사회에서는 노신이나 의사, 승려, 렌가시, 다도
전문가 등의 이야기 재주꾼들이 주군 근처에 모이게 되었고, 이들은
군사나 정치에 관한 지식과 몸 상태 관리, 전투 체험담이나 마음가짐
등 군주로서 필요한 사항 외에도 여가 오락으로 이야기, 담화를 풀어냈
다. 요컨대 각각의 특성을 살려 주군을 계발하고 지식과 정보를 제공하
는 역할을 하고 있었던 것이다[*24]. 이와 비슷한 습관이 귀족 사회에도
생겨 가까운 신하들에 의한 이야기 음독이나 노래의 피로가 이루어지
게 되었으며 근세 초기의 간에이(寬永) 문화[84]로 이어져 간다.

4. 근세로 계승

　사이교 법사가 다양한 문예의 소재가 되었음을 본장 첫머리에 밝
혔다. 세상을 버리고 여행 속에 사는 승려의 모습은 이상화되어 렌가
시 소기(宗祇)[85], 하이쿠의 마쓰오 바쇼에게도 이어졌다. 또 민간에도

---

83) 오기마치 천황(正親町天皇, 1517~1593). 오닌의 난 이후 황실의 권위가 실추되었는데,
　　이후 1568년에 왕실을 보호한다는 대의명분을 내걸고 교토를 점령한 오다 노부나가,
　　이후 권력을 쥔 도요토미 히데요시와도 유대를 쌓아 권위를 다소 회복하였다.
84) 에도 시대 초기의 간에이 연간(1624~1644)을 중심으로 하는 문화를 일컫는데, 모모야
　　마 시대 문화의 특징을 이어받고 겐로쿠 시대 문화로 이어지는 과도적 역할을 하였다.
85) 소기(宗祇, 1421~1502). 승려로 무로마치 시대 후기에 활동한 최고의 렌가시이다. 렌
　　가집, 일기, 렌가 비평 및 입문서 등 90권이 넘는 저서를 남겼다.

침투한 결과 민간 설화에서도 회자되었고, 나아가 떠돌이 목수를 사이교라고 부르기도 하였다[*25].

사이교뿐만 아니라 중세 문예 속에서 주인공이 된 인물들 중에는 각각 근세 이후의 문예로 이어져 누구나 아는 교양으로 정착하는 자도 있다. 주요한 것을 거론하자면 겐페이의 무장들(미나모토노 요시쓰네, 벤케이, 다이라노 기요모리), 소가 형제, 다와라노 도타(田原藤太), 다이라노 마사카도, 유리와카 다이진(百合若大臣)[86], 시즈카 고젠(静御前)[87], 조루리 고젠(浄瑠璃御前)[88], 오노노 고마치, 슈텐 동자, 다마모노마에(玉藻前)[89], 요괴 여우이며 독부 등이다.

근세에 들어 출판 사업이 확대되는 가운데 중세에 비해 현격히 많은 서적이 유포되게 되었다. 승려들은 그러한 통속적인 서적에서부터 설법 담론의 이야기 소재를 모으는 한편, 설법을 위한 설화집도 많이 출판되었고 중세의 불교 설화도 거기에 많이 수록되었다.

노와 교겐은 중세에는 폭넓은 층에게 받아들여졌지만, 에도 막부가 무가의 공적인 음악으로 삼음으로써 격조를 더해 고전 예능이 되어 갔다. 그 결과 점차 대중성은 잃어 갔다. 이를 대체할 수 있도록 시대에 맞는 새로운 예능으로 가부키와 조루리가 발전하게 되었다.

---

86) 유리와카 다이진(百合若大臣)이라는 무사에 관련된 설화로, 주인공이 전쟁에서 돌아오다 가신들에게 배신당해 섬으로 유폐되었는데, 거기서 탈출하여 고생 끝에 고향으로 와서 아내에게 구애하던 청혼자들을 살해한다는 복수담.

87) 시즈카 고젠(静御前, 생몰년 미상)은 헤이안 시대 말기부터 가마쿠라 시대 초기에 걸친 여성 시라뵤시(白拍子)이며, 미나모토노 요시쓰네와의 사랑 이야기로 유명한 여인이다.

88) 헤이시(平氏)를 타도한 비운의 영웅 미나모토노 요시쓰네의 어릴 적 연인으로 요시쓰네가 우시와카마루(牛若丸)였을 때 조루리 고젠의 사랑과 슬픈 이별을 다룬 것으로, 악극 장르 명칭인 조루리도 여기에서 비롯되었다.

89) 오토기조시와 요쿄쿠 「살생석(殺生石)」 등에 나오는 미녀. 구미호의 화신으로 도바 천황(鳥羽天皇)을 괴롭혔으나 음양사의 법력으로 정체를 드러내고 살생석이 된다.

이들 새로운 예능은 노나 고와카마이곡, 셋쿄부시(説経節)[90] 등에서 연기되며, 회자되던 이야기를 많이 도입함으로써 레퍼토리를 늘려 갔다. 또 동일 콘텐츠는 비파 법사나 오쿠조루리의 맹인 우두머리가 이야기하며 지방을 돌아다니는 것으로, 그 시대, 그 지역 지방 문화 의 일부가 되어 간 것이다.

원저자 주

*1 花部英雄, 『西行はどのように作られたのか 伝承から探る大衆文化』, 笠間書院, 2016.

*2 目崎徳衛, 『西行』, 吉川弘文館, 1980.

*3 伊藤慎吾, 「街談巷説」, 『室町戦国期の文芸とその展開』, 三弥井書店, 2010.

*4 阿部泰郎, 「『直談因縁集』解題」, 『直談因縁集』, 和泉書院, 1998.

*5 徳田和夫, 「中世の民間説話と『蛙草紙絵巻』」, 『学習院女子大学紀要』 3, 2001.

*6 角川源義, 「妙本寺本曾我物語攷」, 『角川源義全集』 2, 角川書店, 1987.

*7 渡辺麻里子, 「月山寺第四世尊舜とその学問」, 『曜光山月山寺史』, 月山寺, 2004.

*8 伊藤慎吾, 「中世勧進帳をめぐる一, 二の問題」, 『室町戦国期の公家社会と文事』, 三弥井書店, 2012.

*9 伊藤慎吾, 「中世勧進帳年表」, 전게 주 8에 수록.

*10 盛田嘉徳, 『中世賤民と雑芸能の研究』, 雄山閣出版, 1974.

*11 井上満郎, 「散所と法師」, 芸能史研究会 編, 『日本芸能史』 2, 法政大学出版局, 1982.

*12 渡邊昭五, 『中近世放浪芸の系譜』, 岩田書院, 2000.

*13 松尾恒一, 「寺院祭儀と芸能－延年の世界－」, 『講座日本の伝承文学』 6, 三弥井書店, 1999.

*14 本田安次, 『多武峯延年－その臺本－』, 錦正社, 1987.

*15 大森恵子, 『念仏芸能と御霊信仰』, 名著出版, 1992.

90) 중세에 부흥하여 중세 말부터 근세에 걸쳐 유행했던 이야기 예능, 문예로 불교의 설경, 즉 셋쿄가 평속화하여 곡절을 붙이고 음악적으로 피력되었다. 에도 시대에는 샤미센 반주나 인형도 조종하며 큰 인기를 끌었다.

*16 小笠原恭子, 『都市と劇場－中近世の鎮魂・遊楽・権力』, 平凡社, 1992.

*17 兵藤裕己, 「座頭[盲僧]琵琶の語り物伝承についての研究[3] 文字テクストの成立と
語りの変質」, 『成城国文学論集』 26, 1999.

*18 伊藤慎吾, 「中世末期公家社会における寺社参詣－山科言継を中心に－」, 『仏教文
学』 38, 2013.

*19 福田晃, 「本地物語のヨミ」, 『神話の中世』, 三弥井書店, 1997.

*20 伊藤慎吾, 「三条西実隆の勧進帳制作の背景」, 전게 주 8에 수록.

*21 木原弘美, 「絵巻の往来に見る室町時代の公家社会 その構造と文化の形成過程につ
いて」, 『佛教大學大學院紀要』 23, 1995.

*22 伊藤慎吾, 「三条西実隆の草子・絵巻読申」, 전게 주 3에 수록.

*23 伊藤慎吾, 「戦国期山科家の謡本」, 전게 주 3에 수록.

*24 桑田忠親, 『大名と御伽衆』, 青磁社, 1942.

*25 花部英雄, 「民俗語彙サイギョウ」, 『西行伝承の世界』, 岩田書院, 1996.

참고문헌

『한 권의 강좌(一冊の講座)』 편집부, 『한 권의 강좌 그림풀이(一冊の講座 絵解き)』, 有精
堂出版, 1985.

이토 신고(伊藤慎吾), 「권진과 개장－무로마치기 공가 사회와의 관계를 둘러싸고－(勧進と
開帳－室町期公家社会との関わりをめぐって－)」, 도쿠다 가즈오(徳田和夫) 편, 『중
세의 사찰 신사의 유래와 참배(中世の寺社縁起と参詣)』, 竹林舎, 2013.

하시모토 아사오(橋本朝生), 「교겐의 형성과 전개(狂言の形成と展開)」, 『이와나미 강좌
일본 문학사(岩波講座 日本文学史)』 6, 岩波書店, 1996.

하야시야 다쓰사부로(林屋辰三郎), 『고대국가의 해체(古代国家の解体)』, 東京大学出版
会, 1955.

모리스에 요시아키(森末義彰), 『중세의 사원과 예술(中世の社寺と芸術)』, 畝傍書房,
1941.

야마지 고조(山路興造), 「'덴가쿠 춤'의 예능 형태(「田楽躍」の芸態)」(『강좌 일본의 전승
문학(講座日本の伝承文学)』 6, 三弥井書店, 1999.

와카쓰키 야스하루(若月保治), 『고조루리의 연구(古浄瑠璃の研究)』 4, 桜井書店, 1944.

【칼럼】

'그림책'의 역사
-작은 그림부터 아동 문학까지-

이토 신고

나라 그림책(奈良絵本)과 단록본(丹緑本)

중세 후기에는 이야기 문학이 내용적으로 다양해졌다. 예로부터 연애나 싸움, 출가 등을 테마로 한 이야기는 인간을 주인공으로 하는 것이 전통적인 방식이었지만, 이 무렵이 되면 날짐승이나 들짐승, 벌레, 물고기나 식물, 기물과 같은 이류의 것들이 연애나 싸움, 출가 등을 하는 그림이 나타나게 되었다. 내용 면에서만 다양화한 것이 아니다. 책으로서의 형태도 다양화했다. 에마키 제작이 증가하는 것이다. 그중에서도 기존처럼 세로 30센티미터 정도 크기의 것뿐만 아니라 15센티미터 안팎의 작은 에마키도 만들어지게 됐다. 이것을 작은 그림(小絵)이라고 하며 초심자가 제작한 것도 전해지고 있다. 이렇게 이야기를 그림과 함께 즐기는 문화가 점차 조성되면서 보다 간편한 그림책의 형태도 만들어지게 되었다.

에마키는 그림에 폭을 부여하여 대담한 구도로 그릴 수 있지만, 이야기를 읽어 나가기 위해서는 앞 장면을 다시 말고 새로운 장면을 펼치는 작업을 반복해야 한다. 또한 이야기의 특정 장면을 읽고 싶어도 처음부터 말아야 하는 불편함이 있다. 반면 그림책은 페이지를 넘기는 동작만으로 처리할 수 있는 데다가 보고 싶은 장면을 펼치기만 하면 충분하다. 다 읽고 다시 되감는 수고도 들지 않는다. 그러한 편의성은 그림을 수반하는 평이한 이야기라는 내용 면과 맞물려 책의 대중화를 초래한 요인이 되었다.

육필로 쓴 이야기 그림책 중 오래된 작품으로 16세기경의 『이세 이야기』(개인소장)가 전하는데*1, 이것은 승형본(枡形本, 정사각형 모양)의 열첩장(列帖裝)1)으로 비전문가가 만든 듯하다. 전업 화가들의 공방에서 제작된 것으로 보이는 그림책은 16세기 말경에 나타난다. 도요토미 히데요리(豊臣秀頼, 1593~1615)가 가신에게 하사했다는 것은 초기 작품 중 하나이다*2. 이후 육필로 쓴 이야기 그림책의 본문 서사는 한 페이지의 줄 수가 일정해지고, 본문과 삽화가 명확하게 구분되며 삽화에는 식물에서 추출한 염료가 아니라 암석 가루 물감 등의 안료를, 각 화면 위아래에는 유형적인 운하 장식(스야리 안개2)나 구름 모양 등)을 이용하는 등 서지적, 회화적으로 형식이 정해진다. 이를 '나라 그림책(奈良絵本)'이라고 부른다.

근세가 되면 민간에서 출판 사업이 활발해지고 불특정 다수를 향한 오락적 읽을거리도 팔리게 된다. 가학(歌学)3)이나 역사 관련 읽을거리로서의 가치를 지닌 고전 작품들과 더불어 중세 후기의 무명 단편 작품군도 속속 간행되어 갔다. 그중에는 삽화를 동반한 그림책(그

---

1) 일본식 책을 묶어 장정하는 방식의 하나로, 여러 장의 용지를 겹쳐 둘로 접은 것을 실로 묶어서 하나로 꿰고, 여러 번 꿰어 묶은 다음 표지를 붙이고 실로 얽는 방식.
2) 야마토에(大和絵) 그림, 특히 에마키에서 가로로 길게 늘어진 안개 그림을 말한다. 가마쿠라 시대 이후 원근감을 주며 장면을 전환하기 위해 사용한 회화 기법이다.
3) 일본 전통의 정형 시가인 와카(和歌) 창작의 이론서.

림 삽입 판본)도 있으며, 그 형식은 앞에서 말한 나라 그림책을 답습하는 것이었다.

그림 삽입 판본 중에는 인쇄한 뒤 채색을 하는 것도 만들어졌다. 이것을 '단록본'이라 부른다[그림 1]. 물감에는 단·녹·황이나 청 등 두세 가지 색이 사용된다. 원래 판본의 삽화는 선화이기 때문에 오늘날의 채색 그림처럼 윤곽선 안쪽을 물감으로 다 칠하는가 하면 그렇지 않다. 솔이나 굵은 붓과 같은 도구를 사용하여 윤곽선에서

[그림 1] 단록본 『에보시 장인(烏帽子折)』(일본국립국회도서관 소장).

대담하게 벗어나거나 한두 가지 색의 선을 긋는 등 대략적으로 채색을 하는 것이다.

가치의 발견

한편 단록본은 1620년경부터 70년경에 이르는 약 50여 년 동안 만들어졌다. 출판사적으로는 고활자본에서 정판본으로 이행하는 시기와 겹치기 때문에 두 가지 판식이 존재한다. 다른 한편 나라 그림책은 18세기 전반까지 제작이 이어졌다. 육필 그림 삽입 사본이 상품으로 생산, 유통되는 시대는 끝나고 그림 삽입 판본이라도 찍어 낸 다음 채색을 하는 방법(부채[敷彩])에서 다색 찍어 내기로 이행하자 점차 잊히게 되었다.

그리고 근세 후기에 이르면 애서가들 사이에서 주의를 끌게 된다.

교쿠테이 바킨(曲亭馬琴)[4]은 이야기 책자를 그림이 들어간 나라 그림
책으로 만드는 것은 에마키의 유풍일 것이라고 했고(『탐기만록(耽奇漫
録)』[5]), 류테이 다네히코(柳亭種彦)[6]는 단록본에 대해 단·녹·청색을
붓길 가는 대로 칠한다고 할 것도 없이 착색하는 것이 매우 고아하다
고 평가하고 있다(『요샤바코(用捨箱)』[7]).

육필의 이야기 그림책을 '나라 그림책'이라고 칭하게 되는 것은
1890년대 말부터이며, 일본책방이나 취미가(수집가 모임 등), 초창기
의 학자 등의 사이에서 정착해 갔다[*3]. 나라 그림책이든 단록본이든
희구본으로서 일부 애서가들의 관심 대상이 되는 정도였다. 그러나
이 그림책들의 내용은 대부분 중세 후기에서 근세 초기에 성립된 단
편 이야기여서 고전 문학으로서 가치를 인정받지는 못했다.

이 그림책들에는 매우 화려한 그림과 장정의 작품도 적지 않다([그
림2]). 원래 그러한 작품은 다이묘나 상급의 무가, 부유한 상가 등이
구입하고 소장했던 것이다. 이들은 다실 선반에 장식하는 세간 집기
품으로 쓰거나 시집갈 때 가져가는 책으로 시댁에 지참품으로 이용

---

4) 교쿠테이 바킨(曲亭馬琴, 1767~1848). 에도 시대 후기를 풍미한 이야기체 소설 요미혼
(読本)의 작가로 역사 전기물에 재능이 있었고, 주로 권선징악과 인과응보를 다룬 작품
이 많았으며 큰 인기를 끌었다. 대표작으로 『난소사토미 팔견전(南総里見八犬伝)』이
있다.

5) 에도 후기의 고증 수필로 1824~1825년에 성립되었으며 고서화 등의 그림에 고설(古
說)을 곁들인 내용이다.

6) 류테이 다네히코(柳亭種彦, 1783~1842). 에도 후기에 활약한 작가로 요미혼과 고칸을
집필하면서 다수의 고증 수필도 남겼다. 다네히코는 근세 초기의 풍속, 가부키, 하이카
이 등을 고증의 대상으로 삼았다.

7) 류테이 다네히코가 쓴 세 권짜리 수필로 1841년에 간행되었다. 시정의 풍속이나 습관에
관한 고증을 주로 하며 옛 하이카이 서적을 인용하여 에도 시대 초기의 고서화류의
모사 그림을 집어넣는 등 풍속을 세밀하게 활사한 내용이다.

했다. 그러나 근대에 이르러서는 그러한 수요가 없어지고 사회 경제
사정도 크게 달라지면서 고미술 시장으로 방출되게 되었다.

[그림 2] 미나모토노 요리미쓰 일행과 슈텐 동자의 대면. 나라 그림책 『슈텐 동자(酒呑童子)』
(저자 소장).

이야기 그림책에서 미술적 가치를 발견한 것은 일본인보다 서양인
이었다. 미국 출신의 기업가 체스터 비티(1875~1968)가 대표적인 인물
이다. 그는 1917년에 일본을 방문하여 그 사이에 고미술상인 야마나카
상회(山中商会)[8]와 접촉하여 에마키, 그림책 종류를 구입하였다[*4]. 또
한 제2차 대전 후에도 고분소(弘文荘)[9] 등을 통해 구미로 많은 작품들이
건너갔다. 이러한 동향이 일본 국내에서 이야기 그림책의 재평가를
촉진하게 되었다. 무엇보다 대상이 된 것은 오로지 호화롭고 미려한

---

8) 미술 상사로 에도 시대 오사카 이타미야를 기원으로 메이지 시대 이후 뉴욕 보스턴
    시카고 런던 등에 지점을 두고 일본 미술품을 수출, 1900년대 이후에는 중국에서 대량
    으로 사들인 물건을 유럽이나 미국에 되팔아 부를 축적하다 제2차 세계 대전으로 쇠락
    한다.
9) 1932년에 창업한 고서점.

그림책, 에마키이며, 이른바 양산형이라 불리는 조잡한 나라 그림책은 대상이 되기 어려웠다.

다만 1940년경 중세 회화사 방면에서 오래된 나라 그림책, 에마키의 화풍을 '치졸미'라고 평가하는 연구자가 일부 나타나게 되었다. 유치하고 서툴지만 형식화되지 않은 소박함에 미점이 있다는 것이다.

그에 앞서 1920년대 민예 운동이 일어났다. 이는 일상생활에 사용되는 도구 안에 민중적 아름다움이 있다는 생각 아래에 창작 활동을 하고, 또 미술 공예품을 발굴하는 운동이다. 운동의 중심인물인 야나기 무네요시(柳宗悅)[10]는 나라 그림책이나 단록본에 민중적인 미를 발견하고 그것들을 '민화'로 파악하여 수집해 갔다(오늘날 일본민예관[11]에 수장되어 있다).

민예 운동과 그 주변

특히 단록본은 민중적인 판화로서 민예운동 예술가들의 관심을 끌면서 창작에 접목시키는 이들도 나타났다. 그 최고봉은 세리자와 게이스케(芹沢銈介)[12]이다. 세리자와는 야나기와 친분이 두터웠던 사람으로 세리자와가 직접 만든 책의 장정이나 염색 기법에는 단록본의 채색

---

10) 야나기 무네요시(柳宗悅, 1889~1961). 민예 연구자이자 종교 철학가로 『시라카바(白樺)』 창간에 가담하였으며 나중에 민예 운동을 제창하였다. 민예 운동의 아버지라 일컬어지며 일본 민예관을 설립하였고, 한반도에도 여러 번 방문하여 조선 민예의 미에도 착목하였다.

11) 1936년에 개관한 일본 민예관은 야나기 무네요시를 중심으로 세워졌으며 일본의 옛 도자기와 염직물을 비롯해 일본 내외의 공예품과 민예품을 전시하고 있다.

12) 세리자와 게이스케(芹沢銈介, 1895~1984). 20세기 일본의 대표적 염색 공예가. 시즈오카현(静岡県) 출신이며 시즈오카시(静岡市) 명예시민이다. 중요 무형 문화재인 '가타에조메(型絵染)' 기술 보유자로 인간 국보로 지정되었다. 야나기 무네요시의 민예 운동에 공명하였으며 일본 각지의 민예품과 조사하였다.

을 방불케 하는 것이 있다. 『그림책 돈키호테(絵本どんきほうて)』[13] (1937)
나 『호넨 상인 그림전(法然上人絵伝)』[14] (1941)은 단록본 기법을 명확히
도입한 것으로 세리자와의 대표작이기도 하다. 마찬가지로 직물 염색
가 미요자와 모토주(三代澤本寿)[15] 에게서도 단록본의 영향을 찾을 수
있다.

또한 직접 민예 운동에 관여하지 않은 창작가에게도 단록본이나
나라 그림책(그중에서도 소박한 화풍)의 영향은 파급되었다. 수많은 그
림책을 만든 가지야마 도시오(梶山俊夫)[16]는 그중 한 명이다([그림3]).

가지야마는 1960년대부터 본격적으로 그림책을 만들게 되었는데,
그 화풍은 한결같지 않았다. 그러나 낡고 소박한 나라 그림책의 색채나
구도, 인물 묘사를 도입한 작품, 예를 들면 그림책 『하얀 새』(1972)나
만년의 이와나미 소년 문고판 『오토기조시(おとぎ草子)』(1995)([그림4])
는 분명히 야나기 무네요시가 모은 일본민예관 소장의 〈쓰키시마〉나
〈우라시마〉에서 착상을 얻은 것으로 볼 수 있다. 또 그림책 『모두
함께 하늘을 날았습니다』(1991)는 단록본의 채색과 공통되는 것이다.

---

13) 돈키호테 문헌 수집가인 미국의 칼 켈러가 세리자와 게이스케를 기용해 만든 책. 스페
   인 소설을 일본 버전으로 만들기 위해 세리자와는 돈키호테를 사무라이 옷을 입은 형태
   로 그렸다.
14) 12세기에 활약한 승려 호넨의 생애를 그린 작품으로 당시 일본 사람들의 생생한 모습을
   볼 수 있다.
15) 미요자와 모토주(三代澤本寿, 1909~2002). 염색공예가. 마쓰모토(松本) 출신으로 세
   리자와 게이스케를 만나 '가타에조메' 염색 공예의 길을 걷게 되며 야나기 무네요시에
   공명하여 나가노현 민예 운동을 견인하였고 만년에 이르기까지 수많은 염색 공예 작품
   을 선보였다.
16) 가지야마 도시오(梶山俊夫, 1935~2015). 그림책 작가로 추상화, 그림책, 목판화, 도자
   기, 유리 그림 등을 제작하였고 국내외를 여러 번 걸어서 여행하는 화가로도 유명하다.

[그림 3] 단록본풍의 그림. 가지야마 도시오(梶山俊夫), 「누쿠누쿠(ぬくぬく)」, 『가지야마 도시오 그림책첩(梶山俊夫絵本帖)』 上(あすか書房, 1980).
[그림 4] 나라 그림책풍의 표지 그림. 오오카 마코토(大岡信) 글, 가지야마 도시오 그림, 『오토기조시(おとぎ草子)』(岩波少年文庫, 1995).

　　세가와 야스오(瀬川康男)[17]는 전후를 대표하는 그림책 작가로 1960년대부터 활동을 시작했다. 세가와에게서도 역시 가지야마와 비슷한 경향을 파악할 수 있다. 고대를 대표하는 에마키인 〈시기산 유래 에마키(信貴山縁起絵卷)〉의 표현을 도입한 작품(『놀이(あそび)』, 1965)부터 중세 유럽 민중화풍의 그림책에 이르기까지 다종다양한 화풍으로 다양한 작품을 만들어낸 작가인데, 아동 문학자 세타 데이지(瀬田貞二)[18]의 영향으로 나라 그림책, 단록본에 대한 관심도 높았다.

---

17) 세가와 야스오(瀬川康男, 1932~2010). 화가, 판화가, 그림책 작가. 어린이 잡지의 일을 하게 되면서 이후 새로운 기법을 사용하여 다채로운 판화, 스케치, 그림책 작업을 지속했다. 아이들을 위한 그림의 틀을 넘어 현대적인 아동 출판 미술의 영역에 도달했다고 일컬어지며 높은 평가를 받았다.

18) 세타 데이지(瀬田貞二, 1916~1979). 쇼와 시대의 아동 문학가, 번역가, 평론가, 그림책 작가. 도쿄 제국 대학 문학부 국문과를 나와 아동 문학을 창작하였으며 주로 영미의

1962년 신주쿠의 이세탄 백화점에서 단록본 전람회가 개최되었다. 아직 세간의 인지도나 관심은 낮았지만 민예 운동이나 그림책 창작에 종사하는 예술가들로부터는 일정한 관심을 얻어 창작에 반영됐다. 그 결과 나라 그림책이나 단록본이라는 것은 몰라도, 일반인들은 그 표현을 계승한 창작품을 접할 기회를 얻을 수 있게 되었다.

학술적으로 그 가치가 논의된 것은 더 나중의 일이다. 1979년에 미국의 일본 문학 연구자 바바라 루시가 중심이 되어 〈나라 그림책 에마키 국제 연구 회의(奈良絵本絵巻国際研究会議)〉가 개최되었다. 당시에는 아직 나라 그림책이 무엇인지 모르는 일본인이 많았다[5]. 그 회의에는 일본 문학이나 미술 연구자도 많이 관여하게 되어, 그들의 후속 연구에 많든 적든 반영되어 갔다. 이후 나라 그림책 전문가는 나오지 않았지만, 그 책으로서의 가치, 또 미술사적 가치에 대해 생각하는 연구자가 증가한 것이다.

원저자 주

*1 『伊勢物語の世界』, 五島美術館, 1994.

*2 中尾堅一郎, 「奈良絵本との出会い」, 『天理図書館善本叢書 月報』 33, 1977.

*3 牧野和夫, 「"奈良絵本"という「ことば」の定着の背景とその周辺－明治三十年代中後期頃の奈良扇への関心をめぐる「集古会」周辺資料一, 二と「南都の絵」資料一点」, 『実践国文学』 71, 2007.

*4 潮田淑子, 「チェスター・ビーティー卿と日本」, 反町茂雄 編, 『チェスター・ビーティー・ライブラリー蔵 日本絵入本及絵本目録』, 弘文荘, 1979.

*5 バーバラ・ルーシュ, 「失われた財宝を求めて 海外所蔵奈良絵本」, 『海外所蔵奈良絵本』, 講談社, 1979.

아동 문학을 번역하기도 했다. 옛날이야기 및 아동 문화 연구와 평론에 전념하였으며 다수의 문화상을 수상하였다.

『태평기(太平記)』 읽기
─텍스트, 강석, 미디어 ─

기바 다카토시

강석사란 누구인가?

지금의 강석사를 옛날에는 태평기 읽기라고 해서 『태평기』 옛 싸움 이야기만을 강석했사옵니다.

이것은 1790년경에 쓰여진 오타 난포(大田南畝)가 묻고 세나 사다오 (瀨名貞雄)가 답한 『라이덴 문답(瀨田問答)』[1]의 한 구절이다. 군기물(軍記物) 등을 강석하는 강석사(강담사)는 원래 '태평기 읽기'로 불렸던 모양이다.

『태평기』는 1318년 고다이고 천황(後醍醐天皇)[2] 즉위부터 1367년

---

1) 1785년부터 1790년에 걸쳐, 오타 난포(大田南畝)와 세나 사다오(瀨名貞雄) 사이에 주고받은 무가 가문의 유직고실(有職故実) 관련 내용의 문답을 정리한 책.

2) 고다이고 천황(後醍醐天皇, 1288~1339). 제96대 일본 천황이자 남조(南朝)의 초대 천황. 귀족 사회의 기존 관습에 얽매이지 않고 참신한 인재를 등용하고 학문을 장려하는 등 조정 정치를 개혁하는 한편, 비밀리에 가마쿠라 막부 타도 계획을 진행하였고 막부 멸망 후 남북조 시대로 이행한다.

무로마치 막부(室町幕府) 3대 쇼군 아시카가 요시미쓰(足利義満)[3]의 등장까지 이른바 남북조의 동란[4]을 그린 작품이다.

이와 관련된 예능인 '태평기 읽기'는 단순히 『태평기』를 낭독하는 것만이 아니라 '강석', 즉 『태평기』 내용을 논하고 해설하는 것을 생업으로 삼았다.

사실 '태평기 읽기'는 크게 두 가지로 나눌 수 있다. 예능으로서의 '태평기 읽기'와 정치론의 강석=강의로서의 '태평기 읽기'이다.

이 '태평기 읽기'의 두 가지 측면을 따라가며 '강담의 원류가 되어' 가는 흐름(노부히로 신지(延広真治), 「태평기 읽기(太平記読)」, 『국사대사전(国史大辞典)』)을 살펴보고자 한다.

강의로서의 '태평기 읽기'
-『태평기 평판 비전 리진초(太平記評判秘伝理尽鈔)』의 등장

14세기 중엽에 성립한 『태평기』는 에도 시대보다 이전에는 손으로 쓴 사본으로 전해졌고, 독자도 공가나 무가, 승려와 같은 상층 신분에 한정되어 있었다. 보다 넓은 독자를 확보하게 된 것은 17세기 초 고활자판 『태평기』가 간행되면서부터이다.

에도 시대가 되면 『태평기』를 강석한 『태평기 평판 비전 리진초』(이하 『리진초』)가 등장한다. 『리진초』란 가미 히로시(加美宏)에 의하

---

3) 아시카가 요시미쓰(足利義満, 1358~1408). 무로마치 막부 3대 쇼군으로 남북조의 분열을 통일하고 유력한 슈고 다이묘(守護大名)들의 세력을 저지하여 막부 권력을 확립시켰다. 긴카쿠지(金閣寺)로 널리 알려진 로쿠온지(鹿苑寺)를 세워 기타야마 문화(北山文化)를 꽃피웠다.

4) 아시카가 다카우지(足利尊氏)가 세운 북조(北朝), 고다이고 천황이 세운 남조(南朝)라는 두 조정이 존재하며 격렬히 대립하던 14세기 중후반의 약 60년간의 시기.

면, "『태평기』유포본 계통의, (중략) 거기에 그려진 사건, 전투, 인물 등에 관하여 '평하여 말하기' 혹은 '전하여 말하기' 등의 형태로 논평 이나 보충을 곁들인 것으로 이루어져 있다. '평'은 병법, 군략과 윤리 에 관한 논평을 주로 하고 있으며 '전'은『태평기』본문에는 실리지 않은 이전(異伝)이나 비화(秘話) 종류를 내세우고 있다".

　『태평기』본문 속 인물이나 사건을 논평, 해설하는『리진초』는 '비 전'이라고 되어 있는 것처럼 원래 대면하여 구두로 강석을 받고 그 내용이 전해지는 것이었다.『리진초』강석은 니치렌종(日蓮宗)[5]의 다 이운인 요오(大運院陽翁)[6]와 같은 승려가 시작한 것이며, 그 강석을 받은 것은 가라쓰 번(唐津藩)의 번주 데라자와 히로타카(寺沢広高)[7]나 가나자와 번(金沢藩)의 번주 마에다 도시쓰네(前田利常)[8]와 같은 영주 들이었다. 그리고 요오의 제자인 오하시 젠카(大橋全可)는 교토 쇼시 다이(京都所司代)[9] 이타쿠라 시게무네(板倉重宗)나 오다와라 번(小田原 藩) 번주 이나바 마사노리(稲葉正則)[10], 요코이 요겐(横井養元)은 오카

---

5) 니치렌(日蓮) 스님을 개조(開祖)로 하는 일본 불교 종파의 하나로, 니치렌은 천태종(天 台宗)의 법화 사상(法華思想)을 배우고 우주의 통일적 진리, 그것의 인격화, 그리고 현실에의 구현을 강조하였다. 개인과 사회, 국가 전체의 구제를 주장하는 독자적 사상 체계로 널리 신봉되었다.

6) 다이운인 요오(大運院陽翁, 1560~1622?). 16세기 말부터 17세기 초에 걸쳐 활동한 니치렌종 승려.

7) 데라자와 히로타카(寺沢広高, 1563~1633). 전국시대의 무장으로 에도 시대 초기 히젠 (肥前)의 가라쓰 번(唐津藩) 초대 번주가 된다.

8) 마에다 도시쓰네(前田利常, 1594~1658). 아즈치모모야마 시대 말기부터 에도 시대 초기의 무장이자 다이묘.

9) 에도 시대 초기부터 조정이나 귀족의 감찰이나 서일본의 다이묘들을 감시하기 위해 니조성(二条城) 북측에 세운 기관. 메이지 유신 직전 폐지되기까지 각지의 다이묘들이 책임역으로 근무했다.

10) 이나바 마사노리(稲葉正則, 1696~1623). 에도 시대 전기 사가미국(相模国) 오다와라

야마 번(岡山藩) 번주 이케다 미쓰마사(池田光政)[11]에게 『리진초』를 강석했다. 이들 영주층은 겐나의 언무(元和偃武)[12]라고 하여, 전란에서 평화로 세상 정황이 변화하는 가운데 가신이나 백성들과의 알력을 거치면서 영내를 통치할 것이 요구되었다. 따라서 참조해야 할 정치 이념이나 정책으로서 『리진초』 강석을 필요로 했던 것이다. 실제로 이케다 미쓰마사는 『리진초』에 영향을 받은 것으로 보이는 정책을 실시하고 있다. 『리진초』에서 설파되는 정치 이념이란, 서민에게 베푸는 정치—인정(仁政)—이었다.

 『리진초』에서 특히 중요한 것은 구스노키 마사시게(楠正成)[13]의 평가이다. 남조 측에서 싸우다 미나토가와 전투(湊川の合戦)에서 뿔뿔이 전사한 마사시게는 『태평기』에서는 무략과 지모가 뛰어난 비할 바 없는 무장이나 고금 미증유의 충신으로 그려진다. 한편 『리진초』에서는 백성을 달래고 인정을 행하는 명군, 단련을 게을리하지 않는 무장, 당대 정치의 비판자, 지모가이자 군략가, 가신을 장악하는 능력이나 문서주의, 농정에 능한 지도자로 풀이되고 있다. 뛰어난 무장

번(小田原藩)의 번주. 간에이 10년에 있었던 대지진으로 황폐해진 영지의 부흥을 위해 번정을 정비하는 데에 힘썼다.

11) 이케다 미쓰마사(池田光政, 1609~1682). 비젠국(備前国)의 오카야마 번(岡山藩)의 번주. 유학의 관대한 정치를 지향하여 유학자를 중용했으며, 농정, 군사, 토목, 신전 개발 등에 이용했다. 또한 교육에도 힘을 쏟아 학교 기관을 설립하고 서민들을 위해 각지에 수습소(手習所)를 열었다.

12) 뜻을 풀이하면 겐나(元和) 연간에 싸움(武)이 그쳤다(偃)는 의미로 1615년 일본 에도 막부가 도요토미 가를 멸망시킴으로써 오사카 여름 전투를 마무리하고 오닌의 난 이래로 148년 계속되던 전란의 시대가 끝났음을 선언한 사건이다.

13) 구스노키 마사시게(楠木正成, 1294~1336). 남북조 시대에 활약한 무장. 남조의 고다이고 천황을 받들어 용맹과 지략으로 대규모 막부군을 물리치는 등, 일본 전역에서의 반막부 봉기를 유발시킴으로써 가마쿠라 막부 타도에 공헌한 남조의 충신.

을 넘어서 이상적인 위정자, 그것이 바로 『리진초』에서 그려진 마사
시게였다.

『리진초』와 미디어

영주들은 강석을 받고 심오한 뜻을 모두 전수받았다는 증표로 『리
진초』를 베껴 쓰는 것이 허용되었다. 그러나 현재 『리진초』 사본이
각지의 다이묘 문고 등에서 확인되고 있다. 이는 직접 강석을 받지
않은 영주들이 모조리 『리진초』의 내용을 탐하여 베껴 썼음을 의미
한다. 그리고 『리진초』 사본은 업자들에게 넘어가 17세기 중반에 출
판된다. 본래 '비전', 즉 구송되는 오럴 미디어에 의한 지식이던 『리
진초』는 서적이라는 출판 매체에 의한 지로 변질되어 버렸다. 바꾸어
말하면, 미디어의 전환에 따라 폐쇄적인 지에서 개방적인 지가 된
것이다.

출판된 『리진초』는 "도읍이나 시골 귀천 모두가 이 책을 믿고, 세
상도 모조리 선호하여 애용한다"(고바야시 세이호[小林正甫] 편, 『중편 오
닌키(重編応仁記)』, 1706년 간행)라고 되어 있는 것처럼 지역이나 계층을
초월하여 널리 수용되었다. 나아가 『태평기 대전(太平記大全)』이나
『태평기 강목(太平記綱目)』, 『남북무경(南木武経)』과 같은 관련서가 작
성되었다.

그 수용자의 사례로 병학자 야마가 소코(山鹿素行)[14]는 『리진초』나
『온치 사콘 다로 기키가키(恩地左近太郎聞書)』(『리진초』와 함께 전래되는
서적으로 『리진초』의 정치론을 답습하여 부연한 것) 등을 발췌한 『리진초

---

14) 야마가 소코(山鹿素行, 1622~1685). 에도 시대의 유학자, 병학자. 야마가류(山鹿流)
   의 병법 및 일본 고학파의 창시자.

발췌(理尽鈔抜萃)』를 작성하고, 제자들을 향한 강의에서도 『리진초』에서 유래한 일화를 도입하였다. 또한 가와치국(河内国) 이시카와군(石川郡) 다이가쓰카무라(大ヶ塚村)(지금의 오사카부[大阪府] 미나미가와치군[南河内郡] 가난정[河南町])의 상층 농민이었던 가와치야 가쇼(河内屋可正)¹⁵⁾는 『리진초』(종류의 서적)를 정치론으로서가 아니라 도덕이나 가문의 안정을 위한 것으로 의미를 바꿔 후손들에게 남겼다.

이렇게 하여 출판된 『리진초』(종류의 서적)의 정치 이념은 사회에 널리 침투하였고 점차 정치 상식과 통념으로 자리 잡았다.

또한 원전을 읽고 나서 해설서를 읽기보다, 먼저 해설서를 읽고 거기서부터 작품 자체에 관심을 갖기 시작하는 것이 당시 독서 스타일에서는 당연했다는 점에 유의해야 한다.

『태평기』의 수용

출간된 『리진초』는 하나의 정치 상식과 통념으로 근세 사회에 보급됐다.

그리고 중세 이래 내란의 시대를 서술한 역사서로 인지되었던 『태평기』 자체도 또한 『대일본사(大日本史)』¹⁶⁾와 『일본외사(日本外史)』¹⁷⁾

---

15) 가와치야 가쇼(河内屋可正, 1636~1713). 에도 시대 전중기의 지주이자 호상. 주조업을 했고 전답을 많이 소유하여 소작료가 많았다. 유불학을 공부했으며 와카, 하이카이, 노가쿠 등의 문예 방면에도 조예가 있었다. 가문 몰락을 막고자 처세훈을 남기는 등 상인 도덕의 모범적 인물이다.

16) 미토(水戸) 도쿠가와 가문이 편찬한 일본 역사서로 1657년에 도쿠가와 미쓰요시(徳川光義)가 착수하여 미토 번의 사업으로 계승되었고 메이지 시대인 1906년에 완성되었다.

17) 에도 시대 후기에 라이 산요(頼山陽)가 지은 일본사를 다룬 서적. '외사'라는 말은 민간에서 저술된 역사서라는 뜻으로 헤이안 시대 말기 헤이지의 난부터 시작하여, 최종적으로 에도 막부를 연 도쿠가와 가문에 이르기까지 여러 무가 가문의 역사를 한문으로 기술하였다.

를 비롯한 근세의 사서·사론에 지대한 영향을 미치고 있었다. 물론 요쿄쿠나 고와카마이, 오토기조시, 인형 조루리 등의 예능에도 『태평기』에서 소재를 딴 작품은 적지 않다.

나미키 센류(並木千柳)[18], 다케다 이즈모(竹田出雲)[19], 미요시 쇼라쿠(三好松洛)[20]의 합작 〈가나데혼 주신구라〉(1748년 초연)는, 그러한 『태평기』의 세계관을 기초로 한 대표작이다. 18세기 초에 일어난 이른바 아코 사건(赤穂事件)[21]을 소재로 한 이 작품은 '주신구라'라고 하는 것처럼, 엔야 판관(塩冶判官, 아사노 다쿠미노카미[浅野内匠頭])의 원수를 갚는 오보시 유라노스케(大星由良之助, 오이시 구라노스케[大石内蔵助])를 충의를 갖춘 가신—충신—으로 위치시킨다.

그것을 근거로 한 교쿠테이 바킨 작, 기타오 시게마사(北尾重政)[22] 그림의 기보시(黄表紙) 『구스노키 마사시게 군려지혜륜(楠正成軍慮智恵輪)』(1797년 간행)은, 구스노키 마사시게의 전투를 교훈으로 멋을 가

---

18) 나미키 센류(並木千柳, 1695~1751). 본명은 나미키 소스케(懸木宗輔). 조루리 작가로 활동하면서 '센류'라는 이름을 얻었다. 지카마쓰 몬자에몬(近松門左衛門), 다케다 이즈모(竹田出雲) 등과 주로 합작을 통해 만든 작품을 무대에 올렸으며 극단 다케모토자(竹本座)를 이끈 뛰어난 작가이다.

19) 다케다 이즈모(竹田出雲, 1691~1756). 전설적인 조루리, 가부키 작가인 자카마쓰 몬자에몬에게 사사하였으며, 나미키와 더불어 명성을 떨쳤다.

20) 미요시 쇼라쿠(三好松洛, 생몰년 미상). 에도 시대 중기의 조루리 작가로 1736년부터 다케모토자 작품에 관여하였고, 나미키나 다케다 이즈모와 합작하여 굵직한 대표작들을 많이 남겼다.

21) 1702년 12월 14일 오이시 구라노스케를 비롯한 47명의 아코 번 낭인들이 번주의 원수를 갚기 위하여 에도의 고관 기라의 저택을 급습하여 목을 베고, 이듬해 2월 막부로부터 할복을 명받았던 사건.

22) 기타오 시게마사(北尾重政, 1739~1820). 에도 시대 중기의 우키요에 화가. 가쓰카와 슌쇼(勝川春章)와 함께 요시와라 유곽의 실제 오이란과 생활상을 묘사한 작품 〈청루미인의 자태를 비춰보는 경합(青楼美人合姿鏡)〉이 유명하다.

미하고 그림을 삽입하여 풀어낸 것이
지만, 그 말미에는 '구스노키, 오이시
로 둔갑하는 그림'이 있으며([그림1]),
"구스노키가 미나토가와에서 죽을 때
(중략) 엔야의 충신 오이시로 환생하여"
라며 미나토가와 전투에서 전사한 마
사시게가 오이시 구라노스케로 다시
태어난다. 즉, 구스노키 마사시게와 오
이시 구라노스케가 충신을 키워드로
동등하게 결합되는 것이다. 이러한 이
미지의 정착에는 『태평기』나 『리진초』

[그림 1] 구스노키, 오이시로 둔갑하는
그림 『구스노키 마사시게 군려지혜륜』
(일본국립국회도서관 소장).

(종류의 서적)가 유포되었고, 그 세계관이 공유되고 있던 사실이 배경
에 있다.

예능으로서의 '태평기 읽기'

『리진초』의 강석을 포함하여 『태평기』는 텍스트 읽기를 전제로 하
고 있다. 에도 시대 출판 기술의 발전으로 『태평기』나 『리진초』가
간행된 것과 겹쳐 예능으로서의 '태평기 읽기'가 17세기 중반 이후에
등장한다.

지카마쓰 몬자에몬(近松門左衛門)[23]의 〈대경사 옛 달력(大経師昔曆)〉[24]

---

23) 지카마쓰 몬자에몬(近松門左衛門, 1653~1724). 에도 시대 최고의 조루리 및 가부키
　작가. 실제 사건을 극화한 『소네자키 숲의 정사(曾根崎心中)』가 큰 인기를 얻어 남녀가
　한날한시에 동반 자살하는 신주(心中)가 전역에 유행할 정도로 사회적인 반향을 일으
　켰으며 수많은 명작을 창작했다.
24) 1715년 오사카의 다케모토자에서 초연한 조루리. 실제 있었던 교토의 대경사(大経師)

[그림 2] 태평기 읽기 『인륜 훈몽도휘』
(일본국립국회도서관 소장).

(1715년 초연)에는 '태평기 강석'의 아카마쓰 바이류(赤松梅竜)[25]가 등장하여 '태평기 강석'이라고 써진 초롱불을 자택에 매달고 자릿값으로 다섯 푼을 받고 있다.

예능으로서의 '태평기 읽기'를 그린 것에 다양한 직업을 그린 『인륜 훈몽도휘(人倫訓蒙図彙)』[26](1690년 간행)가 있다. 그 '태평기 읽기' 장면을 보면,

태평기 읽기를 하며 금품을 받는 자, 아아 서글프구나, 옛날에는 다다미 위에서도 살았으니 이어서 읽을 줄도 알고 도리어 잘됐구나, 기온(祇園)에 바람 쐴 때, 다다스 숲(糺の森) 아래 같은 데서는 멍석을 깔고 자리를 잡아라, 강석이 있으려는 모양이니.

라고 되어 있다([그림2]). 이곳에서는 걸립(예능을 보여 주고 금품을 받는 직업)으로서 낭인(浪人, 모실 사람을 잃은 무사)이 호구지책으로 삼은 방식이라고 설명되어 있다. 단, "이어서 읽을 줄도 알고"라고 되어 있듯이 그것은 문해력을 필요로 하는 예능이라고 여겨졌다.

『태평기』라는 군기물을 읽는 것(강석하는)이 예능=생업으로 이루

의 아내 오산과 수석 점원(手代)이었던 모헤에(茂兵衛)의 밀통과 처형 사건을 각색한 것이다.
25) 아카마쓰 바이류(赤松梅竜, 생몰년 미상). 에도 시대 전기의 강석사로 오사카 출신이다. 에도의 아카마쓰 세이류켄(赤松青竜軒)과 나란히 칭해졌다.
26) 1690년 출간된 에도 시대 당시의 생활을 그림과 더불어 해설한 풍속 사전.

어진 것은『겐페이 성쇠기』,『난바 전기』 등의 군서독이라는 예능
을 만들어내기도 하였으며, 후에「강담의 원류」라고 칭해지기까지
하였다.

'태평기 읽기'에서 다치카와 문고(立川文庫)로

'태평기 읽기'의 두 가지 측면은『태평기』라는 소재가 에도 시대
다양한 매체를 오가는 속에서 전개되었음을 잘 보여 준다. 다만 예능
으로서의 '태평기 읽기'와『리진초』 강석의 '태평기 읽기'와의 관계에
대해서는 서로 영향을 미쳤는지 아닌지 사실 잘 알려져 있지 않다.

그리고『태평기』(『리진초』)는 메이지 시대에 이르러서도 영향을 계
속 미쳤다.

메이지 유신을 겐무의 중흥(建武の中興)[27] 연장선상의 것으로 이해
한 메이지 정부는, 구스노키 마사시게를 기려 미나토가와 신사를 건
설한다(1872). 또한 국어 교과서『소학 독본(小学読本)』(1874)에는, 구
스노키 마사시게와 마사쓰라 부자를 거론하며 부자가 "충효를 모두
완수"한 이야기가, 당연한 일본 국민의 본보기로 여겨졌다. 나아가
남조 정통론을 주장하는『대일본사』를 기획한 도쿠가와 미쓰쿠니(徳
川光圀)[28]와 더불어 마사시게는 정일위를 부여받았다(1880). 이처럼
'충신' 마사시게는 메이지 정부에 충성을 다하는 '신민'의 표본으로
자리매김하여 정치에 적극적으로 이용되었다.

---

27) 겐무의 신정(新政)이라고도 하며 1333년 6월부터 1335년 11월까지의 2년 반 동안, 가마
　　쿠라 막부가 무너진 뒤 고다이고 천황의 주도 아래 전개된 천황 친정 체제.
28) 도쿠가와 미쓰쿠니(徳川光圀, 1628~1701). 미토 번(水戸藩)의 번주. 쇼코칸(彰考館)
　　을 설립해『대일본사』 편찬을 시작하였고 사찰과 사원의 개혁, 권농 정책 등을 추진했
　　는데, 강담사들에 의해 미토 고몬(水戸黄門)이라는 캐릭터로 전설화되었다.

한편 역사 이야기를 들려주는 강담은 근대를 대표하는 대중 예능
으로 인기를 끌었다. 그리고 그 내용을 속기한 속기본(강담본)은 널리
수용되었다. 강담본 판매를 대표하는 출판사는 오사카에서 '다치카
와 문고'를 창간한 다치카와 분메이도(立川文明堂), 그리고 도쿄에서
『강담 구락부(講談倶楽部)』를 창간해 나중에 고단샤(講談社)가 되는 대
일본웅변회였다. 즉, 현재의 출판 문화 또한 『태평기』(『리진초』)를 읽
는 데서 이어져 성립된 것이다.

참고문헌

가미 히로시(加美宏), 『태평기 향수사 논고(太平記享受史論考)』, 桜楓社, 1985.
효도 히로미(兵藤裕己), 『태평기 '읽기'의 가능성 역사라는 이야기(太平記〈よみ〉の可能
　　性 歴史という物語)』, 講談社, 2005(초출은 1995년).
와카오 마사키(若尾政希), 『'태평기 읽기'의 시대 근세 정치사상사의 구상(「太平記読み」
　　の時代 近世政治思想史の構想)』, 平凡社, 2012(초출은 1999년).
와카오 마사키(若尾政希), 『근세의 정치사상론『태평기 평판 비전 리진초』와 안도 쇼에키
　　(近世の政治思想論, 『太平記評判秘伝理尽鈔』と安藤昌益)』, 校倉書房, 2012.
우노다 나오야(宇野田尚哉), 『『가와치야 가쇼 구기』의 사상적 전거(『河内屋可正旧記』
　　の思想的典拠)」, 사와 히로카쓰·다카노 도시히코(澤博勝·高埜利彦) 편, 『근세의
　　종교와 사회 3 민중의 '지'와 종교(近世の宗教と社会 3 民衆の〈知〉と宗教)』, 吉川弘
　　文館, 2008.

제2부

미디어

근세 및 근대의 간토 대지진 전후까지를 다룬다. 인쇄라는 복제 미디어가 등장, '2차 창작'적인 수법으로 풍요로운 문화가 형성된다. 세기말을 경계로 미디어와 표현 양식은 글로벌화하는데, '취미'로서 '문화'를 담당하는 '아마추어'들이 일관되게 활약한다. 스스로 표현하는 대중의 탄생이다. '나'로서 발화하는 '아마추어'들은 '근대적 개인'의 담당자로서의 가능성을 내포하고 있었다.

키워드 : 목판 인쇄, 출판, 렌(連), 하이카이 네트워크, 세계와 취향, 2차 창작, 위사(僞史), 언문일치, 아마추어, 나, 투고

제3장

목판 인쇄와 '2차 창작'의 시대

- 17세기~1890 -

대표 저자 : 가가와 마사노부
분담 저자 : 기바 다카토시

1. 목판 인쇄의 '근세'

목판 인쇄의 '근세'

이 장에서는 '근세' 혹은 속칭 '에도 시대'로 익숙하게 불리는 시대를 다룬다. 다만 통상 '근세'라고 하면 오다 노부나가가 무로마치 막부 제15대 쇼군 아시카가 요시아키(足利義昭)를 교토에서 추방한 1573년을, 또 '에도 시대'라고 하면 도쿠가와 이에야스가 에도(지금의 도쿄)에 막부를 연 1603년을 대략적인 시작점으로 두는 경우가 많은데, 여기서는 간에이기(寬永期, 1624~45)를 첫 고비로 삼고, 1890년 전후를 마지막 고비로 삼는다. 이는 목판 인쇄(정판 인쇄)라는 미디어의 발전과 쇠퇴를 시대의 고비로 보는 견해에 바탕을 두는 것이다. 이 시대의 대중문화에서 가장 중요한 부분은 목판 인쇄에 의해 형성되었다고 간주할 수 있기 때문이다.

간에이기 이후 발전하는 목판 인쇄에 기반한 대중 매체는 대중문화의 양상을 크게 바꾸었다. 이것이 대중문화에서 '근세'의 시작이다. 그리고 대중문화는 일반적으로 인식되고 있듯이 1868년 메이지 유신에 의해서, 혹은 그 후의 급속한 근대화, 서양화에 의해서도 곧바로 크게 변화한 것은 아니었다. 적어도 메이지 10년대까지는 사람들은 여전히 목판 인쇄에 의한 니시키에(錦絵)[1]나 구사조시(草双紙)[2] 혹은 장난감 등을 즐겼던 것이다. 그것이 급속히 쇠퇴하고 새로운 미디어나 다양한 것으로 대체되는 것이 1890년 전후였다.

이 장에서는 대중문화의에서 '근세'의 시작과 끝, 목판 인쇄라는 미디어의 발전과 쇠퇴에 따른 대중문화의 변용에 초점을 맞추어 보기로 한다.

출판의 시작

중세까지의 정보 전달은 구전 혹은 필사의 형태가 주류였다. 그러나 게이초기(慶長期, 1596~1615)가 되자 고요제이 천황(後陽成天皇)의 명에 의한 목제 활자 인쇄본(게이초 칙판[慶長勅版])이나 도쿠가와 이에야스에 의한 목제 활자나 금속 활자를 사용한 인쇄본(후시미판[伏見版]·스루가판[駿河版]), 나아가 다와라야 소타쓰(俵屋宗達)[3] 장정에 혼아미 고에쓰(本阿弥光悦)[4]의 문자를 판본 밑글씨로 한 교토 상인들의 사가

---

1) 에도 시대에 확립한 우키요에 판화가 다판 다쇄로 발달한 형태로 비단처럼 아름답다 하여 붙여진 이름이며 메이지 30년대 무렵까지 많이 그려졌다.
2) 구사조시는 에도 중기인 18세기 중반부터 에도 말기인 19세기 초반까지 에도를 중심으로 출간된 대중오락 서적의 통칭으로, 그림과 텍스트를 같은 판목에 새겨 인쇄함으로써 시각적 효과가 가미된 '가벼운 읽을거리'이다. 만화의 원류로 보는 시각도 있다.
3) 다와라야 소타쓰(俵屋宗達, 생몰년 미상). 에도 시대 초기의 화가로 노노무라 소타쓰(野々村宗達)로 잘 알려진 인물. 유명한 〈풍신 뇌신도(風神雷神図)〉와 같은 장식적 그림 외에 수묵화 명작도 있다.

본(嵯峨本)⁵⁾ 간행 등이 이루어졌다.

이것들은 대체로 고활자본이라고 불리지만 활자 마모 등의 수고와 비용 문제로 대량 인쇄에는 적합하지 않았고, 1633년 전후를 경계로 쇠퇴해 간다. 그 대신 나타난 것이 한 장의 판목에 1정 분량(2페이지 분량)의 글자나 그림을 조각해 인쇄하는 정판 인쇄로, 다양한 인쇄물을 대량 생산할 수 있게 됐다. 이에 따라 단순한 '인쇄'가 아닌 영리사업으로서의 '출판'이 크게 발전하게 된다.

출판의 발전은 교토에서 시작되었다. 일본 인쇄 기술의 역사는 나라 시대 백만탑 다라니(百万塔陀羅尼)⁶⁾에서 시작되는 것으로도 알 수 있듯이 사찰, 신사의 활동과 밀접하게 연결되어 있었다. 무로마치 시대까지의 인쇄는 대부분 대사원 공방에서 이루어졌으며 근세 초기에 출판된 것의 대부분은 불교를 중심으로 한 종교 관계의 것들이었다. 초기 인쇄업자들은 중세 이래 사찰, 신사와 관계가 있었던 경사(経師, 경문 베껴 쓰기나 접은 책 및 두루마리의 제작이나 겉 장식 등을 하는 장인)에 뿌리를 두고 있었다. 교토의 데라마치(寺町)⁷⁾에 책방이 많았던 것은

---

4) 혼아미 고에쓰(本阿弥光悦, 1558~1637). 에도 시대 초기 예술가. 일본도(刀)를 감정하는 명문 가문 출신으로 서도, 도예, 화가, 다도 등 다분야에서 활약했다. 서예가로서 고에쓰류 시조로 숭상된다. 교유권이 넓고 심미안이 뛰어났으며 국보부터 중요 문화재에 이르는 작품을 다수 남겼다.

5) 교토의 호상 스미노쿠라 소안(角倉素庵)이 만든 민간인에 의한 첫 출판물. 목판 활자를 사용해 『이세 이야기』, 『호조키』 등 고전을 가나(仮名) 혼용문으로 출판했다.

6) 764년 에미노 오시카쓰의 난(恵美押勝の乱)에서 사망한 이들의 명복을 빌기 위하여 제작된 다라니로, 770년 백만 탑을 각 사찰에 두었다고 역사서 『속일본기(続日本紀)』에 기록되었다. 인쇄 방법은 불분명한데 연대가 명확한 인쇄물로서는 일본에서 가장 오래된 것으로 여겨진다.

7) 1590년부터 시작된 도요토미 히데요시의 교토 대개조(大改造)에 의해서 곳곳에 산재되어 있던 사찰들이 강제적으로 이전되어 조성된 교토의 마을.

그 때문이다.

한편 에도에서도 만지·간분기(万治·寬文期, 1658~1673) 무렵 출판업이 발전하면서 '에도판'이라 칭해지는 독특한 책 만들기가 이루어졌다. 이러한 '에도판'의 발행소는 이세 달력(伊勢暦)[8]에 뿌리를 두고 있었던 것 같다. 원래 이세에서는 예로부터 달력 인쇄가 이루어졌으며, 그 기술을 가진 장인이 이세 상인과 함께 에도로 이주하여 '에도판' 발행처가 되었을 것으로 추측된다. 또한 이러한 이세 달력 전문가들은 교토에도 유입되어, 경사에 뿌리를 둔 데라마치의 책방과는 다른 형태의 출판업을 시작했을 가능성이 지적된다. 즉, 오락에 제공하기 위한 책, 대중문화에 관한 책의 출판이다.

'책'과 '소시(草紙)'

당시 '책'이라 하면 종교나 학술 등에 관한 경파적 책, 사회에 유익한 책을 가리켰으며, '모노노혼(物之本)' 등으로 불렀다. 반면 연파적 책, 즉 예능 등 오락의 책은 '소시' 등으로 불렀다. 당시 출판되던 책을 리스트업한 '서적 목록'에서는 책을 유서·의서·가나(仮名)·불서의 네 가지로 분류하였는데, 이 중 유서·의서·불서가 '모노노혼', 가나가 이른바 '가나조시(仮名草子)'[9]를 말하며 '소시'에 해당한다. 그 내용은 불교·유학·신도의 교리를 알기 쉽게 풀어낸 교훈물, 고전을 패러디한 니세모노가타리(擬物語), 중국 소설의 번안, 설화, 연애 이야

---

8) 에도 시대 쓰치미카도가(土御門家)의 달력 사본을 바탕으로 하여 이세국(伊勢国) 우지(宇治) 등의 레키시(暦師)가 찍어낸 달력이며, 이세 신궁을 통해 전국으로 배포했다.
9) 17세기 초에 교토에서 발간된 소설 종류로 가나(仮名)로 쓰인 평이한 의고문(擬古文)으로 오락, 교훈, 계몽, 싸움의 기록 등 광범위한 소재를 다루었으며 기행, 소설, 수필 등 장르도 다양하다.

기, 우스개 이야기, 평판기, 명소 안내기 등 다양했다. 삽화가 들어가 있어 글자를 읽을 수 없는 사람도 즐길 수 있었다.

게다가 '서적 목록'에도 실리지 않는, 보다 대중적인 성격을 가진 책들이 등장한다. 그것이 조루리의 대사 문장을 기록한 '조루리본(정본[正本])'이다. 조루리본을 출판하던 발행소는 '모노노혼'을 출판하고 있던 '모노노혼야' 또는 '쇼모쓰야', '혼야'에 대해 '소시야'나 '조루리야', '정본야'라 불렸다. 이러한 대중문화에 관련된 출판업은 사원과 결합한 형태로 탄생한 '모노노혼야'와는 다른 뿌리를 가지고 있었던 것으로 보이며, '모노노혼야'와 '소시야'의 구별은 에도 시대 말까지 계속된다.

곤타 요조(今田洋三)는 간에이기 출판 문화의 특징으로 ①불서의 개판 ②고전의 해방 ③한적류의 개판 ④가나조시·하이카이서의 개판 ⑤설경 정본·조루리본 출판 등 다섯 가지를 들고 있다. ①②③은 '모노노혼', ④⑤는 '소시'로 분류된다고 할 수 있는데, 이제부터는 ④의 하이카이서, ⑤의 조루리본 등장과 전개에 각각 주목하여 근세 대중문화의 생성에 관하여 생각해 보기로 한다.

2. SNS로서의 하이카이(俳諧)

하이카이란 무엇인가?

하이쿠라는 시가 형식이 있다. 5·7·5의 열일곱 글자로 계절감 있는 어구(기고[季語][10])를 넣으면서 읊는 극히 짧은 시가로 해외에도 애호가들이 있는데, 하이쿠라는 명칭이 장르 전체를 가리키게 된 것은 마사오카 시키(正岡子規)[11]가 근대 하이쿠를 대성한 이후의 일이며,

그때까지는 하이카이라고 불렸다('하이쿠'는 원래 하이카이에서 읊어진 하나하나의 구를 가리켰다). 또한 하이카이란 '하이카이렌가(俳諧連歌)'를 줄인 명칭이다. 렌가란, 처음 5·7·5의 구(홋쿠[発句]) 뒤에 다른 사람이 7·7의 구(와키쿠[脇句])를 이어서 하고, 또 다른 사람이 5·7·5의 구(제삼구)를 붙이고……이런 식으로, 5·7·5의 장구와 7·7의 단구를 참가자들이 교대로 이어가는, 일종의 릴레이 형식으로 읊는 와카(和歌)이며, '하이카이렌가'는 말하자면 그 패러디로서 생겨났다. '하이카이'란 원래 '골계'라는 뜻의 말로, 와카에서는 절대 사용되지 않을 것 같은 세속적인 말('하이곤(俳言)'이라 한다)을 이용하여 읊은 렌가를 '하이카이렌가'라고 칭한 것이다.

'하이카이렌가'는 원래 렌가 자리에서 여흥으로 행해진 것이며, 대부분 즉석에서 읊어 버리는 것이었다. 그러나 근세에 접어들면서 해학은 그 자체가 하나의 문예로 대접받게 된다. 간에이기에 마쓰나가 데이토쿠(松永貞德)[12]가 나타나 그를 지도자로 추앙하는 사람들이 렌가의 여기(余技)가 아니라 전문적인 하이카이 작가로서 일파를 이루어 데이몬(貞門, 데이토쿠 문하에 모이는 사람들)으로 불렸다. 세속의 언어에 주목하고 또 익살과 재미를 취지로 삼는 하이카이는 상공인이나 상층 농민 같은 서민들 사이에도 순식간에 퍼졌고, 또 옛 노래나

---

10) 하이카이에서 계절감을 나타내는 단어를 말하며 기다이(季題)라고도 한다.

11) 마사오카 시키(正岡子規, 1867~1902). 근대 일본 시가의 혁신을 이룬 문학자. 하이카이를 하이쿠로 명명하였고 단카, 신체시, 소설, 평론, 수필을 위시해 많은 저작을 남겼으며, 일본의 근대 문학에 지대한 영향을 끼친 메이지 시대를 대표하는 문학가 중 한 명이다.

12) 마쓰나가 데이토쿠(松永貞德, 1571~1654). 에도 시대의 하이진. 일본 시가는 전통적인 정형시인 와카에서 렌가가 분리되고 렌가에서 하이카이가 분리되었는데, 하이카이의 초기 완성자로 간주된다.

이야기 같은 고전 패러디에서 하이카이적 성격을 추구하는 입장은, 교양 있는 사람들 사이에서도 받아들여졌다.

하이쇼(俳書)의 출판

1633년 마쓰에 시게요리(松江重頼)[13]가 지은 하이카이 편찬집『에노코슈(犬子集)』[14]가 간행된 이후 하이카이에 관련된 서적, 하이쇼들이 속속 출간된다. 간분기(寬文期, 1661~1673)에 간행된 가장 오래된 '서적 목록'을 보면, '렌가서'와 함께 '하이카이서'가 이미 항목에 나와 있다. 그런데 1681년의『서적 목록 대전(書籍目録大全)』에 있는 것은 불서·유서·의서·가나의 4분류로, 하이쇼 종류는 게재되어 있지 않았다. 그러나 실제로는 많은 하이쇼가 출판되고 있었다. '서적 목록'에 실린 것은 정가가 매겨진 출판물이었지만, 하이쇼는 아무래도 그러한 출판물과는 다른 유통 방식을 가지고 있었던 것 같다.

예를 들어 하이카이 찬집의 경우, 출판 비용을 작품이 실린 사람들이 분담하고 완성된 것을 작품이 실린 사람들에게 배포하는, 상업 출판물이라기보다는 현재의 동인지에 가까운 형태를 취하고 있었다. 가격은 있으나마나 한 정도였고, 하이카이 애호가 그룹 사이에서 매매나 대출이 이루어지면서 유통되는 것이었다.

1679년 교토의 발행소에서 간행한『가와치카가미 명소기(河内鑑名所記)』[15]라는 책이 있다. 이것은 가와치 지역(오사카부 남동부)의 다양

---

13) 마쓰에 시게요리(松江重頼, 1602~1680). 에도 시대의 하이진으로『에노코슈(犬子えのこ集)』,『게후키구사(毛吹草)』 등의 관련 저작이 있다.

14) 1633년에 간행된 마쓰에 시게요리의 하이카이집으로 홋쿠(発句, 시작하는 구), 쓰케쿠(付け句, 붙이는 구)를 모은 수작집이다.

15) 산다 조큐(三田浄久)가 펴낸 가와치국(河内国)의 지리와 설명을 담은 지리를 담은 여행

한 명소와 명물, 전승 등을 소개한 지역 관련 책이었지만, 각각의 명
소·명물·전승에 대해 읊은 하이카이나 교카(狂歌)[16]가 함께 게재되
어 있어서, 하이쇼의 일종으로도 볼 수 있는 서적이었다. 이 『가와치
카가미 명소기』를 저술한 것은, 가와치국 가시와라무라(柏原村)(현재
의 오사카부 가시와라 시[柏原市])에서 비료상을 영위하고 있던 산다 조
큐(三田浄久)[17]라는 인물로, 『호색일대남(好色一代男)』[18]으로 알려진
이하라 사이카쿠(井原西鶴)의 유고 『사이카쿠 추억의 벗(西鶴名残の
友)』[19]에도 "비할 바 없는 하이카이 애호가"라고 적혀 있다. 『가와치
카가미 명소기』에는 1,000점이 넘는 하이카이, 교카가 모였고 구를
보낸 이는 260명에 이른다. 이들은 모두 조큐와 하이카이로 결합된
사람들이며 가와치·셋쓰·이즈미(和泉)·야마토(大和) 등 광범위에 걸
친 지역 촌락의 상층 농민이 대부분을 차지하고 있었다. 한편 교토의
데이몬파 야스하라 데이시쓰(安原貞室)[20], 기타무라 기긴(北村季吟)[21],

서. 각 지역 명소의 옛터나 사찰 등을 하이카이, 교카, 삽화를 게재하여 흥취 있게
그리고 있다.

16) 5·7·5·7·7의 다섯 구 31음절로 외형은 와카, 단카와 같으나, 우아한 취향보다는 일상
비근의 일을 소재로 하여 속어를 이용한 풍자적 노래를 의미한다.

17) 산다 조큐(三田浄久, 1608~1688). 마쓰나가 데이토쿠에게 배운 하이진으로 동문인
기타무라 기긴(北村季吟)이나 단린파(談林派)의 이하라 사이카쿠(井原西鶴) 등과도
친교가 있었다.

18) 이하라 사이카쿠가 쓴 17세기 소설로 주인공 요노스케가 7세에 이성에 눈을 떠 60세가
되기까지의 일대기 형식을 취하고 호색의 세계와 관련된 주인공의 견문 체험을 54장에
그려낸 우키요조시 대표작.

19) 다섯 권으로 이루어진 이하라 사이카쿠의 유고집으로 1699년 간행되었다. 전체 27장으
로 이루어졌으며 사이카쿠 스스로를 포함한 마쓰나가 데이토쿠 문하생들, 단린파의
하이진들의 일화를 다루며 이야기의 재미를 살려 경묘한 화법을 보여주는 우키요조시.

20) 야스하라 데이시쓰(安原貞室, 1610~1673). 에도 시대의 하이진으로 1625년에 마쓰나가
데이토쿠를 사사하여 하이카이를 배웠다.

21) 기타무라 기긴(北村季吟, 1624~1705). 에도 시대 전기의 고전학자, 하이진, 가인. 신

그리고 데이몬파의 매너리즘에 항거하는 형태로 등장한 오사카의 단린파(談林派)[22]의 이하라 사이카쿠, 오카니시 이추(岡西惟中)[23]라고 하는 당시의 유명한 우두머리들도 구와 문장을 보냈다.

SNS로서의 하이카이

조큐가 이 정도로 광범위한 인적, 지역적 네트워크를 형성할 수 있었던 것은, 하이카이 흥행에서 '청서소(淸書所)'라는 시스템에 의존하는 바가 컸다. 하이카이는 본래 렌가였기 때문에 혼자 생각하고 짓는 것이 아니라 여러 사람이 모여 짓는 것이었는데, '청서소'라는 시스템을 통해 각자가 각기 떨어진 곳에 있으면서 동일한 하이카이 흥행에 참가할 수 있게 되었다. 이것은 이른바 '소셜 네트워크 서비스(SNS)'로, 에도 시대의 '인터넷'이라고도 부를 수 있는 것이었다. 또한 하이카이를 좋아하는 사람들은 '하이고(俳号)'라는 특유의 핸들 네임을 가지고 신분이나 사회적 입장을 초월한 네트워크를 형성할 수 있었다. 스기 히토시(杉仁)는 이러한 하이카이나 한시 등의 문예가 만들어내는, 현실 세계를 뛰어넘는 특유의 교류 공간을 '풍아 공공권(風雅公共圈)'이라고 부른다. 이것도 현재의 인터넷 공간과 공통되는 점일

도와 유학, 불교 등에 정통하여 중세 이후의 고전 주석을 집대성하였다. 주요 주석서로 『겐지 이야기 고게쓰쇼(源氏物語湖月抄)』, 『만요슈 슈이쇼(万葉集拾遺抄)』 등이 있다.

22) 하이카이의 일파로 니시야마 소인(西山宗因)을 중심으로 결성되었다. 전통에 얽매이지 않고 언어유희를 주로 하였으며 규칙의 간략화를 꾀하며 기발한 착상이나 경묘한 표현을 특색으로 하였다.

23) 오카니시 이추(岡西惟中, 1639~1711). 에도 시대의 하이진으로 니시야마 소인(西山宗因)에게 사사하였고, 20대부터 하이카이(俳諧)를 지었다. 단린 하이카이(談林俳諧)기 유행하자 단린파(談林派)로 전향하여 오카야마에 있으면서 단린파를 대표하는 하이카이의 스승으로서 활약하였다.

것이다.

이 무렵 하이카이의 세계에서 '앞 구 붙이기(前句付)'라는 것이 유행하고 있었다. 이것은 우두머리(점자[点者])가 제시한 7·7의 '앞 구'에 대해서, 5·7·5의 '붙이는 구'를 부가하는 것으로(예를 들어 '베고 싶기도 하고 베고 싶지는 않지'라고 하는 앞 구에 대해서 '도둑질하는 사람을 잡고 보니 내 자식이네'라고 붙이는 식이다), 원래는 하이카이를 서로 붙이는 수련으로 시작된 것이었지만, 이윽고 그 자체가 하나의 흥행으로서 이루어지게 되어 점차 유희성, 오락성을 높여 갔다. 훗날의 센류(川柳)[24]도 원래는 이러한 '앞 구 붙이기'에 의해서 생겨난 것이었다.

이 '앞 구 붙이기'를 멀리 떨어져 있는 사람들끼리도 가능하게 한 것이 '청서소'라는 시스템이다. 우선 교토, 오사카와 같은 도시에 사는 우두머리들이 '제목'으로 앞 구를 만들고, 그것을 각 지역에 있는 '청서소'를 담당하는 사람들에게 보낸다. '청서소' 사람들은 그 앞 구와 마감일을 하이카이 '동아리' 사람들에게 통지한다. 그리하여 기일까지 모인 구를 '청서소' 사람들이 깨끗이 옮겨 써서 우두머리에게 보낸다. 우두머리는 점자, 즉 평가자로서 구의 채점과 비평을 실시하고 순위를 매긴 다음 두루마리 책자를 청서소로 돌려보낸다. 그것들은 '동아리' 사람들 사이에서 회람되어 최종적으로 최우수자에게 증정되었다.

현대로 치면 이는 일종의 통신 교육인데, 우수작에는 상품이 나오거나 또한 단골 우수자가 나중에 우두머리들과 어깨를 나란히 하고

---

24) 에도 시대 중기 이후 유행한 5·7·5조의 17음절 정형시로 외형은 하이카이와 같다. 하이카이가 통속화하면서 연결의 묘미보다 한 구의 기발함을 추구하여 독립한 것으로 인간사의 한 단면을 직관적으로 예리하게 표현한 풍속시이자 생활시다. 가라이 센류(柄井川柳)의 이름에서 유래한다.

하이카이 찬집에 구를 수록하는 일도 있었으니 잡지의 독자 투고란, 혹은 '신인 만화상' 같은 것을 상상해도 좋을 것이다. 산다 조큐는 이 '청서소'의 역할을 담당하고 있었기 때문에, 『가와치카가미 명소기』에서 보듯이, 광범위한 '하이카이 네트워크'를 구축할 수 있었던 것이다.

또 파발꾼을 이용하는 통신 수단은 서민들 입장에서야 고액이지만, 이러한 '하이카이 네트워크'는 상거래 네트워크에 편승하는 형태로 형성되는 경우가 많았다. 예를 들어 조큐의 네트워크는 야마토가와(大和川) 권역에서 주운(舟運)을 이용한 상거래 네트워크를 활용하는 형태로 형성되어 있었다는 것을, 그 하이카이 교우 분포도에서도 알 수 있다[그림 1].

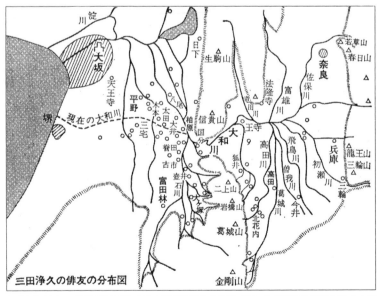

[그림 1] 산다 조큐의 하이카이 교우 분포도(곤타 요조[今田洋三], 『에도의 책방[江戸の本屋さん]』에서).

하이카이 네트워크가 창출하는 문화

다나카 유코(田中優子)는 이러한 하이카이의 네트워크—'렌(連)'이 에도 시대에 있어 다양한 문화를 낳는 모체가 된 것에 주목했다. 예를 들어 근세의 매스 미디어로서 매우 중요한 역할을 한 니시키에(錦絵, 다색 인쇄 목판화)도 역시 하이카이, 교카의 '렌'을 모체로 한 그림 달력 교환회 안에서 생겨난 것이다.

에도 시대의 달력은 태음태양력으로, 1년은 30일로 이루어진 '큰달'과 29일로 이루어진 '작은달'로 구성되는데 몇 월이 큰달이나 작은달이 될지는 해마다 달랐다. 그림 달력(대소력[大小曆])은 그해의 '큰달'

[그림 2] 「미타테 다메토모(見立為朝)」 (스즈키 하루노부 그림, 1765년, 지바 시미술관 소장) 1927년의 그림 달력. 가장 왼쪽 여성의 기모노 무늬에 '작은달, 정월, 사월, 칠월, 구월, 십일월, 십이월'라고 이 해의 작은달 숫자가 들어가 있다.

이나 '작은달'이 되는 달의 숫자를 도안 속에 교묘하게 넣은 인쇄물이었다([그림2]). 하이카이 찬집 등과 마찬가지로 상업적 출판물이 아니라 동료들 사이에서 배포되는 것이었는데, 이 그림 달력 교환회의 모체가 된 것도 에도의 하이카이, 교카 그룹이었다. 그중에서도 교센(巨川)이라는 호를 가진 하이카이시가 중심이 된 '렌' 속에 스즈키 하루노부(鈴木春信)[25]라는 우키요에 화가가 있었다. 이윽고 이 '렌'이 모체가 되어 하루노부를 화가로 삼아 다색 인쇄 목판화 기법이 시도되

25) 스즈키 하루노부(鈴木春信, ?~1770). 에도 시대 중기의 우키요에 화가. 날씬하고 가련하며 섬세한 표정의 미인화로 인기를 얻었으며, 우키요에라고 하면 대표적으로 떠오르는 다색 목판화인 니시키에(錦繪)의 기법을 개발한 뒤 우키요에의 발전에 지대한 영향을 미쳤다.

었고 니시키에의 탄생으로 이어진 것이다.

이렇게 하이카이를 만드는 사람과 사람 간의 네트워크는 새로운 문화를 창출하는 기반이 되기도 했지만, 원래 하이카이라는 문예는 본질적으로 다양한 지식과 교양을 광범위한 사람들 사이에 침투시켜 한 걸음 더 나아간 문화 창조를 준비한다는 성격을 갖는 것이었다. 하이카이는 일종의 연상 게임으로 다른 사람이 읊은 구에 대해 어떠한 구를 붙이는지 그 재치가 시험되는 셈인데, 여기에는 구끼리의 연결(부합)에 의미를 부여하기 위한 고전이나 민간 전승, 지지(地誌), 지방 물산 등에 관한 지식이 필요했던 것이다.

하이카이 취미의 확산은, 동시에 그러한 지식이나 교양의 침투도 초래했다. 예를 들어 겐코 법사(兼好法師)[26]의『쓰레즈레구사(徒然草)』[27]는 중세에는 극히 소수의 사람들에게만 알려진 서적이었으나 에도 시대가 되자 수많은 주석서가 출판되어 급속히 보급되었다. 이러한『쓰레즈레구사』및 그 주석서 출판의 배경에는 하이카이의 확산이 있었음이 지적된다.『쓰레즈레구사』는 하이카이의 부합에 콘텍스트를 부여하는 고전으로서 중요한 의미를 지니게 되었던 것이다. 이처럼 하이카이를 읊기 위한 교양으로서 다양한 지식이 광범위한 층의 사람들에게 공유되어 감으로써, 새로운 문화를 창출할 수 있는 소지가 마련되어 갔다.

---

26) 요시다 겐코(吉田兼好, 1283~1352). 가마쿠라 시대 후기부터 남북조 시대에 걸쳐 활동한 승려이자 가인, 수필가. 일본의 고전 3대 수필로 꼽히는『쓰레즈레구사(徒然草)』를 저술하였으며 에도 시대에 전설화하여 추앙받는다.

27) 남북조 시대 무렵 쓰인 수필로 세정(世情)과 인간 내면의 복잡성을 가장 잘 표현하였으며『호조키』와 함께 중세 문학의 대표적 걸작으로 꼽는다. 에도 시대에는 '일본의 논어'로까지 일컬어졌다.

또한 고전이 교양으로서 많은 사람들에게 공유되는 상황은, 패러 디라는 수법을 성립시키게 된다. 많은 사람들이 원재료로서의 고전을 알고 있기 때문에 비로소 패러디의 재미가 생기기 때문이다. 원래 하이카이 전문가였던 이하라 사이카쿠가『이세 이야기』,『겐지 이야기』의 패러디로서『호색일대남』을 저술하였고, 그 결과 '우키요조시(浮世草子)'[28]라는 새로운 유형의 읽을거리가 탄생한 것은 그 한 예이다. 또한 스즈키 하루노부가 그 니시키에 속에서 빈번히 이용한 '미타테(見立)'(고전 이야기나 불교적 설화의 한 장면에 빗대어 시정 사람들을 그리는 수법)도 또한 하이카이에서 배운 것이라고 생각할 수 있다. 이러한 일종의 '2차 창작'이라고 할 수 있는 문화 창조의 형태는, 에도 시대 대중문화 전반에서 볼 수 있는 특징이기도 했다.

3. 이야기의 텍스트화와 '세계'의 탄생

조루리의 텍스트화

이어서 조루리본으로 눈을 돌려 보도록 하자.

15세기에 미카와국(三河国) 야하기(矢作)(지금의 아이치현[愛知県] 오카자키시[岡崎市])의 유녀 조루리 고젠(浄瑠璃御前, 조루리 히메[浄瑠璃姫])과 미나모토노 요시쓰네와의 사랑을 주제로 한『조루리 고젠 이야기(浄瑠璃御前物語)』라는 이야기가 생겨났고, 이윽고 동종의 이야기를

---

28) 에도 시대 소설의 일종으로 17세기 후반 이하라 사이카쿠(井原西鶴)를 중심으로 최전성기를 맞았다. 이전의 가나조시보다 사실적인 묘사, 현세적이며 향락적 내용을 특색으로 삼는다.

총칭하여 '조루리'라고 부르게 되었다. 근세 초기에는 인형 조종과 결합되어 꼭두각시 조루리(인형 조루리)가 되어 도시의 극장에서 상연되게 되었다.

꼭두각시 조루리의 인기가 높아짐에 따라 이윽고 고유한 작품만으로는 부족해졌고, 레퍼토리 확충이 요구되었다. 그래서 인접한 여러 장르, 특히 고와카마이곡에서 본문 대사와 문장의 도입이 이루어졌는데, 주목할 만한 것은 여기서는 구승이 아니라 서승(書承), 즉 고활자본이나 판본과 같은 출판된 텍스트에서 본문 도입이 이루어진다는 점이다. 원래 이야깃거리였던 예능이 출판물에 의해 그 모습을 바꾼 것이다. 간에이기에는 조루리 정본을 전문으로 출판하는 '조루리야(浄瑠璃屋)'라 불리는 책방이 등장하는데, 이들은 예능인들이 구승으로 전하던 이야기를 그대로 서적화한 것이 아니라 적극적으로 새로운 텍스트 제작에 관여하였던 것이다. 이리하여 책방의 관여로 인해 조루리는 그 레퍼토리를 늘리고, 새로운 작품이 상연되어 인기를 끌면 그 텍스트 또한 팔렸다. 말하자면 일종의 '미디어 믹스'적인 상황이, 조루리라는 장르를 급속히 발전시켜 간 것이다.

긴피라 조루리(金平浄瑠璃)와 '작자'의 탄생

또한 메이레키기(明暦期, 1655~1658)에는, 긴피라 조루리라는 완전히 새로운 조루리가 생겨났다. 이것은 슈텐 동자나 땅거미(土蜘蛛) 퇴치 설화[29]로 유명한 미나모토노 요리미쓰의 가신인 사카타노 긴토키

---

29) 미나모토노 요리미쓰(源頼光)가 병으로 쓰러진 원인이 쓰치구모(土蜘蛛, 땅거미라는 의미인데 일본 고대의 지방 세력을 일컫는다)의 원령 때문이라는 것이 밝혀지자 그와 부하들 중 무술이 뛰어난 사천왕, 지략의 장수 히라이(平井) 등이 함께 그 원령을 물리친다는 설화.

(坂田金時)(옛날 이야기 '긴타로(金太郎)'의 모델로서 알려진 인물)의 아들 긴피라(金平)[30]와, 마찬가지로 요리미쓰의 가신인 와타나베노 쓰나(渡辺綱)의 아들 다케쓰나(竹綱)를 주요 등장인물로 하여, 천하 국가를 지키기 위한 싸움을 주제로 한 것이다. 원래 조루리라는 예능에는 오리지널 작품을 만들어 내려는 경향이 별로 없었고 무곡이나 요쿄쿠, 셋쿄 등 인접한 여러 장르에서 콘텐츠를 도입하는 경우가 많았는데, 이 긴피라 조루리는 독자적인 콘텐츠로서 새롭게 창작된 것으로 조루리 역사상 획기적인 의미를 지닌 것이었다. 덧붙여 긴피라 조루리의 효시로 여겨지는 1658년의 〈우지노히메키리(宇治の姬切)〉[31]에는, 오카 세이베에(岡清兵衛)라는 작자의 이름이 기록되어 있었다. 이때 조루리는 구승으로 전해지는 이야기에서 '작가'가 존재하는 문예로 승화한 것이다. 또한 당시 문화의 중심은 교토에 있어서, 예를 들면 교토에서 만들어진 가나조시의 원판에 근거해 '에도판(江戸版)'이 제작되고 있었던 것에 비해, 오카 세이베에는 에도 사람으로 긴피라 조루리에 관해서는 에도에서 만들어진 정본이 교토의 조루리 정본 제작에 영향을 주는 '역전 현상'이 발생했다.

　다만 긴피라 조루리는 조루리 독자적인 작품이라고 해도, 현재의 눈으로 보면 완전한 오리지널이라고는 할 수 없다. 왜냐하면 긴피라 조루리는 어디까지고 선행하는 미나모토노 요리미쓰 설화의 이른바 '2차 창작'이기 때문이다. 요리미쓰나 그 가신의 아이들이 활약하는

---

30) 사카타노 긴토키의 아들로 에도 시대의 조루리에 등장하며, 괴력으로 도깨비를 차례로 퇴치한다는 내용으로 큰 인기를 끈 인물.

31) 고조루리(古浄瑠璃)의 곡명으로 1658년 공개되었다. 현존하는 정본 중 가장 오래된 긴피라 조루리로 전기적 내용이 많다. 설화나 요쿄쿠 등에서 볼 수 있는 사천왕의 무용담과 우지노 하시히메의 전설을 바탕으로 하고 있다.

긴피라 조루리는, 현재 말하는 '스핀오프 작품'이라고 할 수 있다. 더욱이 주요 등장인물인 긴피라와 다케쓰나는 용맹하지만 솔직하게 밀어붙이고 참을성이 없는 긴피라, 사려 깊고 지모가 뛰어난 다케쓰나라는 식으로 꽤 캐릭터 구분이 뚜렷해 이것도 현대의 엔터테인먼트로 통하는 부분일 것이다.

이러한 '2차 창작'은 조루리 텍스트 제작이 구승이 아니라 서승에 의해서 이루어지게 된 것과 관련이 있을 것이다. 기존 이야기를 콘텍스트로 하여 도입하면서, 그 텍스트 제작상에서는 이야기를 보다 재미있는 것으로 만들기 위해 불필요한 표현의 삭제나 내용 추가, 조합을 변환하는 등의 '편집'이 책방에 의해 이루어졌다. 그러한 '편집' 과정 속에서 과거 이야기에는 그려지지 않던, 그러나 있을 수 있었을지도 모르는 에피소드가 추가된 것이다. 그러한 흐름의 귀결 중 하나가 긴피라 조루리이며, 또한 '작가'의 탄생이었다. 이는 이윽고 지카마쓰 몬자에몬이라는 천재적 '작가'의 등장 준비로 이어진다(참고로 말하자면 지카마쓰의 최초 작품 〈요쓰기 소가(世継曾我)〉 또한 『소가 이야기』의 후일담, 2차 창작이다).

가부키의 변모

여기에서 일찍이 조루리와 인기를 양분하였고, 나중에는 그것을 압도하게 되는 가부키로 눈길을 돌려 보자.

'이즈모노 오쿠니(出雲のおくに)'라는 전설적인 여성에 의해 게이초기(慶長期, 1596~1615)에 창시되었다고 알려진 가부키는 원래 춤을 중심으로 하는 예능이었다. 유녀에 의해 행해진 유녀 가부키, 미소년에 의해 행해지는 와카슈(若衆) 가부키 등, 그것은 우선 외모가 훌륭한 남녀가 무대 위에서 화려한 춤을 펼치는, 용모 위주의 예능이었다(아

이돌 그룹의 무대를 상상하면 되겠다).

그러나 1652년 막부의 명령에 의해 와카슈 가부키가 금지되고 앞머리를 깎은 머리 모양의 배우에 의해 연기되는 야로(野郎) 가부키 시대에 이르러 가부키는 급속히 변모해 간다. 종래와 같은 관능적인 무용이 아니라 '모노마네쿄겐즈쿠시(物真似狂言づくし)'³²⁾를 상연한다는 조건으로 허락된 야로 가부키는 연극으로서의 형식을 갖추게 된다. 또한 초기의 가부키는 단순한 줄거리의 교겐이 하나하나 독립된 형태로 연기되는 '하나레 교겐(放れ狂言)'이었으나, 야로 가부키 시대에 이르러 긴 스토리가 '네 작품 연속', '다섯 작품 연속'으로 이어져서 연기되는 '연속 교겐'이 성립한다.

이로써 가부키는 긴 줄거리를 가진 이야기를 필요로 하게 되는데, 이때 본보기로 삼은 것이 선행 연극 장르인 조루리의 작극법이었다. 즉, 이야기 예능 속에서 전해져 온 다양한 이야기—역사상의 사건이나 전설, 설화 등—을 큰 틀로 설정하고, 그 안에서 기존 이야기 속에서는 그려지지 않던 것, 있을 수도 있는 if의 에피소드를 그린다고 하는, 긴피라 조루리나 지카마쓰의 〈요쓰기 소가〉 등에서 이용된 '2차 창작'의 수법을 도입한 것이다. 이 큰 틀이 되는 이야기—라기보다, '설정'이나 '세계관'이라고 하는 편이 가깝지만—를, 가부키에서는 '세계(世界, 세카이)'라고 부르게 된다.

'세상'과 '취향'

이윽고 가부키에서는 반드시 '세계'를 정하는 형태로 작극한다는 약속이 성립한다. 18세기 중반 무렵의 에도 가부키에서는, 11월에 행

---

32) 노가쿠의 일부인 교겐만을 연속으로 상연하는 일.

해지는 향후 1년간의 첫 흥행인 '가오미세(顔見世)'[33]에 앞서 각본 집필의 책임자인 중심 작가와 극장 경영의 책임자인 자모토(座元, 흥행사), 출연자 대표인 자토(座頭)가 회합을 가지고, 가오미세 교겐의 '세계'를 결정하는 '세계 정하기'가 의식화되어 있었다.

19세기에는 '세계'를 목록화한 『세계강목(世界綱目)』이라는 일종의 업무용 자료가 교겐 작가들 사이에 사본으로 전해지기도 했다. 『세계강목』에서는 가부키를 시대물 교겐, 가문 교겐, 세태물 교겐의 3종으로 크게 나누고, 각각의 상연 목록에 관하여 역할명(등장인물의 일람), 기다유(義太夫)[34]명(선행하는 조루리의 상연 목록), 인용 서적(전거가 되는 책)을 적었다.

시대물 교겐은 에도 시대보다 이전 시대를 무대로 하는 것으로 무사나 공가 귀족이 주요 등장인물이다. 가문 교겐은 에도 시대에 실제로 일어난 쇼군 가문이나 다이묘 가문의 상속 소동이나 복수를 소재로 하는 것인데, 쇼군 가문이나 다이묘 가문과 관련된 사건을 다루는 것은 막부로부터 금지되었기 때문에, 에도 시대 이전을 무대로 가탁하였다. 세태물 교겐은 동시대의 시정을 무대로 하는 것으로, 서민들이 주요 등장인물이 되었다. 다만 일반적으로는 시대물과 세태물 2종으로 대별하는 경우가 많았으며, 이 경우 가문 교겐은 시대물 쪽에 포함된다.

시대물 교겐의 '세계'에는 『헤이케 이야기』, 『기케이키』, 『소가 이

---

33) 에도 가부키에서는 배우가 연극 극장과 1년씩 계약을 맺었는데, 그 계약이 시작되는 11월의 흥행을 '가오미세(顔見世)'라 부르며 극장의 배우들을 선보이는 가장 중요한 연중행사.

34) 샤미센을 반주로 사용하는 음악인 조루리의 한 유파로, 희곡처럼 쓴 이야기를 샤미센 반주에 맞춰 중얼중얼 노래하듯 들려주는 것.

야기』, 『태평기』 사서나 군기물에 근거한 것들이 많이 보인다. 이는 조루리가 노, 교겐, 고와카마이, 셋쿄부시와 같은 이야기 예능에서 탐욕스럽게 받아들인 것이기도 했다. 이들은 어찌 됐든 역사에 기초한 것으로 시대를 명확히 규정하는 것이었다. 또한 역사상 실재했던 인물을 중심으로 주요 등장인물, 그리고 그 스토리상의 역할도 규정되었다. 다만 이것들은 어디까지나 '기본 설정'이다. 이것들을 아무런 궁리도 하지 않고 그대로 극으로 만들어 버리면, 그것은 단순히 고전 예능의 재탕에 불과하다.

확실히 현재는 가부키도 고전 예능의 하나가 되어 버렸지만, 에도 시대에 가부키는 실시간으로 신작이 속속 제작되던 유행하는 엔터테인먼트이며, 항상 뭔가 새로운 궁리를 시도할 것이 요구되었다. 그것이 '취향(趣向, 슈코)'이라고 불리는 것이다. 가부키의 작극에서는 기본 설정인 '세계'에 근거하면서, 새로운 '취향'을 추가함으로써 작품의 오리지널리티가 만들어지고 있었던 것이다.

2차 창작으로서의 〈요시쓰네 천 그루 벚나무(義経千本桜)〉[35]

〈요시쓰네 천 그루 벚나무〉라는 작품을 예로 설명해보자. 이 작품은 원래 조루리로서 제작된 것인데, '세계'와 '취향'의 관계를 설명하는 데 편리하므로, 굳이 이용하기로 한다(이렇게 조루리로부터 가부키로 이식된 작품을 '기다유 교겐[義太夫狂言]'이라 부르며, 〈가나데혼 주신구라〉를 비롯하여, 가부키의 명작이라 불리는 것의 대부분을 차지한다). 〈요시쓰네

---

35) 가부키 대작 중 하나로 조루리에 속한다. 이즈모노 오쿠니가 가부키 연기를 만들어 낸 이후 당시 최고의 극단이었던 다케모토자와 도요타케자(豊竹座)가 합작하여 만든 작품.

천 그루 벚나무〉는 미나모토노 요시쓰네의 생애를 소재로 한 『기케이키』를 '세계'로 삼고 있다.

이 작품에 적의 역할로 다이라노 도모모리(平知盛)라는 무장이 등장한다. 『헤이케 이야기』에서는 단노우라 전투의 헤이케 쪽 총대장으로 그려지며, 헤이케 멸망을 지켜보고 장렬한 입수 자결을 보여주는 장면이 잘 알려져 있다. 또한 노의 〈후나벤케이(船弁慶)〉[36]는 형 요리토모에게 꺼려지면서 배를 타고 서쪽으로 도망치는 요시쓰네 일행 앞에 원령(怨霊)이 된 도모모리가 가로막는다는 줄거리로 만들어져, 이러한 내용들이 고전적인 도모모리상의 기본이 되고 있다.

그런데 〈요시쓰네 천 그루 벚나무〉에서는 도모모리가 단노우라에서는 죽지 않고 마찬가지로 살아남은 안토쿠 천황(安徳天皇)을 수호하면서 헤이케 재흥의 기회를 엿보고 있다는 설정이 취해져 있다. 이것이 이 작품의 오리지널리티를 이루는 부분, 즉 '취향'이다. 이 '죽은 줄 알았던 인물이 사실 살아 있었다'라는 '취향'은 오늘날에도 엔터테인먼트 안에서 흔히 쓰이는 수법일 것이다.

그런데 살아 있던 도모모리는 만반의 준비를 하고 요시쓰네 일행에게 복수를 시도하지만 어이없이 격퇴당하고 만다. 마침내 체념한 도모모리는 "어마어마하게 깊은 바다에서 요시쓰네 판관에게 원한을 품은 것은 도모모리의 원령이라고 전하라"는 말을 남기고 큰 배의 닻을 메고 물에 빠진다. 즉, 이것은 〈후나벤케이〉의 '현대적' 해석이기도 하고, 또 『헤이케 이야기』 속 도모모리 입수 에피소드를 빗댄

---

36) 에도 시대에 상연된 노 작품 중 하나로 요시쓰네가 헤이케 멸망에 공을 세우고도 형 요리토모와의 사이가 악화되어 규슈로 도망치려다 해상에서 전사한 헤이케의 다이라노 도모모리의 유령을 만나 배가 난파하려 할 때 승려인 벤케이가 나서서 염불로 퇴치한다는 이야기.

것이기도 했다. 이러한 '취향'의 묘를, 에도 시대 사람들은 작품의 독창성으로서 즐겼던 것이다.

2차 창작의 에도 시대

이것들이 바로 '2차 창작'에 근거한 엔터테인먼트였다. 사실 에도 시대의 문예나 예능 대부분은 이러한 '2차 창작'이었다고 볼 수 있다. 완전히 독창적인 작품이라는 것은 매우 드물며, 대부분이 사서나 군기물, 혹은 그에 근거한 이야기나 예능, 그리고 옛날부터 전해져 내려온 설화 전승 등에 근거한 것이거나 그도 아니면 동시대에 일어난 실제 사건 등에 근거한 것으로, 거기에 '취향'을 더함으로써 작품의 오리지널리티를 만들어 낸 것이다.

에도 시대의 문예, 예능 대부분이 이러한 '세계'와 '취향'의 조합에 근거한 '2차 창작'이었던 이유로서는, 대부분의 경우 막부에 의한 언론 통제가 가장 먼저 지적된다. 막부는 장군 가문이나 다이묘 가문, 기타 실재 무가에 관계되는 것을 문예, 예능의 소재로 삼는 것을 금지했다. 예를 들어 앞서 말한 가문 교겐은 동시대 무가에 일어난 사건을 소재로 했지만 실재 무가의 이름을 그대로 극중에 사용할 수는 없었다. 1702년에 일어난 아코 낭사들에 의한 기라(吉良) 저택 습격 사건을 소재로 한 〈가나데혼 주신구라〉에는, 실제 사건 관계자인 아사노 다쿠미노카미도, 기라 고즈케노스케도, 오이시 구라노스케도 나오지 않는다. 대신 이들을 모델로 한 엔야 판관, 고노 모로나오(高師直), 오보시 유라노스케가 등장한다. 엔야 판관과 고노 모로나오는 남북조 시대의 실존 인물로 『태평기』에 그려져 있다. 즉, 〈가나데혼 주신구라〉는 『태평기』를 '세계'로 삼고, 아코 사건을 '취향'으로 삼은 이야기가 된 것이다. 이렇게 해서 『태평기』의 시대를 가장함으로써 〈가나데혼 주신구라〉는 막부의 금령에서 벗어난 것이었다.

확실히 그러한 의미가 컸던 것은 틀림없다. 다만 그것은 일종의 부산물 같은 것으로 그것을 일차적인 목적으로 하여 '세계'와 '취향'의 조합에 의한 작극법이 생겨난 것은 아닐 것이다. 요컨대 그것이야말로 에도 시대의 '창작' 본연의 방식 그 자체였던 것이다. '창작'이란 처음부터 모든 것을 만들어 내는 독창적인 것이어야 한다는 것은, 유일무이한 '개인'이 이야기의 조물주인 '작가'가 되는 근대의 특수한 사상이라고 할 수 있다.

'세계'의 근원이 되는 이야기의 대부분은, 과거에는 이야기나 설화 전승 등의 형태로 전해진 구승 문예였다. 거기에는 유일무이한 '작가'란 존재하지 않는다. 오랜 세월 이름 모를 다양한 사람들 사이를 떠돌면서 이야기로 전해지다가 성장을 이루고, 형식을 갖추게 된 것이 그러한 이야기였다. 에도 시대에 새롭게 나타난 '작가'는, 그저 거기에 '취향'이라는 형태로 스스로의 오리지널리티를 더해 갈 뿐인 존재였다.

그러나 그럼에도 '작가'의 탄생은 에도 시대 문예, 나아가 대중문화에 큰 영향을 미쳤다. 그로 인해 보다 복잡한 이야기를 만들어낼 수 있게 되었고, 그 시대만이 빚어낼 수 있는 웃음과 비애, 재치와 풍자 등을 그 안에 담을 수 있게 되었기 때문이다. 그 기원을 더듬어 가면, 원래의 시작 지점에 목판 인쇄에 의한 이야기의 텍스트화라는 것이 있었다고 생각할 수 있다. 구승이 아닌 서승이라는 형태로 이야기와 마주할 수 있게 됨으로써 '작가'가 생겨났고, '2차 창작'을 바탕으로 한 새로운 이야기의 제작이 시작된 것이다.

4. 소시야(草紙屋)³⁷⁾의 문화

조루리야에서 소시야로

간에이기에 나타난 조루리야는 이후 대중문화의 담당자 중 하나가 되는 소시야의 근원이 되어 갔다.

예를 들면 교토의 하치몬지야(八文字屋)는 18세기 전반에 '하치몬지야본(八文字屋本)'이라고 일컬어지는 우키요조시(浮世草子)의 일대 브랜드가 된 발행처였는데, 창업 당시에는 조루리 정본을 출판하는 조루리야(정본 가게) 중 하나였다. 미에현(三重県) 마쓰사카시(松阪市) 이자와정(射和町)의 옛 이자와지 절(射和寺) 대일당(大日堂)에 안치되어 있던 지장보살 좌상의 태내에서, 1678년 이전의 것으로 여겨지는 현존 최고의 어린이용 그림책 열 권이 발견되어 화제가 되었는데, 그중 한 권은 하치몬지야가 간행한 것이었다. 그 내용은 조루리의 소재와도 공통되는 것으로, 조루리야로서의 특성을 살리는 형태로 여명기 어린이 대상의 읽을거리가 만들어졌음을 알 수 있다.

또 에도의 조루리야 중 하나였던 우로코가타야(鱗形屋)는 '아카혼(赤本)'³⁸⁾이라고 불리는 역시 어린이 대상의 그림책을 창시하였고, 에도 구사조시(草双紙)의 초창기적 존재가 되었다. 나아가 우로코가타야는 18세기 중반에는 다소 긴 '구로본(黒本)'³⁹⁾(이것도 조루리의 초록 등이 많이 보인다)을 낳았고, 또 교양 있는 어른을 타깃으로 삼은 '기뵤

---

37) 오락적 읽을거리를 취급한 서점.
38) 에도 시대에 표지가 붉은 어린이용 그림 이야기책.
39) 에도 시대 중기에 유행했던 검은 표지 장정의 책으로 군담이나 복수담, 괴담 등에 그림을 곁들인 이야기책.

시(黃表紙)'의 첫 작품인 고이카와 하루마치(恋川春町)의『긴킨선생의
영화로운 꿈(金々先生栄花夢)』[40](1775)을 세상에 내놓게 함으로써 구사
조시 발달에 기여했다.

만화로서의 구사조시

앞서 '그림책'이라고 표현했지만 구사조시는 현대 감각으로는 오
히려 만화에 가까운 것이었다. 양쪽으로 펼친 그림 속에 스토리를
나타내는 글이 적혀 있지만, 그와는 별도로 인물의 대사도 적혀 있다
[그림 3]. 특히 기뵤시 단계에 이르면 줄거리에도 공이 들어가면서 명
백히 어린이용이 아닌 물건이 되었다.

[그림 3]『복숭아 먹는 세 아이 이야기(桃食三人子宝噺)』(이치바 쓰쇼[市場通笑] 작, 에이쇼
사이 조키[栄松斎長喜] 그림, 1795년 간행, 저자 소장)

---

40) 기뵤시의 대표작 중 하나로 1775년 간행되었다. 고이카와 하루마치(恋川春町)의 작·
화이며 인간 일생의 즐거움도 잠깐의 꿈에 지나지 않는다는 교훈을 담고 있다.

기묘시의 특징은 말장난이나 빗댄 표현, 고전 패러디 등을 바탕으로 한 위트 넘치는 웃음으로, 이들은 고전이나 설화, 예능에 관한 일정한 지식이 없이는 읽을 수 없는 것이었다. 그것은 바로 하이카이와 통하는 것으로, 실제로 게사쿠샤(戱作者)[41] 상당수는 하이카이 전문가나 교카 전문가로서의 면모를 지니고 있었다. 또한 기묘시에서는 그 이전의 아카혼, 구로혼, 아오혼(靑本)[42]이라 불리던 구사조시에 비해 '작가'의 중요도가 현격히 높아졌다. 기묘시 작가 중에는 무사 계급 사람들이 많이 보이며(고이카와 하루마치, 호세이도 기산지[朋誠堂喜三二], 짓펜샤 잇쿠[十返舍一九] 등 인기 있는 작가는 모두 무사였다), 발행처에 예속되지 않고 자기 주장을 할 수 있는 '작가'가 생겨나고 있었음을 의미한다.

이후 19세기의 '고칸(合巻)'[43]에 이르면 구사조시의 장편화가 진행되면서 더욱 뒤엉킨 스토리와 잔학한 묘사나 괴기성 등의 자극적인 표현을 볼 수 있게 된다. 비유하건대 기묘시가 '개그 만화'였다면 고칸은 '극화(劇画)'[44]에 해당하는 것이었다. 고칸은 그 복잡한 스토리를 구성하는 수법으로서 조루리, 가부키의 작극법을 도입했다. 즉, '세계'와 '취향'에 따른 스토리텔링이다.

고칸이 등장한 것은 명배우가 배출된 가부키의 황금시대이기도 했으며, 이를테면 '읽는 가부키'로서 고칸은 널리 대중의 지지를 받기에

---

41) 에도 시대의 통속적이며 오락적인 이야기 작가를 일컫는 말.

42) 아오뵤시(靑表紙)라고도 했으며 가부키, 조루리, 역사물이나 전기를 번안하거나 그림을 곁들인 책으로 표지가 연두색.

43) 에도 시대 말기에 유행하였으며 그림이 들어간 통속적 장편 소설로 기묘시를 여러 권 합하여 장편으로 만든 것.

44) 현실적인 이야기나 동적 묘사를 특징으로 하는 새로운 경향의 만화로 이야기에 무게를 둔다.

이르렀다. 또 고칸의 삽화를 그린 것은 우타가와 도요쿠니(歌川豊国), 우타가와 구니사다(歌川国貞)와 같은 배우 그림을 특기로 한 우키요에 화가이며, 때로는 배우와 닮은 얼굴로 등장인물이 그려지거나 혹은 가부키 무대 그대로의 장면이 그려지기도 하여, 그야말로 '읽는 가부키'임을 만드는 측도 강하게 의식했음을 알 수 있다[그림 4].

[그림 4] 『정본 제작』(류테이 다네히코 작, 우타가와 구니사다 그림, 1814년 간행, 집필자 소장).

1810년 간행된 시키테이 산바(式亭三馬)[45]가 쓴 골계본 『우키요 목욕탕(浮世風呂)』[46] 2편에는 여탕에서 어머니들이 나누는 대화에서 다

---

45) 시키테이 산바(式亭三馬, 1776~1822). 에도 시대 후기의 우키요에 화가이기도 했는데, 고서점이나 약방 등을 운영하면서 기뵤시나 샤레본을 썼다.

음과 같은 것을 볼 수 있다.

셋째 아드님은 또 고칸이라는 구사조시가 나올 때마다 사는데 칡나무로 만든 바구니 안에 단단히 쌓아 두더군요. 게다가 도요쿠니가 잘 그린다든 둥, 구니사다가 잘 그린다는 둥 화공 이름까지 외우고, 참으로 요즘 아이들은 잘도 안다니까요.

즉, 고칸은 어린이들의 수집 대상이 되기까지 했으며 삽화를 그린 우키요에 화가들도 현재의 인기 만화가와 같은 감각으로 여겨졌음을 알 수 있다.

그림책 가게의 대중문화

그런데 책방에서 팔렸던 것은 구사조시만이 아니다. 유곽에서의 세련된 놀이 방식이나 연애 테크닉을 이야기 속에 담은 '샤레본(洒落本)'이나, 여행이나 일상생활의 "있을 법한 온갖" 사건들을 우스꽝스럽게 묘사한 '골계본', 남녀의 연애를 주제로 한 '닌조본(人情本)' 등 문장이 주체가 되는 것도 많았다. 그리고 무엇보다 18세기 후반 이후에도 구사조시의 주력 상품이 된 것은 니시키에였다.

예를 들어 신흥 발행처였던 쓰타야 주자부로(蔦屋重三郎)[47]는 나중에 국제적인 평가를 받게 되는 기타가와 우타마로(喜多川歌麿)[48]와 도

---

46) 에도 시대 후기의 골계본으로 시키테이 산바가 지은 4편 9책의 이야기. 1809~1813년에 걸쳐 간행되었고 에도 서민들의 사교장이기도 했던 공중목욕탕에서 오가는 대화나 남녀노소 다양한 인물들을 활사하여 서민 생활의 다양한 상을 보여준다.
47) 쓰타야 주자부로(蔦屋重三郎, 1750~1797). 에도 시대 중기의 유명한 출판업자로 우키요에의 황금기를 구축한 인물이다.

슈사이 샤라쿠(東洲斎写楽)[49] 등의 우키요에 화가를 육성하고 의욕적으로 그 작품을 프로듀싱한 것으로 알려져 있다. 니시키에의 판매는, 당초 발행처인 지본 도매상('지본(地本)'이란 에도에서 출판되는 책 종류를 가리킨다)이 직접 했지만, 머지않아 소매 전업 가게도 나타나게 되었다. 이러한 니시키에를 중심으로 취급하는 가게를 그림책 가게, 혹은 그림 가게, 그림 집 등으로 불렀다.

그림책 가게에서 판매되던 것은 니시키에, 구사조시, 그리고 '장난감 그림'이라고도 불리는 그림 쌍륙이나 지요가미(千代紙)[50], 구미아게 그림(組上絵) 등 장난감 삼아 놀 수 있는 인쇄물로, 이들을 총칭하여 '에조시(絵草紙, 絵双紙)'라고 불렀다. 이들 '에조시'는 인쇄물, 즉 매스 프로덕트이므로 단가는 저렴하고, 니시키에 등은 화려한 색채를 이용하며 섬세한 기교가 동원되었으나 대량으로 생산되었으므로 서민들도 쉽게 살 수 있었으며, 특히 에도의 특산품 선물로서 여행자에게 구매되었다.

니시키에의 주력 상품은 가부키 배우나 연극 장면을 그린 배우 그림, 연극 그림이었다. 이것들은 오늘날 말하는 아이돌의 브로마이드나 실제 사진, 혹은 포스터와 같은 의미를 지닌 것들이었다. 리키시(力士)[51]를 그린 스모 그림이나 요시와라(吉原)[52]의 유녀를 그린 미인

---

48) 기타가와 우타마로(喜多川歌麿, 1753~1806). 에도 시대에 활동한 우키요에 화가로 여성의 미를 대담한 구도로 포착해 표현한 미인도(美人圖)에서 여성 얼굴의 아름다움과 부드러움 그리고 거기에서 풍겨 나오는 여성미 그 자체를 표현하려 한 인물.

49) 도슈사이 샤라쿠(東洲斎写楽, 생몰년 미상). 에도 시대 중기의 우키요에 화가로 1794년부터 이듬해 1795년까지 약 10개월의 기간 동안 145점의 우키요에 작품을 출판하고 홀연히 우키요에계에서 사라진 정체불명의 수수께끼 화가.

50) 꽃무늬 등 여러 가지 무늬를 컬러로 인쇄한 종이로 여자아이들이 상자에 붙이거나 접고 놀았다.

화도 인기 장르로 이들 역시 마찬가지라고 할 수 있다.

 '장난감 그림'이나 작은 구사조시와 같은 어린이 대상 상품은, 니시키에보다 채산성이 낮은 것이었지만, 화가나 조각가, 인쇄 전문가와 같은 장인들에게 일을 주었고, 또 차세대를 육성해 산업 전체를 유지하기 위해서도 필요했던 것 같다. 덕분에 에도 아이들의 놀이 세계는 의외로 풍요로워졌다. 이러한 '장난감 그림'이나 작은 구사조시(마메혼[豆本]) 그림을 그린 것은 막 시작하거나 이류 언저리의 우키요에 화가들이며(한편, 고칸의 삽화를 그린 것은 당시 인기가 높은 우키요에 화가였다), 나중에 유명해지는 우키요에 화가가 젊은 시절에 그린 것도 종종 볼 수 있다.

 '구미아게 그림'이라는 것은 일종의 종이 공예품으로, 오려 내서 조립하면 건물이나 연극의 한 장면 같은 것이 완성되는 것이다. 정식으로는 '구미아게 등롱', '잘라서 조립하는 등롱'이라고 했으며 우란분재 때의 등불 장식(여러 가지 모양을 본떠 만들어진 종이 등롱)을 뿌리로 삼고 있는 것에서 그 이름이 왔다. '장난감 그림' 중에서는 비교적 오래되어 18세기 말경부터 있었고, 그 유명한 가쓰시카 호쿠사이(葛飾北斎)도 예전에는 구미아게 그림을 그렸다([그림5]). 다섯 장이 1조, 일곱 장이 1조로 된 것도 있어서, 그러한 것은 완성하면 상당한 크기였다. 아이들을 대상으로 한다고 내세우기는 했지만 도저히 어린아이 혼자서 만들 수 있는 것은 아니어서 결국은 어른들이 만들며 즐겼던 것 같다. 현재로 치면 프라모델에 버금가는 것이지 않을까? 에도나 오사카에서는 우란분재 무렵에 이 구미아게 그림을 만들어 여름

---

51) 스모를 하는 선수들을 일컫는 말.
52) 에도 시대 때 에도의 교외에 만들어진 유녀들이 모인 유곽 및 그 지역의 이름.

저녁 더위를 식히는 용도로 처마 끝에 장식했고, 인근 사람들이 보도
록 한 것이 일종의 여름 풍물시였다.

[그림 5] 「신판 구미아게 등롱 목욕탕 새단장 그림(新板組上灯籠湯屋新見世之図)」(가쓰시카
호쿠사이 그림, 1810년대, 효고현립역사박물관[兵庫県立歴史博物館] 이리에(入江) 컬렉션
소장)

덴포(天保) 개혁[53])의 실패

아울러 이러한 '장난감 그림'은 덴포의 개혁을 사이에 끼고 점점
활발하게 만들어졌다. 로주(老中)[54]) 미즈노 다다쿠니(水野忠邦)[55])에 의

---

53) 에도 시대 중 덴포(天保, 1830~1843) 연간에 행해진 번정 개혁의 총칭이다. 에도 시대
　　의 3대 개혁의 하나로 꼽히는데, 골자는 화폐 경제의 발달에 따라 어려워진 막부 재정을
　　재건하려는 것이 목적이었다.
54) 에도 막부에서, 장군에 직속되어 정무를 총찰하고 다이묘(大名)를 감독하던 직책.
55) 미즈노 다다쿠니(水野忠邦, 1794~1851). 에도 시대 후기의 다이묘. 히젠국(肥前国)
　　가라쓰 번(唐津藩)의 제4대 번주였고 나중에 하마마쓰 번(浜松藩)의 초대 번주가 된
　　다. 로주(老中)의 수좌로서 덴포의 개혁을 주도했다.

해 1841년부터 단행된 '덴포의 개혁'은 서민 생활의 세부에까지 통제
를 가하는 가혹한 정책으로 출판물도 엄격히 통제되고 니시키에도
많은 색깔을 사용한 것은 판매가 금지되었는데, 개혁의 성과는 거의
없었으며 불과 2년 만에 종언을 맞게 되었다. 그 반동으로 이후에는
개혁 전보다 도리어 호화로운 니시키에가 만들어졌고 '장난감 그림'
이 대량으로 만들어진 것도 사실 이 시기였다.

[그림 6] 〈미나모토노 요리미쓰공 저택에 땅거미 요괴가 나타난 그림(源頼光公館土蜘作妖怪
図)〉(우타가와 구니요시 그림, 1843년, 일본국립국회도서관 소장).

또 덴포의 개혁이 한창이던 때에는 개혁을 풍자하는 내용의 니시
키에가 유행했다. 가장 유명한 것은, 우타가와 구니요시(歌川国芳)[56)]
의 〈미나모토노 요리미쓰공 저택에 땅거미 요괴가 나타난 그림(源頼
光公館土蜘作妖怪図)〉([그림6])이다. 이는 열병으로 쓰러진 미나모토노
요리미쓰의 저택에 땅거미 요괴가 나타난다는 요쿄쿠『땅거미(土蜘)』

---

56) 우타가와 구니요시(歌川国芳, 1797~1861). 우키요에 화가로 당시 유행하던 일본의 요
   괴화에서도 독보적인 위치를 차지함은 물론 덴포의 개혁을 작품 속에서 조소하면서
   우키요에의 저널리즘적 성격을 드러낸 인물.

등으로 잘 알려진 소재를 그린 것이었는데, 요리미쓰와 사천왕 등이 장군 도쿠가와 이에요시(德川家慶)와 미즈노 다다쿠니 등 막부 각료들, 그리고 모노톤으로 그려진 무수한 요괴들이 개혁에 희생된 서민들로 빗대어져 개혁에 불만을 품고 있던 사람들의 갈채를 받고 큰 평판을 얻었다. 이 그림이 워낙 호평을 얻자 겁을 먹은 발행처에서 자체적으로 회수하여 절판됐지만 인기를 눈여겨본 다른 발행처에 의해 유사한 그림들이 잇따라 제작됐다.

개혁이 실패로 끝난 뒤에는 막부를 공공연히 비꼬는 듯한 풍자화가 엄청나게 간행됐다. 특히 보신 전쟁(戊辰戦争)[57] 전후에는 막부 토벌파 혹은 막부 보좌파의 번들을 어린이나 요괴 등으로 빗댄 풍자화가 많이 그려졌다[그림 7]. 이 무렵이 되면 더 이상 막부에 언론을 통제할 힘은 남아 있지 않았을 것이다.

5. 메이지 20년이라는 고비

뒤늦게 오는 시대의 고비

에도 막부가 붕괴되고 메이지 세상이 되자 천황을 정점으로 한 새로운 중앙 집권 체제가 생겨나면서 온갖 사회 제도가 크게 변화해 갔다. 신분 제도가 폐지되고 징병제와 공교육 등 새로운 사회 제도가 '국민'이 된 사람들에게 퍼져 나갔고, 또 '문명개화'라는 이름으로 철

---

57) 1868년에 시작된 유신 정부군과 막부군 사이에 벌어진 16개월간의 내전. 메이지 정부가 승리해 근대적 개혁을 추진하면서 각지의 다이묘들이 지배하던 봉건적 질서가 해체되고 근대적 국민 국가가 수립되는 계기가 되었다.

[그림 7] 〈어린 아이들 놀이 잡아라 잡아라〉(3대째 우타가와 히로시게 그림, 1868년, 효고 현립역사박물관 이리에 컬렉션 소장).

도와 전신(電信)을 비롯한 서양의 문물이 급속히 흘러들어 왔다.

그러나 정작 메이지 초기의 대중문화로 눈길을 돌려 보면 사람들은 여전히 에도 시대와 거의 같은 것을 향유하고 있었다는 것을 알게 된다. 사람들은 가부키를 즐기고, 니시키에를 구매했으며, 구사조시나 그 형태를 답습한 동판의 '사쿠라 표지본(桜表紙本)'을 푹 빠져 읽고, 그림 쌍륙이나 구미아게 그림과 같은 '장난감 그림'을 가지고 놀았다. 소재는 철도나 양장 인물과 같은 근대 특유의 문물을 다루고 있지만, 형태 자체는 에도 시대 그대로였다.

신문이나 잡지 같은 새로운 미디어도 처음에는 그림책 가게에서 취급되었다. 초기 신문은 책자 형태로 구사조시와 체재도 많이 닮았고 신문 기사를 소재로 한 '신문 니시키에'도 많이 간행되었다[그림 8]. 현재 『마이니치 신문(毎日新聞)』의 전신인 『도쿄 니치니치 신문(東

京日々新聞)』 창간에는 우타가와 구니요시
의 제자 중 한 명이던 우키요에 화가 오치
아이 요시이쿠(落合芳幾)[58]가 관련되어 있어
그림책과 신문 사이에는 연속성이 보인다.
또 초기 잡지의 대부분은 독자로부터의 투
고가 중심이어서, 이쪽은 에도 시대의 하이
카이 서적을 계승하는 것으로 볼 수 있을
것이다.

왼쪽 아이들이 막부 측, 오른쪽 아이들이
신정부 측의 번을 나타낸다. 오른쪽 선두는
사쓰마 번(薩摩藩), 가장 끝의 '대장아이 나
가마쓰돈(長松ドン)'은 조슈 번(長州藩)이며

[그림 8] 「도쿄 니치니치 신문 사백사
십오호」(효고현립역사박물관 이리에
컬렉션 소장).

등에 업힌 유아는 메이지 천황으로 풀이된다.

메이지 20년 문제

시대의 조류가 바뀌는 것은 1887년(메이지 20) 전후이다. 상징적인
사건으로 우타가와 요시후지(歌川芳藤)의 죽음을 들 수 있다. 요시후
지는 무사 그림으로 한 시대를 풍미했고, 또한 여러 신기한 내용을
담은 요괴화와 희화 등을 그려 막부 말기 우키요에계를 대표하는 화
가가 된 우타가와 구니요시의 제자 중 한 명으로, 오로지 '장난감 그
림'을 잘 그렸기 때문에 '장난감 요시후지'라 칭해졌다. 이 요시후지

---

58) 오치아이 요시이쿠(落合芳幾, 1833~1904). 1866년 에도 말기에서 메이지 초기에 걸쳐
활동한 우키요에 화가이자 삽화가. 쓰키오카 요시토시(月岡芳年)와 경쟁하며 제작한
『에영명이십팔중구(英名二十八衆句)』는 에도 말기의 음울한 분위기를 반영하듯 피비
린내 나는 그림으로 유명하다.

가 죽은 것이 메이지 20년으로, 그 무렵부터 에도 시대 이후의 '장난
감 그림'을 비롯하여 '그림 책자' 자체가 급속히 쇠퇴하기 시작한다.

　그리고 무엇보다 출판 방식이 크게 달라졌다. 일본 전통 종이에서
서양식 종이로, 목판 인쇄에서 활판 인쇄로, 일본식 장정에서 양식
장정으로 책을 만드는 방식이 근본적으로 바뀐 것이다. 그중에서도
활판 인쇄는 목판 인쇄보다 비약적으로 대량의 인쇄를 가능케 하여
그때까지보다 훨씬 저렴하게, 그리고 대량으로 서적을 공급할 수 있
게 되었다. 그렇게 되자 손이 많이 가고, 또 가내 수공업적으로 이루
어지던 목판 인쇄는 견뎌 낼 도리가 없었다. 메이지 20년 무렵을 경
계로 에도 시대 이래의 서점들은 잇따라 폐업하고, 대신 신규 참가한
서적상이나 출판업자들이 그 후의 출판계를 견인해 가게 된다.

　이를 하시구치 고노스케(橋口侯之介)는 '메이지 20년 문제'라고 부
르고 있다. 하시구치는 그 배경으로서 신정부 아래에서 새로운 교육
을 받은 사람들이 에도 시대 속에 정신을 형성한 사람들을 대신해
사회의 중추로 진출해 들어오는 것이 메이지 20년경이었다는 점을
거론하고 있다. 아마도 대중문화의 큰 변용은 이와 비슷한 사정으로
인해 사회의 큰 변화에서 20년 늦게 찾아온 것이 아닐까? 대중문화에
서 '근세'가 간에이기, 즉 에도 막부 성립으로부터 20년이 지났을 무
렵부터 시작되는 것도 그렇게 생각하면 납득이 된다.

　대량으로 발행되어 철도에 의해 전국으로 유통되는 신문, 잡지는
이윽고 '저널리즘'이라는 것을 형성해 간다. 니시키에는 그림엽서의
인기에 압도되고 그림책 가게는 착착 그림엽서 가게로 변해갔다. 배
우의 초상화는 사진의 압도적 재현력에 도저히 맞설 도리가 없었다.
이렇게 미디어는 신구가 교체되었고 새로운 시대가 시작되려고 하
였다.

참고문헌

가시와자키 준코(柏崎順子), 「초기 출판계와 고조루리(初期出版界と古浄瑠璃)」, 『言語
    文化』 50, 一橋大学語学研究室, 2013.

가시와자키 준코(柏崎順子), 「에도판으로 보는 17세기 일본(江戸版からみる一七世紀日
    本)」, 스즈키 도시유키(鈴木俊幸) 편, 『시리즈〈책의 문화사〉2 서적의 우주―확장
    과 체계(シリーズ〈本の文化史〉2 書籍の宇宙―広がりと体系)』, 平凡社, 2015.

가시와자키 준코(柏崎順子), 「간분 이전의 소시야(寛文以前の草紙屋)」, 『言語文化』 55,
    一橋大学語学研究室, 2019.

구로이시 요코(黒石陽子), 「17세기의 인형 조루리 제작―지카마쓰가 등장하는 배경―(十
    七世紀の人形浄瑠璃制作―近松が登場する背景―)」, 『近世文学史研究 第1巻 十七
    世紀の文学』, ぺりかん社, 2017.

곤타 요조(今田洋三), 『에도의 책방 근세문화사의 측면(江戸の本屋さん 近世文化史の側
    面)』, 日本放送出版協会, 1977.

사이토 료스케(斎藤良輔), 『장난감 이야기(おもちゃの話)』, 朝日新聞社, 1971.

사카구치 히로유키(阪口弘之) 편, 『조루리의 세계(浄瑠璃の世界)』, 世界思想社, 1992.

시대별 일본 문학사 사전 편집 위원회(時代別日本文学史事典編集委員会) 편, 『시대별
    일본 문학사 사전 근세편(時代別日本文学史事典 近世編)』, 東京堂出版, 1997.

스기 히토시(杉仁), 『근세의 재촌 문화와 서적 출판(近世の在村文化と書物出版)』, 吉川
    弘文館, 2009.

스즈키 겐이치(鈴木健一) 편, 『옆으로 자른 에도 문화사(輪切りの江戸文化史)』, 勉誠出
    版, 2018.

스즈키 도시유키(鈴木俊幸), 『그림책가게 에도의 우키요에숍(絵草紙屋 江戸の浮世絵
    ショップ)』, 平凡社, 2010.

스나가 아사히코(須永朝彦), 『가부키 원더랜드(歌舞伎ワンダーランド)』, 新書館, 1990.

다나카 유코(田中優子), 『에도의 상상력 18세기 미디어와 표징(江戸の想像力 18世紀の
    メディアと表徴)』, 筑摩書房, 1986.

나카코 히로코(中子裕子), 「겐로쿠기 촌락사회의 앞 구 붙이기 문화(元禄期村落社会に
    おける前句付文化)」, 『歴史評論』 605, 校倉書房, 2000.

나카지마 다카시(中嶋隆), 『사이카쿠와 겐로쿠 미디어 그 전략과 전개(西鶴と元禄メ
    ディア その戦略と展開)』, 日本放送出版協会, 1994.

나카노 미쓰토시(中野三敏) 편, 『일본의 근세 12 문학과 미술의 성숙(日本の近世12 文学
    と美術の成熟)』, 中央公論社, 1993.

나카노 미쓰토시(中野三敏)・히다 고조(肥田晧三) 편, 『근세 어린이 그림책집 교토・오사
    카 편(近世子どもの絵本集 上方篇)』, 岩波書店, 1985.

하시구치 고노스케(橋口侯之介), 『일본책으로의 초대―일본인과 책의 역사(和本への招

待－日本人と書物の歴史)』, 角川学芸出版, 2011.

하시구치 고노스케(橋口侯之介), 『에도의 헌책방 근세 책방의 일(江戸の古本屋 近世書
肆のしごと)』, 平凡社, 2018.

마치다 시립박물관(町田市立博物館) 편, 『막부 말기 풍자화 보신전쟁을 중심으로(幕末
の風刺画 戊辰戦争を中心に)』, 町田市立博物館, 1995.

모리카와 아키라(森川昭)·가토 사다히코(加藤定彦)·이누이 히로유키(乾裕幸) 교주,
『신일본고전문학대계69 초기하이카이집(新日本古典文学大系69 初期俳諧集)』, 岩
波書店, 1991.

모리타 마사야(森田雅也), 「편지의 길. 멀도다. －지방 하이단과 물류망이 어우러진 서간
네트워크－(手紙の道。遥かなり。－地方俳壇と物流網が織りなす書簡ネットワーク
－)」, 『文学·語学』 223, 全国大学国語国文学会, 2018.

야우치 겐지(矢内賢二), 『밥상 뒤집는 가부키 입문(ちゃぶ台返しの歌舞伎入門)』, 新潮
社, 2017.

요코타 후유히코(横田冬彦), 「『쓰레즈레구사』는 에도 문학인가?－책역사에서 독자의 입
장－(『徒然草』は江戸文学か?－書物史における読者の立場－)」, 『歴史評論』 605,
校倉書房, 2000.

요코타 후유히코(横田冬彦), 『일본의 역사16 천하태평(日本の歴史16 天下泰平)』, 講談
社, 2002.

오즈 요시사다 청년의 딜레탕티즘[1)

−에도의 오타쿠 청년 머릿속의 조카마치[2) −

기바 다카토시

가공의 무가

먼저 그림 한 장을 봐 주기 바란다. 『하시하라씨 성하 회도(端原氏城下絵図)』[그림 1]이라 불리는 이 그림은 2,000석을 영유했던 하시하라씨(端原氏)의 15대 당주 노부마사(宣政) 치세 무렵의 성하(城下)를 그린 것이다. 제대로 그려지지 않은 부분이 있어서 미완성품이라고 여겨지는데, 매우 면밀한 묘사와 기입이 이루어져 있다. 그림의 중심부에는 '거처(御所中)'로서 하시하라씨의 주거 저택의 무리가 놓여 있으며 그 주위를 무가 저택이 에워싸고, 그 바깥에는 조닌 구역(町人地)으로 보이는 도시부와 사찰, 신사 등이 펼쳐져 있다.

실은 이 성하도는 이세국(伊勢国) 마쓰사카(松阪)[3)에 살고 있던 오즈

---

1) dilettantism. 취미로서 학문이나 예술을 즐기는 일. 도락.
2) 城下町. 일본에서 전국 시대 이래로 영주의 거점인 성을 중심으로 형성된 도시로, 성의 방위 시설이자 행정 도시, 상업 도시의 역할을 하였다. '성 아래에 있는 마을'이라는 뜻이지만, 에도 시대 이후에는 성이 아닌 행정 시설인 진야(陣屋)를 중심으로 생겨나기도 하였다.

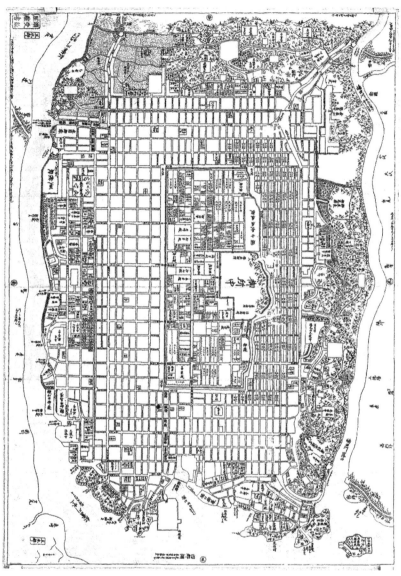

[그림 1] 『하시하라씨 성하 회도』[*1]

---

3) 현재의 미에현 마쓰사카시.

요시사다(小津栄貞)라는 당시 19세의 청년이, 1748년(엔쿄[延享] 5) 3월
에 그리기 시작한 가공의 도면(絵図)인 것이다. 하시하라씨도 물론 가
공의 무가이다.

요시사다 청년은 성하도와 함께 『하시하라씨(이야기) 계도(端原氏
[物語]系図)』라는, 하시하라씨 일족의 계보도 및 노부마사 시절의 가
신단 228씨의 계보도 작성하였다.

가공의 무가 하시하라씨를 창조하여 계보도나 성하도를 작성한 이
청년의 일종의 편집증적인 정열은 어디에서 생겨난 것일까.

요시사다의 지의 인프라

1730년(교호 15) 5월, 요시사다는 에도에서 면직물 도매상을 경영하
던 오즈 산시에몬(小津三四右衛門)과 마쓰사카의 상인 무라타 마고베
에(村田孫兵衛)의 딸 사이에서 태어났다. 당시의 마쓰사카는 기이 번
(紀伊藩)의 영지로 와카야마에서 출향해 온 조다이(城代)[4], 세이슈 부
교(勢州奉行)[5]가 배치되어 있었다. 상업 도시, 이세 가도(伊勢街道)의
역참으로 발전하여 면직물 중심의 장사를 하던 이세 상인(에도 지점을
데다이[手代, 수석 점원]에게 맡겼다)들이 많았던 마쓰사카는 문화 활동
또한 활발했다.

그런 마쓰사카 상인의 집에서 태어난 요시사다는 어릴 적부터 교
습을 받아 12세부터는 유학이나 요쿄쿠, 다도 등의 다양한 교양을
습득해 나갔다. 요시사다의 지식의 연원은 어린 시절의 기초적인 학

---

4) 에도 시대에, 성주의 출타 중 모든 정치를 맡아보던 중신.
5) 이세국의 영지에서 민정, 농정, 재정 전반을 관장하던 역직. 1637년(간에이 14)에 설치
   되었다.

습에 있으며, 또한 그러한 학습을 가능케 했던 마쓰사카라는 문화적 토양도 커다란 영향을 끼쳤다.

요시사다의 향학심은 청년기가 되자 더욱 높아져 그 결과, 방대한 양의 서적을 탐독했다. 마침 출판 문화가 전개되고 있던 에도 중기는 요시사다 청년의 지적 탐구심을 채워 줄 서적이 다수 간행되고 있었다. 당시 알 수 있었던 서적의 이름 전부를 열거한 일람표『경적(経籍)』은 요시사다의 것인데, 서적에 인용된 서명뿐 아니라 간행된 책에 딸려 있던 광고의 서목까지 옮긴 3,500여 점이 기록되어 있다. 여기에서도 서책에 대한 그의 엄청난 욕구를 엿볼 수 있다.

다만 중요한 것은 그가 독서를 하는 데에만 그치지 않고, 자신의 관심이 있는 부분을 옮겨 적거나, 초출한 발췌(抜書)류의 고본(稿本)[6]을 다수 작성했다는 점이다.

그 가장 초기의 것으로 보이는 것이 1745년(엔쿄 2) 요시사다 16세의 봄에 성립한『이세슈 이타카군 마쓰사카 승람(伊勢州飯高郡松坂勝覧)』으로, 마쓰사카 성하의 유래부터 시작하여 지배, 신사 불각과 그곳에서의 제례, 마쓰사카의 정(町) 이름 열거, 마쓰사카 인근의 사찰, 신사 명소, 그리고 최근의 연대기가 기록된 아홉 장짜리 소품이다. 즉, 소품이지만 지역의 지지(地誌)를 스스로 편찬하려고 했던 것이다.

그 밖에도『신기전수도(神器伝授図)』,『중화역대제왕국통상승지도(中華歴代帝王国統相承之図)』,『본조제왕어존계 및 쇼군가어계(本朝帝王御尊系並将軍家御系)』등을 작성했다. 그중에서도 교토에 관한 사항을 발췌한『도고발서(都考抜書)』(1746~1751)는 여섯 권에 이르는 대저이다.『도고발서』는 교토에 대한 동경을 정보로 채우고자 했던 것으로,

---

6) 필사본 등, 손으로 쓴 책.

지지만이 아니라 역사서나 불교서에서도 교토에 관한 정보를 초출하
고 있다.

요시사다는 수학 중에 교토에 대한 강한 동경을 품게 된다. 그 마음
은 1745년과 1748년(엔쿄 5)의 교토 구경으로 한층 심해져 갔다.

요시사다 청년의 향학심을 지탱했던 것은 출판물과 교토에 대한
동경이었다.

출판물에 대한 의식

이러한 발췌 고본에서 흥미로운 점은, 앞서『마쓰사카 승람』의 제1
정(丁) 오모테(表)[7]에 다이센(題箋, 표지에 제목 등을 기록해서 붙이는 종잇
조각)과 낱실에 해당하는 부분을 먹으로 쓰거나 혹은『신판 천기견집
(新版天気見集)』(1743년 작성)도 다이센을 먹으로 써서 표지풍의 체재를
표현하고 있듯이, 자신의 지식을 한 권의 서책이라는 체재로 정리하
려고 했다. 서책이라는, 유통하는 상품으로서의 지식에 대한 애착은
당연히 당시의 출판 문화를 전제로 한 것이다.

서책을 발췌, 필사함으로써 자신의 지식을 형성하려고 하는 요시
사다 청년이 특히 애독했던 것이 가이바라 에키켄(貝原益軒)[8]의 저작
이었다. 에키켄은 출판이라는 미디어를 효과적으로 활용한 유학자
로, 다양한 지식을 간행, 발신했다. 그의 저작(에키켄본)은 광범위하
게 수용되어 그 영향을 강하게 받은 이 중 하나가 요시사다 청년이었

7) 일본 전통 서적에서 앞뒤를 합친 하나의 낱장을 정(丁)이라 하고, 앞쪽을 오모테(表),
뒤쪽을 우라(裏)라고 부른다.
8) 가이바라 에키켄(貝原益軒, 1630~1714). 에도 전기의 유학자, 본초학자. 후쿠오카
번의 번사이다. 이름은 아쓰노부(篤信). 약학을 배우고 주자학을 받들었다. 교육, 역
자, 경제 면에서도 공적이 크다.

다. 앞에서도 언급한 『경적』 안에서도 "가이바라 선생"이라며 에키켄에게만 경칭을 쓰고 있다.

요시사다의 발췌 고본류에도 에키켄본의 영향을 다분히 찾아볼 수 있다. 앞서 거론한 『신판 천기견집』은 에키켄 『만보비사기(万宝鄙事記)』(1705 간) 권6 「점천기(占天気, 날씨를 점치다)」의 초록이며, 『도고발서』는 『경성승람(京城勝覽)』(1706 서문)의 거의 전체를 베꼈다. 『마쓰사카 승람』도 『경성승람』으로 대표되는 명소기나 지지, 기행문 등의 저작을 의식하여 창작된 것으로 여겨진다.

요시사다의 지식은 에키켄으로 대표되는 서책 유래의 지식, 즉 근세적인 미디어에 의해 편성, 발신된 담론을 기반으로 형성되었다. 다만 발췌 고본류를 다수 작성했듯이, 그저 에키켄의 지의 모방이 아니라 취사선택함으로써 독자적인 지식 체계를 창출하려고 했다. 『사휘각서(事彙覚書)』라 칭해지는 서책을 분류한 백과전서적인 영위는 그러한 의욕을 뒷받침한다.

독자의 지식 체계를 서책이라는 형태로 생산, 유통, 소비시키려 하는 의식은 그의 후세에 걸쳐 계속된다.

『하시하라씨 성하 회도』로 보는 근세

요시사다 청년은 도면류도 작성했다. 일본 지도 『대일본 천하 사해화도(大日本天下四海画図)』(1746~51)는 그 대표적인 것인데, 이 또한 당시 상품으로 유통되었던 '류선도(流宣図)'[9] 계통의 일본 지도나 여행기

---

9) 에도 시대의 우키요에 화가 이시카와 도모노부(石川流宣, 생몰년 미상)가 목판 지도의 작화를 곧잘 담당했기에 그의 이름을 따 이러한 지도를 '류선도(流宣図)'라고 불렀고 한다.

(道中記) 등이 바탕이 되고 있다. 히노 다쓰오(火野龍夫)는 "회도, 도면을 그린다는 것은 무한정으로 확산하는 외계로부터 일부분을 잘라와 안정시켜 자신의 지배하에 두는" 일로, 요시사다가 도면에 강한 관심을 지녔던 것은 "자신이 완전하게 이해하고 지배할 수 있는 세계를 구축하고 싶다는 소망이 강했던" 것과 다름없다고 보고 있다.[2] 이것은 발췌 고본류 작성에도 공통된 기반을 이루는 부분이 있다.

『하시하라씨 성하 회도』도 이러한 의도 아래에 작성된 것으로, 그와 관련한 『하시하라씨 계도』 또한 구성은 무가의 신사록인 무감(武鑑)류의 체재를 의식한 것으로 여겨진다.

다만 『하시하라씨 성하 회도』를 보며 주의해야 할 점은 이 회도가 근세 도시에서 볼 수 있는 특징, 특히 신분 질서가 반영되어 있다는 점이다.

신분에 대해서 조금 언급해 두자면, 신분이란 공사를 포함하여 그 사람의 존재를 규정하는 것, 그 사람이 속해 있는 지배 관계에서의 지위나 서열을 가리켰다. 또한 신분은 직업이 분업, 전업화된 것과 결부되어 동업자에 의한 집단을 형성했다. 예를 들어 무라(村)는 농민(百姓)이, 마치는 조닌(町人)[10]이 집단화하여 형성되었다. 나아가 마치에는 각 직종의 사람들이 모여 살았다.

성하 회도를 자세히 살펴보면, 중심에 있는 무가지는 '거처'를 둘러싼 '○○도노(殿)'나 관직명으로 기재된 저택이나 '오자무라이(大土)'라고 쓰인 저택지, '구니사무라이 나가야 저택(国土長屋屋敷)' 등으로 구성되어 있으며, 나아가 문이나 해자 등으로 무가지와 외부가 명확하게 구획 지어져 있다. 또한 무가지에 밀접하는 형태로 '사무라이'라

---

10) 근세 사회 계층의 하나. 도시에 사는 상인이나 직공 신분의 사람. 무사나 농민과 구별된다.

는 아시가루마치(足軽町)[11] 같은 지구가 설정되어, 계도에 쓰인 '고분케(御分家)'부터 '오사무라이(御侍)'까지의 무가에는 도시 영역에 '시모야시키(下屋敷)'[12]가 놓여 있다.

도시 영역에 눈길을 돌리면, 대로나 도리에 의해 바둑판의 눈 모양으로 구획, 부지 분할이 이루어져 에도의 히요케치(火除地)[13] 같은 공터 '히로코지'도 여럿 설치되어 있다.

그 주변에는 사찰, 신사 부지가 밀집한 데라마치(寺町)가 있으며 더 바깥쪽에는 '걸식 마을(乞食村)'(남서쪽 구석)과 '오아와레미스쿠이도코로(御憐救所)'가 인접해 있고, 남동쪽 구석의 '키리가하타히로코우지(キリガハタヒロコウジ[桐が畑広小路])' 옆에 '형장(刑場)', 그 동쪽 옆에는 '산마이(三昧[장례 시설로 추정])'가 있다.

이처럼 중심에서 주변으로 향하는 시설 설치는 신분 질서와 링크된 근세 도시의 특징과 합치한다. 성하 회도에서는 요시사다의 문화적인 영위가 서책을 통한 근세적인 담론의 섭취에서뿐만 아니라 (무의식적으로) 자신이 자란 근세 도시라는 환경에서도 크게 영향을 받았음을 읽어 낼 수가 있다.

근세 오타쿠 청년의 정체

오즈 요시사다 청년은 1752~1757년(호레키[宝暦] 2~7)까지 의사 수업을 위해 교토에 유학한다(도회[町方] 상인 가문의 당주에서 의사로 신분을

---

11) 아시가루(足軽)는 평시에는 잡역에 종사하다가 전시에는 병졸이 되는 무사를 말한다.
12) 에도에 있는 다이묘 저택 중에서 가미야시키(上屋敷)에 대한, 본 저택 이외에 준비해 두는 저택. 교외 등에 설치해 둔 별저(別邸).
13) 화재의 연소를 피하기 위해 특별히 설치한 빈터.

변경한 셈이다). 동경하던 교토에서 지낸 세월 속에서 그는 의학이나 한학, 가학 등을 수학했을 뿐 아니라 관극이나 유흥 등의 당대 문화도 흡수해 나갔다. 나아가 궁궐(御所) 안으로 들어가 궁중 행사를 구경하는(당시의 궁궐은 민중에게 '명소'로서, 행사 참관도 가능했다) 등 충실한 생활을 보냈다.

그리고 그는 유학 중에 이름을 바꾼다. 모토오리 노리나가(本居宣長)[14]로.

노리나가는 교토 유학 후에 옛 일본을 아는 학문(화학[和学], 국학[国学])을 대성해 나가는데, 출판 사업을 무척 중시하였다. 판행(板行)에 의한 자신의 학문 성과 발신을, 그는 학문 실천으로 자리매김하였다. 나아가 도시에 의해 학문의 정수를 표현하는 일에도 힘을 기울였다. 출판과 회도가 청년기부터 의식되고 있었던 점은 말할 것도 없다. 근세 도시로서의 교토(근세적 권위의 정상부로서, 사람이나 금품이 유통되는)의 존재도 노리나가학이 이상으로 삼는 고아한 도시상과 링크되어 있었다.

이렇게 오즈 요시사다, 즉 모토오리 노리나가의 학문은 아마추어 시절부터 축적된 근세의 여러 문화와 그가 생활했던 근세 도시 사회 위에 성립되어 있었다. 그리고 미디어와 사회 환경에 영향을 받는 아마추어적 딜레탕티즘은 요시사다 청년처럼 일반화할 수는 없지만,

---

14) 모토오리 노리나가(本居宣長, 1730~1801). 에도 중기의 국학자. 국학 4대 대인(大人) 중 한 명. 호는 스즈노야(鈴屋) 등이 있다. 이세 마쓰사카 사람으로, 교토로 올라와 의학 공부를 하는 한편 『겐지 이야기』 등을 연구. 가모노 마부치(賀茂真淵)의 제자로 입문하여 옛 정신을 연구하고 30여 년을 들여 대저(大著) 「고사기전(古事記伝)」을 완성. 유불(儒仏)을 배척하고 고도(古道, 옛날의 도의, 정신 문화)로 돌아가야 한다고 설파하고, 또 '모노노아와레(もののあはれ)'의 문학 평론을 전개했다.

그 맹아는 통시적으로 존재한다. 마치 근대가 되어도 에도 취미 외에 다양한 딜레탕티즘을 꽃피우는 것처럼.

원저자 주

*1   모토오리 노리나가 기념관(本居宣長記念館) 소장.

*2   日野龍夫,「宣長と当代文化」,「本居宣長と地図」,『日野龍夫著作集』第2巻, ぺり かん社, 2005.

참고문헌

우에스기 가즈히로(上杉和央),「청년기 모토오리 노리나가의 지리적 지식 형성 과정(青年 期本居宣長における地理的知識の形成過程)」,『人文地理』55-6, 2003.

우에스기 가즈히로(上杉和央),『에도 지식인과 지도(江戸知識人と地図)』, 京都大学学 術出版会, 2010.

오노 마사루(小野将),「'국학'의 도시성－노리나가학의 몇 가지 모티프로부터(「国学」의 都市性－宣長学のいくつかのモティーフから)」,『시리즈 도시·건축·역사 6 도시 문 화의 성숙(シリーズ都市·建築·歴史6 都市文化の成熟)』, 東京大学出版会, 2006.

쓰지모토 마사시(辻本雅史),『사상과 교육의 미디어사 근세 일본의 지의 전달(思想と教 育のメディア史 近世日本の知の伝達)』, ぺりかん社, 2011.

【칼럼】

귀매의 이름은[1]

-요괴 명칭과 대중문화-

가가와 마사노부

요괴의 '캄브리아 폭발'

포켓 몬스터(ポケットモンスター)―소위 '포켓몬'이 일본발 콘텐츠로서 세계적인 인기를 누리고 있음은 새삼 거론할 필요가 없을 것이다. 이 '포켓몬'의 원천 중 하나로 일본 고래의 '요괴'―민간 전승으로 전해지는 상상의 존재―가 있다는 사실은 종종 지적된다.

'포켓몬' 중에는 '큐콘'이나 '다텐구', '룬파파'[2] 등 분명히 요괴('구미호', '덴구', '갓파')에 뿌리를 둔 것이 존재하며 다양한 이름이나 모습을 갖춘 것이 존재한다는 양태 그 자체가 요괴의 그것을 답습하고 있다고 추측할 수 있기 때문이다. 1970년대에는 수많은 요괴를 소개했던 어린이용 '요괴 도감'이 활발하게 출판되었으며, 그것들은 '포켓몬' 이전의 '포켓몬 체험'으로서, 일찍이 일본 아이들의 가슴을 두근

---

1) 애니메이션 〈너의 이름은(君の名は。)〉에서 '너'를 가리키는 한자 '군(君)'과 '귀매(鬼魅)'는 똑같이 '기미(きみ)'로 읽는다.
2) 한국에서의 이름은 가각 '나인테일', '다탱구', '로파파'이다.

거리게 했던 것이다.

하지만 역사를 거슬러 올라가 보면, 요괴에 수많은 종류가 존재한다고 의식하게 된 것은 그리 오랜 일이 아님을 알 수 있다. 현재 '요괴'라 불리는 존재는 고대에서는 먼저 '신'이라 불렸다. 720년(요로[養老] 4)에 성립된 『일본서기』에는 '호타루비노카가야쿠카미'(螢火光神, 반딧불이 처럼 밤에 수상쩍게 빛나는 신)이나 '사바에나스아시키카미'(蠅声邪神, 파리처럼 시끄럽게 날뛰는 신) 등과 같이, 수상한 빛이나 목소리를 내는 존재도 '신'이라 불렸다.

이러한 '아시키카미(邪しき神)'는 인간에게 재앙을 가져오는 존재로 정벌의 대상이 되었다. 예를 들어 게이코 천황(景行天皇)[3]의 황자 야마토타케루노 미코토(日本武尊)[4]는 독기를 내뿜어 길 가는 사람들을 괴롭혔던 기비(吉備)의 아나노와타리노카미(穴済の神)와 나니와(難波)의 가시와노와타리노카미(柏済の神), 시나노자카(信濃坂)의 야마노카미(山の神)를 차례차례 퇴치했다. 『일본서기』와 거의 같은 시기의 『풍토기』는 마찬가지의 존재를 '아라부루카미(荒ぶる神)'로 표현한다. 이들 '아라부루카미'는 길 가는 사람들의 절반을 죽음에 이르게 한다는 정형적인 표현으로 이야기되는 무서운 존재이다. 이러한 '아시키카

3) 게이코 천황(景行天皇). 일본의 전승상의 천황. 스이닌 천황(垂仁天皇)의 셋째 아들. 이름은 오타라시히코오시로와케(大足彦忍代別). 구마소(熊襲)를 친히 정벌하고, 후에 황태자 야마토타케루노 미코토를 파견하여 도고쿠(東国)의 에조(蝦夷)를 평정하게 하였다고 전해진다.
4) 야마토타케루노 미코토(日本武尊). 고대 전설상의 영웅. 천황의 명을 받들어 구마소를 치고 동부 일본을 평정했다고 한다. 임무를 수행하던 중, 스루가(駿河)에서 구사나기의 검(草薙剣)으로 들불을 진정시키고 하시리미즈(走水)의 바다에서는 오토타치바나히메(橘媛)의 희생에 의해 해상의 난을 면했다. 돌아오는 길에 오미(近江) 이부키야마(伊吹山)의 신을 치려고 하다 병을 얻어 이세의 노보노(能褒野)에서 죽었다고 한다.

미', '아라부루카미'에는 개별의 이름이 없다. 고대 일본인은 사람들에게 은혜를 베푸는 존재든 재앙을 가져오는 두려운 존재든, 인간을 초월한 존재는 통틀어 '신'이라고 불렀던 것이다.

시대가 흘러, 12세기 전반에 성립되었다고 보는 『곤자쿠 이야기 집』에서는 여러 수상쩍은 현상을 일으키는 존재로 '도깨비(鬼)'나 '모노노케(物の気)' 같은 표현이 다수 보이게 된다. 현재의 일본인은 '도깨비'라고 하면 뿔이 달린 반라의 거한을 상상하지만 『곤자쿠 이야기 집』의 도깨비는 일정한 모습을 지니지 않으며 때로는 나무판이나 기름병 같은 기물로 변하기까지 하는, 영적인 존재로 등장한다. 등장하는 괴이의 형태는 다양하되 그것들 하나하나에 개별의 요괴가 할당되어 있었던 것은 아니며, 똑같이 '도깨비'나 '모노노케'의 짓이라고 하여 그 이상은 캐묻지 않았던 모양이다.

중세에는 괴이의 주체로서 새로이 '덴구(天狗)'[5]가 가세하는데, 수상한 현상이 일어나면 그것은 '덴구'의 짓이라고 치부한다는 점에서, 상황에 큰 변화는 없었다. 즉, 중세까지의 일본인은 수상한 현상과 조우하면 그것들은 '신'이나 '도깨비'나 '덴구' 같은 초월적인 존재, 혹은 여우나 너구리 같은 신비적인 능력을 지녔다고 봤던 동물의 짓이라고 생각했으나 그 이상의 세세한 요괴 종목을 상정하지는 않았던 것이다. 그것들은 그야말로 '인지가 미치는' 존재가 아니었기 때문이다. 개별의 괴이에 개별의 명칭을 부여할 수 있게 되는 것은 그것이 공포의 대상에서 벗어나 지식이나 호기심의 대상이 되어 가는 에도

---

5) 깊은 산에 서식한다고 하는 상상 속의 괴물. 사람의 모양을 했는데, 얼굴은 빨갛고 코는 높으며, 날개가 있어 신통력을 갖고 자유자재로 날아다닌다. 새 깃털로 된 부채를 가지고 있다고 한다.

시대의 일이었다. 마치 고생대의 캄브리아기에 생물의 다양성이 급격하게 증대된 '캄브리아 폭발'처럼, 에도 시대에 들어 요괴의 종목은 단숨에 늘어나기 시작한다. 그 배경에는 요괴가 그야말로 대중문화 속으로 흡수되어 갔다는 사정이 있었다.

'귀매'의 이름과 하이카이

[그림 1] '니시오카(西岡)의 쓰루베오로시'(야마오카 겐린, 『고금백물어평판』, 와세다대학 도서관 소장).

1686년(조쿄[貞享] 3)에 교토에서 간행된 『고금백물어평판(古今百物語評判)』은 '백물어(百物語)'라는 괴담회의 형식을 답습하면서 다양한 괴이에 하나하나 '평판(합리적인 해석)'을 덧붙여 나가는 취지로 쓰인 괴담집인데, 하나시(이야기, 괴담)보다도 오히려 모노(사물, 요괴)를 소개하는 일에 중점이 놓였다는 점에 특징이 있었다. 특히 '가마이타치(かまいたち)', '로쿠로쿠비(轆轤首)', '쓰루베오로시(釣瓶をろし)', '미코시 뉴도(見こし入道)' 등, 이름이 붙은 요괴(『고금백물어평판』 속에서는 "귀매(鬼魅)" 등으로 표현되고 있다)가 다수 수용되어 있다는 점은 주목해야 할 것이다[그림 1].

이 『고금백물어평판』은 야마오카 겐린(山岡元隣)이라는 인물의 유고를 보충하는 식으로 출판된 것인데, 겐린은 마쓰오 바쇼(松尾芭蕉)의 스승으로 알려진 기타무라 기긴(北村季吟)의 수제자이며, 하이카이 시인으로서도 저명한 인물이었다. 그리고 『고금백물어평판』에서 다루어진 요괴의 명칭은 하나같이 당시의 하이카이에서 찾아낼 수가 있는 것이었다.

바쇼 이전의 하이카이에서는 '하이곤(俳言)'이야말로 하이카이를 하이카답게 만드는 것으로 중요시되었다. '하이곤'이란 전통적인 와카에서는 결코 읊는 일이 없는 세속의 언어를 가리킨다. 민속 사회 안에서 함양되어, 다양한 전승을 두르게 된 요괴의 명칭은, 지적인 말장난을 취지로 삼았던 바쇼 이전의 하이카이에 있어서 '하이곤'으로 쓰기에 그만이었을 것으로 보인다. 하이카이를 영위하는 이는 '쓰케아이(付合, 시구 사이의 의미적 관련)'를 위해 잡다한 지식을 되도록 많이 몸에 익힐 필요가 있으며, 그러한 언어 수집 안에서 요괴의 명칭이 점차 의미를 갖게 되었던 것이다.

요괴 도감의 탄생

나아가 18세기가 되면, 막부의 식산흥업 정책 아래에 동식물, 광물 등의 자연물에 대해서 조사하는 '본초학(本草学)'이 활발해져, 그것들을 삽화와 함께 소개하는 백과전서나 도감 종류가 다수 만들어졌는데, 그 안에서도 요괴가 종종 다루어졌다.

예를 들어 오사카의 의사 데라지마 료안(寺島良安)[6]에 의해 저술된 『화한삼재도회(和漢三才図会)』(1715[쇼토쿠 正德 5] 발문)에는 '산정(山精)', '히데리카미(魃)', '망량(魍魎)', '수호(水虎)' 등 중국의 본초서에 기록된 괴물과 더불어 '미코시 뉴도', '야마와로(山童)', '가와타로(川太郎)', '노즈치(野槌)' 등 일본의 독자적인 요괴가 소개되어 있다.

본초학은 원래 약이 되는 자연물을 분류하는 것을 목적으로 삼았던

---

6) 데라지마 료안(寺島良安, 생몰년 미상). 에도 중기의 한의사. 우고(羽後)에서 출생. 호는 교린도(杏林堂). 오사카성(大阪城)에 출입하던 의사로 일중(日中)학에 정통했다. 『화한삼재도회(和漢三才図会)』105권을 저술하였다.

[그림 2] '미코시'(도리야마 세키엔, 『화도 백귀야행』)(『Japandemonium Illustrated』에서).

학문이었으나 거기에서 온갖 자연물을 수집하고 분류하고 그림으로 그려 일람한다는, 서양의 박물학(natural history)과도 유사한 학문이 되기 시작했다. 그리고 이 '박물학적 사고'는 학문에 그치지 않고 18세기 후반 대중문화 중 하나의 중요한 측면을 형성하게 되었던 것이다. 진기한 동물이나 물건을 보여 주는 '진부쓰차야(珍物茶屋)', '가초차야(花鳥茶屋)'의 등장, 다양한 명물을 랭킹시킨 '반즈케(番付)'나 '평판기', 명소를 열거하여 소개한 '명소 도회(名所図会)', 그리고 즐기면서 바라보는 세속적인 도감의 간행. 1776년(안에이[安永] 6)에 기타가와 우타마로(喜多川歌麿)의 스승 도리야마 세키엔(鳥山石燕)에 의해 그려진 요괴 도감 『화도 백귀야행(画図百鬼夜行)』은 이러한 조류 속에서 태어났던 것이다[그림 2].

『화도 백귀야행』은 반정(半丁, 1페이지)에 한 종류씩 요괴의 모습과 이름을 소개한 그림책이다. 원래 전승이나 이야기 속에 묻혀 있었을 요괴를, 시각적 특징과 이름만 지닌 존재－일종의 '캐릭터'－로 바꾸어 버렸다는 의미에서, 이 『화도 백귀야행』은 그 후의 요괴의 양상에 결정적인 영향을 미쳤다고 할 수 있다. 실제로 세키엔의 제자이기도 했던 게사쿠 작가(戯作者) 고이카와 하루마치(恋川春町)[7]에 의해 창시

7) 고이카와 하루마치(恋川春町, 1744~1789). 에도 중기의 교카시(狂歌師), 기뵤시 작자, 우키요에 화가. 본명은 구라하시 이타루(倉橋格). 스루가(駿河) 오지마(小島)의 마쓰다이라 가문(松平家)의 신하이다. 에도 고이시카와(小石川) 가스가정(春日町)에 살며, 고이카와 하루마치라는 이름은 이를 우의적으로 표현한 것. 기뵤시의 창시자의

된 '기표시(黃表紙)'라 불리는 구사조시 속에서, 캐릭터화된 요괴인 '바케모노(化物)'들은 골계스러운 웃음을 낳는 존재로서 대활약을 펼치게 되는 것이다. '기표시'를 현대의 만화에 상당하는 것으로 본다면, 이때 이미 만화 캐릭터로서의 요괴는 성립했던 것이다.

「요괴 명휘」와 공동 환각

에도 시대에는 요괴나 구사조시의 캐릭터로서, 그리고 그림 쌍륙이나 가루타(カルタ), 오모차에(おもちゃ絵) 등 완구의 제재로서, 즉 대중적인 오락의 소재로서 중시되었다. 하지만 메이지 이후 요괴는 대중문화 속에서도 시대에 뒤처진 것으로 점차 격하되었다.

한편으로 점점 잃어 가는 문화로서 그 전승을 기록에 담고자 수집을 개시했던 것은 야나기타 구니오에 의해 창시된 민속학이었다. 야나기타는 요괴의 전승 속에야말로 일본인의 마음의 역사를 푸는 열쇠가 있다고 생각하여, 정력적으로 그 수집, 기록을 호소했다. 1938년부터 39년에 걸쳐 『민간 전승(民間伝承)』 지상에 연재한 「요괴 명휘(妖怪名彙)」는 그 성과이다. '고나키지지(コナキジジ)', '스나카케바바(スナカケババ)', '누리카베(ヌリカベ)', '잇탄모멘(イッタンモメン)' 같은 요괴의 이름을 항목 표제로 걸고, 소리의 괴이나 노상의 괴이, 불의 괴이 등 괴이 현상을 느슨하게 묶으면서 그 본질을 살피고자 했던 것으로, 일반에는 민속학의 비조에 의한 '요괴 사전'으로 읽히고 있다.

하지만 그런 가운데 명확하게 이야기되고 있지는 않으나, 이 시기의 야나기타의 중요한 관심사로 '공동 환각(共同幻覚)'이 있으며, 「요

위치에 있으며, 작품의 그림도 직접 그렸다.

괴 명휘」는 그 이름이 나타내는 것처럼 '요괴'의 '명휘'가 아니라, '공동 환각'의 '명휘'로 쓰인 것이었다고 파악할 수 있는 것이다. '공동 환각'이란 복수의 인간이 동시에 체험하는 환각을 말하는데, 야나기타는 일찍부터 이 '공동 환각'이라는 것에 대해 관심을 품고 있었다. 「환각의 실험(幻覚の実験)」이라는 글 속에서 소년 시절의 환각 체험에 대해 토로하고 있듯이, 야나기타는 환각이라는 것에 대해 사적인 관심을 품고 있었다고 추측되는데, 자신의 학문 안에서 적극적으로 씨름하기 시작한 것은 쇼와 초기 무렵이다.

그 배경에 무엇이 있었는가, 1925년에 발표한 「여동생의 힘(妹の力)」이라는 논고 안에 그 실마리가 있는 듯 보인다. 야나기타는 도호쿠(東北)의 오래된 집안의 여섯 형제가 같은 망상에 사로잡혔고, 게다가 그것을 선동하는 입장에 있었던 것이 막내 여동생이었다는 사례를 소개하고 있다.

> 예를 들면 맞은편에서 오는 여행자를, 여동생이 도깨비라고 말하자 오빠들의 눈에도 금세 도깨비로 보였다. 때려죽여 버리자고 여동생이 한마디 하자, 다섯 명이 뛰쳐나가 모여서 공격했다.

이것은 말하자면 '공동 환각'이 실제로 사람을 움직였던 사례라고 여길 수 있는데, 이 「여동생의 힘」의 2년 전에, 이것과 마찬가지로, 하지만 더욱 규모가 큰 사건이 일어났던 것을 우리는 알고 있다. 간토 대지진 한가운데서 일어난 조선인 학살이다. 이 사실을 접한 야나기타가 일본인은 어떤 '공동 환각'에 빠지기 쉬운가에 대해 관심을 기울이게 되었다고 생각해도, 꼭 이상할 것은 없으리라.

『고금백물어평판』에서 소개된 요괴는 도리야마 세키엔의 『화도

백귀야행』속으로 이어졌고『화도 백귀야행』과 야나기타 구니오의
「요괴 명휘」는 둘 다 미즈키 시게루(水木しげる)[8]의 요괴 만화의 원천
이 되었다. 이렇게 오늘날 일본의 대중적인 '요괴 문화'는 형성되었
고, 그것은 '포켓몬' 등에도 계승되었다. 하지만 그러한 '요괴 문화'를
'일본인 특유의 민족성' 등과 같은 무시간적인 것으로 나이브하게 환
원할 것이 아니라, 역사적인 경위 속에서 그것이 성립되었음을 명심
해야만 한다. 그것을 잊었을 때 놓치는 것은 너무나도 많은 법이다.

참고문헌

가가와 마사노부(香川雅信), 『에도의 요괴 혁명(江戸の妖怪革命)』, 角川学芸出版, 2013.

가가와 마사노부(香川雅信), 「야나기타 구니오의 요괴 연구『공동 환각』을 중심으로(柳田國男の妖怪研究『共同幻覚』を中心に)」, 고마쓰 가즈히코(小松和彦) 편, 『진화하는 요괴 문화 연구(進化する妖怪文化研究)』, せりか書房, 2017.

가가와 마사노부(香川雅信), 「귀매의 이름은―근세 전기의 요괴 명명(鬼魅の名は―近世前期における妖怪の名づけ)」, 『日本民俗学』302, 日本民俗学会, 2020.

Hiroko Yoda and Matt Alt., Japandemonium Illustrated: The Yokai Encyclopedias of Toriyama Sekien, Dover Publications, 2017.

야나기타 구니오(柳田國男), 「여동생의 힘(妹の力)」, 『정본 야나기타 구니오집(定本柳田國男集)』 제9권, 筑摩書房, 1969.

---

8) 미즈키 시게루(水木しげる, 1922~2015). 일본의 만화가, 요괴 연구가, 그림 연극 작가. 『게게게의 기타로(ゲゲゲの鬼太郎)』, 『갓파 산페이(河童の三平)』, 『악마 군(悪魔くん)』 등의 작품을 발표하여 요괴 만화의 1인자로 불린다.

제4장

'개인'과 아마추어의 시대

- 1900~1920 -

대표 저자 : 오쓰카 에이지
분담 저자 : 사노 아키코, 기타우라 히로유키,
야마모토 다다히로, 마에카와 시오리

1. 근대를 향한 갱신기 세기말

왜 '메이지 30년대'일까?

이 장은 앞 장의 마지막에서 언급한 '메이지 20년 문제'라는 인쇄
문화의 상징적인 변용을 바탕으로 1900년(메이지 33) 전후를 기점으
로 생각해 보고자 한다.

메이지 정부의 왕정복고는 천황을 독일형 황제로 추대한 세계화이
며, 그 개혁은 헌법 제정과 같은 정치뿐 아니라 경제·산업·문화·사
상 등에 이른다. 대중문화는 그런 상황에서 개혁이나 근대화에 대해
때로는 과도하게 야합하고 때로는 오독하거나 간과하면서 전환되어
갔다.

메이지 유신(1868) 후의 일본에서는 정부가 서양 열강 제국들과의
불평등 조약을 파기하고 어깨를 나란히 하는 것을 목표로 하여 부국

강병, 근대 산업을 보호·육성하는 식산흥업, 문명개화에 의한 서양 풍화 풍조 아래에서 중공업을 비롯한 산업화가 진행되었다.

한편, '에도'로부터 개칭된 도쿄에서는 시구 개정이나 거주지 건설이 이루어져 1872년의 신바시(新橋)·요코하마(横浜) 간의 철도 개업을 시작으로 교통망이 급속히 발달한다. 이 교통망의 발달과 산업화로 러일 전쟁 이후 도쿄는, 인구 219만 명까지 팽창하여 불특정 다수가 오가는 근대 도시가 형성되었다. 다시 말해 타자끼리 왕래하는 거대한 도시공간이 형성된 셈이다. 철도는 도시와 도시를 연결하는 동맥으로도 발전한다. 1889년에는 도카이도(東海道) 본선[1]이 개통되었고, 1906년에는 철도 국유법[2]이 제정되어 일본 전역에 철도망이 둘러쳐진다. 또한 이 철도망의 확대는 잡지 저널리즘의 전국적인 유통망 확립이라는 미디어 유통 인프라로서 의미를 갖는다.

그렇다면 대중문화사를 짊어진 이들에게는 무슨 일이 일어났을까? 1872년의 '학제(学制)'[3] 공포를 계기로 전국에 소학교가 설립되고, 그 외의 여러 학교도 점차 설립되어 근대적 학교 제도가 정비되어 간다. 1903년에는 국정 교과서 제도가 확립되었다. 즉, 학교를 통해 '교양'이 공유되고 사람들이 공유하는 '지(知)'로서의 '공유 자산'이라는 중앙 집권적 계몽이 시작된 것이다. 취학률은 청일 전쟁 이후 교육에 대한 관심이 높아지면서 상승했다고 하며 1900년 의무 교육의 수

---

1) 일본의 간사이와 간토를 연결하던 육로로, 전근대 에도에서 시작하여 교토까지 약 495.5킬로미터에 이르는 거리를 철도로 연결한 선.

2) 1906년 3월 31일 법률 제17호로 공포되었으며 민간에서 부설한 철도를 국유화하면서 전국적인 네트워크를 갖추게 되었다.

3) 교육 활동의 근간이 되는 학교 교육 제도를 말하며, 일본은 1872년 9월 5일에 교육 제도의 기초가 되는 학제(学制)를 반포하였다.

업료가 무상화되면서 1902년에는 90퍼센트를 넘게 되었다.

의무 교육 침투는 식자율의 상승을 의미하며, 읽고 쓰는 능력을 갖춘 사람들이 '매스'로 등장한다. 그것은 신문, 잡지, 책과 같은 인쇄 미디어를 중심으로 하는 '독자'를 낳아 간다.

정치적으로도 이 시대는 근대 국가의 제도가 갖추어진 시대이다. 국회 개설을 요구한 자유 민권 운동에 대해 '메이지 14년의 정변'(1881)에 의해 독일형 헌법에 따른 입헌 정치로 방향을 틀었고, 1889년 천황이 만들어 국민에게 하사하는 형식(흠정 헌법)으로서 대일본 제국 헌법이 공포되고 민법, 상법 등 법 제도가 정비된다. 1890년에는 최초의 중의원 선거가 실시되어 제국 의회의 개최, 정당 정치나 관료 제도, 지방 자치 제도 등 근대 국가로서의 '제도'가 정비되어 간다.

청일 전쟁(1894~1895)과 러일 전쟁(1904~1905)이라는 두 차례 전쟁, 일본의 한반도 병합(1910)이나 남만주 철도[4]의 설치를 거쳐 '일본'은 '외지'로 불리게 되는 타이완, 조선, 남쪽 가라후토(樺太)[5], 혹은 뤼순(旅順)이나 다롄(大連) 등의 조차지(租借地)[6]에 식민지적 기반을 마련하고 아시아 지역에 대한 제국주의적 비대화를 드러내기 시작했다.

그 결과 타이완, 한반도, 가라후토로까지 영토를 확장하고 남양(南洋) 제도[7]의 위임 통치권을 얻기에 이른다. 이처럼 메이지 시대에 시작되는 '일본'이라는 영역의 팽창은 '일본' 대중문화사의 대상을 당연

---

4) 러일 전쟁 후인 1906년 설립되어 1945년 제2차 세계 대전이 종결될 때까지 중국의 동북 지역, 즉 '만주'지역에 존재했던 특수한 일본 회사이다.
5) 일본에서는 러시아의 사할린에 대해 가라후토(樺太)라 칭했다.
6) 어떤 나라가 다른 나라에 일시적으로 빌린 영토의 일부를 가리킨다.
7) 일제가 1919년에서 1945년까지 위임 통치했던 미크로네시아의 섬들과 해당 섬들에 설치된 행정구역을 의미한다.

하게도 '일본' 열도 내에 머물 수 없게 만들고, 외지라 불리게 되는 식민지로 확대해 나가게 된다.

이번 장에서 다루는 기간의 기점인 메이지 33년 전후는 메이지 유신에 의한 근대 국가 수립(1868)보다도 늦다. 서기로 치면 1900년 전후, 세기말에서 신세기로 가는 과도기이다. 여기에 기점을 두는 이유는 ①이 시기에 문화를 유통시킬 미디어 유통망과 식자율 상승이라는 인프라가 갖추어진 것 ②글로벌한 문화와의 동시대성이나 구 문화를 대신하는 새로운 문화 양식의 갱신이 이루어진 것이라는 두 가지를 들 수 있다. 로쿠메이칸(鹿鳴館)[8] 문화처럼 위로부터 급하게 진행된 표층적 서구화가 아니라, 문화를 만들어 나가는 OS의 갱신이 이루어졌다고 이미지하면 전달되기 쉬울지도 모른다.

시간의 위상

한편 근대 국가를 지탱하는 또 하나의 중요한 제도로서 '시간'의 국가 관리라는 문제가 있다. 그러나 그것은 결코 균일하고 유일한 것이 아니었다. 그 시간의 위상성이라고 할 수 있는 사태에 주의를 촉구해 둔다.

일본에서 '서력'을 맨처음 공적으로 사용한 예는 이시이 겐도(石井研堂)[9]의 『메이지 사물 기원(明治事物起源)』[10]을 참조하자면, 1871년

---

8) 메이지 일본이 표방했던 '문명 개화'의 상징적 공간으로, 1883년에 일본의 유럽화 정책의 일환으로 건설된 서양식 건물이다. 국빈이나 외교관을 접대하기 위한 외국과의 사교장으로 사용되었으며 이곳을 중심으로 '로쿠메이칸 외교', '로쿠메이칸 시대'라고 하는 호칭이 파생되었다.

9) 이시이 겐도(石井研堂, 1865~1943). 메이지 문화 연구가 및 편집자. 1908년에 메이지 문화의 총람적 기초 문헌으로 평가되는 『메이지 사물 기원(明治事物起源)』을 저술하였으며 메이지 문화 연구회를 창설, 『메이지 문화 전집』을 편찬하는 등 메이지 문화 연구

요코하마 등대료(橫浜灯台寮)[11] 포고로 보인다. 이듬해에는 century의 일본어 번역으로서의 '몇 세기'라는 용례도 확인할 수 있다[*1].

한편 1868년 일세일원(一世一元)의 조(詔)[12]에 의해 메이지로 개원이 이루어져 천황 일대에 하나의 원호가 정해지는데, 그 직후인 1872년에는 그리스도 탄생 이듬해를 기원으로 하는 '서력'과는 다른 시간축으로서 진무 천황(神武天皇) 즉위[13]를 시작으로 삼는 '기원(紀元)'(황기[皇紀])이 정해진다. 즉, 이 나라는 한 시대 천황의 시간으로서 원호에 더해 서기와 황기라는 세 가지 시간 축을 중복하여 살아가게 된 것이다. 더욱이 '기원'의 제정은 태음태양력에서 태양력으로 이행하는 것과 연계되기도 했지만, 서민 생활의 습관상에서는 '음력'인 태음태양력의 1년 주기에서 쉽게 이탈할 수 없었다. 근대 이후 대중문화사에서 유의해야 할 것은 '원호'로 이루어진 시간 감각과 서력으로 이루어진 역사 감각의 이중성이며, 게다가 여기에 종종 '황기'가 개입하게 되는 시간 축상의 착종이다. 그리고 이러한 시간 축상의 착종은 대중의 역사 인식과 분리될 수 없다. 그래서 특히 이 장에서는 기술하는 내용에 따라서는 서력, 원호, 때로는 황기가 어떠했는지를 강조하기도 한다. 하나의 시간 축으로 통일하지 않음으로써 각각의 정치적 입장에서 폴리티컬한 비판이 예상되지만, 시간 의식의 위상성을 염

에 힘썼다.

10) 메이지 시대의 새로운 사물이나 제도에 대하여 1,400여 항목을 21개의 부로 나누어 서술한 사물 기원 부류의 대표적인 저작.

11) 등대 관련된 사무를 주관한 공부성(工部省) 아래의 부서로 1871년 9월 28일 설치되었으며 1877년에 등대국(燈台局)으로 다시 개칭되었다.

12) 한 시대의 천황에 하나의 연호만을 쓴다는 천황의 뜻을 담은 문서.

13) 일본 제1대 천황으로 일컬어지며 그 즉위일을 기원전 660년 2월 11일로 본다.

두에 두지 않으면 그로 인해 형성되는 사람들의 역사 감각을 기술할
수 없기 때문이다

『태평기』와 '정사'

이러한 '서기', '황기', 그리고 천황의 재위와 결부된 '원호'라는 시
간 축에 의해 인식되는 '역사', 그러니까 이른바 '커다란 이야기'의
도입이 대중문화에 초래한 것은 대체 무엇이었을까.

대중문화사의 관점에서 이 '역사'나 '국사'의 탄생을 생각해 나갈
때 주의해야 할 것은 근세에 『세계강목』으로서 리스트화된, 대중문화
생성의 원천인 공유 자산으로서의 '세계'(등장인물과 일화)가 역사와 이
야기에 어떻게 영역을 달리하며 공존해 나가느냐 하는 문제이다.

이때 중요한 것은 『태평기』라는 '세계'다. 왜냐하면 『태평기』는 근
세 무사의 교양이며, 다른 한편으로는 가부키 등 대중 문예의 소재이
기도 했기 때문이다. 대로에서 행해진 '태평기 읽기'는 그 양자가 겹
치는 곳에서 성립하여 '강담'으로 이어져간 것이다.

메이지 유신 직후 강담을 포함한 대중문화는 근대화와 메이지 국
가를 근거로 하는 '커다란 이야기'로의 합류를 요구받았다. 그 안에서
『태평기』적인 역사 이야기는 오히려 더 굳세게 살아난다.

메이지 정부의 교부성(教部省)이 신관(神官)들에게 통지한 「삼조의
교헌(三条の教憲)」[14](1872)에서는, 요세(寄席)[15] 예능이나 일체의 가무
음곡까지도 정부에 의한 통치 대상이 되었다. 따라서 종교인뿐만 아

---

14) 신도의 종교적 도덕성을 단적으로 표명한 것으로 대교 선포 운동의 교화 기준이 되었다.
15) 일본의 전통적 예능인 라쿠고(落語)를 중심으로 한, 모여서 이야기 예능을 볼 수 있는
   시설.

니라 대중문화 담당자들도 메이지 정부의 교화 정책에 동참할 것이 요구되었다. 이들 대표는 교부성으로 불려가 「유래서(由来書)」, 즉 자신들 분야의 내력을 정리해 제출했다.

예를 들어, 같은 해 7월에 강석사 다이류(太琉)는 『태평기』를 강담의 기원으로 정의하고 근세의 타락을 자기비판하면서, 앞으로는 "서구 역사"를 참조하여 "고금의 근왕과 제장들의 전래", "충효 이야기"를 말하는 본래의 모습으로 돌아가겠다고 교부성에 건백한 바 있다. 메이지 정부가 향후 계몽하는 '역사'에 강담을 맞추겠다고 공손히 따른 것이다[*2].

그리고 교부성 안에는 '황도(皇道)'에 기초한 교화를 담당하는 교도직이 설치되었고, 하이카이시, 강석사, 라쿠고가(落語家)[16]들도 임명되었다. 메이지 정부는 당초 역사 이야기의 요원들로 이들 대중 예능 담당자들을 이용했다. '신문 하쿠엔'이라 불리던 강석사인 2대 쇼린 하쿠엔(松林伯圓)[17]은 '충신 효자 열전'에 더하여 신문의 사회면, 정치면에서 교재를 취하고 강석대 대신 테이블과 의자를 요세로 가져와 강담의 '근대화'를 시도했다.

그렇다면 이들이 합류를 요구받은 '커다란 이야기'란 애초에 어떻게 만들어졌을까?

1869년 신정부는 「역사 편수의 조서」를 발표하여 사료 『일본서기』부터 『일본삼대실록(日本三代実録)』에 이르는 '육국사(六国史)'[18]와 접

---

16) 라쿠고를 전문으로 하는 사람으로, 일반적으로 음악 및 의상 등의 도구 대신에, 라쿠고카는 부채 하나만을 들고 무대 위에 앉아, 청중들을 대상으로 이야기를 풀어간다.
17) 쇼린 하쿠엔(松林伯円, 1832~1905). 강석사로 「네즈미코조(鼠小僧)」와 같은 도적물 강석을 잘했으며 '도둑 하쿠엔'이라고 불렸다.
18) 일본 고대의 대표적인 역사서로 나라 시대부터 헤이안 시대에 걸쳐 엮은 여섯 가지의

속하기 위한 '정사' 편찬 사업을 개시하였다. '육국사'를 잇는다는 것
은 같은 서식, 즉 한문체에 의한 통사를 의미한다.

그 사업을 담당하는 관립 국사 편찬 기관은 단기간에 개편을 거듭
한 후 1877년에는 태정관(太政官) 수사관(修史館)이 설치되었다. 이때
근세에 도쿠카와 미쓰쿠니에 의해 편찬이 개시된 『대일본사』를 준칙
찬 사서로 정했다. 이 책은 근세에는 '국사'라고도 불리며 진무 천황
즉위부터 남북조 통일까지를 기술한 것이다. 이를 계기로 편찬 대상
은 남북조 이후가 되었다. 즉, 무가 정치에서 천황 집정을 탈환한 고
다이고 천황의 즉위(이른바 '겐무의 중흥')를 메이지 유신에 빗대어 거기
서부터 새롭게 쓰기 시작한 황국 사관이다. 이 '겐무의 중흥'에서 천황
측근으로 행동한 구스노키 마사시게는 근세에 이미 『태평기』 '세계'
의 주요 캐릭터가 되었는데, 메이지 이후에는 '충신' 이미지를 표상하
는 인물로서 교과서나 대중 문예에 반복적으로 그려지게 된다.

원래 『대일본사』의 남북조 기술은 주로 『태평기』 하나에만 기초하
고 있으며, 이를 바탕으로 구축되는 황국 사관은 어느 부분에서 『태
평기』 사관을 근대로 가지고 왔음을 의미했다.

다른 한편 아카데미즘에서는 1887년 제국 대학 문과 대학에 서양
사를 축으로 하는 '사학과'가 설치되고, 이어 1889년에 '국사'학과가
증설되어 '정사' 편찬 사업은 제국 대학으로 이관된다.

이와 대조적으로 역사학의 '개량 운동'을 추진한 구메 구니타케(久
米邦武)의 논문 「태평기는 사학에 이익이 되지 않는다(太平記は史学に

관찬(官撰) 역사책이다. 한문으로 쓰인 편년체 역사책으로 『일본서기』, 『속일본서기』,
『일본후기(日本後紀)』, 『속일본후기(續日本後紀)』, 『일본문덕천황실록(日本文德天
皇實錄)』, 『일본삼대실록(日本三代實錄)』을 이른다.

益なし)」(1891, 『사학회 잡지[史学会雑誌]』에 연재)로 대표되듯이 『태평기』의 이야기성은 근대 역사학 리얼리즘에서 비판의 대상이 되었다.

역사에 있는 이야기성과 리얼리즘의 대립이라는 문맥을 이해하는 데에 있어서 주의했으면 하는 점은, 정당한 역사 기술이란 '사실'을 '실제대로 기술하는' 것이라고 구메가 논한 일이다[*3]. 이것은 나중에 서술하는 문학 개량 운동에서 '사생문(写生文)'[19]과 같은 자연주의적 리얼리즘의 테두리 안에 사학 개량 운동이 있었음을 드러낸다[*4].

하세가와 덴케이(長谷川天渓)[20]는 자연주의에 관하여 귀에 착 감기는 비유를 남긴 문학자인데, 그는 근대 이전의 권위를 환상으로 간주하고 그것이 소멸된 근대를 '환멸 시대'라고 보았다. 그러면서 가령 러일 전쟁 종군기 기술이 『삼국지』, 『태평기』의 문구, 형용, 비유를 차용한 문장이라고 비판했다. 『태평기』는 그 역사 인식뿐 아니라 전쟁이라는 역사를 기술하는 '문체' 자체에 '이야기'의 양식이 침입해 버린 나쁜 사례로 볼 수 있다[*5].

그러나 그럼에도 불구하고 『태평기』에 준거하는 '남북조 사관'이나 거기 그려진 충신이라는 캐릭터들은 학교 교육 내의 국정 교과서 '역사' 속에서 회자된다. 이른바 황국 사관이 형성되어 '정사'가 되는 것이다.

원래 근세의 〈가나데혼 주신구라〉나 〈태평기 기쿠스이노 마키(太平記菊水之巻)〉와 같은 가부키 작품은, 실시간으로 일어난 아사노 다

---

19) 사생문은 스케치하듯 사물을 있는 그대로 쓰려고 했던 글쓰기 방식이다. 메이지 중기 서양 회화에서 유래한 '사생' 개념을 응용해서 하이쿠, 단카의 근대화를 추진하던 마사오카 시키가 같은 방법을 산문에도 적용하고 설파하였다.

20) 하세가와 덴케이(長谷川天渓, 1876~1940). 평론가, 영문학자. 잡지 『태양(太陽)』 편집에 종사하였으며 자연주의 논객으로 각광 받았던 인물.

쿠미노카미 인상 사건(1701)이나 유이 쇼세쓰(由比正雪)의 난[21](1651)의
정치적 사건을, 『태평기』의 '세계' 속 캐릭터나 시대를 차용함으로써
상연되었다. 이처럼 근세의 역사 이야기에서 『태평기』는 역사적 사
건을 해석하는 틀이었다. 그것은 메이지 이후의 '역사' 이야기에서도
근본적으로 변하지 않았다. 그렇다면 근세 및 근대의 황국 사관을
포함한 이야기로서의 역사는, 대중문화사의 관점에서는 『태평기』가
가져온 이야기적 틀, 즉 『태평기』의 '세계'에 대한 '취향'으로 보는
것마저 가능해진다[*6]. '역사'와 이야기, 혹은 역사의 리얼리즘과 이야
기 작가의 상상력은, 아카데미즘이 지향하는 바와 같이 아직 분단되
지는 않았던 것이다. 고다이고 천황의 남조를 정통으로 삼아 교과서
에 기재하라고 한 '남북조 정윤(正閏) 문제'(1911)도 역사와 『태평기』적
이야기의 길항이라 할 수 있다.

특히 강담은 『태평기』적 역사 이야기를 '강담 속기본', '쓰는 강담'
으로 문자화하여 인쇄 매체와 결부시키면서 대중용 출판물로 근대에
연명시켰다. 1911년에는 속기 강담 전문 잡지인 『강담 구락부(講談俱
楽部)』[22]가 창간되었다. 이를 전후하여 오사카의 출판사인 다치카와
분메이도(立川文明堂)는 역시 쓰는 강담 시리즈, 다치카와 문고(立川文
庫)[23]를 창간한다. 이쪽이 염가본이기도 하여 소년층을 중심으로 널

---

21) 1651년 유이 쇼세쓰(由井正雪), 마루하시 다다야(丸橋忠彌) 등이 에도 막부를 전복하
   고자 기도한 사건. 시중에 마구 돌아다니는 로닌 등을 모아서 에도, 교토, 오사카 등에
   서 반란을 일으키려는 계획이 미연에 발각되어 쇼세쓰는 자결하였고 일당들은 체포되
   었다.
22) 1911년 11월 노마 세이지(野間清治)에 의해 출판사 고단샤에서 간행된 대중 문학 잡지.
23) 오사카의 다치카와 분메이도(立川文明堂)가 1911년부터 1924년에 걸쳐 196편의 문고
   책을 간행했다. '쓰는 강담'에 의한 문고본 시리즈 다치카와 문고는 당시 소학교 학생들
   부터 점원들에게 이르기까지 폭발적인 붐을 일으켰다.

리 수용된다. 여기에서 사루토비 사스케(猿飛佐助)[24] 등 현재에 이르기까지 소설, 영화, 만화 등으로 반복적으로 표현되는 사나다 십용사(真田十勇士)[25]라는 가공의 캐릭터가 탄생한다.

이렇게 '쓰는 강담'은 근세의 『세계강목』에 있던 '세계'와 캐릭터를 계승하는 한편 대중문화의 '세계'(데이터베이스)에 새로운 캐릭터를 더하여 갱신되었다. 『태평기』적 '세계'는 시대 소설이나 영화 등의 '시대극'으로 계승되기도 한다.

1903년에 아사쿠사에 최초의 상설 영화관인 전기관(電気館)[26]이 개관하여, 요세나 연극과 같은 전통적인 연예 흥행 속에서 '활동사진'이라는 호칭 아래 보급되어 간다[그림 1]. 초기에는 인기 게이샤의 춤, 스모 경기, 국내외의 풍경 등 실사 영화가 환영받았는데, 서서히 극영화가 만들어지게 된다. 1909년에는 요코타 상회(横田商会)[27]의 마키노 쇼조(牧野省三)[28] 감독이 오노에 마쓰노스케(尾上松之助)[29]를 기용

24) 사나다 유키무라의 십용사 중 한 명으로 고즈키 사스케(上月佐助)라는 실존인물에서 모티브를 딴 허구 인물이다. 산속에서 원숭이와 뛰놀기를 즐기던 사루토비 사스케는 인법을 전수받아 실력이 성장하게 되고 사나다 가문의 가신이 되어 사루토비 사스케 유키요시(猿飛佐助幸吉)라는 이름을 하사받는다.

25) 사나다 유키무라의 닌자로서 널리 알려진 사나다 십용사는 『사나다 삼대(真田三代)』와 『나니와 전기(難波戦記)』를 출처로 하며 다이쇼 시대에 다치카와 문고(立川文庫)로 출판된 『사루토비 사스케(猿飛佐助)』가 대호평을 받으면서, 그 총편집본의 제목으로 쓰인 것이 시초로 여겨진다.

26) 1903년에 도쿄 아사쿠사에 설립된 일본 최초의 영화 극장. 도쿄의 대중오락의 대표지가 되었다.

27) 과거 교토에 존재했던 일본의 영화사이다. 일본 최고의 영화사 중 하나이자 일본 영화의 아버지 마키노 쇼조에게 최초로 영화 제작을 의뢰한 기업으로 1903년 6월에 설립, 1912년 9월 합병되었다.

28) 마키노 쇼조(牧野省三, 1878~1929). 일본의 영화 감독, 영화 제작자, 각본가, 사업가. 일본 최초의 직업적 영화 감독이자 일본 영화의 기초를 닦은 인물이기도 하다. 일본 영화의 아버지로 불렸다.

하여 '눈동자의 마쓰짱(目玉の松ちゃん)'이라는 애칭의 영화 스타가 탄생한다. 이로써 시대극 영화의 영역이 구축되어 간다.

[그림 1] 전기관(1906년 모습), 『창업 10주년 기념 아사쿠사 공원 전기관』(전기관, 1913).

1912년에는 제작 4개사가 합동으로 일본 활동사진 주식회사(닛카쓰 [日活])가 창립되었으며, 닛카쓰에서는 교토에서 시대극, 도쿄에서 현대극을 중심으로 영화가 제작되었다. 닛카쓰로 옮긴 마키노 쇼조는 계속해서 마쓰노스케를 주인공으로 하여 강담이나 다치카와 문고의 영웅이나 닌자를 소재로 한 활극 영화를 1주일에 한 편 간격으로 양

---

29) 오노에 마쓰노스케(尾上松之助, 1875~1926). 배우. 1,000편이 넘는 영화에 출연하여 큰 인기를 끌었고, 일본 영화 최초의 슈퍼스타로도 불려 왔다. 오노에의 대표 출연작으로 『주신구라』(1910)가 있다. 커다랗게 눈을 뜨고 멋진 포즈를 잡는 연기가 호평을 얻어 '눈동자의 마쓰짱'이라고 불렸다.

산하여 인기를 얻었다. 1920년에 쇼치쿠(키네마)의 전신인 쇼치쿠 키
네마 합명 회사가 영화 제작을 개시하였고, 1923년에는 오사카 쇼치
쿠자(松竹座)가 도톤보리(道頓堀)에 개장한다.

오노에 마쓰노스케는 가부키나 인형 조루리의 '세계', 강담이나 로
쿄쿠(浪曲), 다치카와 문고의 사루토비 사스케와 같은 닌자들을 영화
에서 잇따라 연기했다. 즉, 그는 근세 대중문화의 '세계' 캐릭터를 반
복적으로 연기하면서 그러한 캐릭터를 영화라는 미디어로 이행시킨
것이다.

참고로 아쿠타가와 류노스케(芥川龍之介)[30]의 소설이 원작인데 고
전에서 소재를 딴 〈라쇼몬(羅生門)〉[31], 〈우게쓰 이야기(雨月物語)〉[32]와
같은 괴담, 셋쿄부시 작품이 출전인 〈산쇼다유(山椒大夫)〉[33], 헤이지
의 난(平治の乱)에서 소재를 딴 〈지옥문(地獄門)〉[34] 등 제2차 세계 대전

---

30) 아쿠타가와 류노스케(芥川龍之介, 1892~1927). 소설가. 도쿄 출신으로 왕조 시대, 근
대 초기의 기독교 문학, 에도 시대의 인물·사건, 메이지 시대의 문명 개화기 등 여러
시대의 역사적 문헌에서 소재를 취해, 재기 넘치는 다양한 작풍의 단편을 발표했으며
기술적 세련미와 형식적 완성미를 추구하는 예술파였다. 1927년에 "나의 장래에 대한
뭔지 모를 그저 희미한 불안"을 안은 채 수면제를 복용하여 자살했다. 대표작으로는
『라쇼몬(羅生門)』, 『갓파(河童)』 등이 있다.

31) 1950년 일본에서 흑백으로 제작된 미스터리풍의 영화로 구로사와 아키라(黑澤明) 감독
이 만들었다. 영화사상 세계적 고전 명작으로 손꼽히는 작품이며, '라쇼몬 효과'를 알린
영화이다. 1951년 베네치아 국제 영화제, 최고 영예인 황금사자상을 수상했다.

32) 1953년 제작된 흑백 영화로 미조구치 겐지(溝口健二) 감독의 작품이다. 리얼리스트로
알려진 미조구치 감독의 로맨티시즘을 대표하는 명작으로 일본적 유겐미(幽玄美)와
환상미(幻想味)로 베네치아 국제 영화제에서도 격찬받았으며 생마르크 은사자상을 수
상했다.

33) 1954년 개봉한 역시 미조구치 겐지 감독의 시대극 영화이며 1915년 모리 오가이(森鴎
外)가 발표한 동명 단편 소설을 원작으로 하고 있다. 1954년 베네치아 국제 영화제
은사자상 수상작이다.

34) 1160년대 헤이지의 난을 배경으로 본인이 구해 준 여인과 결혼하려는 사무라이의 이야
기로 기쿠치 간(菊池寬)의 역사극을 기누가사 데이노스케(衣笠貞之助) 감독이 영화화

후 해외 영화제에서 상을 받은 일본 영화는 근세에 '세계'화되어 근대
에 소설 등의 영역으로 번안된 소재였다는 것에도 주의를 기울여야
한다.

위사의 상상력

근대 국가로서의 일본은 「대일본 제국 헌법」(1889)의 1조에 "대일본
제국은 만세일계의 천황이 이를 통치한다"고 함으로써, 『일본서기』에
기술된 건국 신화를 '역사'로 간주하였다. 이를 바탕으로 「교육에 관한
칙어」(「교육 칙어」)가 천황 스스로 말하는 형식으로 만들어졌다. 여기
에서는 "우리 황조 황종이 나라를 열다"라고 되어 있다. 1900년에 이
「교육 칙어」를 학교 교육의 현장에서 낭독하는 것이 제도화되었다.

구메 구니타케는 논문 「신도는 제천의 옛 습속(神道は祭天の古俗)」
(1891)에서 건국 신화에 대한 합리적 비판을 일으켜 필화 사건을 불러
일으켰다. 한편 해부학에 기초한 미술 교과서까지 남긴 의사이자 작
가인 모리 오가이(森鴎外)[35]는 소설 『이처럼(かのように)』(1911)에서 일
본 역사를 쓰려는 제국 대학 역사과의 청년을 주인공으로 하여 '신화
와 역사의 한계', 즉 양자의 경계에 대해 고민하는 모습을 그린다.
그 주인공이 수학 등 이과 학문의 합리성와 달라서 역사 기술은 '이처

한 작품. 인간의 욕망과 집착, 선과 악의 양면성을 보여주는 걸작으로 해외에 배급된
최초의 컬러 일본 필름이다. 아시아 최초로 칸 국제 영화제에서 황금종려상, 1955년
아카데미 의상상, 로카르노 국제 영화제에서 황금 사자상 등을 수상했다.

35) 모리 오가이(森鴎外, 1862~1922). 나쓰메 소세키와 더불어 일본 근대 문학의 쌍벽으로
일컬어지는 문호. 동서양에 걸친 넓은 시야의 소유자로서, 근대 문학 초창기 평론과
번역으로 근대화에 크게 기여했으며, 소설가, 시인, 번역자, 학자로서도 여러 업적을
남겼고 군의관으로도 높은 자리에 올랐다. 대표작으로 『무희(舞姫)』, 『다카세부네(高
瀨舟)』 등이 있다

럼'과 같은 허구를 존재하는 것처럼 만들어 내지 않으면 성립할 수 없다고 한 것은 잘 알려져 있다[*7].

'정사'라는 천황을 축으로 하는 이야기에 대해, 거기에서 벗어나는 또 하나의 역사 이야기를 낳는다. 거기에는 이야기적 상상력이 더욱 발현된다.

나쓰메 소세키의 『나는 고양이로소이다』에는 "어쨌든 요시쓰네가 에조(蝦夷)[36]에서 만주로 건너갔을 때에"라는 구절이 있는 것을 기억하는 사람이 있을까? 이것은 근세 이전에 반복적으로 이야기된 미나모토노 요시쓰네가 1189년에 자결하지 않고 살아남았다는 민간의 전설이 바탕이 되고 있다. 그것이 근대에 들어서자 그럴듯하게 다시 이야기되기 시작했다. 이른바 '위사'다. 요시쓰네의 『기케이키』 자체가 『세계강목』에 망라된 '세계' 중 하나이지만, 근대의 '국사'가 세계사 속에 '일본'을 배치한 것을 흉내 내기라도 하듯 요시쓰네는 에조의 땅에서 아시아로, 세계사적 무대를 문자 그대로 살아간다. 요시쓰네는 세계사적 캐릭터가 되는 것이다. 소세키의 기술은 영국인을 가장하여 쓰인 논문을 '번역'했다고 여겨지는 우치다 야하치(內田彌八)가 역술(譯述)한 『요시쓰네 재흥기(義経再興記)』(1885) 언저리를 답습하였다고 한다. 그러나 그 영국인을 가장한 인물의 "정체"는 『겐지 이야기』의 영문 번역으로 알려진 스에마쓰 겐초(末松謙澄)[37]이며, 이토 히

---

36) 일본의 중앙 조정의 입장에서 보았을 때 일본 열도의 동쪽, 즉 간토 지방과 도호쿠 지방, 나아가 홋카이도와 쿠릴 열도에 이르는 북방 등에 거주했던 민족들을 일컫는 용어이다.

37) 스에마쓰 겐초(末松謙澄, 1855~1920). 정부 관료이자 1878년 영국 공사관부로 영국 캐임브리지 대학에 유학하며 고전 『겐지 이야기』를 번역하여 출판하였다. 1886년 귀국하여 내무성 참사관을 거쳤으며 1889년 이토 히로부미의 사위가 되고 이후 정계에서 승승장구한다.

로부미(伊藤博文)[38])의 사위가 되고 체신 대신 등을 지낸 메이지의 국가 관료이다[*8]. 아카데미즘에서 한 발짝 나가면 지식인들 사이에서도 '정사'와 '위사'의 경계가 반드시 확연하지는 않다.

메이지 시대 시인이기도 한 기무라 다카타로(木村鷹太郎)[39])는 일본 어의 기원을 그리스어, 라틴어에서 발견하고 일본 민족의 기원을 발 칸반도에서 찾았는데, 야나기타 구니오의 『도노 이야기(遠野物語)』[40]) 의 화자였던 사사키 기젠(佐々木喜善)은 기무라의 설을 언급하며 자기 고향 설화의 기원을 서구에서 찾을 수 있을지도 모른다며 야나기타 에게 글을 써 보내기도 했다.

그 『도노 이야기』는 야나기타가 기젠이 말한 것을 "가감하지 않 고", 즉 그대로를 "느낀 대로" 적었다고 한다. 그것은 이 책이 구메(久 米)의 사학 개량 운동이나 문화에서의 자연주의 운동과 같은 종류의 리얼리즘에 의해 그려졌음을 의미한다. 야나기타는 기젠이 말한 것 과 같은 설화를 믿는 사람들이 있는 사회 자체를 기술하고자 의도한 것이다.

이 책에서 야마우바(山姥)[41])나 산인(山人)[42]) 등 산속에서 사람들이

---

38) 이토 히로부미(伊藤博文, 1841~1909). 메이지 시대의 관료이자 초대 내각 총리대신으 로 메이지 정부 국정의 중심인물이었다. 이후 제5대, 7대, 10대 내각 총리대신을 역임 하였으며 1905년 초대 한국 통감으로 부임하고, 1909년 하얼빈에서 안중근에 의해 사살되었다.

39) 기무라 다카타로(木村鷹太郎, 1870~1931). 일본의 역사학자, 철학자, 언어학자, 사상 가. 일본을 세계 문명의 기원으로 규정하고 과거 일본 민족이 세계를 지배했다는 '새로 운 사학(新史学)'을 주장했다.

40) 이와테현(岩手県) 도노(遠野) 지역의 설화나 민간전승, 연중행사 등을 기록한 야나기 타 구니오의 대표적 저술로 1900년에 간행되었다.

41) 산속에 사는 노파 요괴로, 깊은 산속에 살면서 산속을 지나가는 사람에게 호의를 베푸 는 척하다가 잡아먹는다.

만나게 되는 이른바 '요괴'는『고사기』나『일본서기』에 등장하며, 천황가에 따르지 않다가 멸망해 간 '에조' 등의 선주민족 후예라고 했다. 야나기타의 산인론은 낭만주의 시인이기도 했던 그가 로마 신화의 신들이 조락하여 변경에서 숨어 지내는 모습을 그린 하이네의『제신유찬기(諸神流竄記, 유형에 처해진 신들)』(Les Dieux en Exil, 1853)에서 영감을 얻은 측면도 있다. 한편 이노우에 엔료(井上円了)[43]의 요괴학이 요괴나 괴이의 현상 면을 '과학'으로 부정했듯이 야나기타의 산인 선주민설 또한 민담에서 괴이와의 조우를 역사학이나 문학의 리얼리즘을 원용하여 '고쳐쓰기'를 하는 와중에 성립한 것이라고 할 수 있다.

메이지 정부는 청일 전쟁에 의해 일본의 영토가 된 타이완에서 타이완 원주민족과의 무력 충돌을 청나라로부터 계승했는데, 그 타이완 원주민족이 산인 이미지에 반영되었다는 지적도 있다[*9]. 야나기타의 산인론은 타이완의 식민지 정책 모델과도 서로 겹치는 것이다.

근세에서 '요괴'는 신앙이 아니라 창작물의 캐릭터로 둔갑했지만, 야나기타의 근대 리얼리즘은 산인이라고 하는 가공의 원주민을 아주 잠깐이라고는 하지만 '실재'한 것으로 발견해 버린 것이다.

또한 미나카타 구마구스(南方熊楠)[44]가 야나기타의 산인 선주민설에 대해, '산인'은 늑대에게 길러진 아이일 것이라고 하며 스스로의

---

42) 산남, 산녀, 야마우바, 야마도 등 산에 사는 사람 모습을 한 요괴의 총칭.

43) 이노우에 엔료 (井上円了, 1858~1919). 일본의 불교 철학자, 교육자. 철학을 다양한 관점을 기르는 학문으로 보고, 철학관(지금의 도요 대학[東洋大学])을 설립했다. 또한 요괴를 연구하고『요괴학 강의』 등을 저술하여 유령 박사, 요괴 박사로 불리곤 했다.

44) 미나카타 구마구스(南方熊楠), 1867~1941). 일본의 박물학자, 생물학자, 민속학자. 여러 분야에 다양한 업적을 남겼으며, 생물학자로서는 변형균강, 버섯, 조류, 이끼, 양치류 등을 연구했고, 생태학 이론을 일본에 도입했다. 민속학 분야 연구에도 힘써 십이지 연구서인『십이지고(十二支考)』 등의 민속학 저서를 남겼다.

반론 자체가 근대 유럽이 식민지나 인도에서 '발견'한 픽션임을 인식하지 못한 채 반증하고 있는 것도 흥미롭다.

　원래 메이지 시대 역사학에서 '선주민'은 하나의 중요한 관심사였다. 쓰보이 쇼고로(坪井正五郎)[45]와 고가네이 요시키요(小金井良精)[46] 사이에 벌어진 '코로봇쿠루 논쟁(コロボックル論争)'[47](1886~1913년경)은 아이누[48] 신화에 그려진 코로봇쿠루에 해당하는 선주민족이 아이누 민족 이전에 있었는지를 둘러싼 논쟁인데, 이는 대중들의 관심을 끌었으며 역사학자가 아닌 사람들도 논쟁에 휘말렸다. '이처럼' 허구의 소재를 허용하게 되는 모리 오가이도 이 논쟁에는 과학적 견지에서 참가했다.

　'역사학'의 아카데미즘화는 거기에 귀속되지 않는 아마추어 역사학자를 낳지만, 아마추어 고고학자이기도 했던 에미 스이인(江見水蔭)[49]은 쓰보이의 코로봇쿠루설을 근거로 한 소설 『삼천 년 전(三千年

---

45) 쓰보이 쇼고로(平井正五郎, 1863~1913). 메이지부터 쇼와 시대에 걸쳐 활동한 해부학자 겸 인류학자. 일본 인류학·고고학의 창시자 중 한 명으로 도쿄 인류학회를 창립하였으며 일본 원주민을 두고 코로봇쿠루설을 주장했다.

46) 고가네이 요시키요(小金井良精, 1859~1944). 일본 최초의 인류학자로서 일본의 고고학·인류학 보급과 확립에 힘썼다. 특히 석기 시대인이나 아이누인의 골격을 연구, 근대 해부학의 분야를 개척했다.

47) 아이누 전설에 등장하는 소인 선주민을 가리키며, 이 전설을 근거로 코로봇쿠루가 일본 석기 시대인이라는 가설을 주장했다.

48) 오늘날의 일본의 홋카이도 지방과 도호쿠 지방, 러시아의 쿠릴 열도, 사할린섬, 캄차카 반도에 정착해 살던 선주민이다. 일본의 주를 이루는 야마토 민족과는 다른 북방계의 민족으로, 역사적으로 개별적인 부족 국가 형태를 지녀왔으며, 독자적 고립어인 아이누어를 사용하였다.

49) 에미 스이인(江見水蔭, 1869~1934). 소설가, 번역가, 탐험가. 통속 소설, 추리 소설, 모험 소설, 탐험기 등의 다양한 장르 문학에 작품을 남겼으며, 대표작으로 『마누라 죽이기(女房殺し)』, 『흙탕물 맑은 물(泥水清水)』이 있다.

前)』(1917)을 간행했다. 대중문화에 그려지는 '과거'는 황기보다도 이전으로 거슬러 올라가는 것이다.

이러한 '커다란 이야기'의 성립은 대중문화에서 시간 축 위의 퍼스펙티브를 크게 확대한 것이다.

그리고 과거로의 퍼스펙티브 확산은 당연히 '미래'로도 향한다. 메이지 20~30년대에는 가공의 미일 전쟁을 소재로 한 번역 소설 등이 간행되었다. 이 미래 전기 종류는 러일 전쟁 승리를 계기로 붐을 이룬다[*10].

이렇게 '정사' 밖에서 또 하나의 통사가 창조된다. 그것이 근대 이후의 대중문화 생성의 새로운 '세계'가 되어 가기도 한다. 대중을 위한 통속 역사서로 읽히면서 이들의 내셔널리즘과 세계상 형성에 적지 않게 작용해 가는 것이다. 그것은 동시에 전기 소설이나 SF 소설 같은 대중 소설의 장르를 낳았고, 심지어 지금의 서브컬처적 창조력의 기조 중 하나가 되었다. 또 그것을 진실의 역사로 삼는 신종교나 컬트 교단의 교리로도 흡수되어 간다. 후자를 '위사(僞史) 운동'이라고 보는 시각도 있다.

1920년대에는 신종교의 하나인 오모토교(大本教)[50]가 주창하는 종말론이 유포되는 등 신종교는 위사와 결부되면서 '종말'이라는 시간 의식을 되풀이하여 이야기하게 된다. 종말 의식은 이후 만화나 애니메이션 등의 주제와 그때그때 세상의 기조가 되기도 하는 중요한 문제이다.

---

50) 일본 신도(神道) 계열 신흥 종교로 1892년 데구치 나오(出口なお), 그의 사위 데구치 오니사부로(出口王仁三郎)에 의해 창립되었다.

'일본인론'이라는 도착(倒錯)

이 시기의 특징 중 하나는 '일본인론'의 탄생이다. 그 대부분은 사실 외국인의 손에 의한 것이다. '외국인'이 그려 내는 '일본' 혹은 '일본인론'은 '일본인'의 자기상으로 바뀌고, '일본인'에 의해 '일본 문화론'화하는 일종의 도착을 낳는다. 그것은 현재에 이르기까지 '일본' 대중문화의 일각을 차지하는 속류 일본론, 일본 문화론의 기원이 되어 간다.

일례를 들어 검증해 보자. 종종 '일본인론' 부류는, 일본인이 동조성이 높다든가 집단성이 있다는 것을 언급한다. 이러한 일본인론을 만든 사람 중 하나가 천체 망원경으로 화성에서 운하를 발견한 것으로 알려진 퍼시벌 로엘[51]이다. 로엘은 다윈의 진화론을 인간과 문명으로까지 확대시킨 사회 진화론자 중 한 명인데, 거기서 주장되는 것은 미국에 대한 '일본인'의 진화론적 열등함이다. 즉, 인간에게 있는 '개아(personality)'가 서양에서 볼 때 동방으로 갈수록 '몰개성'하게 된다고 로엘은 주장한다. 즉, 일본인은 정신의 진화에서 뒤처진 단계에 있다는 주장이다[*11].

일본 문화의 좋은 이해자이자 찬미자인 고이즈미 야쿠모(小泉八雲), 즉 라프카디오 헌[52]은 이 퍼시벌의 영향을 받았다. 그는 일본인에게

---

51) 퍼시벌 로런스 로웰(Percival Lawrence Lowell, 1855~1916). 미국의 사업가, 작가, 수학자이자 천문학자이다. 일본과 조선을 여행하며 여러 기행기를 저술하여 당시 미국에 거의 알려지지 않았던 두 나라를 자국인들에게 소개하였다. 귀국 후 애리조나주 플래그스태프에 로웰 천문대를 지었고, 여기서 화성을 관측하여 표면에 인공 수로(水路)가 있다는 주장을 하였으며 그의 천문대에서 성장한 후진들은 로웰의 사후 명왕성을 발견하게 된다. 명왕성의 이름 플루토(Pluto)와 그 천문 기호는 퍼시벌 로웰의 두문자 PL에서 따온 것이다.

52) 라프카디오 헌(1850~1904). 아일랜드계 영국인 출신으로 일본에 귀화 고이즈미 야쿠

도 일본인 나름의 '개인성'이 있다고 반박하면서도 이렇게도 기탄없이 말한다.

> 영혼에 관한 서양의 옛 사상과 동양 사상 간의 큰 차이는, 곧 불교에는 우리가 전통적으로 생각하는 영혼이라는 것—혼자서 멍하니 연기처럼 나오는 그 흐릿하고 붕 뜬 인간의 혼, 즉 유령이라는 것이 없다는 점이다. 동양의 '아(我)'라는 것은 개인이 아닌 것이다. 또한 신령파의 영혼과 같은, 숫자가 정해진 복합체도 아닌 것이다. 불교에서 말하는 '아'란, 실로 상상도 할 수 없는 복잡기괴한 통계와 합성에 의한 수, —전생에 살았던 백천만억의 사람들에 관하여 불교가 처음으로 생각해 낸 사상을 응축한, 무량 백천만억재아승기라고 하는 수이다.[*12]

즉, 사회 진화론을 불교의 윤회전생과 결부시킨 논의이다. 그 결과, 일본인의 '아'란 전생의 혼의 '합성물'이라고 여겨진다. 이러한 이해가 라프카디오 헌으로 하여금 일본인 안에 '개인적 감정'을 넘은 집단으로서의 '민족 감정'의 소재를 말하게 한다.

헌은 이러한 '일본인의 집단성'이라는 믿음이 있었기 때문에 1891년 러시아의 니콜라이 황태자에게 일본인 순사가 칼을 빼고 덤벼든 오쓰 사건(大津事件) 때의 광경을 이렇게 묘사하는 것이다.

> "천자님의 심려." 하늘의 아드님인 천자님이 심려에 빠져 계신 것이다. 마을에는 여느 때 없이 이상한 정적이 있었다. 만민이 모조리 상을

모(小泉八雲)라는 필명으로 활동하였다. 소세키 이전에 도쿄 제국 대학에서 영문학을 가르쳤으며 일본의 괴담이나 전설 등을 영역하여 일본 문화를 세계에 알렸다.

당한 듯 숙연한 정적이다. (중략) 다만 폐하께서 염려를 하고 계시다는 공표가 있던 것에 불과하다. 그 정도였으니 국내에 있는 수천 도회지에서 만 호면 만 호 모조리 우수의 구름에 휩싸여 위에 계신 한 분과 더불어 깊이 나라를 걱정하고 이로써 군신이 모두 슬픔을 같이하는 미미하나마 진심을 피력하고 있는 것이다.

이 커다란 민초들의 동정에 바로 뒤이어 이번에는 잘못된 것을 바로잡고 손해를 보상하려는 국민 일반의 자발적 요구가 샘솟듯 터져 나왔다. 이 요망은 실로 국민의 충정에서 오로지 한 줄기로 솟구쳐 오른, 거짓 없는 진심이 무수한 형태가 되어 저절로 나타난 것이다.[13]

헌이 적은 것처럼 당시 국내에 정적이 있었다면 그것은 강대국 러시아에 대한 소국 일본이 느낀 위협 자체였을 것이다. 그러나 헌은 '만민'의 마음이 하나의 '감정'이 되어 천황과 공진했다고 말한다. 이러한 일본인론은 학술적 설득력은 전무하더라도 현재의 '일본인' 입장에서도 내셔널리즘적 심금을 건드리는 것일지 모른다. 그러나 그 전제는 진화론적 열등함이라는 레이시즘에 있다.

즉, 진화론적 열등함은 일본인으로서의 집단성이나 민족의식으로 교체되어 있는 것이다. 그러한 담론이 개인주의 비판과 반복적으로 결합되어 이 나라에서 근대적 개인의 성립을 어렵게 만드는 요인 중 하나가 되었다.

또 로엘은 『극동의 혼』에서, 일본인은 그 밖에도 진화론적으로 상상력이 결여되어 있으며, 따라서 일본 문화는 '모방'이라고도 적고 있다. 이 일본인의 정교한 모방은 전후 일본 문화론 종류에서도 일본인의 특성으로서 종종 언급된 것이다.

이처럼 대중문화로서의 '일본인론'의 태생 또한 이 시기에 많다.

'일본'이라는 자기상이 필요한 가운데, 많은 '일본인론', '일본 문화론'이 등장한다. 주의해야 할 것은 '일본' 대중문화 연구가 이러한 담론에 무자각적으로 발목을 잡힐 가능성이 있다는 점이다. 그렇기 때문에 '일본인론'이라는 '대중문화' 연구는 불가결하다.

파노라마로서의 세계

시간상에서의 퍼스펙티브 확대는 당연히 공간에 대한 확장도 가져온다. 예를 들어 철도망의 발전은 공간 이동을 용이하게 만든다. 다야마 가타이(田山花袋)[53]의 소설『이불(蒲団)』에 곁들여진 삽화가 히로인이 고향으로 돌아갈 때의 '역'에서 나온 대목임은 근대 여성이고자 했던 그녀가 지방과 도쿄를 오가는 존재였음을 보여준다.

혹은 아사쿠사(浅草)의 료운카쿠(凌雲閣, 12층)(1890년 준공)라는 풍경 퍼스펙티브의 대중화는, 공간 인식 갱신을 상징하는 것이었다. 파노라마관에 관해서는 칼럼을 참조하기 바라는데, '파노라마'라는 말은 근대 대중들이 획득한 시각의 퍼스펙티브의 비유로서 좀 더 넓은 의미를 가지고 있다[*14]. 다야마 가타이는 12층에서 보는 전망을 '파노라마'라고 형용했다. 간토 대지진으로 인한 료운카쿠의 파괴는 다야마가 그렇게 형용한 직후에 일어난다.

원래 '파노라마'란 료운카쿠 준공과 같은 해인 1890년, 제3회 내국권업 박람회(内国勧業博覧会)[54]에 맞춰 우에노와 아사쿠사에 등장하고 전국으로 확산된 파노라마관을 말한다. 료운카쿠는 오사카에도 지어

---

53) 다야마 가타이(田山花袋, 1872~1930). 소설가.『이불(蒲団)』,『시골교사(田舎教師)』 등 일본의 자연주의를 결정짓는 주요한 작품들을 발표한 작가이다.

54) 구미로부터의 기술과 재래 기술의 만남의 장이 되는 산업 장려회로서의 면모를 전면에 내세우고 있다. 일본의 산업 촉진에 큰 영향을 주었으며, 이후 박람회의 원형이 되었다.

졌다. 파노라마관이든 료운카쿠든 모두 높은 곳에서 360도의 인공적인 시각을 제공하는 것이다. 유사한 것으로는 근세의 후지산 신앙을 배경으로 한 후지즈카(富士塚)[55]가 연상되지만, 이쪽은 영산으로서의 후지산에 오르는 의사 체험의 간이판이며, 관광화되었다고는 하지만 일단 민간 신앙에 뒷받침은 되어 있었다. 그러나 료운카쿠에는 전동식 '승강기', 즉 엘리베이터가 설치되어 있어 높은 곳으로 올라간다는 체험의 의미가 후지즈카와는 전혀 달랐다.

파노라마는 원형 건물의 중앙 관찰대에서 360도 벽면에 그려진 풍경과 눈 아래에 배치된 인형과 풍경, 오늘날 말하는 디오라마로 이루어져 있다. 그것을 하나의 풍경으로 삼아 유사 체험적으로 보는 것이다. 역시 료운카쿠와 마찬가지로 '나'라는 주관을 중심으로 하는 360도의 세계를 보는 것이었다.

1898년 다야마 가타이는 야나기타 구니오와 함께 이라코 반도(伊良湖半島)를 여행한다. 그때 가타이는 해변에서 반대편 기슭인 시마반도(志摩半島)의 등대를 발견하고, 예전에 시마를 여행했을 때 등대에서 바라보던 장소에 지금은 자기가 있다는 사실, 즉 풍경을 보는 주관이 이동했음을 고양된 상태에서 적고 있다. 이것도 파노라마적인 세계 인식이라고 할 수 있다. 그 반면 야나기타는 같은 장소에 서서, 그곳에서 생활하는 사람들의 '습관'을 기술하고 있다. 습관, 즉 '제2의 자연'에 리얼리즘적 시점을 향하고 있다[15].

파노라마로 '보는' 것은 단순한 풍경만이 아니다. 파노라마관은 세이난 전쟁(西南戦争)[56]과 청일 전쟁을 소재로 삼아 '전쟁터'를 파노라

---

55) 후지산 신앙을 바탕으로 후지산을 본떠 조영된 작은 인공 산과 무덤을 뜻한다.
56) 메이지 유신으로부터 9년 후인 1877년에 일본 제국에서 발생한 내전으로, 일본 역사상

마로 제공했다. 청일 전쟁의 성공을 이어받아 러일 전쟁에서는 이를
보도하는 잡지가 경쟁적으로 간행되었다. 이 잡지들은 사진과 그림,
그리고 종군 기자가 된 작가들의 시선으로 이루어진 말로 구성되었
다. 전장에는 '관전장'이 마련됐고 지휘관뿐만 아니라 저널리스트도
그곳에서 전쟁을 '관전'했다. 파노라마관은 이러한 관점을 사람들에
게 손쉽게 제공한 것이다.

즉, '전쟁'을 실시간으로 '관전'한다는 감상 방법이 확립된다. 이러
한 시간과 공간의 퍼스펙티브 변화와 확대야말로 대중들이 느낀 '근
대'였다.

그리고 그 중심에 항상 존재하는 것이 '보는' 주체로서의 '나'이다.

2. 글말의 대중화

강담 속기본과 언문일치

시간이나 공간 인식의 갱신은 근대 소설 등의 말로 기재되어 남지
만, 이 책이 전환점이라고 생각하는 1900년(메이지 33) 전후, '말' 자체
가 갱신된다. 이는 '구연'이나 입말 자체가 근대 미디어로 이행하면서
현상화되었다.

근대에 성립된 라쿠고, 강연, 가부키 등의 목소리와 신체의 대중문
화는, 근대에 들어서면서 복제 문화와 결합되었다. 거기에서는 '구연'
대중 문화의 '공유 자산'으로서 근세에 성립한 '세계'의 이월과 갱신

본토에서 일어난 최후의 내전이다. 사무라이 계급이 사라지게 되는 결정적 계기가 되었
으며, 신생 일본 제국에 심각한 재정적 타격을 안겼다.

이 이루어졌다. 오히려 그 이월된 대중성
이야말로 근대 미디어를 확충해 나가는
요인이 된다. 라쿠고나 강담은 '속기본'으
로 대중을 위한 출판물이 되고, 영화는 변
사라는 새로운 '구연'을 낳으며 육성을 복
제하는 매체로서의 레코드에는 로쿄쿠
등의 강연이 녹음된다. 이처럼 '구연' 예
능의 말은 이야기 생성의 장으로서의 '세
계'와 더불어 미디어화되었고 대중문화
의 한 기층이 되어 간다.

[그림 2] 강담 속기본은 속기 PR
을 겸하여 간행되었다(산유테이
엔초 연기 및 구술, 와카바야시
간조 필기, 『괴담 모란등롱』, 도쿄
패사출판사, 1884).

그러나 한편으로는 '사생문'이라는 리
얼리즘을 표방하는 말이, 근대적 자아인
'나'가 쓰는 '언문일치'라는 입말과 결부되며, 글말에 있어서 '가타리'
로부터 '하나시'로 갱신이 일어났다.[57] '하나시'란 이 무렵 언문일치
라는 의미로 사용되기도 한다. 이처럼 '개인'과 '언문일치'는 근대 문
학의 문제로 파악되어 왔지만, 이 책에서는 그 대중화가 오히려 대중
문화사의 문제라고 생각한다.

이 글말의 대중화는, 아직 한정적이기는 하지만 잡지 등의 투고
공간에 투고하는 독자를 탄생시켰다. SNS의 시대인 현재에 있어서
'투고'라고 하는 일상어화된 말과 그것이 형성하는 미디어 공간이,
이 시기에 탄생한 것이다.

---

57) 가타리(語り)와 '하나시(話)'는 한국어로 옮기면 모두 '이야기'라는 의미를 지니지만,
전자는 이야기의 '내용'을 전달한다는 데에 중점을 두는 반면 후자는 입 밖으로 소리를
내어 전달한다는 '행위'에 중점을 둔다는 차이가 있다.

일본 근대 문학사 성립에서 자주 언급되는 것이 라쿠고가 산유테이 엔초(三遊亭円朝)[58]이다. 말할 나위도 없이 엔초는 라쿠고라는 대중문화의 '연기자'이다. 그 엔초의 라쿠고가 책으로 간행되는 것은 1884년이다[그림 2]. 목판이 아니라 '활자'로 인쇄 출판된 근대의 책이다.

그리고 그 책은 속기본이라 불리는 형식이기도 했다. 속기본이란 구연하는 라쿠고를 속기하여 서적화한 것이다. 이 책의 간행은 근대 국가로서의 일본이 성립시킨 국회에, 직능으로서 필요해진 속기 기술의 계몽을 겸하였다. 엔초의 라쿠고를 이 속기 기술로 적었고, 그것이 '속기본'으로 출간된 것이다.

속기본은 한 자리를 1회로 삼아 매주 토요일에 간행되었다. 즉, 주간지였다. 이를 계기로 2대째 쇼린 하쿠엔 등의 강담을 속기하는 연재물이 신문으로 시작되었으며, 속기본 전문 잡지인 『백화원(百花園)』이 창간(1889)되기에 이른다.

속기에 요구된 '방청 속기법'이란 영문 속기 양식인 스테노그래피를 일본어 속기용에 대응시킨 현지화였다. 엔초의 속기사 중 한 명인 사카이 쇼조(酒井昇造)는 국회 개설과 함께 중의원 속기사가 되는데, 동시에 속기본으로 이름을 날리게 되었다.

이렇게 일본 근대 소설의 첫 번째 담당자는 속기사였다. 속기라는 근대 기술이 있어야 비로소 '구연'으로서의 라쿠고, 강담을 근대 출판 인쇄에 접속할 수 있게 된 것이다.

---

58) 산유테이 엔초(三遊亭圓朝, 1839~1900). 근대 라쿠고(落語)의 시조로 일컬어지는 인물. 라쿠고의 내용도 괴담, 추리에 그치지 않고, 외국의 역사나 소설의 번안물 등 다방면에 걸쳤으며 스스로 지어서 연기하여 큰 인기를 얻었다. 이후 부채 하나만으로 이야기를 진행하는 방식으로 바꾸었다. 언문일치 문체에 큰 영향을 끼쳤으며 『괴담 모란등롱(怪談牡丹灯籠)』 등의 속기본을 출판하였다.

1911년에는 앞에서 말한 바와 같이 노마 세이지(野間淸治)에 의해 속기 강담 전문 잡지 『강담 구락부』가 창간된다. 러일 전쟁 이후 변론 붐이 높이 일던 와중에, 도쿄 제국 대학 법과 대학생들의 변론부가 설립됐다. 그 발족 연설회를 속기한 노마 세이지는 속기록을 그대로 잡지 『웅변(雄辯)』으로 창간, 대일본웅변회의 간판을 내걸었던 것이다. '언론'의 대중화는 이렇게 이루어졌다.

노마가 그 다음에 손을 댄 것이 『강담 구락부』였다. 이렇게 『강담 구락부』 창간과 더불어 대일본웅변회강담사가 탄생한다. 이 회사는 다이쇼 시대(大正時代, 1912~1926)를 대표하는 대중 잡지 『킹(キング)』[59]의 간행처이기도 한 지금의 고단샤(講談社)의 전신이다. 고단샤가 변론과 강담이라는 두 종류의 '이야기' 속기본에 의해 탄생한 것은 '속기'라는 기술 자체가 대중문화사에서 이룬 역할의 크기를 새삼 상기시켜 준다.

『강담 구락부』는 강담사들과의 사이에 트러블이 생긴 것을 계기로 속기 강담에서 '쓰는 강담'으로 이행한다. 즉, '강담'은 강석사와 속기자에서 '작가'의 손으로 옮겨가고 여기에 새로운 대중 소설 형식이 탄생하는 것이다. 이 잡지의 투고자 중에서 요시카와 에이지(吉川英治)[60]가 등장하는데, 그의 활약은 조금 뒤의 일이다.

---

59) 대일본웅변회강담사(大日本雄辯會講談社, 지금의 고단샤[講談社])가 1924년부터 1957년까지 간행한 대중오락 잡지로, 일본 출판역사상 처음으로 발행 부수 100만 부를 돌파한 국민적 잡지였다.

60) 요시카와 에이지(吉川英治, 1892~1962). 가나가와(神奈川) 출신의 소설가로 『나루토 비첩(鳴門秘帖)』, 『신슈 천마협(神州天馬俠)』 등의 모험 소설로 유행 작가가 되었고, 『미야모토 무사시(宮本武藏)』로 대중 문학의 한 분야를 개척했다.

'개인'의 대중화

그러나 이러한 속기본의 역사에서 산유테이 엔초가 문학사의 맥락에서 자주 이야기되는 것은 후타바테이 시메이(二葉亭四迷)[61]나 야마다 비묘(山田美妙)[62] 등 언문일치체의 제창자로 알려진 작가들이 엔초를 인용하고 있기 때문이다. 가령 시메이는 쓰보우치 쇼요(坪内逍遙)[63]에게 "엔초의 라쿠고대로 써 보면 어떻겠는가?"[*16]라는 말을 듣고 "말씀하신 대로" 실행했다고 회상한다.

이 언문일치체란 바로 우리가 지금 말하고 쓰는 이 말의 출처이다. 언문일치체는 소설 개량 운동뿐만 아니라 창가 등에도 이르는데, 중요한 것은 그 문체가 1900년대 말, 즉 메이지 30년대에 '요원의 불길'처럼 번졌다는 사실이다[*17].

언문일치체 이전의 글말은 소로분(候文)[64] 내지는 한문의 풀어쓰기 문장이다. 그에 비해 언문일치는 평이한데, 평이한 것만이 급속히 보급된 이유는 아니다.

그 특징은 후타바테이 시메이가 스스로의 번역 소설을 광고문에서

---

61) 후타바테이 시메이(二葉亭四迷, 1864~1909). 메이지 시대 소설가이자 번역가. 1887년에 내놓은 사실주의 소설 『뜬 구름(浮雲)』이 언문일치체로 쓰여 근대 소설의 선구가 되었으며 이후 자연주의 작가들에게 큰 영향을 주었다.

62) 야마다 비묘(山田美妙, 1868~1910). 소설가, 시인, 평론가. 언문일치체의 선구자로서 기존의 문체에서 벗어나 속어를 적극적으로 사용하는 독특한 회화체를 활용하여 참신한 문체를 선보였다.

63) 쓰보우치 쇼요(坪内 逍遙, 1859~1935). 소설가, 평론가, 번역가, 극작가. 대표작으로 『소설신수(小説神髓)』, 『당세서생기질(当世書生気質)』 등이 있으며 셰익스피어 전집을 번역하였다. 근대 일본 문학의 성립과 연극 개량 운동에 큰 영향을 끼쳤다.

64) 문장 말미에 정중함을 나타내는 조동사 '소로(候, そうろう)'를 덧붙이는 문체로서 가마쿠라 시대 이후부터 쓰이기 시작했다. 현재의 정중체와 비슷한 것으로 비견되며 서간문을 중심으로 메이지, 다이쇼 시대까지 쓰였고, '-하옵니다'와 같은 의미를 갖는다고 볼 수 있다.

"신사 사회에서 행하는 고상한 도쿄의 말"이라고 형용했듯이, 무엇보다 근대를 표상하는 도시적 언어였다. 즉, 언문일치는 '도쿄'라는 근대의 상징적 장소에서 발신되는 새로운 유행이기도 했다.

또 하나 언문일치에는 큰 특징이 있다. 그것은 '개인'의 표출을 대중화하는 말이었다는 점이다. 언문일치체의 성립을 실시간 문학청년으로 살았던 미즈노 요슈(水野葉舟)는 반세기를 거쳐 메이지 20년대에 자기가 쓴 언문일치를 이렇게 씁쓸하게 돌아본다.

> 뭔가 일면에 가득히 찰랑찰랑 새로운 시계가 펼쳐지고, 거기서부터 미지의 새로운 흐름이 흘러들어와, 마음이 그것을 향해 격렬하게 고동을 치며―필시 여명이 갖는 풋풋한 용맹스러움이 있었던 것이다―필요할 때에, 우리들의 표현은 낡은 껍데기 속에 갇혀서 벙어리 같은 입밖에 갖지 못한다―이 모순에서 오는 고뇌가 시간이 한참 지난 오늘날에도 분명하게 느껴지는 것이다.[*18]

여기에는 '마음', 즉 근대적 자아라고 할 만한 명명할 수 없는 것을 표현하는 말로서 언문일치가 요구되고 있음을 읽어낼 수 있다. 산유테이 엔초가 자신의 신작 괴담 이야기에 「진경 가사네 연못(真景累ヶ淵)」[65)]라고 제목 붙이고, 유령을 보는 것을 신경병이라고 했듯 '신경증'은 일종의 문화적 유행이었다. 이러한 서구에서 들여온 문학, 사상이 자명한 것으로 본 '마음의 고뇌', 즉 '개인'이 근대 문학자들의 특권이라는 막연한 믿음은 착오였다는 것이야 말할 것도 없다. 거기

---

65) 산유테이 엔초가 창작한 괴담 이야기 라쿠고로, 에도 시대에 유포되어 있던 '가사네 연못' 설화를 밑바탕으로 한 작품이며 엔초의 대표작으로 고전적 평가를 얻고 있다.

에는 한정적이라고는 하지만 '개인'의 대중화라는 사태가 있었다.

원래 근세 이전 소설에 '나'라는 1인칭 형식은 드물었다. 그리고 근대적 자아로서의 '나'에 대한 대중적인 곤혹스러움이, 이름조차 없는 고양이에게 '나'라는 것이 발생해 버리는 나쓰메 소세키의『나는 고양이로소이다』(1905)의 등장으로 나타났다. 동시대에 이 책의 수많은 패러디 책을 만들어 낸 것은, '나'라고 하는 기묘한 것에 대한 곤혹과 관심의 대중적인 확산을 짐작케 한다.

소세키의 제일 고등학교 제자 후지무라 미사오(藤村操)[66]가「암두지감(巖頭之感)」이라는 한문체 유서를 남기고 자살한 것은 1903년인데, 그 유서의 해석이나 죽음을 둘러싼 논란은 많은 속류 해설서를 낳았고, 후지무라 미사오가 살아 있으면서 파리에서 썼다는 위서(偽書)마저 간행되었다. 언문일치는 이러한 '번민'의 대중화와 언어화에 기여했던 것이다.

현재 일본 만화·애니메이션 등에서 '중2병'이라고 야유받는 '고민하는 자의식'의 출처는, 적어도 여기까지는 거슬러 올라갈 수 있다. 지금 우리 모두가 '나'에 대해 쉽게 SNS상에서 '쓸' 수 있다는 것은 이 언문일치의 탄생이 초래한 일이다.

이층화하는 문체

그런데 '마음의 고뇌'과 언문일치의 관계에 관하여 회상한 미즈노 요슈는 또 하나의 중요한 증언을 남겼다. 그것은 메이지 30년대, 즉

---

66) 홋카이도(北海道) 출신의 구제일고등학교 학생으로 게곤 폭포(華嚴瀧)에서 투신자살했다. 자살 현장에 남긴 유서「암두지감(巖頭之感)」으로 당시 학생, 언론, 지식인들 사이에서 큰 파문이 일었다.

세기말에는 언문일치와 소로분(혹은 한문의 풀어쓰기체)이라는 신구의 "두 가지 문체가 병행되면서 그것을 아무도 개의치 않"게 되었다는 사실이다. 즉, 신구 문체의 공존이다. 이 같은 두 문체의 공존은 '나' 나 '나'가 귀속하는 세계의 수위가 이중층이라는 것을 의미한다. 그리고 중요한 것은 이런 말의 이층성으로 이루어진 세계를, 언문일치체를 사용하는 대중들이 '살았다'는 사실이다.

그 모습은 사실 근대 소설에 기록돼 있다.

근대 문학사에서 자연주의 소설의 효시로 꼽히는 다야마 가타이의 『이불』(1907)은 떠나간 제자 요코야마 요시코(横山芳子)의 이불에 작중의 작가가 얼굴을 파묻는다는 결말 부분의 인상이 강하여 오독되곤 하는데, 이 소설은 문체의 이중성을 둘러싼 소설이다. 요시코는 작가에게 언문일치의 편지로 제자로 받아 달라며 상경한다. 그 소지품에 두통 대중약이 있었는데, 그것은 '고뇌하는 자의식'의 상징이다.

상경한 다음 그녀는 작가 앞에 앉으면 건전하고 순종적이지만 느닷없이 보내는 '나'라는 1인칭을 다용하는 언문일치 편지 속에서는 분방하다. 요시코의 모델이 된 오카다 미치요(岡田美知代)는 가타이의 제자가 되기 이전에는 남성 이름으로 소설을 썼다. 언문일치는 '나'를 창조하는 장치였다. 그녀는 그 문체가 만들어 내는 '나'를 현실로 삼아 분방하게 살았고, 그 결과 작가의 역린을 건드린 것이다. 그래서 고향으로 돌아가게 된 요시코의 마지막 편지는 '정겨운 언문일치'가 아니라 '소로분'으로 쓰였고, 그 내용이라고 한다면 바쁜 아버지를 대신한 의례적인 인사였다.

요시코는 작중 작가가 언문일치로 쓴 소녀 소설의 독자였다. 모델이 된 오카다 미치요는 하쿠분칸(博文館) 잡지의 투고 소녀 중 한 명이었다. 남성 작가가, 그녀가 그 문체를 획득하고 언문일치의 세계를 살았던 것을 한 번은 용서한다. 하지만 결국 그녀를 소로분의 세계로 되돌려 보낸다는 것이 『이불』의 주제인 것이다[19].

이 문체의 대중화가 가져올 세계의 이층화에 관하여 지적한 미즈노 요슈 또한 그것을 선명하게 그린다. 요슈는 메이지 말기에 짧은 동안 자연주의 작가로 활동하다가 이 시기에 등장한 '여학생'이라는 새롭게 탄생한 계층을 실감 나게 그렸다. 그 작품 중 하나인 「어느 여자의 편지(ある女の手紙)」(1909)는 세 여성이 한 남자에게 보내는 편지만을 배열해 가는 '서간체'로 분류되는 소설 형식이다. 편지는 당초 소로분으로 쓰이지만 최연소 소녀가 소로분 뒤에 추신으로 언문일치를 덧붙인 것을 보고, 그보다 나이 많은 두 여성도 뒤따르듯 언문일치로 돌아선다. 언문일치는 곧 남성을 향해 만들어진 '나'를 표출하는 문체임을 알 수 있다.

이윽고 연장자 중 한 명은 남성과 성적인 관계를 맺고, 그녀에 의한 언문일치의 '나'는 '번민'한다. 또 한 명의 연장자 여성은 '소로분'으로 절교의 편지를 쓰고, 최연소 소녀는 두 연장자를 관찰하면서 나는 소녀 잡지에 투고라도 할까 생각하게 된다.

이렇듯 실로 문체의 이층성과 언문일치라는 '문체'를 둘러싼 소설인 것이다. 언문일치는 '소로분'이라는 공적 영역에 대해 사적 영역을 가능하게 하는 말로서 '문학'의 수단이 아니라 그녀들의 일상어로 사용되었던 것이다.

이러한 '소로분' 혹은 '구연' 속에 있던 '이야기'의 문체와 '나'를 말하는 작법으로서의 언문일치가 어떻게 공존하고 또한 변화해 갔는가 하는 '말'의 문제를 빼고는 대중문화를 말할 수 없는 것이다.

탐정 소설과 사생문

서구에서 유입된 '탐정 소설'은 라쿠고, 강담이라는 근세의 대중문화와 나란히, 지금은 대중 문학으로 분류되는 영역이지만, 그 또한 근대 문학사의 첫머리에 종종 자리 잡는다. 이는 일본 근대 문학사가 대중 소설이 초래한 시도 없이는 일본 근대 문학사를 기술하기란 어렵다는 것을 보여 준다.

그러므로 끼워 맞추기에 적당한 대중문화에 대한 언급으로 공백을 메우지 않으면 성립하지 않는 '문학' 한정의 역사에 대해서는 회의를 품어야 하는 것이 물론이다. 그런 의미에서 엔초의 속기본이 언문일치에 의한 문학 개량 운동으로 공진해 가는 메이지 20년대(혹은 1880년대 이후의 세기말)에 탐정 소설이 발흥한 것은 대중문화사로서도 당연히 주의해야 할 문제이다.

일본에서 최초의 번역 미스터리는 난학자[67] 간다 다카히라(神田孝平)[68]에 의한 『용겔의 지옥(楊牙児ノ奇獄)』의 잡지 연재(1877~1878)로 여겨진다[*20]. 추리가 있는 미스터리 구성이지만 '탐정'은 등장하지 않는다. 곧 자신이 살해당할 수도 있다는 피해자의 고백문이 발견된 것이 사건 해결의 실마리다. 이 소설이 다시 단행본으로 만들어진 것은 1886년이지만, 이를 전후로 포의 「검은 고양이」도 『요미우리 신문』(1887년 11월 3, 9일 게재)에서 야에바 고손(饗庭篁村)[69]에 의해 번

---

67) 에도 시대 중후기에 네덜란드어 서적을 통해서 서양 학술을 연구하던 학자.

68) 간다 다카히라(神田孝平, 1830~1898). 젊은 시절부터 서구의 학문, 제도 탐구에 뜻을 둔 계몽사상가로, 일생에 걸쳐 학자이자 관료로 종횡무진 활약하면서 일본 근대화를 설계한 인물로 손꼽힌다. 1861년 저술한 「농상변(農商辯)」에는 자유 무역론, 비교 우위론 등 일본의 경제 체질 개선 방안을 제시하는 획기적 주장이 담겼다.

69) 야에바 고손 (饗庭篁村, 1855-1922). 작가이자 연극 평론가, 서예가. 에드거 앨런 포의 『모르그가의 살인』의 번역가로 유명하다.

역된다. 이는 화자인 살인범의 1인칭 고백 형식이다. 한 달 뒤 고손은 「르 모르그의 살인」, 즉 포의 『모르그가의 살인』 번역을 역시 『요미우리 신문』(1887년 12월 14, 23, 27, 30일)에 분리 연재한다. 여기에서는 밀실 살인을 다룬 명탐정 오귀스트 뒤팽이 등장한다.

이렇게 '탐정'이 범인을 찾아내는 형식의 탐정 소설을 일본에 정착시킨 것은 구로이와 루이코(黑岩淚香)[70]이다. 당시 신문 광고에서 "우리나라 탐정 소설의 효시이다"(『아사히 신문』 1889.9.10.)라고 명명된 루이코의 「무참(無慘)」은 실제 사건을 소재로 하고 있는데, 거기에는 범인을 쫓는 형사, 즉 '탐정' 역이 등장한다. 루이코가 스스로 간행한 『요로즈초호(万朝報)』[71](1892) 지상에서 번안한 탐정 소설이나 범죄를 소재로 한 소설 연재, 속정에 호소하는 기사(이른바 「삼면기사(三面記事)」[72])로 발행 부수를 늘렸다는 것은 잘 알려져 있다.

코난 도일의 셜록 홈즈 번역, 번안도 성행한다. 또 이즈미 교카(泉鏡花)[73]의 초기 소설 『살아 있는 인형(活人形)』(1893)도 슌요도(春陽堂) '탐정 소설' 시리즈 중 하나로 간행된 것이다.

그야말로 '메이지 20년 문제'가 보여 주는 목판 인쇄에 의한 출판의

---

70) 구로이와 루이코(黑岩淚香, 1862~1920). 메이지 시대 가장 인기 있는 번안 작가였고 평생 100여 편이 넘는 다양한 해외 소설을 소개했다. 그중에는 쥘 베른이나 에밀 가보리오, 안나 캐서린 그린과 같은 장르문학의 선조 격인 작품도 포함돼 있었다.

71) 1892년 구로이와 루이코가 도쿄에서 창간한 신문. 사회 기사나 번안 소설 등을 실으며 발전했고, 당시의 다양한 지식인들이 가세해 사회 비판을 전개한 일간지이다.

72) 신문의 사회면을 부르는 말로, 메이지 시대 신문은 일반적으로 4면으로 구성되었는데 1면에 광고, 2면에 정치, 경제 기사, 3면에 사회 기사가 실렸던 것에서 유래한다.

73) 이즈미 교카(泉鏡花, 1873~1939). 문학 결사 겐유샤(硯友社)의 간판 격인 인기 작가로 소설과 희곡 작품의 명작을 많이 남겼다. 그로테스크하고 환상적인 작품을 많이 남긴 일본 환상 문학의 대가로 기괴하고 환상성이 짙은 자신만의 독자적인 작품 세계를 구축하여 동시대와 후대 문학자들의 애호를 한몸에 받은 작가이다.

종언과 메이지 30년대=신세기 전후의 절단면을 메우듯 '탐정 소설'
이 등장하고 있음을 알 수 있다.

그러나 이 탐정 소설 붐은 단순히 대중 문학의 일개 영역 성립사라
는 문제에 그치지 않는다. 『소설신수(小說神髓)』[74](1885)에 의해 근대
문학 여명기의 권위자 중 한 명으로 여겨지는 쓰보우치 쇼요 또한
『위화 사용자(贋貨つかひ)』(1888)라는 탐정 소설을 번안했다는 것에 주
의를 기울여도 좋을 것이다. 그 첫머리에서 쇼요는 '탐정'을 '항상 범
죄자를 탐정하고자 하여 어떨 때는 남의 집에도 숨어 들어가 숨겨진
것을 찾아내는 자'로 정의하고 있다.

게다가 흥미로운 것은 쇼요가 '자서체(自叙体)', 즉 1인칭에 대해 이
렇게 말하고 있다는 점이다.

> 자서체의 주인공은 여전히 주의 깊은 탐정과 같이 늘 항상 현재하며,
> 그 눈으로 보고 그 귀로 들으며 그 촉감으로 느끼고 그 입으로 객관적
> 관찰과 더불어 주관적 진실을 말해야 한다. 바꾸어 말하면 오감이 지각
> 하는 바와 더불어 당사자의 관념 및 감정을 세세히 서술해야 한다. 이
> 면밀하고 정치한 주관적 서사에야말로 자서체의 묘미가 존재하는 것이
> 다. 대니얼 디포가 문학적 명성을 얻은 것도 첫째로 이러한 묘미를 잘
> 살렸다는 것에 기인한다.[21]

즉, 쇼요는 '관찰'하는 '나'의 방식을 '탐정'에 비유하고 있는 것이다[22].
쇼요는 이『위화 사용자』와 같은 해에, 그에 앞서『씨 줍기(種拾ひ)』

---

74) 쓰보우치 쇼요가 1885년에 낸 문학론으로, 소설의 주안(主眼)을 포함한 총론과 문체론,
각색법 등을 포함한 실천을 내용으로 한다. 소설이 '예술'로서 독립적인 분야라고 하며,
'인간의 심리'를 그리는 중요성을 주장하였다.

라는 작품을 발표한 바 있다. 그것은 여행 도중에 같은 배를 타고 동숙한 남녀의 이야기를 '여(予)'(나)가 '엿듣'고 두 사람의 관계를 추리하는 취향이다. 그것 또한 탐정적 방법이라고 할 수 있다.

이 '엿듣'는 '탐정'이란, 그야말로 소세키의『나는 고양이로소이다』에서 보이는 고양이의 입지나 다름없다. 소세키의 이 소설에서는 고양이의 주인은 일관되게 고양이에게 계속 '탐정'당하는 것이다. 사실, 소세키는 이 작품에서 "20세기의 인간은 대개 탐정처럼 되는 경향이 있다"고 말한다. 그것은 각자가 안고 있는 자아가 알력을 일으키기 쉬운 까닭에 서로 타인의 자아를 '탐정'하기 때문이라고 한다.

일본의 민속학 창시자로 여겨지는 야나기타 구니오는 소설을 스스로 쓰지는 않았지만 메이지 문단에서 다야마 가타이와 같은 자연주의 문학의 중심인물 중 하나였다.

그러한 야나기타는 자연주의 문학에 관하여 여행 간 곳에서 옆방에서 흘러나오는 부부 싸움 내용을 듣고 있노라면, 그 사람들을 자연스럽게 대하는 것과 비슷한 거리감에서 관찰할 수 있다고 적고 있다[23].

이처럼 쇼요든 소세키든 야나기타든 마찬가지로 '탐정'적 방법을 이야기하고 있다.

이 탐정이라는 방법은 자연주의 문학 방법이기도 하다. 다야마 가타이가 관찰을 자기 내면이나 미니멈한 세계로 향한 것에 대해 야나기타는 그것을 사회나 습관으로 향했고, 이윽고 자연주의적 민속학을 성립시키게 된다.

느끼는 대로

마사오카 시키가 제창한 '사생문'이 이러한 자연주의적 리얼리즘의 성립에 큰 의미를 가지고 있었음은 물론이다. 여기에서 중요시되는 '사생문'의 태도는 다음과 같다.

> 문장의 재미에도 여러 가지가 있지만 고문과 아어 등을 이용하여
> 말의 장식을 위주로 삼는 것은 여기에서 말하지 않는다. 또한 작자의
> 이상 따위를 교묘하게 서술하고 취향이 진귀한 것을 주로 삼는 글도
> 여기에서 말하지 않는다. 여기에서 말하고자 하는 바는 세상에 나타나
> 는 사물(천연계든 인간계든)을 베껴서 재미있는 문장을 만드는 법이다.
> 　어떤 경치 또는 사람의 일을 보고 재미있다고 생각할 때, 그것을
> 문장으로 고쳐 독자로 하여금 자기와 마찬가지로 재미있게 느끼도록
> 하려면, 말을 꾸미지 말고 과장을 보태지 않으며 그저 있는 그대로 보는
> 그대로 그 사물을 모사하는 것이 마땅하다.[*24]

이 "본 그대로"라는 시키의 표현은, 서양화가 구로다 세이키(黒田淸
輝)[75]가 "풍경을 '구파'는 '배운 대로', '신파'는 '보고 일어나는 느낌'을
그린다"[*25]라고 말하는 것과도 겹치는 것이다. 그리고 이 '본다', '느낀
다'라는 '주관' '그대로' 글을 쓴다는 '사생'의 리얼리즘은, 문학자들도
이용한다. 구니키다 돗포(国木田独歩)가 "자연을 보고 자연을 베끼려
면, 본 대로, 보고 느낀 대로 적어야 한다. 보기도 하고 느끼기도 한
그 양만큼을 문자로 나타내야 한다"[*26]라고 했던 발언에서 볼 수 있듯
이 문학에 있어서는 자연주의의 방법론을 나타내는 표현이다. 이미
말한 야나기타 구니오『도노 이야기』첫머리의 "느낀 그대로"라는 구

---

75) 구로다 세이키(黒田淸輝, 1866~1924) 서양화가, 정치인. 본명은 기요테루인데 화가로
　서의 이름을 음독한 세이키로 많이 불린다. 도쿄 미술학교 교수, 제국 미술원 제2대
　원장, 귀족원 의원을 역임하였다.

절도 마찬가지이다.

이렇게 보았을 때 '보다', '느끼다', 즉 관찰자와 내면의 소재를 드러내는 공통의 표현은 앞선 역사 개량 운동을 비롯하여 하이쿠, 회화, 문학을 포함한 근대의 공통적 리얼리즘을 시사하는 레토릭임을 알 수 있다.

쓰는 독자의 탄생

탐정 소설이란 이미 보았듯이 한편으로는 진상을 마음속에 품은 범인, 다른 한편으로 관찰하는 탐정이라는 구조를 가지고 있으며, 그것은 근대 문학의 양태뿐 아니라, 근대 자체의 감촉을 비유할 수 있는 것이었음은, 소세키의 '탐정'관에서도 찾아볼 수 있다. 즉, 서로 '내면'이라는 블랙박스를 품은 '타자'와 공생해야 하는 근대에서, 사람은 탐정적 관찰을 하며 그 마음속을 살피고 동시에 필요에 따라 스스로 '내면'을 설명해야 한다. 그때 누구라도 쓸 수 있는 문체로서 언문일치체로 이루어진 '일본어'라는 인공 언어가 필요해진 것이다.

물론 이 '일본어'는 제국주의화하는 일본이 식민지에 강요하는 억압의 언어가 되기도 했다. 그러나 원래 다양한 지방어라는 '구어'를 가진 사람들이 대화하려면 공통어로서의 '일본어'가 필요했다. 메이지 시대의 작가 대부분이 문장 입문서를 남겼거나, 혹은 문장 강습 강좌가 성행했다. 이것도 이 새로운 공통어를 통해서 '나'의 표출이나 '타인'과의 대화, 근대라는 새로운 현실의 기술이나 사회의 구축이 비로소 가능해진다는 수요가 있었기에 생긴 일이다.

그리고 이러한 '언문일치', '사생문'과 같은 새로운 말의 대중화 혹은 보편화는 이러한 말을 이용해 '쓰는' 독자의 탄생을 가져왔다.

이미 가타이나 요슈가 언문일치체를 사용하는 투고 소녀들을 작중에 적어 둔 모습을 보았는데, 1900년 전후의 세기말에 걸친 시기는 잡지 미디어에 투고 공간이 급속히 형성된 시기이다.

1902년에는 남녀 합해서 취학률이 92퍼센트에 달했는데, 이는 동시에 식자율의 확대이며 언문일치, 사생문의 보급을 의미했다. 사실 다카하마 교시(高浜虛子)[76]는 이 문체가 소학교 학생들의 작문에까지 급속히 퍼졌다고 회상하고 있다[*27]. 게다가 중등 교육도 보급되어 중학교 재적자 수는 1897년에 5만 3,000명에 이른다. 그것은 숫자상으로는 소수이지만, 가타이나 요슈가 그린 투고 소녀들이 이 층에 속한다고 할 수 있다. 이 시기에는 철도망 확대와 신문 잡지 배송 할인 제도 실시도 작용하여, 신문이 지방으로 판매를 확대할 뿐 아니라 보다 넓은 층으로 독자를 확대한 것이다.

이처럼 식자 교육은 '쓰는' 독자를 낳는다. 그것을 받아 주는 그릇으로서 『문고(文庫)』[77](1895년 창간)를 비롯한 투고 잡지가 잇따라 창간된다. 『요로즈초호』도 1897년부터 투고 소설을 모집한다. 그래서 1900년 전후를 '현상 소설의 시대'[*28]라고 보는 견해마저 있다.

또한 인쇄의 보급으로 '동인지'라는 잡지를 만드는 독자나 작가도 등장한다. 메이지 문학사에 기록되는 문예 잡지는 반드시 출판사가 간행하는 잡지만이 아니다. 가령 요사노 뎃칸이 주재한 『묘조(明星)』

---

76) 다카하마 교시(高濱虛子, 1874~1959). 하이진. 마사오카 시키의 수제자로 하이쿠 전문 잡지 『호토토기스(ホトトギス)』를 주재하여 일본 하이쿠 문단의 중심인물로 자리한다. 한때 사생문(寫生文)에 몰두하여 소설도 쓰지만 다시 하이쿠로 돌아와 전통 하이쿠를 고수, 발전시켰다.

77) 1895년 창간되어 1910년 종간에 이르기까지 246호가 간행된 투고 잡지이다. 자유로운 자기 표현을 추구하고 문학 청년들의 '공화국'을 형성했다. 하이쿠, 와카, 한시, 시뿐 아니라 논설과 기행, 소설 등 다양한 장르에 젊은 문학가들이 모였고, 특히 시에서 독자적인 영역을 구축했다고 평가된다.

도 그가 자금을 모아 간행한, 지금으로 치면 동인지였다. 이 책에서는 이러한 메이지 시대 젊은이들에 의한 문학의 동인지와 현재의 만화 동인지 사이에, '문학'이 하이 컬처이고 '만화'가 팝 컬처라고 하는 현재의 아카데믹한 구분 이외에 제도상의 차이를 찾아볼 수 없는 것은 물론이다.

이런 현상은 관점을 바꾸면 '쓰는 독자'라는 새로운 시장이 생겨났다고도 할 수 있다. 사실 우치다 로안(内田魯庵)[78]의 『문학자가 되는 법(文学者となる法)』(1894)을 비롯한 문장 독본, 문장 강좌 등 출판물의 잇따른 간행은 이를 단적으로 말해 준다.

또 다야마 가타이의 소설 『이불』에서 요시코의 애인인 청년이 시골에 파묻히고 싶지 않다고 간청하듯이, '소설가가 된다'라는 입신출세, 자기실현의 양식이 발생하며, 그것이 현재 웹상의 소설 투고 사이트 '소설가가 되자(小説家になろう)'[79]에까지 이어지는 것이다.

이러한 '소설을 쓴다'라는 행위의 제도화가 시작되는 것과 대중화가 이 시대 문학사의 근간에 있다.

국가와 내면

'나'의 대중화는 '사회'라는, '국가'와는 다른 공공 개념을 형성하는 근거가 된다. '사회'란 싫든 좋든 다른 사람과 살아야 하는 근대의 리얼리티이기도 하다[*29]. 그것은 사회주의 운동이나 노동 운동의 발생과 함께 무엇보다 근대를 '우승열패'라는 사회 다위니즘적 생존 경

---

78) 우치다 로안(内田魯庵, 1868~1929). 메이지 시대의 평론가, 번역가, 소설가. 최초의 사회 소설로 평가되는 『저무는 28일』(1898)을 저술하였고 톨스토이의 『부활』을 번역하였다.

79) 일본 최대의 소설 투고 사이트이며 홈페이지는 https://syosetu.com/.

쟁이 긍정되는 세계로 재파악하고, 거기에서 필연적으로 생기는 문제를 해결하기 위해 '사회'라는 새로운 주체가 발견되었다. 낭만주의 시인에서 메이지 국가의 관료로 돌아선 야나기타 구니오가 사회 정책론으로서 농정학(農政学)에 눈을 뜨는 것도 이 시기다. 그 '국가'와 '사회'의 상징적 충돌로 만들어진 것이 천황 암살 계획을 모의했다는 대역 사건(大逆事件)[80]이다.

이를 계기로 경시청에는 특별 고등 경찰(특고)이 설치되고, 국가가 내면을 단속하는 시대가 됐다. 그러나 가령 무명의 청년이었던 이시카와 다쿠보쿠(石川啄木)[81]가 러일 전쟁 이후 국가주의에 자연주의와 국가 관념의 타협을 찾아냈고, 그래서 '국가'라는 '강권'과 대치하는 개인을 강렬하게 주장했듯이 이 시대는 '개인'이나 '나'가 윤곽을 만들어 가는 시대로도 간주된다. 이 '국가'와 대치하는 '나의' 소재는 현재 일본에서는 몹시도 보기 어렵게 되어 있기 때문에 여기에 기술해 둔다.

3. 시각 표현의 '개량'

무하에서 소녀 만화로

이러한 '말'의 변화는 시각 표현과 호응한다. 메이지 시대 소설에서

---

80) 1910년 급진적 사회주의자들이 메이지 천황을 암살하려고 했다는 계획이 보도되면서 12명이 비공개 재판에 의해 사형되어 일본 전체에 큰 충격을 준 사건을 말한다.

81) 이시카와 다쿠보쿠(石川啄木, 1886~1912). 가인, 시인, 평론가, 소설가. 20살에 첫 시집 『동경(あこがれ)』을 발표하여 천재 시인으로 평가받으며 문단에 데뷔했는데, 인구에 회자되는 대표작은 『한 줌의 모래(一握の砂)』나 『슬픈 장난감(悲しき玩具)』과 같은 단카이다. 사회주의 사상에 경도된 평론도 발표하였다.

[그림 3] 소녀 만화 양식의 출발점이 된 무하 양식의 『묘조』 표지. 이치조 세이비 그림(『묘조』 제6호, 도쿄신시샤, 1900.9.).

표지 그림이나 삽화와 같은 '그림'과 '글'의 호응 관계를 굳이 '화문 일치'[*30]라고 부르는 입장이 있듯이, 양자는 일체가 되어 받아들이는 사람들에게 전달되고 있었다는 것을 잊어서는 안 된다. '화문 일치'는, 말할 것도 없이 애니메이션풍의 그림과 일체가 된 현재의 '라이트 노벨'에서도 볼 수 있는 현상이다.

그 글(텍스트)과 그림의 호응이라는 문제를 생각하는 데 가장 중요한 것은 메이지 33년, 즉 1900년이라고 하는 파리 만국 박람회의 해에 신문 형식에서 잡지 형식으로 이행한 『묘조』(도쿄 신시샤)의 표지이다[그림 3]. 이것을 그린 것은 이치조 세이비(一条成美)[82]라는 미술사에 전혀 이름을 남기지 않은 화가이다. 그러나 그 표정과 윤곽선, 흐르는 머리카락과 별, 꽃이 된 표상은 아르누보, 그중에서도 특히 알폰스 무하[83]를 일찍이 현지화하는 데 성공했다. 이때 알폰스 무하가 일본의 시각 표현에 끼친 영향을 과소평가해서는 안 된다[*31]. 이 표지로 『묘조』는 수백 부이던 발행 부수가 수천 부로, 자릿수 하나가 늘어났다고 한다. 이치조는 '그림'으

---

82) 이치조 세이비(一条成美, 1877~1910). 메이지 시대의 삽화가. 그림을 독학으로 배워, 1900년부터 『묘조』, 『신성』과 같은 문예지에 표지 및 삽화를 그리면서 유명해졌다.

83) 알폰스 무하(1860~1939). 아르누보 시대에 파리에서 활동했던 화가. 아르누보는 순수 예술 뿐 아니라 각종 실용적인 디자인, 상업적 분야까지도 포괄했던 화려한 장식적 양식인데 그는 그런 '포괄적인 디자인'에 대한 요구에 발맞추어 가장 성실히 활동했던 화가였다.

로 잡지나 책을 판매할 수 있는 힘을 지닌 화가였다.

아르누보란 19세기 말부터 20세기 초에 걸쳐 유럽과 미국을 석권한 소용돌이치는 듯한 곡선에 의한 식물 무늬나 여성상을 특징으로 하는 디자인 양식이다. 그것은 진화론이나 자연주의와 마찬가지로 근대 문화의 글로벌화 물결 중 하나로 이해해야 한다. 아르누보는 예술 운동이라기보다 유행에 가까운 현상으로 각 지역에서 현지화됐다.

메이지 30년대 일본에서 아르누보의 유행은, 복제 문화의 발흥기 에 파리에서 돌아온 미술가들이 가지고 온 인쇄물, 미술가들이나 디 자인 교육 기관 등이 수입한 인쇄물, 그들에게서 착상을 얻은 도안이 나 삽화 등을 통해 단숨에 확대된 것이다. 유럽의 인쇄물이 배편이었 던 까닭에 수십 일 지연된다고는 하지만, 실시간으로 일본에도 유입 됨으로써 아르누보풍 도안이 일본의 신문 광고, 잡지 표지 그림이나 삽화, 잡지 속 광고, 그림엽서 등 다양한 인쇄물로 확산됐다.

그러한 의미에서 1900년 열린 파리 만국 박람회는 '일본' 대중문화 사에서도 지극히 중요하다. 이 파리 만박은 아르누보가 그 정점에 도달함으로써 박람회를 상징하는 양식이 된 것으로도 알려져 있다. 그리고 무하의 절정기와도 겹친다. 그 글로벌한 유행이 실시간으로 일본의 시각 표현을 바꾼 것이다.

파리 만박에는 일본 미술가와 문학인들도 많이 방문했다. 그중에 는 문부성의 명령으로 프랑스에 유학 중인 아사이 주(浅井忠)[84]를 비

---

84) 아사이 주(浅井忠, 1856~1907). 일본 최초의 서양화 단체인 메이지 미술회(明治美術 会)를 창립, 1898년 도쿄 미술 학교(東京美術学校) 교수로 취임. 1900년 2년간 프랑스 유학 후 귀국하여 교토 고등 공예 학교(京都高等工芸学校) 교수가 되었고, 간사이 미술 원(関西美術院)을 창립하여 후진 양성에 힘썼다. 유럽 유학 중에는 인상파(印象派)의 화풍을 받아들였고, 수채화에도 많은 작품을 남겼다.

[그림 4] 아사이 주의 파리 아파트. 무하의 포스터가 붙어 있다(『호슨(方寸)』 제2권 2호 「고 아사이 주 씨 추도호」, 호슨샤, 1908).

롯해 구로다 세이키나 와다 에이사쿠(和田英作)[85] 등 외광파(外光派)[86] 풍을 특징으로 하는 서양화 단체인 하쿠바카이(白馬会)[87]의 멤버도 포함돼 있었다. 이들은 자신의 창작, 전람회, 교육 활동을 위해 이러한 포스터를 비롯한 아르누보 인쇄물을 가지고 돌아왔다.

예를 들면 아사이의 파리 체류 중 아틀리에 사진을 보면, 무하의 〈JOB〉가 걸려 있는 것을 알 수 있다[그림 4]. 마찬가지로 1900년 구로다 세이키 등에 의한 〈제5회 하쿠바이카이 전람회〉에서는 당시 행사

85) 와다 에이사쿠(和田英作, 1874~1959). 서양화가. 문부성 유학생으로 유럽에 유학을 갔다가 1903년에 귀국하여 도쿄 미술 학교 교수로 취임. 1932년에 도쿄 미술 학교 교장이 된다. 1943년에 문화 훈장을 수여받았고, 대표작에 〈도둑의 황혼〉, 〈메아리〉 등이 있다.

86) 메이지 중기에 프랑스의 서양화 기법을 쓰는 구로다 세이키, 구메 게이이치로 등의 서양화가 그룹을 일컫는 말.

87) 메이지 시대의 서양식 미술 단체로 외광파 화가들에 의해 결성되었다. 구로다 세이키, 구메 게이이치로 외에도 이와무라 도루, 야마모토 호스이, 후지시마 다케지, 와다 에이사쿠 등이 가세했다.

장 사진에서 〈토스카〉를 비롯한 무하의 포스터가 전시된 것이 분명 해졌다.

실시간으로 이들 무하 작품에 논평을 썼던 것이, 『묘조』 지상에서 의 요사노 뎃칸과 우에다 빈(上田敏)이었다. 『묘조』 지상에는 노골적으로 무하를 차용한 삽화가 눈에 띄는데, 앞선 이치조 세이비의 『묘조』 표지화는 이 시기에 창간된 문예지 표지를 아르누보 내지는 무하 풍으로 일거에 변용시켰다고 해도 좋을 것이다.

『묘조』라는 투고 공간

잡지 『묘조』는 신파 와카를 표방한 요사노 뎃칸이 주재하는 도쿄 신시샤의 기관지로서 1900년 창간되었다. 단카 잡지의 이미지가 강하지만 사실 종합적인 미술 잡지였다. 그 디자인 담당은 이치조 세이비가 『신성(新声)』에 발탁된 후, 나중에 화단의 중심이 되어 가는 후지시마 다케지(藤島武二)[88]로 바뀐다. 후지시마의 표지는 이치조보다 무하나 아르누보의 영향이 짙다. 또한 지면에는 서양 회화의 복제 도판이 게재되었으며 삽화와 표지에는 목판, 사진판, 석판화 등의 다양한 인쇄 양식이 시도되어 서구 문학사와 사조에 대한 상세한 해설이 있었다.

이러한 지면 구성에는 이유가 있다. 요사노 뎃칸은 『묘조』의 창간 사에서 단카를 "만요슈, 고킨슈 등의 계통"에서 이탈시킬 것을 선언하는 한편, "현대 가인과 신체시인"의 "수양이 결핍"되어 있다고 비판

---

88) 후지시마 다케지(藤島武二, 1867~1943). 메이지 말부터 쇼와 시대에 걸쳐 활약한 서양 화가. 일본 서양 화단에서 오랫동안 지도적 역할을 해온 중진이기도 하다. 낭만주의적 작풍의 작품을 많이 남겼다.

하고 있기 때문이다[*32].

　즉, 『묘조』의 미술과 문학 기사는 신세대 시인 예비군들에게 제공되는 새로운 '교양', 즉 창작을 위한 세계였던 것이다. 그래서 요사노 아키코(与謝野晶子)[89]의 『흐트러진 머리칼(みだれ髮)』[90]의 이미지는 그녀의 살아 있는 육체의 리얼리즘일 뿐 아니라 밀레이의 〈오필리어〉와 같은 라파엘 전파나 무하의 표상에 그 출처가 있다는 지적도 있다.

　　신시샤 서클에 드나드는 많은 젊은 시인이나 화가들의 숨결과 작업을 통해 아키코는 아마 라파엘 전파, 그중에서도 로세티나 번 존스, 밀레이로부터, 나아가 무하나 귀스타브 모로에 이르는 유럽 세기말 예술의 감화를 과민할 정도로 진하고 풍부하게 받아들였음에 틀림없다.[*33]

　이처럼 『흐트러진 머리칼』은 서구의 미술, 문학과 그녀의 자아가 결합된 표상으로 존재한다는 이야기가 된다.

　아키코 등의 『묘조』 가인들은 투고하는 독자였다. 『묘조』 또한 메이지 시대에 성립한 투고 공간의 하나다. 뎃칸은 거기서 새로운 교양과 더불어 그 단카의 주제를 '나', 즉 근대적 자아에 두어야 한다고 주장했다. 그런 『묘조』라는 투고 공간이 아키코의 강렬한 자아와 생

---

89) 요사노 아키코(与謝野晶子, 1878~1942). 정열의 가인이자 시인, 작가, 사상가. 뎃칸과 결혼하고 잡지 『묘조』에 단카를 발표하면서 일본 낭만주의 문학의 중심적인 인물이 되었다. 대표작으로는 가집 『흐트러진 머리칼(みだれ髮)』, 시 「너 죽는 일 부디 없기를(君死にたまふことなかれ)」 등이 있다.

90) 요사노 아키코가 잡지 『묘조』에 발표한 단카를 모아 발표한 단카집. 근대 초라는 봉건적인 분위기 속에서 격정적인 사랑과 자유분방한 연애를 노래한 그녀의 단카는 참신하고도 충격적이었고, 이 가집을 둘러싼 평가는 극에서 극으로 갈렸으며 가히 폭발적 반향을 일으킨 문단 일대의 강렬한 사건이 되었다.

생한 신체성을 지닌 말을 아르누보나 무하적 표상으로 연결시켰다고
할 수 있다. 양자의 결합은 후지시마 다케지의 그림에 의한 가집『흐
트러진 머리칼』의 장정본으로 결실을 맺는다.

아르누보 혹은 무하풍으로 디자인된 문예 잡지는 언문일치나 '나'
의 대중화에 호응하여 등장한 투고 잡지였다. 그리고 무하풍의 표상
속에 있는 흐르는 머리카락, 꽃, 별과 같은 모티브는 소녀 만화로 계
승되게 된다. 이치조 세이비에 의한 무하의 현지화는 이미 현재의
소녀 만화 작풍에 가깝다.

『묘조』에서 '그림'이 투고 소녀들의 내면과 신체를 표현하는 말과
결부되어 있었던 것은, 소녀 만화사가 여기서부터 해명될 가능성을
보여 준다[34].

또, 다야마 가타이나 구니키다 돗포가, 이러한 아르누보 표지의 투
고 잡지 편집자로서 관여한 사실은 중요하다.『묘조』의 편집자로서
의 요사노 뎃칸의 예에서 보듯이 대중문화사에서 동인지를 포함한
잡지의 편집자라는 담당자의 존재는 간과할 수 없다.

더욱이 근대적 자아와 1900년 전후 잠시 동안 결합된 아르누보 양
식이라는 서구의 표상은, 그 유행 후반에 일본이 러일 전쟁에서 승리
하여 서구 열강과 어깨를 나란히 했다는 국가의식과 결부된다. 러일
전쟁을 보도하는 사진의 장식, 잡지나 전장 그림엽서에 아르누보 혹
은 무하 양식이 많이 채용된다. 모리 오가이가 전장에서 읊은 단카를
모은『노래 일기(うた日記)』[91](1907) 삽화에 아르누보 양식의 것이 섞
여 있다.

---

91) 1907년에 모리 오가이(森鴎外)가 메이지 1904년부터 1906년까지 러일 전쟁 중에 전쟁
    터에서 지었던 단카를 모아 간행한 것.

'메이지'가 끝날 무렵에는 '언문일치'의 담당자였던 투고 소녀들은 '주부'가 된다. 그 결과 아르누보 양식은 백화점 포스터나 여성 잡지 표지가 되어 간다. 무하 양식, 아르누보 양식은 다케히사 유메지(竹久 夢二)[92] 등의 서정화 속에서 살아남아 무하의 이름이 잊혀도 '꽃', '별', '흐르는 머리카락'이라는 표상으로 전후 소녀 만화로 계승된다.

도안과 약화(略画)

『묘조』는 지면 비주얼화의 선구였지만, 그 외의 문예 잡지의 표지 그림에도, 하쿠바카이나 태평양화회의 서양화가들, 가부라키 기요카타(鏑木淸方)[93] 등 일본화가, 와타나베 요헤이(渡辺与平) 등 삽화가와 같은 다채로운 면면들이 지면의 비주얼화에 관여했다. 그때 잊지 말아야 할 것이 '화가'와는 다른 '화공'이나 '도안가'의 직업화와 이를 위한 교육이 존재했다는 사실이다.

메이지 시대 국가 주도에 의한 식산흥업의 일환으로서 추진된 수출 공예 정책이 교착 상태에 빠진 가운데, 국내 제품의 근대화에 대응하기 위해 근세 이후의 도제 제도를 대신하여 도쿄 공업 학교 공업 도안과(1899년 설립)나 교토 고등 공예 학교 도안과(1902년 설립)를 비롯한 디자인 교육 기관이 창립되었다. 교토 고등 공예 학교에서는 도안가(디자이너) 육성이라는 교육 지침에 따라 국내 공예품과 더불어

---

92) 다케히사 유메지(竹久夢二, 1884~1934). 일러스트레이터이자 화가, 시인이다. 메이지와 다이쇼, 쇼와 시대까지 일본 근현대의 격동의 시기를 살았던 인물이었다. 특히 다케히사 유메지는 서정적인 여성을 그린 일러스트레이션으로 대중들의 사랑을 받았는데, 아름다운 여성을 그린 미인도로 유명하다.

93) 가부라키 기요카타(鏑木淸方, 1878~1972). 우키요에 스타일을 되살리고 라쿠고의 문학적 상상에 담긴 주인공의 초상을 연속하여 그려 남겼다. 일본화에서 지도자의 위치에 서면서 '우키요에의 마지막 거장'으로 존경받는다.

해외 공예품, 도안집, 실내 장식 견본 등을 구입하고, 초대 교수 아사이 주가 가지고 돌아온 포스터와 함께 교재로 활용했다[*35]. 학생이 만든 작품에는 서적의 표지 그림이나 포스터 등의 인쇄물, 장신구나 담뱃갑 등 일용품에 이르기까지 서양식 생활을 의식한 작품 사례를 볼 수 있다. 이들 디자인에서는 서양 회화 학습을 바탕으로 한 유려한 곡선이나 중간색 등 아르누보의 경향이 현저하게 드러난다.

이렇게 미술과 분화된 도안 교육을 받으며 디자이너로 자리 잡은 젊은이들의 작품에서는 생활과 친근한 영역에 서양식을 바탕으로 한 '근대적' 디자인이 시도된 사실이 엿보이며, 일본의 아르누보가 대중에게 확산되었음을 보여 준다. 이러한 인쇄 매체와 결합된 도안가나 화공이라는 직업이 그 이후 대중문화사에서 수행한 역할은 매우 중요하다.

이치조 세이비 등의 삽화는 사진 제판에 의한 활판 인쇄로 이행하는 시기이면서, 목판 조각사들이 담당했다. 이처럼 그림과 인쇄를 매개하는 직능에 대한 주의나 인쇄 기술에 대한 주의도 필요하다. 복제 예술 시대에 복제를 담당하는 직능이나 기술 방법은 중요한 연구 대상이다.

그림 그리는 방법의 갱신이라는 점에서 주의해야 할 것은, 호쿠사이 만화 등 근세적인 '만화'가 근대화로 접속한 문제이다. 만화사를 〈조수인물희화(鳥獸人物戱画)〉까지 거슬러 올라가는 역사관은 나중에 호소키바라 세이키(細木原青起)[94]의 『일본 만화사(日本漫画史)』(1924)에

---

94) 호소키바라 세이키(細木原青起, 1885~1958). 일본 미술원 졸업. 그림은 구로사키 슈사이를 사사. 메이지 중반에는 대한민국의 경성에서 『경성일보』, 『조선팩』 등에 만화를 그렸고 1909년에 일본에 귀국한 후에는 『도쿄 팩』, 『도쿄 닛폰 신문』, 『오사카 아사히 신문』 등에 만화나 유머 소설 삽화를 그렸다. 저서로 『일본 만화사(日本漫画史)』가 있다.

서 나타나는 것인데, 메이지 시대의 '만화'는 영국의 『펀치』를 본떠
창간된 『마루마루 친분(団団珍聞)』[95] 지상에서 "에도 만화의 스타일과
서양 만화가의 스타일이 합체"[36]하여 완성되었다고 여겨진다.

그럼에도 불구하고 현재에 이르기까지 〈조수희화〉와의 연속성이
강조되는 것은 '도바에(鳥羽絵)'[96]라는 명칭이 에도 시대 회화 형식의
명칭이 되었기 때문이다. 호쿠사이 만화도 그 「도바에」의 연장선상
에 있는데, 그렇다면 '그리는 방법'은 근대에 계승되었는가?

근세의 '만화' 표현 양식을 매뉴얼화한 것은 구와가타 게이사이(鍬
形蕙斎, 1764~1824)이다. 그림 견본인 『약화식(略画式)』을 만들었으며,
그 그리는 방법이 호쿠사이에게도 영향을 미쳤다. '약화'란 필선에서
필치의 강약으로 이루어진 직선, 곡선, 도형을 조합하여 단순화된 인
물이나 동물을 그리는 간이 작화법이다.

근세 회화 양식으로서 이 '약화'의 학습서는 메이지 이후에도 간행
되었다. 미술에서 서구화 교육이 이루어지고 스케치 등 입문서가 간
행되는 가운데 약화는 오히려 근세의 '만화'와 단절되어 근대 이후를
살아가게 된다.

그 일례가 이시하라 와사부로(石原和三郎)[97]와 이치조 세이비가 공저

---

95) 1877년 노무라 후미오(野村文夫)가 창간 주재한 정치 풍자 잡지. 영국 만화 잡지 『펀
치』를 모범으로 삼은 주간지로서, 정치 만화와 희문으로 메이지 번벌 정치를 풍자했으
며 자유 민권 사상을 고취하려 했는데, 종종 발매 금지나 발행 정지와 같은 탄압을
받았다.

96) 수묵으로 그려진 회화. 주로 손발이 긴 인물이 등장하며, 현대의 만화와 비슷함. 에도
시대의 승려인 '도바 승정(鳥羽僧正)'에서 이름이 유래되었다.

97) 이시하라 와사부로(石原和三郎, 1865~1922). 겨우 13살에 조수 교원이 되었고 군마
사범 학교를 졸업하고 고향 소학교의 교장으로 임명된다. 1894년에는 『소학교 가집
주해(小学校歌集註解)』를 출판했으며 1900년에는 쓰보우치 쇼요 밑에서 『소학 국어
독본(小学国語読本)』 편찬에 종사한다. 언문일치 창가 운동을 추진하고 작사가, 동요

한 『흑판화보(黒板画譜)』(1902)이다[그림
5]. 이치조는 『묘조』의 무하 양식 표지
화가인데, 공저자인 이시하라는 소학교
교장으로서 교육 현장을 거쳐 쓰보우치
쇼요 아래에서 『소학교 국어 독본』 편찬
에 종사하는 동시에, 언문일치 창가 운
동의 추진자로도 알려져 있다. 즉, 이시
하라는 교육 현장에서 언어 개량 운동의
담당자였으며, 거기서 언어와 마찬가지
로 시도된 것이 이 '약화'의 개량이었다.
근세의 약화식 또한 근대 개량 운동의
대상이었던 셈이다.

[그림 5] 약화의 개량을 시도한 『흑판
화보』(이시하라 와사부로, 이치조 세
이비 지음, 『흑판화보』, 신세이샤,
1902).

　이시하라는 무하의 선을 현지화한 이치조라고 하는 화가의 힘을
빌려서, 붓에 의한 약화를 교육 현장에서의 교사가 사용하는 칠판화
―붓 필치가 명료한 선이 아니라 분필의 단조로운 선으로 이루어진
그림―로 바꾼 것이다. 그 결과 약화는 단순화된 선이나 도형의 조합
으로 표현되게 된다.

　약화는 이후 교육 현장에서 판서뿐만 아니라 초심자도 쓸 수 있는
작화 견본으로서 가정과 기업에서도 널리 쓰인다. 1930년대 이후 만
화 입문서가 간행되는데, 전후에도 '약화'가 종종 항목으로 다루어지
는 것은 사실 〈조수희화〉의 잔재라고 할 수 있다. 한편으로 그림을
선이나 도형으로 이루어진 부품의 조합이라고 보는 사고 그 자체는,
근대 만화의 '그림'으로도 계승된다.

시인으로 활약한다.

영화라는 경험

일본에 영화가 수입된 것은 1896년으로, 토머스 에디슨이 발명한 키네토스코프이다. 이것은 들여다보는 구멍으로 상자 안의 움직이는 영상을 보는 것이고, 현재 우리가 영화라고 부르는 것은 뤼미에르 형제가 발명한 시네마토그래프 쪽이다. 현재의 형태인 '스크린에 상영하고 관객이 동시에 영상 체험을 할 수 있는 영화'는 1897년에 처음 수입, 공개됐다. 이 시네마토그래프의 수입과 더불어 뤼미에르사의 조수 콩스탕 지렐이 먼저, 이어서 가브리엘 베일이 일본을 방문하였고 일본에서 시네마토그래프를 촬영했다.

당초 상영된 것은 단편적인 실사 필름이었다. 러일 전쟁 기록 영화도 인기를 끌었다. 여명기 활동사진 흥행사 고마다 고요(駒田好洋)[98]가 화류계 게이샤들의 무도를 촬영하고자 하였다. 고마다는 이어서 서생 연극의 한 극단 배우를 이용했다. 1899년에는 가부키 〈단풍놀이(紅葉狩)〉가 야외에서 촬영되었는데 당시에는 기록용이었다. 1903년에 아사쿠사에서 최초의 영화 상설관이 등장, 1912년에는 전국적으로 164관에 달했다고 한다. 거기에서 영화를 보는 새로운 경험이 생겨났다.

1911년 괴도 대 탐정을 모티브로 하는 빅토랭 자세 감독의 〈지고마〉가 아사쿠사에서 개봉되었고 관객들이 쇄도했다. 그 모습은 "달콤한 설탕 한 조각에 모여드는 개미"(『도쿄 아사히 신문』 1912.10.5.)라고 형용되었고, 1개월 이상 롱런한다. 〈지고마〉는 범죄를 모티브로

---

98) 고마다 고요(駒田好洋, 1877~1935) 메이지부터 쇼와 시대 초기 활동사진의 변사. 광고 대행사의 점원으로 일하다가 당시 수입되었던 바이타스코프(활동사진, 영화의 옛 이름) 순회 흥행에 참가하고 설명을 하는 변사가 된다. 이후 활동사진회를 주재하고 전국을 순회하였다.

하는 내용이 반사회적이라고 간주되어 영화 검열 제도의 계기가 되었다고 일컬어지는 영화이다. 붐은 메이지 천황 붕어에 따라 행사 흥행을 1년 동안 자숙해야 하는 기간을 거치면서도 〈일본 지고마〉(1912)를 비롯한 모방 작품이 잇따라 만들어지고 동시에 그것이 서적화되었다. 오리지널 〈지고마〉는 원래부터 모방 작품까지도 소설화돼 있었다. 〈지고마〉는 메이지 다이쇼 문화사 안에서 '세계'화했다고 볼 수 있다.

〈지고마〉는, 프랑스의 작가 레옹 사지가 1909~1910년에 걸쳐 신문 『르 마탕』에 연재한 소설이 바탕이다. 그러나 역자인 구와노 도카(桑野桃華)는 이 책의 서문에서 이렇게 썼다.

> 활동사진 지고마는 원작과는 약간 다른 점이 있습니다. 그것은 화면 사정으로 산을 강으로 바꾸고 강을 산으로 고친 곳도 있다고 합니다. 이것은 외형에 변화를 많이 주려고 한 자연스러운 결과로 어쩔 수 없는 것입니다. 제가 쓴 지고마는 원작을 주축으로 삼고 여기에 활동사진의 줄거리를 추가했습니다. 그것은 제군이 친숙한 만큼 그렇게 하는 편이 많이 흥미로울 것이라고 생각했기 때문입니다.[37]

즉, '원작' 소설을 영화에 맞게 개변하고 그것이 책의 세일즈 포인트가 된 것이다.

이는 책을 읽는 행위가 영화의 추체험이 되기 때문이다. 동일한 경험을 미디어를 넘나들며 찾는 수용자들이 거기에 있다. 책머리에는 다수의 스틸 사진도 내세워져 있다.

『통속 교육 활동 화보(通俗敎育活動畵報)』(1912)를 비롯하여 다이쇼 시대에 들어서면 '활동사진', '필름', '키네마'라는 이름이 붙는 잡지

가 차례차례 창간되고 '다이쇼', 즉 1912~26년 사이에 200종 이상의
영화 잡지가 창간되었다. 그중에는 연구 잡지나 업계 잡지도 있지만,
영화 팬을 대상으로 한 것이 대부분이며, 거기에서는 스틸 사진과
영화 스토리의 소개를 조합한 기사나 시나리오 자체가 읽을거리로서
게재된다. 즉, 영화를 '읽는' 체험이 새롭게 생겨난다.

오카모토 잇페이(岡本一平)는 문장과 만화를 일체로 한 '만화만문
(漫画漫文)'이라는 스타일을 확립했는데, 다이쇼 시대에 들어서면 '영
화 소설'이라는 필름을 본뜬 삽화에 글을 곁들이는 형식을 만들어 낸
다. 이것도 영화적 경험이 책을 통한 추체험이 되는 한 예이다. 완구
영화에 의한 영화 체험도 포함하여 영화관 이외에서 영화가 수용된
방식에 주의해야 한다.

다음 장에서 등장하는 데즈카 오사무(手塚治虫)는 미키 마우스를 애
니메이션이 아니라 해적판 만화로, 프리츠 랑의 〈메트로폴리스〉(1927)
를 영화 잡지의 스틸 사진으로 먼저 "읽었다"라고 나중에 회상한다.
이러한 미디어 체험의 미디어 간의 반추나 타 미디어를 우회한 수용이
라는 시점은, 미디어 믹스나 어댑테이션 같은 발신자 측의 논리가
아니라, 그것을 받아들이는 측의 미디어 경험으로 우리의 관심을 유도
한다.

4. '아마추어'의 탄생

기계의 보급과 아마추어

메이지 시대가 끝날 무렵 노기 마레스케(乃木希典)[99]가 순사하였고,
가무음곡 행사가 금지되었다. 지금으로 말하자면 '자숙'의 한 해가

연출되면서 천황과 '몰아(没我)'의 공진은 '일본인'의 자아상으로 스스로 연기된다.

그러나 시가 나오야(志賀直哉)[100]가 노기의 순사를 "바보 같은 놈"이라고 일기에 적거나 국민 개병 징병제에 대한 병역 기피의 다양한 궁리(그 또한 '대중'이 만들어 내는 '문화'이다)가 이루어지듯이, 상상의 공동체로서의 국민 국가상은 외국인의 일본인론과 반드시 일치하지는 않는다. 이 장이 다루는 시대는 정치사적으로는 자유 민권 운동과 다이쇼 데모크라시 사이에 끼여 있기도 하고, '나'나 '개인'이라는 것이 언문일치라는 글쓰기로 대표되듯이 표현하는 기술과 결합되면서 미숙하나마 부상하게 되는 시대이기도 하다.

그러한 의미에서 다시금 주목해야 하는 것이 '아마추어'라는 존재다. 그것은 과장되게 들릴지 모르지만, 근대적 개인의 하나의 속성이라고 이 책은 본다. 간토 대지진을 사이에 둔 형태로 각 영역에서 그러한 의미의 '아마추어'가 탄생해 가는 것이다.

'언문일치'라는 말이 보급되어 투고하는 독자들이 탄생한 것처럼, 사진, 영화 등 '기계'와 결부되는 표현은, 카메라 등 기재의 저가화와 보급에 의해 표현하는 아마추어의 탄생을 초래했다.

---

99) 노기 마레스케(乃木希典, 1849~1912). 러일 전쟁에서 활약한 일본의 육군 군인이다. 당시 일본군의 최고 지도자로서 도고 헤이하치로와 함께 '해군의 도고, 육군의 노기'라고 일컬어졌다. 1912년 자신을 신임하던 메이지 천황이 죽자 장례일에 도쿄의 자택에서 부인과 함께 자결하였다.

100) 시가 나오야(志賀直哉, 1883~1971). 메이지 시대부터 쇼와 시대에 활동한 일본의 소설가. 시라카바파(白樺派)의 주요 창설 일원 중 한 사람이다. 정곡을 찌르는 예리하고 간결한 문체에 의해 지탱되는 투철한 리얼리즘으로 '소설의 신'이라고 불리는 등 문단에 대한 영향력이 다대했다. 주요 작품으로는 장편 소설 『암야행로(暗夜行路)』 등이 있다.

사진 영역에서 초심자의 등장은 메이지 20년대 이후에 시작된다. '체리 손에 드는 암흑 상자(チェリー手提暗箱)'(1903)는 가격도 2엔 30센으로 비교적 저렴해 인기를 얻었다.

사진을 찍는 아마추어라는 새로운 존재는 이 시기 풍속으로 곳곳에 기록되고 있다. 오자키 고요(尾崎紅葉)의 『금색 야차(金色夜叉)』(1898~1902)에는 초보 사진가 자작이 등장한다. 야나기타 구니오는 자기 주변 인물이나 생활을 묘사하는 사소설적 문학을 "초심자가 갓 익힌 사진"[38] 같다고 야유한다.

그러나 사진을 찍는 초심자는 화족 등 부유층에 국한돼 있었다. 가시마 세이베에(鹿島淸兵衛)는 1890년, 제3회 내국 권업 박람회에 노(能) 배우의 등신대 포트레이트를 출품하는 등 거대한 사진을 촬영해, 가시마 가문에서 이적당하고 사진 도락으로 신세를 망친 여명기의 초심자 사진가였다.

이러한 '초심자'들은 아마추어 사진 단체를 속속 만든다.

1889년에는 '일본 사진회'가 탄생한다. 사진 재료점인 구와타 상회(桑田商会) 후원의 '나니와(浪華) 사진 구락부', 사진기 제조 업체이기도 한 고니시(小西) 본점이 후원하는 '도쿄 사진 연구회' 등 공급 측 주도로 회원을 확대해 나간다. 즉, 사진을 찍는 초심자라는 시장이 형성되어 가는 것이다. 아마추어 단체는 기술 강습이나 모델 촬영회, 전람회 등을 개최, 사진 기술 보급 계몽의 역할을 한다. '도쿄 사진 연구회'는, 메이지 시대 말에 일본 국내뿐 아니라 외지인 타이베이(台北)를 포함한 70~80개의 지부를 가지기에 이른다.

처음에는 상류층 취미였던 초심자 사진은 제1차 세계 대전 이후의 호경기로 확대된 중산층에까지 확산되었다. 사진은 사진관 경영자뿐만 아니라 명소와 게이샤 사진, 그림엽서 등 상업적 수요가 확대되는

한편 1920년대 들어서면 『사진 예술(写真芸術)』, 『카메라(カメラ)』를
비롯한 사진 잡지 창간이 잇따랐다. 이들 대상은 '아마추어'로 불리는
취미 사진 작가들이었다. 그리고 '아마추어'는 통속적으로 파는 사진
과는 다른 '예술'을 표방한 것이었다[39].

영화를 만드는 아마추어

기자재 보급과 아마추어 그룹 확대라는 사진이 통과한 역사는 영
화에서도 마찬가지였다. 영화의 아마추어 시절은 간토 대지진 이후
로 미루어지지만 그 도입만 기술해 둔다.

1923년에 파테 배비(Pathé-Baby) 영사기, 이듬해에는 촬영기 수입
이 시작되어, "여러 해 닫혀 있던 활동사진의 대문이 열리"고 "아마추
어 영화계의 유행"이 시작된다[40]. 파테 배비란 9밀리 반의 필름으로
1초 14컷으로 이루어진 영화의 양식이다[그림 6].

[그림 6] 파테 배비 광고. '초심자용 활동사진기의 대권위'라는 광고문. 촬영용, 상영용이 나란
히 광고되어 있다(『아사히 신문』 1924.11.22.).

아마추어에 의한 영화 단체는 조금 나중 데이터가 되지만, 1932년

시점에서 70개 이상이 있었으며 만주 등 외지의 것이나 신문사가 주최하는 대학 내 설치도 눈에 띈다. 1926년에는 제1회 도쿄 배비 시네마 구락부가 주최한 〈9밀리 반 촬영 경기 대회〉가 열렸다. 1930년 전후에는 이 구락부가 주최한 경기 대회도 '자유 영화', '교육 영화', '유성'이라는 세 부분으로 이루어져, 다른 아마추어 구락부 주최뿐 아니라 신문사나 사진 잡지, 제약 회사 주최의 것이나 외지에서 이루어진 '만주' 개최도 있다.

영화 입문서로는 가장 빠른 것으로 가에리야마 노리마사(歸山教正)의 『활동사진극의 창작과 촬영법』(1917)이 있다. 여기에는 애니메이션 제작법이 트릭 촬영의 일종으로 간단히 설명되어 있다. 반면 요람기 애니메이션은 어린이를 위한 작품이 많아 가정과 밀접하게 연결돼 있었다. 가정에서의 영화 감상은 현재와 마찬가지로 아이들이 편한 자세로 볼 수 있고 영상을 빨리 내보내거나, 때로는 창작하기도 하는 등 아이들이 능동적으로 참여할 수 있는 것이었다[41].

〈활동사진〉(작자 미상, 35mm, 1분[루프], 50컷, 검정 빨강 2색 스텐실)은 메이지 후기에 만들어진 현존하는 일본산 최고의 애니메이션 필름이다. 세일러복을 입은 소년이 등 뒤를 돌아보며 '활동사진'이라고 쓰고 정면으로 다시 돌아서 모자를 벗고 인사한다는 내용이다. 이러한 루프형 애니메이션은 필름에 그림을 직접 인쇄하여 만들어졌으며, 가정 내에서 환등 겸용 영사기로 상영되었다[42]. 환등이란 에도 시대부터 지속된 그림 복사 문화와 서양에서 건너온 매직 랜턴이 융합된, 사진 복사나 손그림 슬라이드를 상영하는 프로젝션 미디어이다. 메이지 20년대, 스텐실(틀종이 위의 그림 부분을 오려내고 위에서 솔로 물감을 칠하는 기법)을 통한 저렴한 환등이 판매되며 아이들의 인기를 끌었고, 그러한 환등 기술이 루프형 애니메이션에 응용되었다[43].

〈활동사진〉의 작자가 불분명한 것은, 이것이 무명 제작자에 의한 것이기 때문이다. 요람기 애니메이션이 먼저 '무명 제작자'에 의해 '가정'이라는 장과 결부되어 만들어졌다는 사실은 중요하다. 왜냐하면 다이쇼 시대 중기 이후 루프형 애니메이션을 대신하여 '완구 영화', '소형 영화'가 가정용 영화에서 주류를 이루게 되는데, 거기서도 무명의 제작자들에 의한 작품이나 '쇼짱(正チャン)', '노라쿠로(のらくろ)[101]', '미키마우스' 등 '해적판'이 많이 제작되기 때문이다([그림7]).

[그림 7] 완구 영화 〈노라쿠로 도깨비 중위와 미키마우스 연극 소동〉(오타 요네오 · 마쓰모토 나쓰키, 「완구 영화와 필름 아카이브에 관하여」, 『예술』 25, 오사카예술대학, 2002, p.172).

단카, 하이쿠, 센류 등 근세 이전에 성립된 창작 취미를 가진 아마

---

101) 다가와 스이호(田河水泡, 1899~1989)의 연재 만화이자 주인공의 이름. 노라쿠로가 군대에서 실패를 거듭하면서도 승진해 가는 이야기 만화로, 군국주의 색채가 상당히 짙다.

추어들은 언문일치에 의한 소설, 회화, 영화, 사진, 만화, 애니메이션과 같은 근대 미디어에 이르며, 그러한 창작도 시민 생활 속으로 파고든다.

메이지 시대 말에는 스케치와 수채화 입문서, 다이쇼 시대 후기에는 만화 그리는 방법의 간행도 시작된다.

소세키의 아마추어론

"지금 세상", 즉 현재를 "초심자"가 "책을 쓰고", "그림을 그리"며, "소설을 짓고", "무대에 서"는 시대라고 단언한 것은 나쓰메 소세키이다. 그 소세키가 말하는 "지금 세상"이란 1914년 초두이다.

소세키가 이러한 견해를 보인 것은 1914년에 발표한 「초심자와 숙련자」라는 평론이다. 숙련자란 일본어로 '黑人'이라고 쓰고 '구로토'라 읽으며 지금은 '현인(玄人)'이라는 글자를 쓰는 경우가 많다.

이 평론에서도 언급되고 있지만, '구로토'라는 어감은 협의로 사교를 직업으로 삼는 여성들을 시사하지만, 소세키는 표현 영역에 있어서 아마추어와 대비가 되는 말로서 '구로토'를 쓰고 있다. 즉, '본직'과 동의어다. 일반적으로 숙련자는 초심자보다 상위에 있다고 여겨지는 것을 먼저 이야기하고, 그다음 소세키는 '숙련자와 초보자의 위치'의 '전도'를 주장하는 것이다.

그 논리를 확인해 두겠다. 소세키의 '숙련자/초심자'론은 그에게 가부키 배우가 방문했던 일화에서 시작한다. 한편으로는 그들의 '예능'을, 다른 한편으로는 '숙련자' 여성을 인용하면서도, 그것은 "그들에게 고유한 것이 아닌" "누구라도 흉내 낼 수 있는 공유적인 것"이라고 지적한다. '숙련자'가 스스로 근거로 삼는 '예능'은 "단순히 기교라는 두 글자로 귀착"된다고 극히 신랄하게 비판한다.

소세키는 '숙련자'의 '예능'을 "윤곽"과 "국부", 즉 전체와 세부의 관계로 비유하면서 이렇게도 비판한다. 즉, '숙련자'의 '예능'은 "대에서 소", 풍경으로 비유하자면 그것은 "대로"에서 하나하나의 "골목"으로 파고든 것과 같아서 "얕은 곳에서 깊은 곳", "상부에서 내부"로 "입체적"으로 "돌진한" 것이 아니라고 한다. 즉 소세키는 '숙련자'의 '예능'을 표층적인 '세부'에 대한 구애와 집적이라 파악하고, '입체적' 즉 인간의 내적인 영역으로 심화해 간 것은 아니라고 한다. 단순한 세분화를 전문성의 '깊이'라고 주장하는 것은 "숙련자의 일루전"이라고 단언하는 것이다.

이러한 소세키의 주장의 전제가 되는 것은, 예를 들어 뎃칸이 간행한 『묘조』가 그랬듯이, '고전'이 규정해 온 틀이나 양식에서 탈각하여 '나' 혹은 '개인'을 표현의 근간에 둔다는 '근대'적 사고방식이다. 그래서 소세키는 '초심자'가 '숙련자'보다 뛰어난 것은 "자기에게는 진지하게 표현의 요구가 있다"는 것이 표현자의 조건이기 때문이라고 말한다.

> 주어진 윤곽을 시인하고 이를 깨뜨릴 수 없는 것이라고 체념한 이상, 그가 하는 일의 자유로움이란 결국 아주 좁은 사이를 맴돌고 있는 것에 불과하다. 그러니까 재래의 틀이나 법칙을 토대로 하여 성립하고 있는 보수적인 예술이 되면 개인의 자유는 거의 말살당한다.[*44]

이처럼 소세키는 "개인의 자유"를 형식화되고 경직된 양식으로부터의 자유라고 강하게 주장하는 것이다. 그리고 "신성하며 어겨서는 안 된다"는 "약속하에 성립"하는 예술로부터 자유로운 '초심자'는 그러한 까닭에 새로운 영역의 '창업자'일 수 있다고 결론짓는 것이다.

'숙련자'는 제도나 양식의 '수성자'이지 새로운 영역의 '창업자'일 수
없다. 그것이 소세키가 말하는 '숙련자와 초심자'의 '전도'이다.

아마추어와 비평

이렇게 보았을 때, 소세키에게 있어서 '초심자'란 표현하는 근거로
서의 '자유'가 '개인'을 가지고 발로하는 사람들이 되는 셈이다. 그것은
근대적 개인이라고 불러도 무방한 것으로, 소세키는 그 탄생과 확대를
다이쇼 시대 초두의 표현하는 초심자들에게서 발견한 것이다.

그리고 1910년대, 즉 다이쇼 시대를 통해서 소세키가 말한 것처럼,
'책'이나 '가부키'나 '소설'이라는 종래의 영역에 머무르지 않고 다양
한 영역으로 표현하는 '초심자'들이 등장하고 확대되어 간다. 그 '초
심자'의 확대, 바꿔 말하면 '초심자'의 대중화를 알기 쉽게 나타내는
것은, 1926년 6월에『도쿄 아사히 신문』이 연재한 칼럼「여름의 아마
추어」이다. 그 첫 회에는 이끄는 구절로 이렇게 되어 있다.

> 풀, 나무, 물, 바람, 산, 빛, 사람--여름철은 뭔가 새로우면서 색다른
> 생활 기분을 유발시킨다. 여름의 아마추어! 처음으로 스스로 그것을
> 시도하는 것도 일종의 흥미가 아닐까? 전문가 영역에 있는 사람들, 혹
> 은 초심자의 경지를 즐기는 사람들, 그 다종다양한 방면과 소재를 자유
> 롭게 선택하여 푸른 잎의 아침 의자, 단적인 설화 속에 그 진수의 암시
> 를 부여받아 보자.[*45]

즉, 여름을 향한 '취미'로서 다양한 영역의 '아마추어'라는 사람들
을 계몽하려는 것이다. 이 칼럼 시리즈에서 다룬 아마추어의 영역은
①스케치 ②목조 ③영화 ④사진 ⑤각본 ⑥음악 ⑦수필 ⑧시와 동요,

⑨하이쿠 ⑩부채 컬렉션 ⑪무도시 ⑫가창 ⑬아이들 연극 ⑭초심자 목수 ⑮광물 채집 ⑯장기 ⑰새 사육, ⑱우타이(謠) ⑲단카 등으로 다양하다. 컬렉션과 같은 '취미'도 '아마추어'에 포함된 한편, '영화'와 '각본'은 '쓰는' 것이 아니라 '보고' '읽는' 것의 노하우를 말한다. 이 연재 칼럼의 '영화' 회차는 무라야마 도모요시(村山知義)[102], '각본' 회차는 오사나이 가오루(小山内薫)[103]가 필자임을 감안하면, 그 의도는 명백하다.

'영화'에 대해서는 파티 배비의 발매 직후이며, '영화'를 만드는 '초심자'의 등장 전야이다. 그 한편으로 '영화'를 보는 사람들 가운데에서 '비평가'가 등장하는 시기이기도 하다. 영화 잡지가 속속 창간되고 영화 비평과 팬 동인지도 등장한다. 그렇게 영화를 논하는 아마추어를 상정해 무라야마는 영화 기법을 바탕으로 한 심미의 기준을 설파했다.

한편, 오사나이의 문장은 잡지에 읽을거리로서 각본이 게재되는 경우가 많아진 것을 반영하여 상연 이미지를 각본으로부터 어떻게 읽어 내느냐가, '읽을거리'로서의 즐기는 방법에 일조한다고 했다. 오사나이는 후술할 '공공극'이라고 부르는 '초심자'가 스스로 상연하는 연극의 계몽으로서 '각본 읽는 법'을 설파하고 있음을 알 수 있다.

---

102) 무라야마 도모요시(村山知義, 1901~1977). 극작가, 연출가, 소설가. 독일 유학 중 표현파의 영향을 받아 독일 표현주의 운동을 소개하였고 미술 단체를 조직하였다. 새로운 표현파적인 프롤레타리아 연극 운동을 실시하였고 추상적이고 기하학적인 무대 장치를 한 것으로 이름이 알려졌다.

103) 오사나이 가오루(小山内薫, 1898~1959). 메이지 말부터 다이쇼·쇼와 초기에 활약한 극작가, 연출가, 비평가. 일본 연극계의 혁신에 그 반생을 바친 '신극의 아버지'로 불린다. 1909년 '자유 극장'을, 1922년에 히지카타 요시(土方与志) 등과 '쓰키지 소극장'을 설립하여 신극 운동에 힘썼다. 희곡으로 『제1의 세계』, 『아들』 등이 있다.

이들은 비평이나 텍스트 해석론이 '아마추어' 영역에서 필요하다는 사정을 드러낸다.

이러한 '아마추어'의 확대는 말할 것도 없이 경제적인 중산층의 확대나 다이쇼 데모크라시에 의한 개인의 존중과 호응하고 있는데, 무엇보다 '초심자', '아마추어'가 근대의 인간에 대한 이념으로서 존재했다는 것이 중요하다.

영화 〈아마추어 구락부〉와 공공극

1920년 소설가 다니자키 준이치로(谷崎潤一郎)는 영화회사 다이쇼 활영(大正活映)의 고문이 되어 영화 〈아마추어 구락부〉의 각본을 담당한다. 이 영화는 다이쇼 시대 말기, 즉 1920년대 즈음에 시작되는 '영화'를 소설이나 만화라는 표현의 새로운 틀로 삼으려는 문화사상 흐름의 기점 중 하나이며, 동시에 전후 만화 연출론을 규정해 나가는 콘티뉴이티가 채택된 점에서도 문화사나 영화사에 그치지 않는 의미를 지니고 있다.

그러나 여기서는 제목 〈아마추어 구락부〉에 주의를 기울이고자 한다. 이는 피서지 가마쿠라(鎌倉)의 별장에 와 있던 젊은이들의 '초보 연극'을 둘러싼 좌충우돌이며, 그 초심자 극단명이 〈가마쿠라 아마추어 구락부〉이다.

연극에서 아마추어라는 문제를 적극적으로 주장한 것은 쓰보우치 쇼요의 '공공극'이다. 쓰보우치는 자치 단체나 학교, 교회 등 공공 단체를 모체로 하고 거기에 참여하는 것이 "자발적으로 또한 자각적으로 자신들을 위해" 실시하는 예술이라며 '공공 예술'을 제창했다. 특히 '공공극'을 그중의 핵심으로 규정했다. 공공극이란 배우, 각본, 감독부터 무대 장치, 의상, 데스크 워크와 이면까지를 아마추어가 '분

업적 협동'으로 수행하는 것이다.[*46]

쓰보우치는 애초 '대중문화'를 "능동적으로 참여하는 오락"으로 위치 지었고 그것은 "문예상 데모크라시"라고도 주장했다. 당초 공공극은 바로 아마추어가 공공성을 담당하는 다이쇼 데모크라시적 이념의 실천으로 주창되고 있다. 이러한 문맥에서 비로소 영화 〈아마추어 구락부〉에서 초보 극단의 위상을 알 수 있다.

이 시대는 1900년대 문예지에서 '투고의 시대'가 시작된 것과 마찬가지로 근대의 많은 새로운 미디어 표현에서의 '아마추어 시대'라 해도 과언이 아니다.

이러한 '아마추어의 참여'의 하나의 집대성이, 다이쇼 데모크라시다. 민중을 뜻하는 '데모스'와 '권'력을 뜻하는 '크라토스'로 구성된 '데모크라시'는 보통 선거라는 아마추어의 정치 참여 기운을 낳았다.

그러한 기운 속에서 개인이 사회에 참여하는 것이 가능한가 하는 다이쇼 데모크라시의 사회 실험이라고 할 수 있는 움직임이 두 작가에 의해 이루어졌다. 하나는 아리시마 다케오(有島武郎)[104]가 1922년 홋카이도(北海道) 가리부토(狩太)(니세코마치[ニセコ町])의 아리시마 농장을 소작인들에게 개방한 것, 또 하나는 그보다 이른 1918년에 무샤노코지 사네아쓰(武者小路実篤)[105]가 미야자키현(宮崎県) 내에 '새로운 마을(新しき村)'[106]을 건설한 것이다.

---

104) 아리시마 다케오(有島武郎, 1878~1923). 소설가. 가쿠슈인(学習院) 중등과 졸업 후 농학자에 뜻을 두고 홋카이도 삿포로 농학교에 진학하여 기독교 세례를 받는다. 1903년 도미하여 경제학을 배우고 귀국한 후 시가 나오야나 무샤노코지 사네아쓰 등과 함께 동인지 『시라카바(白樺)』에 참가하였다.

105) 무샤노코지 사네아쓰(武者小路実篤, 1885~1976). 소설가, 시인, 극작가, 화가. 화족 출신으로 톨스토이에 열중하여 『시라카바』 창간에 참가하였다. 인도주의 문학을 창조하고 새로운 마을을 건설하여 실천 운동을 벌였다.

아리시마는 단순한 토지 분배가 아니라 소작인들의 '자유로운 조합'에 의한 공동 농장을 꿈꾸었고 무샤노코지는 여덟 시간(나중에 여섯 시간)의 공동 노동과 함께 여가 시간에 회화나 연극 등의 창작, 바로 아마추어 활동을 할 것을 제창했다. 그 목표는 미묘하게 다르지만, 모두 개인과 사회를 둘러싼 실증 실험이다. 이러한 유토피아 사상은 그 성패를 떠나 그것이 실행된 데서 '개인'과 '아마추어' 시대로서의 이 시대의 달성을 찾을 수 있을 것이다.

그리고 이 '아마추어'에 의한 공공성이라고 할 만한 희망의, 부정적인 측면이 드러나는 사건이 간토 대지진에서 일어나는 것이다.

원저자 주

*1 鈴木洋仁, 「「元号」の歴史社会学 戦後日本における歴史意識の変容」, 博士論文, 2017.
*2 尾崎秀樹, 『大衆文学の歴史 上 戦前篇』, 講談社, 1989.
*3 久米邦武, 「勧懲の旧習を洗ふて歴史を見よ」, 『史学会雑誌』 2編 19号, 1891.
*4 兵藤裕己, 『太平記〈よみ〉の可能性 歴史という物語』, 講談社, 2005.
*5 長谷川天渓, 「幻滅時代の芸術」, 『太陽』 1906.10.
*6 전게 주 4.
*7 古川隆久, 『建国神話の社会史－史実と虚偽の境界』, 中央公論新社, 2020.
*8 長山靖生, 『偽史冒険世界 カルト本の百年』, 築摩書房, 1996.
*9 村井紀, 『南島イデオロギーの発生 柳田国男と植民地主義』, 福武書店, 1992.
*10 横田順彌, 『近代日本奇想小説史』, PILAR PRESS, 2011.
*11 パーシバル・ローエル 著, 川西瑛子 訳, 『公論選書8 極東の魂』, 公論社, 1977.
*12 小泉八雲 著, 平井呈一 訳, 「前世の観念」, 『全訳小泉八雲作品集』第7巻, 恒文社,

---

106) 무샤노코지 사네아쓰가 '인류애'를 기반으로 한 박애를 주장한 톨스토이의 영향을 받아 '인간다운 생활'과 '자기 자신을 살릴 것'을 이념으로 삼고 1918년 미야자키현 고유군에 세운 마을로 당시 일본에 큰 파장을 불러일으키게 된다.

1964.

*13 小泉八雲 著, 平井呈一 訳, 「勇子－ひとつの追憶」, 『全訳小泉八雲作品集』 第7巻, 恒文社, 1964.

*14 細馬宏通, 『浅草十二階 塔の眺めと〈近代〉のまなざし』, 青土社, 2001.

*15 大塚英志, 『怪談前後 柳田民俗学と自然主義』, 角川学芸出版, 2007.

*16 二葉亭四迷, 「余が言文一致の由来」, 『文章世界』, 1906.5.

*17 江藤淳, 『リアリズムの源流』, 河出書房新社, 1989.

*18 水野葉舟, 『明治文学の潮流』, 紀元社, 1944.

*19 전게 주 15.

*20 堀啓子, 『日本ミステリー小説史－黒岩涙香から松本清張へ』, 中央公論新社, 2014.

*21 坪内逍遙, 「英国小説之変遷」, 『新小説』, 1889.6.

*22 高橋修, 「近代日本文学の出発期と「探偵小説」－坪内逍遙・黒岩涙香・内田魯庵」, 吉田司雄 編著, 『探偵小説と日本近代』, 青弓社, 2004.

*23 柳田國男, 「読者より見たる自然派小説」, 『文章世界』 第3巻 5号, 1908.

*24 正岡子規, 「叙事文」, 『日本付録週報』 1900.1.29.

*25 黒田清輝, 「洋画問答」, 大橋乙羽 編, 『名流談海』, 1899.

*26 国木田独歩, 「自然を写す文章」, 『新声』 1906.11.

*27 高浜虚子, 『俳句の五十年』, 中央公論社, 1947.

*28 紅野謙介, 『投機としての文学－活字・懸賞・メディア』, 新曜社, 2003.

*29 전게 주 17.

*30 木股知史, 『画文共鳴－『みだれ髪』から『月に吠える』へ』, 岩波書店, 2008.

*31 大塚英志, 『ミュシャから少女まんがへ 幻の画家・一条成美と明治のアール・ヌーヴォー』, KADOKAWA, 2019.

*32 与謝野鉄幹, 「創刊の辞」, 『明星』 第1号, 1900.

*33 芳賀徹, 『みだれ髪の系譜』, 美術公論社, 1981.

*34 전게 주 31.

*35 並木誠士・松尾芳樹・岡達也, 『図案からデザインへ－近代京都の図案教育』, 淡交社, 2016.

*36 清水勲, 『漫画の歴史』, 岩波書店, 1991.

*37 桑野正夫, 『ジゴマ』, 有倫堂, 1912.

*38 전게 주 23.

*39 光田由里, 『写真, 「芸術」との界面に 写真史一九一〇年代―七〇年代』, 青弓社, 2006.

*40 大伴喜祐, 『パテー・シネ』, 古今書院, 1932.

*41 福島可奈子，「玩具映画産業の実態とその多様性：ライオン、ハグルマ、孔雀、キング、朝日活動、大毎キノグラフ」，『映像学』101，2019.

*42 松本夏樹，津堅信之，「国産最古と考えられるアニメーションフィルムの発見について」，『映像学』76，2006.

*43 松本夏樹，「映画渡来前後の家庭用映像機器：幻燈・アニメーション・玩具映画」，岩本憲児 編，『日本映画の誕生』，森話社，2011.

*44 夏目漱石，「素人と黒人」，『東京朝日新聞』1914.1.7〜12.，『漱石全集 第十六巻』，岩波書店，1995.

*45 「夏のアマチユア」，『東京朝日新聞』1926.6.8.

*46 坪内逍遙，「理論の事業化とお祭り気分の厳粛化」，『早稲田文学』，1921.2.

【칼럼】

파노라마의 경험

─허구화되는 전장─

야마모토 다다히로

파노라마라는 가상

현대에 파노라마라는 단어에서 상상되는 것은 가로로 길게 펼쳐진 광경이다. 예를 들면 아이폰의 카메라에 딸린 '파노라마' 기능은 촬영 버튼을 누른 뒤에 카메라를 평행으로 횡이동함으로써 파노라마 사진을 생성한다. 하지만 실제로는 여러 사진이 실시간으로 한 장으로 합성된 가상적인 '파노라마' 사진이다.

파노라마란 1787년에 영국에서 로버트 파커가 특허 취득한 발명품인 파노라마관에서 유래한 단어이며, 당초에는 '자연을 한눈에'라고 명명되었다. 파노라마관은 360도로 단락이 없이 그려진 그림을 안쪽에 매단 원형상의 건축물이며, 구경꾼은 원형의 중심에 놓인 관람대에서 빙그르르 그림에 둘러싸인 상태로 가상적 공간을 즐기는 구경거리였다.

[그림 1]은 아사쿠사 공원에 있던 일본 파노라마관의 외관과 내관이다. 파노라마관의 내벽에는 청일 전쟁의 '평양 전투'를 그린 〈일청전쟁 평양 공격도(日清戦争平壤攻擊図)〉가 관람대에 북적이는 구경꾼

을 둘러싸듯 매달려 있다.

　기둥에는 동서남북의 방향이 붙어 있는 것처럼, 관람대에서 바라
보는 전장이 실제의 전장으로 가구되어 있다. 전장의 현전성을 유지
하며 구경꾼을 몰입시키기 위해 다양한 고안이 깔려 있다. 예를 들어
관람대에서는 파노라마 그림이 매달려 있는 위 아래 부분이나 파노
라마 그림과 지면의 접합면이 보이지 않도록 되어 있다. 관람대 중앙
에 있는 계단은 건물 입구에서 이어지는 길고 어두운 복도로 이어져
있으며, 밝은 관람대에 도착하면 시각의 암순응에서 명순응으로 향
하는 반응을 일으킨다. 이 동선도 가상적인 현실 공간을 만들어 내는
일단이 되고 있다.

[그림 1] 〈파노라마관의 그림 – 신선 도쿄 명소 도회 제1편 우에노 공원지부 상〉(『풍속화보』
임시 증간, 1896[메이지 29].9.).

파노라마가 지표하는 것은 그 유래부터 가상적인 광경이다. 자연의 산들이 이어지는 광경을 파노라마라고 형용할 때, 우리는 눈앞에 펼쳐진 자연에 결부시켜, 혹은 가공함으로써 파노라마라는 단어를 사용하고 있는 것이다. 이러한 '전도'는 파노라마관이 일본에 수입된 후에도 마찬가지로 일어나고 있으며, 파노라마관의 경험을 매개로 시각에서의 리얼리즘의 변용을 확인할 수 있다. 그렇다면 파노라마관의 시각 경험이나 그 변용이란 어떠한 것이었는가.

일본에서의 파노라마관과 근대화

1890년(메이지 23), 우에노 공원에서 개최된 제3회 내국 권업 박람회에 맞춰 우에노 파노라마관, 이어서 아사쿠사 공원에 일본 파노라마관이 세워졌다. 이듬해에는 오사카의 난바, 교토의 신쿄고쿠에 파노라마관이 개관하였으며 시코쿠, 규슈 등 전국 각지에 차례차례 세워졌다. 일본 최초의 파노라마관이 개관했던 우에노 공원은 1876년(메이지 9) 5월에 일본에서 처음으로 공원으로 등록되었으며 이듬해에는 제1회 내국 권업 박람회가 개최되는 등 서양 근대적인 문화를 수용하는 장소였다. 건설의 계기가 된 내국 권업 박람회 자체도 그때까지의 구경거리적인 박람회으로부터의 탈각을 노리며, 식산흥업을 추진할 목적으로 개최되게 되었다.

하지만 일본 파노라마관은 20년 후인 1910년(메이지 43)에 폐관하였고, 메이지 말에는 일본에서 파노라마관이 모습을 감춘다. 현존하는 국외의 파노라마관과는 달리, 대부분이 목조여서 항구적인 건축이 아니었던 점도 큰 이유의 하나지만 근대의 산물인 사진이나 활동사진의 사회적 수용도 그 요인이 되었다.

[그림 1]의 파노라마화의 화제가 되기도 했던 1894년(메이지 27)의

청일 전쟁과 1904년(메이지 37)의 러일 전쟁 보도에서 사진 사용의 비율은, 후자가 현격하게 높았다. 청일 전쟁 당시는 화가가 그린 니시키에가 아직 보도의 중심이 되었으나 사진의 인쇄 기술도 향상되었기에 점차 니시키에는 사진으로 대체되었다. 또한 마침 파노라마관의 개관과 폐관은, 활동사진이 일본에서 처음 상영되어 흥행이 시작되었고, 1903년(메이지 36)에 도쿄(아사쿠사 전기관), 1907년(메이지 40)에 오사카(센니치마에[千日前] 전기관)에서 영화관이 개관하는 시기와 겹쳐진다. 즉, 사진이나 활동사진 같은 신흥 미디어가 지닌 리얼리즘이나 움직임에 의한 현전성이 대중화되어 가는 과정과 파노라마관의 활동/쇠퇴가 병행하고 있는 것이다.

이처럼 구경거리에서 박람회, 니시키에에서 사진, 활동사진의 융성 같은 문화적 측면뿐만 아니라, 파노라마관의 활동 기간인 메이지 20년 무렵부터 40년 무렵에 걸친 20년 사이에는 일본이 정치적으로도 경제적으로도 근대화라는 변용을 극적으로 경험해 나갔던 시기이기도 하다. 파노라마관은 단명에 그쳤음에도 근대화를 상징하는 메디움이었다.

이 근대적인 장치로서의 파노라마관이 그때까지 없었던 현실감을 동반하는 시각적 경험을 대중에게 안겨 주고, 제재였던 전장/전쟁과 결부시켰던 것이다.

파노라마의 경험

다야마 가타이는 파노라마라는 단어를 문장 속에 다수 사용하였다. 예를 들면 『주에몬의 최후(重右衛門の最後)』(1902[메이지 35])에서는 "지금까지 넘어 왔던 산과 산 사이의 길이 지도에서도 보듯이 분명히 지시되어 있음과 동시에, 이 작은 봉우리에 가로막혀 볼 수 없었던

전면의 풍경도 갑자기 파노라마라도 마주한 듯 자신의 눈앞에 확 펼쳐졌다"라며 나가노(長野)의 산들을 파노라마로 형용하고 있다. 혹은 시마자키 도손(島崎藤村) 『파계(破戒)』(1905[메이지 38])에는 신슈의 경치를 '파노라마'로 보는 대목이 있다.

어느 쪽이건 파노라마관의 시각적 경험을 통해 얻을 수 있었던 감각을 눈앞에 펼쳐진 광경에 대해 사용하는 것인데, 인공물인 파노라마관은 현실=자연을 모방한 것임에도 불구하고, 그 입장이 파노라마라는 단어로 인해 '전도'되고 마는 것이다. 그 전도는 "그저 자연의 경치와 꼭 닮게 재현된 그림을 보는 것이 아니라, 그림과 실체를 실마리 삼아 보는 이 스스로가 심도를 구성"함으로써, 파노라마 그림에 그려진 인물과 관람대와 그림 사이에 놓인 실물을 구별하기 어렵게 된다는 체험에 의해 일어날 수 있는 것이다.[*1]

파노라마관에는 360도의 파노라마 그림뿐만 아니라, 관람대에서 파노라마 그림까지의 사이에는 생인형(生人形)이나 모형 등의 디오라마에 의해 실제의 지면이 가상적으로 구축되며, 천장에서는 얇은 천을 투과한 빛이 파노라마 그림에 그림자를 드리우지 않도록 설계되어 있다. 만들어진 현실이라는 것을 되도록 은폐하고 구경꾼을 몰입시키기 위한 장치이다.

실제로 네덜란드 덴하그에 현존하는 파노라마관 '파노라마 메스타그'에서도 마찬가지의 조작이 이루어져 있으며, 인공의 사물임을 이해하면서도 파노라마관의 장치에 원근의 감각이 뒤흔들리고 마는 것이다. 즉, 파노라마 그림이 원주상에 배치되어 있을 뿐만 아니라, 구경꾼에 대한 주도면밀한 장치가 반쯤 강제적으로 시각의 가상화를 촉진하는 것이다.

또한 건축물 내부의 가상적인 경험이라는 공통점에서, 파노라마관은 영화의 전사로서 자리매김된다. 하지만 360도의 파노라마 그림을 보기 위해서는 관람대를 돌아다녀야만 한다는 '신체적 동성(動性)'을 필요로 하는 파노라마관에 비해, 활동사진/영화는 신체가 구속되는 대신 영상이 움직임으로써 '시각적/창조적 '동성''이 부여된다.*2

즉, 파노라마관에서의 시각적 경험은 시각만의 변용이 아니라, 경험의 계기나 과정에 있어서 시각 이외의 구경거리적인 장치나 신체성이 불가결하며, 360도의 그림, 모형, 소개말 등 각각의 어트랙션이 통합됨으로써 파노라마의 경험이 전도를 일으켰다고 할 수 있을 것이다.

이와 같은 경험을 통해 사람들이 수용했던 것은 많은 파노라마관이 허구하는 제재로서 채용했던 전장/전쟁이었다.

파노라마의 양의성과 전장/전쟁

모조품이라는 것을 알면서도 가공된 현실에 몰입하고 만다는 허구/현실의 양의성은, 파노라마관이 상징하는 근대화를 지향하던 당시의 일본에서 배제해야 할 구경거리가 지닌 어트랙션으로서의 리얼리즘이다. 하지만 파노라마관은 이러한 양의성을 유지한다는 모순을 안고 있다.

[그림 1]에서 제시한 1896년(메이지 29), 일본 파노라마관에 걸린 파노라마 그림 〈청일 전쟁 평양 공격도〉의 제작자인 서양화가 고야마 쇼타로(小山正太郎)1)의 제작 과정은, 전장의 재현에 임하여 이러한 모순을 잘 나타내고 있다.

---

1) 고야마 쇼타로(小山正太郎, 1857~1916). 메이지 시대 일본의 무사, 서양화가. 실제 작가로서보다 교육자로서 유명하다.

　고야마는 현실의 전장을 재현하기 위해, 파노라마 그림을 놓고 "소설적으로 쓸 것인가 역사적으로 쓸 것인가 하는 문제"에 대해, "역사적으로 쓸" 것을 선택하여, 관람대를 전장의 사령부가 놓인 장소로 설정하고 화면의 시간도 실제 전장의 시간으로 한정했다. 한편으로 몇 개의 그림을 이어 붙임으로써 360도의 파노라마 그림이 되는데, 구경꾼의 시점을 집중시키는 주안점을 설정함으로써 이음매를 느끼지 못하도록 궁리하거나 "필요한 도구와 그림의 관계"에 있어서 "실물 옆에서는 그림을 크게 그리는 것"으로 화면과 실물의 경계를 모호하게 만드는 "거짓말"도 했던 것이다.[*3]

　즉, 고야마는 파노라마의 양의성에 의해 모순을 품었던 제작 방법으로 전장을 그릴 필요가 있었다. 왜냐하면, 전장은 '교육'을 위한 파노라마 그림의 제재로서 시대에 부합했기 때문이다. 1889년(메이지 22)에 대개정된 징병령으로 시작된 '국민의 상무 사상을 장려'하는 일이, 당시의 미술계에 있어서의 일본 미술사 성립 과정 안에서, 서양화가들이 그려야 할 것에 대한 대의를 부여했다는 것도 큰 요인이었다.

　이 허구/현실이라는 양의성의 내포야말로 단명에 그쳤던 점까지 포함하여, 근대화의 틈새에서 흔들리는 대중문화 속의 파노라마관이 지닌 특이성일 것이다. 회화의 액자라는 창문을 통해 내부 공간으로 뛰어든다는 그때까지의 구경거리와의 사이에 일선을 긋는 임장감과 모조품이라는 자각 사이에서 흔들리면서도, 심도를 느끼게 만들고 마는 장치, 몰입할 수밖에 없는 파노라마관에서 대중은 가상적으로 전장을 경험해 버린 것이다. 구경거리와 잔혹성은 떼어낼 수 없는 관계라고 하더라도 말이다.

　이러한 파노라마 내부에서의 경험이 외부를, 국외를 향한 지향으로 이어진다. 간토 대지진을 거쳐 전장/전쟁을 파노라마로서 바라보

는 것은 다른 메디움, 예를 들어 전시하의 아동용 만화로도 이어져
나가는 것이다.

원저자 주

*1   細馬宏通, 『浅草十二階 塔の眺めと〈近代〉のまなざし』, 青土社, 2011.

*2   加藤幹郎, 『映画館と観客の文化史』, 中公新書, 2006.

*3   木下直之, 『美術という見世物 油絵茶屋の時代』, 平凡社, 1993.

참고문헌

하시즈메 신야(橋爪紳也), 『메이지의 미궁 도시 도쿄·오사카의 유락 공간(明治の迷宮都
　　市 東京·大阪の遊楽空間)』, 平凡社, 1990.

오쓰카 에이지(大塚英志), 『미키의 서식 전후 만화의 전시하 기원(ミッキーの書式 戦後
　　まんがの戦時下起源)』, 角川学芸出版, 2013.

베르나르 꼬망(ベルナール·コマン), 『파노라마의 세기(パノラマの世紀)』, 摩書房, 1996.

이와모토 겐지(岩本憲児), 『환등의 세기 영화 전야의 시각 문화사(幻燈の世紀 映画前夜
　　の視覚文化史)』, 森話社, 2002.

화공과 화가

─광고의 도안 제작자들─

마에카와 시오리

들어가며

1915년(다이쇼 4)의 『도쿄 아사히 신문』 1면을 살펴보자[그림 1]. 출판물의 문자 광고가 빼곡한 가운데, 동백꽃 무늬 기모노를 입고 눈이 커다란 엄마와 양장을 입은 아이들의 그림이 담긴 캐러멜 광고가 한층 눈에 띈다. 그것은 인쇄물을 무대로 가련한 여성상이나 어린이상으로 일세를 풍미한 삽화가 다케히사 유메지의 그림체를 어딘가 방불케 한다. 나아가 페이지를 넘기면 다른 상품 광고에서도 유메지풍의 미인을 흉내 낸 듯한 그림체를 쉽게 찾아볼 수 있다.

이처럼 당시의 신문, 잡지 등 인쇄 미디어를 집어 들면 수많은 광고 도안-도안이란 현재의 디자인을 의미하는 말이다-이 왕왕 인쇄 미디어에서 최신의 표현 기법을 공유하면서, 그 시각 면을 화려하게 수놓고 있음을 알 수 있다. 그러한 도안은 저명한 작자에 의한 것이라기보다는 무명의 작자들이 그린 것이 주류였던 것으로 보인다.

이 칼럼에서는 메이지 후기에서 쇼와 초기에 걸쳐 그래픽 광고의 도안을 담당했던 '무리로서의 작가'-그들은 종종 '화공(画工)'이라 불

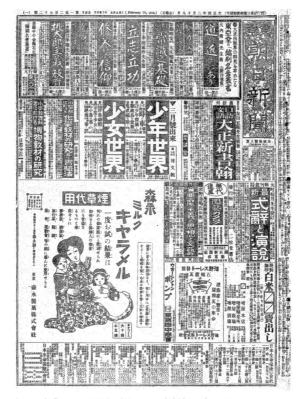

[그림 1] 『도쿄 아사히 신문』 1915(다이쇼 4).2.19.

렸다-에 대해 몇 가지 사례를 더듬으면서, 그 작자들의 윤곽을 포착
해 보고자 한다.

도안을 제작하는 화공

메이지 후기는 구미에서 들여온 새로운 인쇄 기술에 의해, 전통적
인 목판 인쇄에서 대량 기계 인쇄로 이행하는 과도기였다. 이윽고
대량 기계 인쇄의 도입이 진행되자, 서책이나 신문 잡지의 삽화나
도판, 그림 엽서, 광고에 이르기까지 인쇄물은 일상생활에서 흔해 빠

진 것으로 유통되게 된다. 이러한 복
제 문화의 침투로 인해, 도안 제작의
수요는 크게 높아졌다.

[그림 2] 『오사카 마이니치 신문』 1903(메이지 36).1.1.

이 신문 광고[그림 2]에서 보듯 우
키요에풍의 인물 묘사는 메이지 시
대의 광고 도안에서 전형적인 묘사
법의 하나였던 것으로 보인다. 근세
에 니시키에 등에서 활약했던 우키
요에 화가들은 메이지 시대에 들어
서 신흥 미디어인 신문 등으로 흘러
들어갔다. 그들은 사진 제판 도입 이
전의 인쇄물에서 시각적 정보를 맡
았으며, 신문 소설의 삽화나 뉴스에
곁들이는 컷 등을 작업했다. 이러한
삽화나 컷의 작품과 상통하는 광고
도안 역시, 그들 같은 일본화가들이
작업한 것으로 보인다.

[그림 3] 표지: 와다 에이사쿠 『하가키 문학』 제2권 제4호, 일본엽서회, 1905(메이지 38).4.

한편으로 메이지 후기에는 유럽에
서 신조류의 디자인인 아르누보를
본뜬 도안이 다양한 인쇄물을 석권
했다. 예를 들면 문예 잡지의 표지
그림이나 삽화에는 일본화가뿐 아니
라, 서양화의 소양을 지닌 젊은 화가를 주축으로 삼은 다채로운 면면
이 여성이나 식물을 흩뿌리고 굵은 곡선이 물결치는 아르누보풍 도
안을 작업했다[그림 3]. 이러한 도안의 표현은 물론 광고에서도 공유

되었다.

이러한 광고 도안을 제작했던 이 중 다수-무리로서의 작가-는 화공이라고 불렸어도 화가라고 불리지는 않았다. 메이지 후기의 미술 행정은, 응용 예술을 배제하고 순수 예술로서의 회화를 중심으로 '미술'을 정의하고자 하였다. 이 움직임과 궤를 같이하여, 지금까지 없었던 표현을 통한 오리지널리티 넘치는 회화 작품을 낳는 자율적인 예술가로서, 화가라는 직업 이미지가 정착되기 시작한다. 한편으로 응용 예술로서의 도안은 회화보다 한 단계 낮은 것으로 대접을 받았고, 미술의 경계선상에 자리매김되었다. 광고 도안은 어디까지나 인쇄물의 제작 중 한 공정으로, 광고의 목적에 맞춰 그려진 그림, 즉 작자의 오리지널리티가 반드시 요구되지 않는 그림으로 이해되게 된다. 그러한 도안을 제작하는 화공들은 화가를 의식하면서도, 그보다도 사회적 지위가 낮은 '환쟁이 나부랭이'로서, 애증이 엇갈리는 직능 의식을 띠게 된 것으로 생각된다.

도안을 제작하는 화가

다른 한편, 도안의 수요 상승은 화가라 불리는 사람들도 도안 제작으로 향하게 했다. 예를 들어 신파의 서양화 단체 하쿠바카이(白馬会)의 일원이었던 후지시마 다케지는 그 초기 화업에서 대중화하는 사회 속의 '미술'의 역할을 모색하는 가운데, 보다 가볍게 새로운 표현을 시도하기 위해 잡지 『묘조』의 삽화 외에 서책의 장정이나 그림엽서 등의 그래픽 디자인 작업에 힘썼다. 그는 아르누보 양식을 상징하는 알폰스 무하의 디자인을 방불케 하는 광고 도안도 시도하고 있다.

오사카 화단을 대표하는 일본화가 기타노 쓰네토미(北野恒富)[1]도 화가로서 걸음을 떼기 시작할 무렵, 일본 정판 인쇄 합자 회사(日本精

版印刷合資会社)에 의한 제1회 광고화 도안 현상 모집(1913[다이쇼 2])에 응모하여 1등을 수상했다. 이 수상은 광고 포스터의 도안 제작자로서만이 아니라, 화가로서의 지명도를 끌어 올렸다. 그는 광고 도안의 제작에 대해, 회화 제작과는 달리 오리지널리티를 버리고 대중에게 퍼지는 유행을 의식하여 사람들의 눈길을 끄는 것이 중요하다고 말했다.

복제 문화가 침투함으로써 거기에 삼켜지지 않기 위해 미술의 자율화가 촉구되었으며 화가의 아이덴티티가 양성되었다. 그런 한편 도안의 영역은 화가들의 재능을 간편하게 발휘하는 장으로서, 혹은 그 이름을 높여 생활의 양식을 얻기도 하는 장으로서 존재감을 키워나갔던 것으로 보인다.

디자인 교육 기관에서의 학생

도안의 영역 확대, 그리고 광고의 목적을 명확하게 하여 소비로 결부되는 디자인의 역할에 대한 각성은, 디자인 교육 기관 속의 도안가 육성으로도 이어졌다. 교토 고등 공예 학교(교토공예섬유대학의 전신 학교 중 하나)에서 실업에 관한 인재 육성을 목적으로 한 도안 교육도 그중 하나이다. 이 학교는 도쿄 공업 학교 공업 도안과(1899년[메이지 32] 설립)에 이은 일본에서 세 번째의 관립 도안 교육 기관으로서 1902년(메이지 35)에 창립되었다. 이러한 도안가 육성의 움직임은 광고의 제작 공정 중 도안 제작을 독립된 영역으로 자리매김할 것을 촉구했다.

---

1) 기타노 쓰네토미(北野恒富, 1880~1947). 메이지에서 쇼와 전기에 걸쳐 활동한 우키요에 화가, 일본화가, 판화가. 본명은 기타노 도미타로(北野富太郎).

[그림 4] 도키 준이치(土岐純一), 〈화양 문구 잡화 도키 상회(和洋文具雜貨土岐商会)〉, 1911 (메이지 44)(교토공예섬유대학미술관 공예 자료관 소장).

이 학교의 도안 교육에서는 식물 등을 스케치한 사생도를 간략화함으로써 도안을 창작하는 편화 수법이 교수되었다. 다른 한편, 서구의 도안 집 등을 이용해 기존의 도안을 모사하는 연습이 종종 실시되었다. 학생이 남긴 작례에서는 트레이스를 통해 원래의 도안을 정교하게 재현하려던 모습이 엿보인다. 또한 학생의 과제 제작 중에 포스터 도안[그림 4]이 있다. 아르누보풍으로 붓을 든 소녀의 프로필은 앞서 언급한 문예 잡지의 표지 그림[그림 3]과 공통된 특징을 지닌다. 따라서 여기에서도 착상, 모티프, 묘사법에 걸친 표현 기법이 공유되고 있었음이 엿보인다. 이처럼 디자인 교육 기관의 학생들 사이에서는 도안집이나 기존의 인쇄물을 모사함으로써 표현 기법을 몸에 익힌다는 제작 태도가 길러졌던 것이다.

기업에서의 도안가

메이지 후기부터 다이쇼기에 걸쳐 신문에서 광고 수입은 빼놓을 수 없는 존재가 되었으며, 광고에 있어서도 신문은 대중에게 어필할 절호의 미디어로 화했다. 이러한 자본주의에 뿌리를 내린 광고와 신문의 공범 관계 아래에서, 광고의 제작자는 신문 지면의 한정된 공간을 어떻게 고안할 것인지를 의식하게 되었다. 1904년(메이지 37)에 광

고 대행사 만넨샤(萬年社)가 광고 의장 담당을 신설하고, 1909년(메이지 42)에 미쓰코시(三越)²⁾가 도안부를 설치, 그 후 라이온 치약 본포(ライオン歯磨本舗)나 시세이도(資生堂)도 마찬가지의 부서를 설치하는 등 기업에서 도안 제작자의 필요성이 높아져 간다. 이러한 장은 디자인 교육 기관 학생의 진로와도 결부되어, 도안 제작을 직업으로 삼는 길이 점차 개척되었다.

서두의 광고[그림 1]는 모리나가 제과(森永製菓)가 광고부를 설치했던 무렵의 것이다. 모리나가 광고부의 도안 담당이 각종 도안을 부착한 것으로 보이는 1920년(다이쇼 9) 무렵의 스크랩북(사이타마 현립 구마가야 도서관[埼玉県立熊谷図書館] 소장)이 남아 있다. 그 안에, 신문이나 문안(카피)의 공간을 고려하여 인쇄의 마무리 지시나 디자인 의도를 첨언한 도안이 있다. 이 도안으로부터는 다이쇼 중반부터 사진 제판의 도입이 진행됨으로써, 제판 담당을 대신하여 도안 담당이 그래픽 광고 마무리의 결정자라는 역할을 맡게 되었음을 읽어 낼 수 있다. 또한 이 스크랩북에서 기업의 도안가들이 구미의 인쇄물을 참조하면서, 유메지나 스기우라 히스이 등 인기 디자이너와 비슷한 작품, 동화풍이나 약화풍 등, 당시 유포되어 있던 다양한 디자인을 시도하고 있었음도 확인할 수 있다.

나가며

간토 대지진(1923[다이쇼 12]) 이후의 쇼와 초기에는 신문 잡지의 대중화가 가속되어 터미널 역 광고의 난립에서 보듯, 도시에서의 산만

---

2) 에도 시대의 포목상에 기원을 두는 일본의 유서 깊은 백화점.

[그림 5] 『현대 상업 미술 전집』 제1권, 아르스, 1929(쇼와 4).

한 광고 공간이 두드러진다. 광고에서는, 보는 이의 눈길 한 번으로 그 시선을 사로잡는 소구력으로 이어지는 광고 디자인의 고안에 관심이 쏠리게 되었다.

『현대 상업 미술 전집(現代商業美術全集)』[그림 5](1928~1930[메이지 3~5])-'도안'을 대신하여 '상업 미술'이라는 새로운 용어가 쓰였다-은 구미의 모던 디자인의 새로운 사조를 포함하여 사진이나 만화, 삽화까지 망라한 디자인 자료집으로서 엔본 붐을 따라 간행되었다. 기업에 소속된 엘리트 도안가뿐만 아니라 전문적인 교육을 받지 못한 시정의 도안 제작자에게도 중시되었다. 그들은 이러한 디자인의 견본첩을 겸한 서적이나 잡지 등을 통해 디자인의 표현 기법을 공유해 나갔다. 여기에서는 광고 디자인을 '대중을 위한 예술'로 파악하여, 그 제작자를 화가와 다른 존재로서 긍정하는 직능 의식의 맹아를 볼 수 있다.

이처럼 메이지 후기부터 쇼와 초기의 그래픽 광고 도안을 제작했던 '무리로서의 작가'는 인쇄 미디어의 특성이나 그 변용과 밀접하게 관계를 맺으며, 화가와 비교하면서 자신의 직능 의식을 기르고 종종 기존 표현의 모방이라는 수법으로 인접 영역의 표현 기법을 수용하여 그 디자인을 키워 나갔다는 점을 알 수 있다.

나아가 이러한 그래픽 광고에서 '무리로서의 작가'라는 시점은 아마추어에 대한 주목도 유도한다. 예를 들면 메이지 후기부터 쇼와 초기에 걸쳐 앞서 언급한 일본 정판 인쇄 주최의 '현상 광고 도안 모집'을 비롯해, 크고 작은 다양한 도안의 현상 모집이 신문 잡지에서 실시되었다. 누구나 참여할 수 있었던 현상 모집은 도안 제작의 수요에 비해 그 담당자가 부족했다는 점을 보여 준다. 이 이벤트는 도안 제작이라는 상업 활동의 주지, 아마추어에 의한 표현 활동의 장 제공, 아마추어에서 프로로 가는 등용문, 결과의 공표를 포함한 화제성 풍부한 선전 등, 몇 겹의 역할을 겸하면서 '무리로서의 작가'로서의 아마추어를 끌어들이며, 광고를 둘러싼 대중문화를 길러 나간 것으로 보인다.

참고문헌

일본 디자인 소사 편집 동인(日本デザイン小史編集同人) 편, 『일본 디자인 소사(日本デザイン小史)』, ダヴィッド社, 1970.

야마모토 다케토시(山本武利)·쓰가네사와 도시히로(津金澤聰廣), 『일본의 광고―사람·시대·표현(日本の広告―人·時代·表現)』, 世界思想社, 1992.

이케다 유코(池田祐子), 「화가(근대)(画家[近代])」, 다지마 나쓰코(田島奈都子), 「도안가(図案家)」, 나카무라 고지(中村興二)·기시 후미카즈(岸文和) 편, 『일본 미술을 배우는 사람을 위해(日本美術を学ぶ人のために)』, 世界思想社, 2001.

기타자와 노리아키(北澤憲昭), 『경계의 미술사―'미술' 형성사 노트(境界の美術史―「美術」形成史ノート)』, ブリュッケ, 2005.

기타다 아키히로(北田暁大), 『광고의 탄생―근대 미디어 문화의 역사 사회학(広告の誕生―近代メディア文化の歴史社会学)』, 岩波書店, 2008.

기마타 사토시(木股知史), 『화문 공명―『흐트러진 머리칼』에서 『달을 향해 짖다』로(画文共鳴―『みだれ髪』から『月に吠える』へ)』, 岩波書店, 2008.

다카하시 리쓰코(高橋律子), 『다케히사 유메지―사회 현상으로서의 '유메지식'(竹久夢二―社会現象としての「夢二式」)』, ブリュッケ, 2010.

다케우치 유키에(竹内幸絵), 『근대 광고의 탄생―포스터가 뉴 미디어였던 시절(近代広告の誕生―ポスターがニューメディアだった頃)』, 青土社, 2011年.

가시마 다카시(加島卓), 『〈광고 제작자〉의 역사 사회학―근대 일본의 개인과 조직을 둘러싼

흔들림(〈広告制作者〉の歴史社会学－近代日本における個人と組織をめぐる揺らぎ)』,
せりか書房, 2014.

나미키 세이시(並木誠士)·마쓰오 요시키(松尾芳樹)·오카 다쓰야(岡達也), 『도안에서
디자인으로－근대 교토의 도안 교육(図案からデザインへ－近代京都の図案教育)』,
淡交社, 2016.

기타가와 히로코(北川博子) 편, 『사후 70년 기타노 쓰네토미전(没後70年北野恒富展)』,
産経新聞社·あべのハルカス美術館, 2017.

오쓰카 에이지(大塚英志), 『무하에서 소녀 만화로－환상의 화가 이치조 세이비와 메이지의
아르누보(ミュシャから少女まんがへ－幻の画家·一条成美と明治のアール·ヌー
ヴォー)』, KADOKAWA, 2019.

마에카와 시오리(前川志織) 편, 『풀뿌리의 아르누보－메이지 시대의 문예 잡지와 도안
교육(草の根のアール·ヌーヴォー－明治期の文芸雑誌と図案教育)』, 国際日本文化
研究センタープロジェクト推進室, 2019.

제3부

미디어 믹스

간토 대지진은 다이쇼 데모크라시가 지향했던 근대적 개인의 좌절이며, 대중은 '군중'으로서의 모습을 드러내었다. 정치권력, 그리고 미디어는 '동원'과 대상으로서의 '대중'을 발견하여 미디어에 의한 동원은 기술이 복수의 미디어를 연동시키는 모양새를 띠며 고도로 발달해 나간다. 대중은 스스로 표현하며 참여하는 '초심자(素人)'로서 동원의 미디어 믹스에 점차 자리매김된다.

키워드: 간토 대지진, 군중, 초심자, 선전, 동원, 협동주의, 외지, 몽타주, 대하드라마, 만화와 극화, 오타쿠

제5장

참여하는 '초심자'들

- 군중과 동원의 시대: 전기(1920~1950) -

대표 저자 : 오쓰카 에이지

분담 저자 : 사노 아키코, 기타우라 히로유키

1. 간토 대지진과 군중

선전과 '시민'

이 장과 앞 장의 구분은 간토 대지진(1923[다이쇼 12])을 하나의 지표로 삼는다. 그것은 우선 '개인'이 사회를 구축하는 존재가 될 수 있다는 희망의 시대로부터 군중의 시대로의 전환으로 도식화할 수 있을 것이다. 물론 그 '개인'이란 더없이 취약하며 이제야 그 자각에 눈을 뜨기 시작한 정도라고는 하지만, 적어도 '나(私)'와 그것을 '그리고' '이야기하는' 언문일치체는 대중화되었으며 표현하는 아마추어도 다양한 영역에서 등장했다.

본디 1920년대를 두고 '대중'의 시대로 보는 논의 자체는 무척 간단하다. 그것은 다음과 같은 현상으로 왕왕 이야기된다.

잡지 『킹(キング)』의 창간(1925)은 "천하 만민을 향한" "국민 독본" (『도쿄 니치니치 신문』 1924[다이쇼 13].2.5. 광고)을 스스로 외치며, 창간

호의 발행 부수는 74만 부, 1927년(쇼와[昭和] 2) 11월호에서는 140만
부에 달하여, 글자 그대로 "만인을 위한" 잡지가 된다. "만인"이라는
표현은 연령, 성별, 직업, 계급 같은 속성이 아니라 그저 '수' 그 자체
에 『킹』의 준거가 있음을 단적으로 나타낸다. 동시에 '만인'이란 "일
본인 중 글을 읽을 줄 아는 분이라면 누구라도 읽으시도록"이라는
고단샤 영업부장의 말(『요미우리 신문』 1924.11.25.)이 알리고 있듯이
식자층 전체라는 의미이기도 하다. "한 집에 한 권"이 캐치프레이즈
중 하나였는데, 1925년 당시의 세대 수는 1,200만이 못 되니 열 명에
한 명은 샀다고 선전되었던 것은 호들갑이라 해도, 창간으로부터 얼
마 지나지 않아 열 세대 중 한 세대 이상이 『킹』을 구입하게 된다.
잇따라 가이조샤(改造社)에서 간행된, 한 권에 1엔 하는 문학 전집 '엔
본'도 "백만 부 계획"을 광고에서 선전한다. "백만 부"라는 구체적인
숫자는 '대중'의 볼륨을 감각적으로 나타내는 상징적인 숫자였다. 그
『킹』의 창간에 이어 라디오 방송국인 도쿄 방송국(JOAK)이 인가되었
고 이듬해에는 보통 선거법이 국회를 통과하여 비록 25세 이상의 성
인 남자 한정이었지만, 정치 참여도 '만인'에게 열린다. 백만 부 잡지
와 라디오라는 매스 미디어가 탄생하고 정치가 대중에게 열렸다. 그
러한 시대가 1920년대, 즉 다이쇼 후기에 시작된다.

　하지만 이 『킹』을 '만인'에게 전달할 수 있었던 것은 예사롭지 않은
대량의 '선전'이 지닌 힘이었다. 전국 방방곡곡의 서점에 편지, 전단,
팸플릿, 전보로 창간을 알렸다. 창간 당시 서점에 친 전보는 6,000통
을 넘었다. 지방 자치제의 수장이나 기업은 물론이요 교사, 청년단,
부인회, 재향 군인회와 같이 동원력이 있는 조직의 간부뿐 아니라
보통 선거법 이전의 선거권자나 전화 소유자 등을 유력가로 간주하
여 협력을 요청하는 엽서나 봉서(封書)를 무작정 보냈다. 시엠송의 시

초가 되는 〈킹의 노래〉, '킹 춤'이 만들어졌고 서점에는 잡지명이나 선전 카피로 물들인 니시키노보리(錦幟)[1]가 늘어섰다.[*1]

어떤 의미에서 선거 활동이나 정치 프로파간다와도 비슷한 대중 동원의 수법이, 생각이 미치는 데까지 시도되었다고 할 수 있다.

그러한 압도적인 '선전'이 있었기에 비로소 '만인'을 위한 잡지가 탄생할 수 있었던 것이다. 즉, '만인'이란 '선전'으로 움직이는 대중이기도 했다.

뜬소문과 군중

원래 '대중(大衆)'은 간토 대지진 후에 등장한 신어(新語)였다고 한다. 사실 메이지 시대에 불교 용어로서의 '대중'은 간혹 볼 수 있지만 현재의 대중에 가까운 어법은 다이쇼 후기, 마르크스주의의 문헌 등에 쓰이기 시작하여, 쇼와 시대에 들어선 이후 급증한다[그림 1]. 다이쇼 데모크라시는 보통 선거에 의해 정치를 '만인'에게 여는, 말하자면 정치 참여의 대중화이다. 비로소 홀로 걷기를 시작한 듯 보였던 '개인'은, 민주주의 시스템 아래에서 '사회'를 만들 터였다. 하지만 『킹』이 뜻하지 않게 드러낸 것은 '사회'를 가능케 하는 '개인'이 아니라, '선전'에 '동원'된 '군중'이었다.

---

1)　장이 길고 폭이 좁은 직물의 옆면에 많은 고리를 달고 장대를 끼우고 세워서 표식으로 삼은 것. 전진(戰陣), 제전(祭典), 의식(儀式) 등에 사용한다.

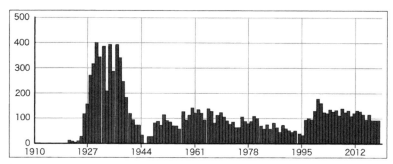

[그림 1] '대중'이라는 단어를 포함한 문헌 수의 추이(잡지 기사 검색 데이터베이스 '잣사쿠
플러스'(고세이샤[皓星社]의 독자적 데이터, 일본 국회 도서관 및 일본 국회 도서관 디지털
데이터의 총 검색 수를 통해 작성).

그리고 간토 대지진은 '뜬소문(流言)'이라는 '선전'에 경거망동하는
대중의 모습을 노출시키고 만다. 그것은 지진 직후의 도쿄 도시에서
'시민'이 '뜬소문'에 휩쓸려 자경단을 조직하고, 조선 민족 및 중국인,
일본인 살해를 집단적으로 자행한 사건이다. 경찰이 사건으로 기소
했던 피해자 수는 최소한으로도 233명, 여러 증언이나 조사로 사실
상 수천 명 규모의 살해가 벌어졌다고 생각하는 것이 타당하다.[2] 그
것은 도쿄라는 근대화된 도시에서 '개인'으로 존재했을 '선량한 시
민'[3]이 느닷없이 제어 불능의 '군중'으로 둔갑한 사건이었다. 게다가
그들은 음모설로 뒷받침된 '뜬소문'이라는 출처 불명의 '선전'에 휩쓸
려 움직였던 것이다.

그 충격은 예를 들면 다음과 같은 속류의 광고 선전 실용서의 서두
에 공공연히, 그리고 천진하게 기술되어 있다.

다이쇼 12년 9월 1일, 오전 11시 58분. 간토에 대지진이 일어났다.
그로부터 몇 시간 뒤이다.
"조선인이다."

누가 말했는지 모르지만 전국 방방곡곡에 울려 퍼진 조선인 소동은 무엇 때문이었던가.

각자가 지닌 잠재의식을 슬쩍 건드리기만 했는데도 그처럼 커다란 충동을 불러일으킨 것이다.

가공할 선전의 힘이다.[4]

이 책은 선전의 힘으로 돈벌이를 하자는 계몽서이다. 그러한 책에 "선전의 힘"이 태연하게 기록되어 있는 것을 보면 그것을 장사의 기회로 간주할 만큼, '뜬소문'에 동원되는 시민이라는 이미지가 얼마나 퍼져 있었는지를 엿볼 수 있다.

즉, 간토 대지진이 실감케 한 것은 선전을 통해 동원 가능한 '대중'의 존재였다. 그것은 『킹』 창간의 '선전'에 휩쓸려 서점으로 달려간 대중이 지닌 또 하나의 모습이기도 하다.

그러한 '대중'관(觀)은 이 속류 선전서에만 나오는 이야기가 아니다. 예를 들면, 조금 나중의 이야기지만 나카무라 고쿄(中村古峽)『뜬소문의 해부』는 "간토 대지진의 뜬소문 광란"에 대해 상세하게 해설한 다음 개인과 군중에 대해 이렇게 기록한다.

그런데 이 다른 사상, 감정, 의지를 지닌 사람들의 집합이 어떤 조건에 지배되면 거기에 군중 심리라는 것이 생겨, 각 개인의 그것과는 완전히 별개의 사상이나 감정이나 의지의 현상을 띤다. 그리고 각 개인을 떼어 놓았을 때에는 그 교양이나 인격 같은 점으로 보아 도저히 저지를 리 없는 짓을 행동으로 드러내는 것이다.[5]

나카무라는 시민들이 개인으로서 각자 이성을 갖고 있었음에도 '군중'으로 변하는 모습을 간토 대지진의 자경단에서 본다. '군중 심리'는 암시의 모방성이 강하고 집단으로서의 감정은 '단순'하며 '이지(理知)의 저하'가 그 특징으로, 잔학성이나 배타성과 결탁하기 쉽다고 본다. 즉, 원래 근대적 개인이 담보하고 있어야 할 것들이 아무렇지 않게 기능 부전에 빠지는 것을 '군중'이라 여긴다. 그것은 다이쇼의 끝자락에 아리시마 다케오나 무샤노코지 사네아쓰가 이념으로 상상했던, '사회'를 가능케 하는 '개인'과는 대극의 존재였다고 할 수 있다.

일본에서 파시즘 체제의 확립을 목표로 삼은 고노에(近衛) 신체제(1940~)는 대정익찬회(大政翼賛会)의 하부 조직으로서 근린 주민 조직 '도나리구미(隣組)'를 결성했는데, 그에 대한 논의 속에서도 폭도화할 수 있는 위험성을 지닌 대중을 제어하기 위한 장치라는 점에서 그 필요성이 거론되기도 했다*6. 사실 '도나리구미'는 당초, 지진 이후의 도쿄시 등의 도시부에서 자치체에 의한 행정 조직 재편으로 탄생했다. 대정익찬회가 그것을 대중 동원을 위해 하부 조직화한 것이다.

무리의 쾌락

물론, 간토 대지진 후에 '개인'의 확립이나 사회 참여에 대한 움직임도 일어난다. 지진 소식을 해외에서 들었던 야나기타 구니오는 귀국 후, 다이쇼 데모크라시의 논진(論陳)에 가담하는 한편, 지방에 거주하는 청년층을 대상으로『청년과 학문(青年と学問)』등, 훗날 '민속학'이라 불리는 그의 학문의 입문서를 집필한다. 야나기타의 '민속학'은, 현재는 자칫하면 요괴 연구로 왜소화되기 일쑤지만 보통 선거에 대응할 수 있는 선거민 육성을 위한 주권자 교육 운동으로서의 측면이 강하며 이 시기에 사회적인 '학문'으로서 출발했다.

하지만 그런 야나기타 자신도 '시민'이 되지 못하는 '군중'에 대한

초조함을 통렬한 기록으로 남겼다. 야나기타 구니오는 1931년(쇼와 6),
『메이지 다이쇼사 세상편』을 간행한다. 이것은 아사히 신문사의 기획
인 『메이지 다이쇼사』의 한 권이었다. 고유명사를 쓰지 않으며, 정변
과 같은 비상 상황을 전혀 다루지 않고 메이지와 다이쇼 시대, 즉
'근대'에서 일상이 변화한 역사를 그린 것인데 그 후반의 「동료를 그리
워하는 마음」이라는 제목의 장에서 "유행"을 "취미의 사회성"이라고
비꼬며 형용하고 있다. 다이쇼 데모크라시에 이르러 근대적인 개인이
확립되었을 시대에 "나라의 남쪽 끝과 북쪽 끝에서 일시에 같은 유행을
따르며 기뻐하는" 일이 벌어졌다, 즉 '대중'이라는 현상의 국민화를
비판하는 것이다.

> 많은 사람들이 참여하는 사업인데 손해를 볼 리가 만무하다는 추측,
> 혹은 훨씬 가벼운 마음으로 판단을 다른 사람에게 맡기고 본인은 이
> 한 무리의 쾌락에 자신을 망각하고 즐기고자 하는 생각은, 오늘날과
> 같은 사회가 되기까지 꼭 통과해야만 할 한 과정이었다. 일본은 하나로
> 통일되었다고 하는 점을 의외로 새롭게 깨달았기 때문에, 이 같은 공동
> 생활에서 오는 즐거움이나 폐해까지도 이제 와서 한꺼번에 겪어야만
> 했던 것이다.[*7 2]

"무리의 쾌락"이라는 "개인"의 포기는 실은 일본에서 근대 국민 국
가의 산물, 이라고 야나기타는 말하고 싶은 모양이다. 이 대목은 다
음의 「발군의 힘」이라는 장에서, 마침내 실현된 보통 선거에 있어서

---

2) 한국어판은 야나기타 구니오 저, 김정례 역, 『일본 명치.대정시대의 생활문화사』, 소명
출판, 2006, p.403.

'선거민'이라는 '개인'이어야 할 유권자가 '선거군(群)'이라는 '무리'로서 투표 행동에 나서는 일에 대한 분노로 표명된다. 야나기타가 생각한 보통 선거 아래의 선거민이란 '공민(公民)', 즉 자신의 참여로 공공성을 이룩하는 개인이었으나 현실은 그렇게 되지 않았던 것이다. 그때문에 야나기타 구니오는 보통 선거법 아래에서 중의원 선거 실시를 알리는 고지를 우러러보는 아이들의 사진을 『메이지 다이쇼사 세상편』의 권말에 실어 '가장 어려운 숙제'라는 캡션을 달았던 것이다.

이처럼, 이 시기에 『킹』 백만 부 독자나 간토 대지진의 폭도로서 가시화된 것은, 다이쇼 데모크라시가 기대했던 "사회를 가능케 하는 개인"이 아니라 선전에 의해 한 방향으로 움직이는 '군중'이었다. 그 것은 '동원 가능한 대중'이며, 그리고 이후 '군중'을 어떻게 조직화해 동원해 나갈 것인가를 둘러싸고 마르크스주의와 그에 이어진 파시즘 체제는 마치 릴레이처럼 연대를 보여 주고 마는 것이다.

2. '초심자'로서의 대중과 공공성

아마추어와 공공성

대중의 조직화에서 중요한 개념이 앞 장에서 문제로 삼아 왔던 '초심자'이다. 다이쇼 데모크라시의 흐름 속에서 등장한 표현하는 '아마추어' 혹은 '초심자'는 스스로 창작한다는 그 능동성이 관리됨으로써 '대중'의 동원이나 조직화의 중핵에 놓이는 것이다.

'대중'의 조직화는 1920년대 후반부터 30년대 전반에는 마르크스주의에 의해 시도되었으며, 그 이후 1945년의 일본 패전까지는 파시즘 체제 안에 교묘하게 포섭된다.

중요한 것은 '대중'은 결코 파시즘 체제에 그저 수동적으로 동원된 것이 아니라는 점이다. 일본의 파시즘 체제에서 동원을 참여형으로 간주하는 견해는 사실 드물지 않다.[*8] 이 책은 그 입장을 취하면서 '동원'에 적극적으로 참여하는 속성으로 성격을 바꾼 '초심자'라는 대중상의 소재를 쫓는다.

앞 장의 기술과도 중첩되는데, '아마추어'라는 단어의 활용은 메이지 끝 무렵에는 여기저기에서 보이기 시작한다. 예를 들면 당시 다수 출판되었던 일반인을 위한 스케치 입문서 중 하나, 오시타 도지로(大下藤次郎) 『사생화의 연구』(이와타 센타로[岩田僊太郎] 간, 1911[메이지 44])에는 「아마추어의 그림」이라는 제목이 달린 장이 있다. 거기에서는 "지방에 살아서 사사할 만한 사람이 없고", "그저 무의미하게 공부"할 수밖에 없는 "아마추어"의 "공통된 결점"을 열거한다. 즉, 원래 '아마추어'는 전문가로부터 지도와 계몽을 받아야 할 존재였다.

하지만 다이쇼 후기, 영화 〈아마추어 구락부〉(토머스 구리하라 감독, 1920[다이쇼 9])에서 '아마추어'들의 초심자 연극이 혼란의 방아쇠가 되듯, '아마추어'의 어감에는 좋게 말하면 무질서하며 조직화되지 않은 일종의 자유로움을 동반한 뉘앙스가 더해진 인상이 있다. 그것은 새로운 사회나 공공을 짊어질 존재로서의 '아마추어'이다. '아마추어'라는 말이 보다 자유로움과 결부된 모습은 라디오의 영역에서 확인할 수 있다. 다이쇼 말기부터 라디오를 자작하는 라디오 마니아용 잡지가 다수 창간되었다. 이 무선이나 라디오 입문서는 종종 '아마추어'라는 이름을 달았다. 라디오의 역사에서는 북미 등과 마찬가지로 일본에서도 아마추어 라디오의 역사가 선행한다. 1910년대에는 국가뿐만 아니라 연구 기관이나 민간, 신문사 등에서 '방송 무선 전화' 실험과 실험국 설치가 이루어졌다. 1910년대 미국에서는 아마추어 무선국의 확대가 바탕이 되어 라디오를 듣는 대중을 등장시키는 전사(前史)가 된다. 그 무렵, 일본 여명기의 라디오 잡지에서 '공중 자유권 제도(空中自由權制度)', 즉 정부의 개입이 없는 라디오 방송의 자유가 주장되었다는 점은 주의할 만하다. 하지만 간토 대지진 전에 민간 주도로 진행되었던 라디오 방송 준비는 지진 후 체신성(通信省)에 의한 무선 전화 규제(「방송용 사설 무선 전화 규제」)로 곤란에 처하며, 라디오가 이룩한 새로운 공공권은 국가 관리 아래에 놓인다. 관제 방송국 출현은 아마추어들이 자유롭게, 혹은 무질서하게 형성했던 공공권을 국가가 관리해 나가는 것을 의미했다.[9]

이처럼 라디오에서 아마추어 공공권의 국가 관리화는 이후 아마추어의 운명을 고려했을 때 상징적이다.

'완구'로서의 영화

영화의 영역에서 창작하는 아마추어의 등장은 파테 배비 판매까지 기다려야만 했다. 파테 배비가 지진 직전에 다카시마야(髙島屋) 백화점에서 최초로 판매되었지만, 지진으로 인한 점포 소실로 지진 후에 다시 본격적으로 판매되었다. 그 때문에 영화는 '아마추어'의 등장이 가장 더딘 분야였다.

파테 배비는 영사기와 촬영기가 발매되었다. 영사기용으로는 영화나 애니메이션의 재편집이나 해적판이 만들어졌다. 파테 배비의 필름을 판매하는 '라이온', 즉 고이케 상점(小池商店, 도쿄 우에노)의 친족 고이케 하치로(小池八郞)는 도쿄 예술 대학 학생으로 「노라쿠로(のらくろ)」 그림을 아르바이트로 그려서 필름으로 만들었다고 회상한다.[10] 완구 영화의 애니메이션 작품은 학생 등 무명의 제작자가 만든 것도 많았는데, 그것들이 가정에 보급되어 아이에서 어른까지 많은 관객에게 수용되었다.

특히 완구 영화는 구미에서 시장이 형성되지 않았던 것에 비해 일본에서는 다채로운 확장을 보인 미디어 산업으로 주목할 만하다. 수많은 완구 영화 브랜드 안에서도 애니메이션을 다수 제작했던 '킹'(아이와 상회(愛和商会))이나 앞에서 나온 '라이온'은 어린이용 잡지를 판매했던 고단샤와 제휴하여 미디어 믹스 전개를 선보이기까지 했다.[*11] 완구 필름이나 완구 영사기 광고가 잡지에 게재되어 통신 판매도 이루어지게 되었다. 이처럼 파테 배비는 우선 '완구'로 존재했으며, 그와 동시에 아마추어 영화의 장비이기도 했다.

[그림 2]
그림자 애니메이션 〈신비한 북소리〉.[*12]

[그림 3]
추상 애니메이션 〈PROPAGATE(개화)〉.[*13]

애니메이션 영역에서도 파테 배비는 '아마추어'를 탄생시켰다. 1930년대의 아마추어 애니메이션에서는 그림자, 인형, 만화, 추상 등 스타일이 다양한 작품이 만들어졌다. 톨스토이의 소설을 가게 애니메이션화한 〈신비한 북소리(ガランドウの太鼓)〉(사카모토 다메유키[坂本為之], 1934[쇼와 9])[그림 2], 안데르센의 〈인어 공주〉를 번안한 인형 애니메이션 〈인어와 인간〉(이누이 다카시[乾孝], 1932[쇼와 7], 부분적으로 그림자와 모래 애니메이션), 도깨비불과 함께 괴물이 나타나는 만화 애니메이션 〈괴담〉(아사다

이사무[浅田勇], 1936[쇼와 11]), 1920년대의 독일 전위 영화(절대 영화)를 연상케 하는 추상 애니메이션 〈PROPAGATE(개화, 開花)〉(오기노 시게지 [荻野茂二], 1935[쇼와 10])[그림 3]나 〈엉뚱한 탐정 FELIX(FELIXノ謎探偵)〉 (오기노 시게지, 1932[쇼와 7])처럼 유명한 캐릭터의 2차 창작마저 등장했다.

아마추어들의 창작의 밑거름이 된 것은 역시 입문서이다. 1926년 (쇼와 1)의 『활동사진 찍는 법』(요시카와 하야오[吉川速男] 저)에서는 셀룰로이드를 이용한 만화 애니메이션 제작법이 삽화나 사진을 곁들여 본격적으로 해설되었다.

또한 잡지 미디어를 통해 제작 방법 공유도 이루어졌다. 예를 들면 『배비 시네마』에서는 1930년[쇼와 5]의 '파테 배비 선화 연구회'에서 지요가미(千代紙) 애니메이션 작가로 유명한 오후지 노부로(大藤信郎)[3] 의 강연회를 개최하여 강연 내용이 지상에 게재되었다.

또한 아마추어들은 자기 손으로 동인지를 발행하여 정보도 발신하기 시작한다. 예를 들면 1939년(쇼와 14)의 『T.C.C』 제3호(도쿄 시네클럽 발행)에서는 집필자 중 다케무라 다케지(武村猛児), 아라이 와고로 (荒井和五郎) 같은 애니메이션 제작자가 있었으며, 만화 애니메이션 필름(야마구치 다케오[山口タケキ] 작)의 일부도 부록으로 딸려 있었다. 이처럼 유, 무명의 제작자와 관계를 맺으며 아마추어들은 기술을 연마하여 영상 정보를 발신하는 주체로 활동을 시작하였다.

---

3) 오후지 노부로(大藤信郎, 1900~1961). 일본의 애니메이션 감독. 도쿄 출생. 고우치 준이치(幸内純一) 밑에서 애니메이션의 기초를 배우고, 지요가미를 이용한 독자적인 기리에(切り紙) 애니메이션을 꽃 피웠다. 일관된 개인 제작 스타일을 유지하며, 기리에, 셀화, 그림자, 색 셀로판 등 다양한 기법에 도전했다.

아마추어 영화와 시민

아마추어 창작자의 역사를 살펴볼 때 입문서는 늘 중요한 지표인데, 영화의 영역에서는 가에리야마 노리마사의 촬영 기술서 『활동사진극의 창작과 촬영법』(1917[다이쇼 6])이 선구적이다. 그것은 '연극'에서 '활동사진극', 즉 '영화'를 어떻게 독립된 장르로 만들지에 고심하는 순수 영화 운동의 이론서였다. 파테 배비 이전에 나온 이 책에 '아마추어'라는 관점은 없다.

반면 가에리야마는 파테 배비 이후인 1927년(쇼와 2)에 결성된 아마추어 영화의 전국 조직인 일본 아마추어 시네마 리그를 발행처로 삼아 『시네마 핸드 북』(1930[쇼와 5])을 간행했는데, 그 서문에는 이렇게 쓰여 있다.

> 영화 공학 혹은 영화 과학 전서는 제 출판의 최종 목적입니다만, 근래 소형 영화의 융성과 더불어 특히 아마추어에 대해 기술적으로 올바른 지도가 필요한 시대가 되었으며 프로페셔널 또한 실용적이며 편리한 핸드 북의 요구에 직면하고 있습니다.[14]

즉, 이 책에서는 '프로'와 '아마추어' 사이에 차이를 설정하지 않는다고 말한다. 거기에서는 아마추어의 저변 확대와 그들 아마추어의 자부심이 엿보인다.

이 일본 아마추어 시네마 리그는 1929년(쇼와 4)에 아마추어 영화 콩쿠르를 개시한다. 그들 대다수는 자신들의 일상이나 사회생활을 카메라에 담았다. 야나기타 구니오는 유권자 교육으로서의 민속학을 자연주의적인 관찰에서 찾았는데, 아마추어 영화는 그 방법을 근대화시킨 도구였다고도 할 수 있다. 그런 의미에서도 아마추어 영화의 융성은 뒤늦게 찾아온 다이쇼 데모크라시적인 측면이 있었다.

사진의 영역에서는 원래 회화의 영향 아래 예술화한 '아마추어'의 사진이 "사진 기술의 열광에서 깨어나" "거리 속에, 공원에, 혹은 교외의 산책지에, 산에 또는 해변에" 카메라를 든 사람들의 모습이 늘어나며, 가족의 단란함이나 성장하는 아이들의 모습을 '취미'로 촬영하는 사람이 늘어났다는 이야기도 들려오게 되었다.[*15] 즉, 영화도 사진도 '시민화'된 것이다.

파테 배비와 프로키노

하지만 그러한 '시민'으로서의 '아마추어'에 비해 보다 적극적으로 '사회인'이 될 것을 요구하는 움직임이 일어난다. 그것은 마르크스주의와의 결부에서 비롯된다. 방금 사진이 예술에서 취미의 영역으로 자립, 확대되어 나갔다고 언급했는데 같은 해인 1931년(쇼와 6)의 『일본 사진계 연감』에서는 '아마추어 영화'가 '전위 영화'와 '프로키노'의 문맥에서 논의되며, '아마추어'에 대해서 이렇게 정의를 내린다.

아마추어도 또한 한 사람의 사회인이라는 인식이 요구되며 아울러 이 점을 무엇보다 강력하게 일깨운다. 이런 영화들은 아울러 아마추어에게 16밀리 내지 9밀리 반 등의 소형 영화 역시 충분하면서도 강력한 무기로 도움이 될 수 있음을 그 자체를 통해 가르치고 있다. 아마추어 영화가 나아가야 할 올바른 길을 요구하는 이들에 대한 올바른 암시가 여기 있다.[*16]

여기서 말하는 '사회인'이란 마르크스주의적인 '전위'의 의미에 가까움을 알 수 있다. '아마추어'는 '사회인'으로서 정치에 참여할 것을 요구받으며, 파테 배비라는 '완구'는 사회에 참여하는 도구가 되었음을 알 수 있다.

이 인용의 배경에 존재하는 것은 마르크스주의적인 아마추어 영화 운동인 프로키노이다. 프로키노란 1929년(쇼와 4)에 결성된 일본 프롤레타리아 영화 동맹이다. 프로키노는 나프(일본 무산자 예술 단체 협의회)에 참여했기 때문에 일본 공산당의 영향 아래에 있다고 간주되어 참여자의 검거가 잇따랐다. 그 때문에 1934년(쇼와 9)에는 해체된, 더없이 수명이 짧았던 운동이었다.

프로키노의 전사는 1927년(쇼와 2), 도쿄 좌익 극장의 전신 중 하나인 프롤레타리아 극장 안에 프롤레타리아 극장 영화반이 조직되었던 일로부터 시작되었다고 본다. 하지만 이것은 거창한 표현이며 소속되어 있었던 사람은 파테 배비 촬영기를 가졌던 사사 겐주(佐々元十)[4] 한 사람뿐이었다.[*17]

간토 대지진에 이어진 불황이나 사회 불안은 다수의 노동 쟁의나 소작 쟁의를 일으켰다. 사사는 〈1927년 메이데이(1927年メーデー)〉나 1927년(쇼와 2)부터 이듬해에 걸쳐 1,400명이 참가했다고 일컬어지는 노다 간장(野田醬油) 대쟁의의 현장에 파테 배비 한 대를 들고 출사하여 그것을 촬영했다. 사사가 갓 발매된 파테 배비라는 완구를 갖고 있었던 것이 프로키노의 출발점이 된 것이다. 즉, '아마추어'란 사회주의 활동에서 '전위'라는 의미가 되었다.

사사는 파테 배비를 통한 정치 참여를 「완구·무기 — 촬영기」라는 논문으로 정리한다.[*18] '완구'로서의 파테 배비가 영화를 만드는 '시

---

4) 사사 겐주(佐々元十, 1900~1959). 공산주의 활동가, 일본의 영화 감독. "장난감 카메라가 무기가 된다"라는 명언을 남긴 일본 프롤레타리아 영화의 선구자다.

민'으로서의 아마추어를 낳고, 나아가 마르크스주의적인 '전위'를 각성시키는 '무기'가 되었던 셈이다.

프로키노 운동은 1930년(쇼와 5) 〈제1회 프롤레타리아 영화의 밤〉을 개최한다. 멤버 중 한 사람인 야마모토 센지(山本宣治)[5]가 우익 조직 '칠생의단(七生義団)'의 흑색 테러로 살해당한 데에 맞서, 그 장례식을 파테 배비에 담은 것이 프로키노 영화의 대표작으로 꼽는 〈야마센 와타마사 노농장(山宣渡政労農葬)〉이다. 프로키노 영화는 수십 편 제작되었으나 그 필름은 남아 있지 않다. 그것은 오리지널 촬영 필름을 반전 현상하여 복제를 만들지 않고 그대로 상영 필름으로 삼았기 때문에 상영을 되풀이하는 사이에 열화, 파손되었다. 얼마나 거듭 상영되었는지를 엿볼 수 있는 일화이기는 하다.

프로키노 영화는 노동자나 소작인을 동원 조직화하는 일을 목적으로 삼았던 점에서 '군중'으로서 제어 불능에 빠질 수 있는 '대중'을 어떻게 사회화해 나갈 것인가 하는 문제에 대한 좌익 운동 측으로부터의 실천이었다. 그때 프롤레타리아 예술 운동은 '대중'을 그저 동원하기만 하는 것이 아니라, 제작자로서 보다 널리 참여할 것을 촉구했다는 점에 주의하기 바란다.

모방 가능성

연극의 영역에서 적극적으로 아마추어 연극을 제창한 것은 이미

---

5) 야마모토 센지(山本宣治, 1889~1929). 일본 전전의 정치가, 생물학자. 교토부 출신. 야마모토 센지를 줄여 '야마센'이라고 부르기도 한다. 도쿄 제국 대학에서 동물학을 배우고, 1928년 최초의 보통 선거에서 노동농민당으로 당선. 얼마 안 되는 무산 정당 의원으로서 무산 운동, 산아 조절 문제 등에서 활약하던 중 우익 폭력단원에게 살해되었다.

살펴보았듯 다이쇼 시대의 쓰보우치 쇼요이다. 쓰보우치의 '아마추어'에 의한 '공공극'이 말하자면 지진 전의 사상이었던 것에 비해, 프롤레타리아 연극 운동은 '대중'의 조직화 도구로서의 색채가 강하다. 거기에서는 아마추어가 연기하는 일이 장려되었으나, 그것은 어디까지 '프롤레타리아 초심자 연극'으로서 자리매김되어, 노동자 계급이 스스로 연기함으로써 '혁명적 전문 연극'을 침투시키는 수단으로 간주되었다.[19] 하지만 대중들은 내버려 두면 종래의 자본주의적인 연극을 무자각적으로 모방하므로 새로운 포맷을 지도할 필요가 있다. 그 때문에 실천자의 한 사람, 무라야마 도모요시는 노동자들이 "서로 몰라서는 안 되는 일, 알려야만 하는 일"을 "보고 들어서 바로 이해하도록" 만들기 위해 프롤레타리아 연극 〈살아 있는 신문(生きた新聞)〉을 주장했다.[20]

이 〈살아 있는 신문〉은 콩트나 만자이(漫才)[6] 같은 응수, 시 낭독, 합창, 춤, 슈프레히코어[7]를 융화시켜서 그 하나하나에는 그다지 전문성을 요하지 않는 형식이었다. 무라야마는 노동자가 모방할 수 있도록, 일부러 스테레오 타입적인 표현을 채용하기까지 했다. 이 모방 가능성은 훗날의 익찬 체제 아래에서 이루어진 '초심자' 동원 시대의 중요한 사고방식이기도 하다.

이처럼 '아마추어'에서 동원되는 '초심자'로 전환되는 사태는 익찬 체제에 앞서 프롤레타리아 예술 운동 속에서 이루어졌던 것이다.

---

6) 두 사람이 서로 번갈아 익살스러운 이야기를 주고받는 예능. 또는 그 예능인.
7) 시 낭송이나 무용 따위를 조화시킨 합창극. 또는 무대에서 많은 사람들이 하나의 대사를 낭송하는 무대의 표현 형식. 고대 그리스 극(劇)의 합창을 본뜬 것으로 슬로건 따위를 호소하는 데 효과적이다. 제1차 세계 대전 후 독일에서 사회주의 운동과 결부되어서 발생했으나, 나중에는 나치스가 이를 선전 방식의 하나로 이용하였다.

협동하는 초심자

다이쇼 데모크라시의 풍조를 반영하는 표현의 민주화를 맡을 일꾼으로서의 아마추어, 거기에 이어지는 좌익 운동 속에서 전위의 인도를 받아 창작하는 프롤레타리아로서의 '아마추어'라는 존재가 국책에 의해 일거에 회수되는 것이 고노에 신체제(近衛新体制)이다.

고노에 신체제란 1940년(쇼와 15), 고노에 후미마로(近衛文麿) 수상의 제2차 고노에 내각이 추진하려 했던 일당 독재를 통한 전체주의화 획책으로, '신체제'는 유행어가 되었다. 이것은 동시에 메이지 이후의 일본에서 '근대'로부터의 탈각을 획책하는 일이었다. 즉, 독점 자본주의에 대한 비판, 학교 제도의 폐지, 정당 해체, 노동조합의 대동단결 등은 사회주의와의 호환성이 있기 때문에 마르크스주의자로 전향한 좌익들, 그리고 그들이 조직하려 했던 노동자, 농민층, 즉 프롤레타리아트와 그것을 이끄는 전위의 담당자가 되어야 할 청년층으로 지지를 확대하는 결과가 이어진다. 실제로 일당 독재를 획책하여 결성된 대정익찬회는 '정당'이 아니었으나, 그 안에서 핵을 이룬 사상이 '협동주의(協同主義)'이다.

이 협동주의는 '초심자'의 참여에 의해 비로소 가능했다. '초심자'는 고노에 신체제 속에서 다용되는 전시하(戰時下) 용어이기도 하며 신체제 아래에서 점차 이상적인 국민상이 된다.

익찬회는 '초심자'의 동원을 통한 관민 일체화를 '협동주의'라 불렀다. 그것은 아마추어의 '개인'으로서의 측면을 개인주의 부정이라는 이름 아래에 소거하는 한편, 집단적·비직업적 작자로서의 '초심자'를 예찬하는 사상이었다.

협동주의의 특징은 이념적인 공동성이 아니라 '사물을 만든다'라는 실천에 그 근본을 두었던 점에 있다. "만드는 일은 항상 아는 일이상의 것이며", '지(知)'보다 '실천(實踐)'을 상위에 놓는다.[21] 동시에 '만든다'라고 하는 '사물'에 대한 작용은 현실을 변화시키는 수단이라고도 생각한다. 그때 '만든다'라는 한 사람 한 사람의 '실천'은 '협동'에 의해 '전체'로 통합되어 사회를 구체적으로 바꿀 수 있다고 여겼다. 이때 '만든다'라는 '실천'의 주체는 '개인'이 아니라 '협동'으로 이루어진 '사회'라고 간주한다.

얼핏 보면 다이쇼 데모크라시와 공통점이 있는 것 같지만, 협동주의는 '개인'을 부정하는 점에서 근본적으로 다르다. 사실 고노에 신체제 후에 한동안 제창된 것은 지나친 개인주의에 대한 비판이라는 담론이다.

참고로 '협동(協同)'은 '협동(協働)'으로 표기되기도 했는데, 그것은 2010년대 이후의 일본에서 쿨 재팬 정책이 코믹 마켓의 2차 창작 등과 같은 팬 참여 문화를 '협동(協働)'이라 형용하는 사태로까지 이어진다. '협동'은 마치 일본의 오타쿠 문화의 특징처럼 선전되어 이안 콘드리(Ian Condry)[8]가 썼던 'collaboration'에 자의적으로 '협동'이라는 번역어를 제시하는 등의 과정을 통해[22] '만들어진 전통'으로 화했다. 하지만 그 근본은 전시하에 초심자 동원을 통한 참여형 파시즘의 용어임을 잊어서는 안 된다.

고노에 신체제 아래에서 '국민'은 자발적으로, 게다가 사상이나 담론이 아니라 창작이나 퍼포먼스로써 '개인'이 아닌 '협동'적으로 국책에 참여하는 '초심자'로 자리매김되었다. 익찬회의 슬로건 중 하나인

---

8) 이안 콘드리(Ian Condry, 1965~). 미국의 문화인류학자. 1987년, 하버드 대학을 졸업하고 1999년 예일 대학에서 인류학으로 박사 학위를 취득했다. 현재는 MIT에서 일본 문화 연구 강좌 교수를 맡고 있다.

'하의상달(下意上達)'은 '협동'과 동의어인데, 그것은 '초심자'의 창조적 행위를 파시즘을 향한 수동적 참여로 바꿔치기하는 일이었다.

이리하여 대정익찬회는 대중을 신체제라는 국민운동의 일꾼으로 재조직화하려 했는데, 대중의 조직화는 사회주의 운동이나 야나기타 구니오가 지방의 민간전승자를 조직화하던 움직임과도 공진한다. 사회주의 예술 운동의 일꾼이 익찬 운동의 일꾼으로 변모하고, 노동자를 조직화하려 하거나 야나기타 구니오의 민속학 기관지 『민간전승(民間伝承)』에 나치스 민속학에 호의적인 논문이 게재되는 등, '초심자의 동원'에는 다이쇼 데모크라시에서 사회주의 운동으로 이어지는 조직론이나 운동론상의 연속성이 있었던 것도 잊어서는 안 된다.

그리하여 '개인'을 대신해 '협동'하는 초심자가 부상하게 된 것이다.

전위에서 국책으로

15년 전쟁 아래, 다양한 영역의 문화가 국책으로 포섭되어 갔는데, 그것은 아방가르드나 마르크스주의 예술이라는 '전위'로부터의 전환으로 일어나는 경우가 적지 않다. 그러한 '전위'에서 국책으로의 이행은 애니메이션에도 뚜렷하다.

그림자 애니메이션 〈굴뚝 수리공 페로(煙突屋ペロー)〉(다나카 요시쓰구[田中喜次], 1930년[쇼와 5])는 원래 아마추어가 어린이용으로 만든 작품인데, 프로키노의 상영회에서도 환영을 받았으며 나아가 만주에서도 상영된 작품이다. 〈굴뚝 수리공 페로〉를 만든 도에이샤(童映社)는 교토 배비 시네마 협회의 동인으로, 도시샤 대학의 학생이었던 나카노 다카오(中野孝夫)를 중심으로 결성된 열 명 정도의 단체이다. 줄거리는 굴뚝 수리공 페로가 마법의 달걀에서 병사를 꺼내고 페로의 나라가 전쟁에 승리하여 페로는 상을 받지만, 전쟁의 상흔을 본

페로는 "전쟁 따위는 사라져 버려라!!"며 포상과 마법의 달걀을 버리고 농민으로서 고향에서 살아간다는 이야기다. 프로키노 교토 지부에 있었던 마쓰자키 게이지(松崎啓次)[9]는 〈굴뚝 수리공 페로〉의 선전력을 인정하여 상영을 결정했다고 한다.[23]

이 〈굴뚝 수리공 페로〉와 같은 1930년 전후의 그림자 애니메이션에서는 1920년대에 융성했던 유럽 전위 영화의 영향이 보인다. 다이쇼기 신흥 미술 운동을 짊어졌던 무라야마 도모요시가 작화를 맡은 종이 오리기 애니메이션 〈세 마리 아기 곰(三匹の小熊さん)〉(이와사키 아키라[岩崎昶], 1931)이나 〈PROPAGATE(개화)〉 등의 추상 애니메이션처럼 애니메이션이라는 미디어에서 전위 표현이 시도되었는데, 그림자 애니메이션이 1940년대에도 제작되었던 것에 비해 추상 애니메이션은 사라져 간다. 그것은 그림자 애니메이션이 '문화 영화'나 남방을 향한 '수출 영화'로서 전시하에 중시되었기 때문이다. 문화 영화는 1939년 제정된 영화법에 의해 영화관에서의 강제 상영이 결정되었는데, 애니메이션을 포함한 '문부성 인정 문화 영화'로 선정된 작품은 두 편 있었다(〈어린이와 공작(子供と工作)〉(와타나베 요시미[渡辺義美], 1941[쇼와 16]), 〈일본 만세(ニッポン・バンザイ)〉(미카미 료지[三上良二]·나가토미 에이지로[永富映次郎], 1943[쇼와 18]). 하나같이 그림자 애니메이션이 부분적으로 삽입되어 있다.[24]

앞서 언급한 마쓰자키는 도호(東宝)에 입사한 후, 상하이에서 위장

9) 마쓰자키 게이지(松崎啓次, 1905~1974). 일본의 영화 프로듀서, 각본가, 작사가. 1929년에 창립한 프로키노(일본 프롤레타리아 영화 동맹)에 참가하여, 영화의 실천 운동을 진행했다. 1931년에 PCL에 들어가 훗날 도호 문화 영화부장, 중화 영화 제작부장을 거쳐 1946년에 나이가이 영화사(内外映画社)를 설립하여 여러 회사와 제휴 제작하며 〈내 청춘에 후회 없네(わが青春に悔いなし)〉, 〈네 개의 사랑 이야기(四つの恋の物語)〉 등을 제작했다.

중국 영화 제작에 관여하는 등 도호의 문화 공작에서 중심인물이 된다. 다나카는 문화 영화로 돌아섰고, 촬영 중 루거우차오 사건(蘆溝橋事件)[10]과 조우, 훗날 문화 영화, 뉴스 영화 제작 회사인 덴츠 영화사(電通映画社)의 부장이 된다. 애니메이터만 그랬던 것이 아니라 문화 영화가 전향을 받아 주는 그릇이었다는 사실은 나카노 시게하루(中野重治)[11]의 소설 『공상가와 시나리오(空想家とシナリオ)』(1939[쇼와 14])가 전하는 바와 같다.

프로키노에서 자작 영화를 제작하여 검거된 세오 미쓰요(瀬尾光世)[12]는 마쓰자키의 동지 오무라 에이노스케(大村英之助)의 문화 영화 제작 회사, 예술영화사에서 멀티 플레인을 사용한 〈개미(アリチャン)〉 등의 작품을 만들고, 쇼치쿠(松竹)에서 문화 영화와 디즈니의 기법을 통합한 프로파간다 애니메이션 〈모모타로 바다의 신병(桃太郎 海の神兵)〉을 만들게 된다.

〈일본 만세〉는 남방을 지배하는 연합군을 대신하여 일본군이 대동아 공영권을 수립해 번영하는 모습을 그림자, 만화, 실사를 병용하여

---

10) 1937년 7월 7일에 베이핑(현 베이징시) 서남쪽 방향 루거우차오(루거우 다리)에서 일본군의 자작극으로 벌어진 발포 사건으로, 중일 전쟁의 발단이 되었다. 이 사건을 계기로 일본 제국과 중화민국은 전쟁 상태로 돌입, 그 후 전선을 확대하게 되었다.

11) 나카노 시게하루(中野重治, 1902~1979). 소설가, 시인, 평론가. 후쿠이현 출생. 도쿄 제국 대학 독문과 재학 중에 구보카와 쓰루지로(窪川鶴次郎), 호리 다쓰오(堀辰雄) 등과 함께 『당나귀(驢馬)』를 창간하여 시, 평론 등을 발표한다. 또한 동시기 프롤레타리아 예술 운동에 관여하여 전 일본 무산자 예술 연맹(나프) 창립에 참가했다. 제2차 대전 후에는 한때 참의원 의원을 역임했다.

12) 세오 미쓰요(瀬尾光世, 1911~2010). 히메지 출생. 마사오카 겐조(政岡憲三) 밑에서 일본 최초의 유성 애니메이션 제작에 종사했다. 관청으로부터 위촉 작품도 다수 맡아, 문부성의 음악 영화 〈개미(アリチャン)〉(1941), 해군성의 장편 애니메이션 〈모모타로의 바다 독수리(桃太郎の海鷲)〉(1943)가 유명하다.

그린 단편 작품이다. 이 작품에서는 장제스, 처칠, 루즈벨트 등이 선화(線畵)로 그려져 희화화되는 한편 남방의 사람들은 그림자로 그려졌다. 그 외에도 〈말레이 해전(マレー沖海戰)〉(오후지 노부로, 1943[쇼와 18])이나 〈모모타로 바다의 신병〉에서도 남방 묘사에 그림자가 쓰였다. 그림자는 각각의 얼굴을 구분해서 그릴 필요가 없기 때문에 '남방의 사람들'이라는 '집단성'을 강조하기에 알맞았으며, 또한 그림자는 동남아시아 문화로서의 이미지도 강하기 때문에 남방 묘사에 그림자 애니메이션이 적합했다고 사료된다.[*25]

도호샤(東方社)의 대외 프로파간다 잡지 『FRONT』에서는 소련의 프로파간다 사진 잡지의 기법을 참조하여 조합 사진(組寫眞) 표현에 몽타주의 응용이 보이는 등, 사회주의에서 대중 동원을 위해 쓰인 선전 기술이 전시하에 점차 전용되었다.[*26]

프로키노 등 좌익에 의한 예술 운동은 영화나 연극 등 지방의 노동자 조직이나 농촌을 '이동'(순회)했는데, 그러한 방법론도 국책 동원의 수법으로 전용되기 시작한다.

이들 '동원의 방법'은 쇼와 초기의 좌익 운동, 전시하의 국책 운동, 전후 민주주의하의 대중 동원 등 두 번에 걸친 이데올로기의 반전에도 불구하고 계속되었다. 그것은 이 책이 '전전(戰前)'과 '전후(戰後)'를 단절할 수 없다고 생각하는 이유 중 하나이기도 하다. 다시 한번 말하지만 이들 프로키노 출신자가 이후 관여했던 작품, 매체에서 구축된 방법론이나 미학은 전후의 사진, 디자인, 영화, 애니메이션, 특촬 같은 영역으로 계승된다.

3. 텔레비전의 지연과 기원 2600년

라디오에 의한 국민 통합론

이처럼 '군중'을 '선전'을 통해 동원하여 조직화해 나가는 시대에서 미디어는 어떤 역할을 맡았는가.

간토 대지진 이후의 시대를 라디오로 상징하여, 그것이 지닌 일극 집중과 네트워크화를 통해 국가의 목소리 아래에서 국민 통합의 시대가 시작되었다고 보는 견해는 있을 수 있다.[27] 일본에서 사단법인 도쿄 방송국(JOAK)이 라디오 방송을 개시한 것은 1925년(다이쇼 14) 3월 22일이다. 세계 최초의 라디오 방송국으로 여겨지는 미국의 KDKA의 개국보다 5년 늦다. 『킹』의 창간도 같은 시기이다. 『킹』이 발행 부수로 처음 100만 부를 돌파한 것이 1927년(쇼와 2), '사고(社告)'를 통해 "천하의 공기(公器)"라고 선언한 것이 1932년(쇼와 7)으로, 라디오도 이 해에 100만 세대에 보급된다.

그 라디오에서 흘러나온 시보(時報)를 통해 타임 테이블이 '국민화'되었다. 라디오는 전국 쇼와 천황 대례(大礼)의 전국 방송에 맞추기 위해, 전국에서 중계 방송망이 정리되었다. 로스앤젤레스 올림픽(1932) 실황은 스포츠를 통한 국민 국가화를 추진하였으며, 라디오 체조의 시작은 대중의 신체마저 '국민'화시켜 나간다.

이 라디오가 관리하여 국민화시킨 '시간'은 1926년(다이쇼 15) 연말 다이쇼 천황의 '병환(御不例)'과 이어지는 이듬해의 대장의(大葬儀) 장례 방송, 쇼와 천황 대례 방송(1928[쇼와 3]), 그리고 포츠담 선언 수락을 바탕으로 한 쇼와 천황의 소위 옥음 방송[13] 등 '천황의 시간'이었다고 해도 좋다.

아마 '라디오에 의한 국민 통합'이라는 스토리는 위와 같이 정리할 수 있을 것이다.

분명히 라디오와 『킹』이라는 두 바퀴는 마치 '대중의 시대'가 도래했음을 상징하는 것처럼 보인다. 하지만 1937년 시점에서 수신 세대의 66퍼센트는 도시 주민이었다. 라디오 방송국도 지방의 독립성이 높았다. 신문도 1938년 시점에서 700종을 넘었다. 이러한 미디어의 지역성에는 주의를 기울여야 한다.

라디오가 국민 통합의 장치였다고 간주되는 것은 애초에 그와 같은 주장이 전시하에 제기되었기 때문이다. 이러한 주장은 라디오를 국내외에 있는 모든 독일인의 정신적 통합의 끈으로 삼았던 나치스 독일의 선전 장관 괴벨스로부터 유래되었다고 당시에 선전되었다. 라디오의 보급은 중일 전쟁을 경계로 증가하는데, 당시의 위상은 다음과 같았다.

하나는 국내외, 즉 '내지'와 확대되는 '외지'의 '정신적 결합' 도구로서 전파에 국경이 없는 라디오가 안성맞춤이라 여겼다.

하지만 그 때문에 라디오는 '선동 방송'에 의한 선전전의 도구가 된다. 라디오는 "사상전의 무기"로 기대를 받았다. "시국에 대비하자, 집집마다 라디오", "다함께 국방 나란히 라디오" 같은 표어는 사상전의 단말로서 집집마다 라디오가 있어야 한다는 사고방식에 바탕을 두고 있다.

또 하나, 라디오는 역시 괴벨스가 이를 독일 국가 정책의 가장 중요한 지도 기관으로 삼았던 것을 참조하여, 똑같은 역할을 기대받고 있었다. 그것은 정치 선전이 아닌 '위안'이라는 형식을 띤다. 구체적으로는 라디오가 "국민 정신의 진작과 일본 문화 향상을 사명으로

---

13) 1945년 8월 15일 정오, 천황이 종전의 조서를 읽었던 라디오 방송.

삼는 위안 방송"*28으로 기대를 받았다. 그 '위안 방송'의 콘텐츠로 상
정되었던 것이 '공공극(公共劇)'이나 '국민 음악'이었다. 국민 자신이
자기의 창작물로 스스로를 '위안'하는 것이다. 이러한 논리로 '라디
오'는 '초심자'가 창작이나 상연에 참여할 수 있는 표현 보급의 도구
로서 자리매김되었다.

이야기되지 못했던 텔레비전의 시대

하지만 무엇보다 이 라디오의 시대는 텔레비전의 시대가 될 가능
성이 있었음을 잊어서는 안 된다.

일본에서 최초의 텔레비전 드라마는 1940년(쇼와 15) 4월 13일, 14일,
20일에 방송되었다. 〈저녁 전(夕餉前)〉이라는 12분짜리 홈드라마였다.
그로부터 반년 뒤인 10월 8일, 11일에는 두 번째 작품 〈우타이(謠)와
대용품〉이 방송되었다.*29

텔레비전의 실용화는 각국에서 개발 경쟁이 이어진 뒤, 제2차 세계
대전 전에 이룩되었다. 1929년에는 영국 방송 협회(BBC)가 텔레비전의
실험 방송을 개시, 독일은 1935년에 정기 방송을 개시했다. 1936년
베를린 올림픽에서는 하루 여덟 시간의 텔레비전 중계가 이루어졌다.

일본에서 1940년(쇼와 15)에 텔레비전이 실용화에 도달한 것은 우
연이 아니다. 라디오와 올림픽이라고 하면 1936년 베를린 올림픽 수
영 경기 중계가 연상되는데, 도쿄 올림픽에서는 텔레비전이 이를 대
신할 예정이었다. 베를린 올림픽을 본받아 이 해에 개최될 예정이었
던 도쿄 올림픽을 향해, 관민 일체의 국가사업으로 출발한 것이 텔레
비전 실용화이다. 전시 체제의 진행으로 도쿄 올림픽은 취소되었으
나, 그 프로파간다로서의 이용 가치나 군사 목적의 실용화를 내다보
고 텔레비전 개발은 계속되었다.

이 텔레비전의 시대가 될 뻔했던 시대의 중단으로 인해 그 도래가 지연되는 바람에 라디오의 시대가 온 것처럼 보였다고 생각하는 것이 정확할 것이다.

황기 2600년과 국사 붐

1940년(쇼와 15)에는 도쿄 올림픽과 함께 만국 박람회도 예정되어 있었다. 그것은 이 해가 기원 2600년으로 여겨졌기 때문이다.

애초에 황기 2600년 봉축은 세계 공황 이후의 경제 대책으로서 마련되었다. 외국인 관광객 유치가 정부 방침이 되어, 국립 공원 선정이나 외국인용 고급 호텔 설치, 자동차 도로 확충 같은 정책 속에서 만국 박람회 유치나 진무 천황이 즉위한 땅으로 여겼던 야마토(大和) 가시하라(橿原) 정비 사업이 국가 프로젝트화되었던 것이 그 발단이다. 올림픽은 형식상으로는 2600년 봉축 기념사업에 포함되지 않는다. 하지만 여론에서도 외화 획득이나 개최에 수반되는 인프라 정비 같은 경제 효과에 대한 기대가 컸고, 개최를 다투었던 이탈리아에게 황기 2600년 개최를 주장함으로써 양보를 얻어 내기도 했기에 경제적으로도 정치적으로도 올림픽은 2600년 기념사업 속에 포섭되었다.

하지만 중일 전쟁의 격화로 올림픽 개최는 취소되고 만국 박람회 연기가 결정되었다. '중지'와 '연기' 그 자체가 전시 체제 조성을 향한 공기를 조성했다.

2600년기에 대중용 역사서, 특히 진무 천황을 기점으로 하는 '통사(通史)'가 출판 붐을 이룬 것도 대중의 역사의식 문제로서 언급해 두면 좋을 것이다. 오카와 슈메이(大川周明)[14]가 '야마토 민족'에 의한 선주민 통합 역사를 그린 『일본 2600년사』(1939[쇼와 14])가 베스트셀러가 되는 한편, 소위 황국 사관이 참여형 문화로서 대중화된다. 오사카

마이니치, 도쿄 니치니치 두 신문은 '황기 2600년사 공모', 즉 아마추어에 의한 국사 투고를 모집했다. 국사를 쓰는 초심자가 공인된 것이다. 그 결과, 후지타니 미사오(藤谷みさを)의 『황국 2600년사(皇国二千六百年史)』(1940[쇼와 15])가 입선, 간행되어 역시 베스트셀러가 되었다.

이러한 황기의 역사관이 대중에게 침투해 나가는 모습을 기록으로 남긴 이는 다자이 오사무(太宰治)[15]였다. 들떠서 진정되지 않는 10대 소녀의 자의식이 "단 한 마디, 오른쪽으로 가라, 왼쪽으로 가라"하며 권위가 제시해 주기를 고대하는 모습을 그린 단편 「여학생(女学生)」과 함께 단편집 『여성(女性)』에 수록된 「12월 8일」에서는 그 모습이 이렇게 그려진다.

오늘 일기는 특별히 꼼꼼하게 써 두지요. 쇼와 16년 12월 8일에 일본의 가난한 가정주부는 어떤 하루를 보냈는지 조금 써 두겠습니다. 벌써 100년쯤 지나 일본이 기원 2700년의 아름다운 축하를 하려는 무렵에, 나의 이 일기장이 어느 창고 구석에서 발견되어 100년 전의 중요한 날에 우리 일본의 주부가 이런 생활을 했구나 하고 알게 된다면 조금은 역사의 참고가 될지도 모르지요. 그러니 글쓰기가 무척 서툴러도 거짓말만은 쓰지 않도록 조심해야겠군요. 아무튼 기원 2700년을 고려하여 써야 할 테니 큰일이네요.[*30]

---

14) 오카와 슈메이(大川周明, 1886~1957). 일본 파시즘 운동의 이론적 지도자. 야마가타현 출신. 군부에 접근하여 3월 사건, 5.15 사건 등에 관여했다. 전후, A급 진범 용의를 받았으나 정신 이상의 이유로 석방되었다.

15) 다자이 오사무(太宰治, 1909~1948). 소설가. 본명, 쓰시마 슈지(津島修治). 아오모리현 출생. 도쿄 대학 중퇴. 비뚤어진 죄의식을 익살과 웃음으로 표현한 수작(秀作)이 많다. 제2차 세계 대전 후에는 허무적·퇴폐적인 사회 감각을 작품화했다. 자살로 생을 마감했으며 『만년(晩年)』, 『인간실격(人間失格)』 등의 작품을 남겼다.

역사 감각에 자각이 없었던 대중의 일상생활에 황기가 단숨에 침입하는 모습이 생생하게 기록으로 남아 있다.

익찬 체제와 텔레비전

이처럼 '황기 2600년'은 대중화된 붐으로 존재했다. 기원 2600년의 출발점은 관광 유치 사업이었기 때문에 황통과 관련된 장소는 '성지', '성적(聖蹟)'으로 PR되어 1930년대 후반에는 타이완, 조선, 만주 등 '외지'에서도 관광객이 찾아와 성지 관광 붐이 인다.[31]

하지만 중일 전쟁을 계기로 전시 체제가 진행되는 가운데, 기원 2600년 봉축은 리셋된다. 1939년(쇼와 14)에 각의(閣議) 결정된 「국민정신 총동원 신전개의 기본 방침」은 전시 체제 강화를 위해 국민 통합을 추진한 것인데, 기원 2600년을 향해 심기일전하여 앞으로 1년간 운동을 전개할 것을 결정했다. 국민정신 총동원 운동이란 중일 전쟁을 계기로 제1차 고노에 내각이 추진했던 '팔굉일우(八紘一宇)'[16], '거국일치(擧国一致)' 등을 슬로건으로 삼았던 전시 체제 조성 운동인데, 만족스러울 만큼 철저하지는 못했기에 기원 2600년을 이용하여 프로파간다 재구축이 획책되었던 것이다.

그리고 1939년에는 2600년 기념 축하 사업을 수행하기 위해 「기원 2600년 선전 요령」이 채택되었다. 1940년 벽두부터 식전을 개최하는 11월까지 어느 시기에 어떤 기사를 신문 잡지에 실을지에 대한 지시가 이루어졌다. 영화관 등에서는 '기원 2600년의 의의를 천명하는'

---

16) 세계를 하나의 집으로 삼는 것. 태평양 전쟁 시기 일본의 해외 진출을 정당화시키기 위해 만든 표어. 『일본서기』의 "나라 전체를 아울러서 도읍을 열고, 하늘 아래를 덮어서 집으로 삼으려 한다(六合くにのうちを兼ねて都を開き、八紘あめのしたを掩おほひて宇いへにせむ)"에 기초한다.

음악 방송이 요청되었으며 쇼윈도의 디스플레이나 서점, 도서관의 특설 코너 설치나 기념우표, 티켓, 채권 발행 등 상세한 플랜이 제시되었다.

관제와 공모를 통해 두 가지 악곡이 만들어졌다. 1만 8,000여 명의 공모 지원 속에서 채택된 국민가 〈기원 2600년(紀元二千六百年)〉은 저명한 가수의 신작으로 레코딩까지 되어 널리 불렸다.

이 기원 2600년 관련 봉축 기념행사는 1만 2,822건이 개최되어 총 5,000만 명 가까이 참가했다고 보고 있다.[32]

텔레비전 사업은 올림픽 중지 후에도 기원 2600년 봉축에 맞춰 진행되어, 앞서 언급한 두 가지 텔레비전 드라마가 1940년에 방송된 셈이다. 첫 번째 드라마 〈저녁 전〉에 최초로 출연했던 배우들은 이미 전향한 무라야마 도모요시가 이끄는 전 좌익 계열 극단 '신협극단(新協劇団)' 소속으로, 이 극단은 영화 회사 PCL과도 출연 계약을 맺고 있었다. 무라야마는 다이쇼기 신흥 예술 운동 시대인 1926년에 자작 라디오 드라마를 연출하는 등, 미디어 사이의 월경(越境)에 적극적이었다는 점에서 기쿠치 간(菊池寛)[17]에 버금가는 미디어 믹스적인 존재이다. 방송에서는 그 날의 신문을 낭독하는 라이브성(性)이 있었다고도 한다.[33] 말하자면 그런 점에서 초기 텔레비전은 다이쇼기 신흥 예술 운동으로부터 프롤레타리아 활극 운동에 이르는, 다미디어 통합을 위한 움직임의 제일 끝줄에 위치했다고 할 수 있을지도 모른다.

하지만 1940년 8월, 제2차 고노에 내각 발족을 기점으로 국민정신

---

17) 기쿠치 간(菊池寛, 1888~1948). 소설가, 극작가. 가가와현 출신. 교토 제국 대학 졸업. 제3차, 제4차 '신사조(新思潮)' 동인. 『분게이슌주(文藝春秋)』를 창간, 분게이슌주샤를 설립한다. 아쿠타가와상, 나오키상을 창설하여 작가 육성, 문예 보급에 힘썼다.

총동원 운동을 대신하여 신체제 운동이 시작된다.

10월 12일, 대정익찬회가 발족한 것이다. 그것을 계기로, 무라야마의 신협극단 등이 검거된다. 그 때문에 두 번째 드라마 〈우타이와 대용품〉은 노골적으로 신체제에 호응하는 내용이 되었다. '대용품'의 활용을 호소하는 PR 드라마로 만들어진 홈드라마이며, 신체제 아래의 일상을 그리는 점에서 이해 12월에 시작된 신문 연재만화 「익찬 일가(翼贊一家)」와도 주제가 겹쳤다.[34]

텔레비전의 실험 방송은 드라마 이외에도 가창이나 풍경 중계 등으로 시도되었다. 그리고 기념식전에서의 집객 이벤트로서도 식전 당일인 11월 10일에 텔레비전 실험 방송이 실시되었으나 실제로 식전 자체를 중계한 것은 텔레비전이 아니라 라디오였다. 궁성 앞 광장에 5만 명 가까이 모았던 식전의 라디오로부터 고노에 수상의 선창에 따른 "천황 폐하 만세" 삼창이 라디오를 매개로 내지뿐 아니라 외지까지 전달되었다. 이리하여 텔레비전 시대의 지연이 라디오에 의한 국민 통합 시대를 이끈 것이다.

이 2600년 식전 앞에는 대정익찬회 선전부에 의한 "경축하라! 기운 차게 활발하게"라는 포스터가 대량으로 나붙었으며, 종료 다음날 "축하는 끝났다. 자, 일하자!"라는 포스터로 일제히 교체된다[그림 4]. 이리하여 익찬 체제로의 전환이 극적으로 연출되었다.

라디오는 이미 중일 전쟁을 기점으로 방송 편성의 일극 집중화, 주파수의 통일이 이루어져 1가정 1수신기 보급이 추진되었다. 고노에 신체제에서 도나리구미의 최소 단위가 될 가정은 라디오 앞에 둘러앉은 '일가'였다. 그렇다 해도 라디오의 가정 보급률은 패전 전년인 1944년(쇼와 19)에 겨우 50.4퍼센트에 도달한다. 결국 라디오는 절대적인 미디어가 되지 못했으며 그랬기에 다양한 선전 수단과의 링크,

즉 미디어 믹스가 필요했다고도 할 수 있다.

텔레비전은 미일 개전과 함께 개방이 중지되고 텔레비전 기술자는 그 기술을 전용한 병기 개발에 배속된다.

[그림 4] 2600년 식전 전/후의 포스터(대정익찬회 포스터, 1940).

이렇게 기원 2600년에 있어서는 텔레비전이 국민 통합의 장치를 상징할 예정이었으나 전쟁으로 지연되어 현실적으로는 라디오가 그 역할을 대행하게 되었다. 즉, '라디오의 시대'는 텔레비전의 시대가 지연됨과 더불어 이를 대체하느라 시작되었다고 할 수 있다.

기원 2600년 방송에서 만세 삼창은 중계되었어도 천황의 육성은 불경하다며 커트되었는데, 그 목소리가 국민에게 전달되려면 패전 시의 소위 옥음 방송까지 기다려야 했다. 미디어화된 천황이 일극 집중형 미디어에 의해 '국민 통합'의 연출을 거느리게 된 것은 오히려 '전후'부터이다. 그 지연 아래에서 전후 미디어 표현의 방법론 준비가 이루어지며 1953년(쇼와 28) 텔레비전 본방송 개시에 의해 다시 움직이기 시작한 것이다.

4. 동원의 미디어 믹스

미디어 믹스의 전시하 기원

그렇다면 '군중', 그리고 '초심자'는 어떻게 '동원되는 대중'이 되었는가.

그 구체적인 장치로서 채용된 방법 중 하나가 '미디어 믹스'이다. 이 말은 일본에서 민방 텔레비전 방영이 급속도로 보급되기 시작한 1950년대 말부터 60년대 초, 덴츠 등의 광고 대행사에서 쓰이게 된 조어(造語)이다. 이 전후의 '미디어 믹스' 제창자 중에는 보도 기술 연구회의 아라이 세이이치로(新井静一郎)[18] 등 전시하의 국가 선전에 관여했던 실천가, 이론가들을 여기저기서 볼 수 있다.

하지만 전시하에 미디어 믹스라는 사고와 실천은 있었어도 그 명칭은 아직 없었다.

『킹』 창간 당시의 선전이나 기원 2600년 식전이 그랬듯이 '만인', '국민'을 여러 미디어를 통한 대량 선전으로 동원해 나가는 선전 기술은 소련이나 나치즘의 '프로파간다'와 공통된 것이다. 거기에서 우리는 다(多)미디어 대량 선전 속의 '양'적인 부분에 왕왕 눈길을 **빼앗기**는데 중요한 것은 개개의 미디어가 어떻게 연결되어 조직되었는가,

---

18) 아라이 세이이치로(新井静一郎, 1907~1990). 쇼와 초기의 광고인. 모리나가 제과 광고과, 신보도 기술 연구회를 거쳐 1947년 덴츠에 입사. 선전 기술국장을 거쳐 40년 상무. 훗날 일본 광고 기술 협의회 회장을 역임했다. 미국의 아트 디렉션 개념을 일본에 소개하고 많은 카피라이터, 디자이너를 길러 낸 것으로 유명하다.

그리고 거기에서 '만인'은 그저 일방적으로 대량 선전의 세례를 받고 거기에 물들기만 하는 수동적 존재였는가 하는 물음이다. 결론부터 말하자면 '국가 선전'은 복수의 미디어를 어떻게 조직해 나갈 것인가 하는 사고방식의 이론화와 실천의 장이었다.

전시의 선전은 거창한 프로파간다라는 인상이 강하지만 고노에 신체제 이전에는 그 목적이 '공기의 양성', 그것이 '자연스럽게 유발되'도록 유도하는 일에 있었다.[*35] 원래는 명백한 '선전'이 아니라 '공기'라는 동조 압력을 만들어 내는 일에 유의했던 것이다.

다른 한편으로는 '유언비어 선전'에 대비한 '방첩'을 위한 경계로서 '뜬소문'의 단속이나 이용까지 이루어진다. 간토 대지진에서 시민을 폭도화시킨 것은 미디어의 힘을 빌리지 않은 '뜬소문'이라는 구전으로서 대중의 편, 즉 '아래'로부터 발신된 '선전'이었다는 점이 중요하다. 대중은 스스로 발신하는 선전에 스스로 동원될 위험성이 있는 것이다.

이 시기에 야나기타 구니오가 '소문(噂話)'으로 대표되는, 개인/초심자를 발신자로 삼는 구술의 언어가 아직도 공공성을 만들어 내는 언어가 될 수 없음을 우려하는 짧은 글 「소문의 연구(世間話の研究)」(1931[쇼와 6])를 쓴다. 여기에도 구술을 통한 '사적 언어'에 대한 이 시대의 우려가 반영되어 있다.

그런 가운데 이 시기에 확립된 미디어 믹스에서 중요한 것은, 그저 동일한 소재를 여러 미디어로 전개했다는 점이 아니라 발신자의 일원으로서 초심자를 참여시킨 점이다.

애초에 복수의 미디어 사이에서 동일한 캐릭터나 이야기를 집중적으로 전개하는 미디어 믹스는, 예를 들어 「쇼짱의 모험(正チャンの冒險)」[19]이 대표하듯 근대 일본으로 한정해 봐도 보기 드문 현상은 아니다.

근세에서도 장르 사이의 제재나 캐릭터 공유는 활발했으나, 영화가 가부키나 다치카와 문고(立川文庫), 소설, 만화 등 여러 영역에서 소재를 취하는 일은 근대에 들어선 이후 루틴화되었다. 기본적으로는 선행하는 인기 작품에 편승하는 것인데, 동일한 소재를 미리 마련하여 여러 미디어로 전개하는 시도는 무라야마 도모요시가 『신센구미(新選組)』의 소설/영화(1937)에서 시도했다. 『킹』의 대량 선전은 '잡지'라기보다 고단샤라는 출판사의 '사상' 선전이었다고 볼 수도 있다. "기쿠치물(物)"이라고 불렸던 영화에 대량의 원작을 제공했던 기쿠치 간도 이른 시기부터 이를 실천했던 인물일 것이다.

하지만 전시 선전으로서의 미디어 믹스는 다소 그 수법이 달랐다. 그 점에서 흥미로운 사례가 대정익찬회의 등장을 맞이하여 탄생한 「익찬 일가」이다.

익찬회에 의한 판권 관리

「익찬 일가」란 1940년(쇼와 15), 대정익찬회 선전부가 신일본 만화가 협회에 캐릭터와 '세계'를 만들도록 주문하여 '판권'을 취득하고 관리함으로써, 말하자면 국가 권력을 배경으로 실행된 미디어 믹스이다.

1940년 12월 5일, 주요 전국 신문에서 「익찬 일가」의 캐릭터와 그들이 사는 조나이카이(町内会)[20]의 지도가 공개되었다. 조나이카이는

---

19) 도후진(東風人, 가바시마 가쓰이치[樺島勝一])가 그리고 오다 쇼세이(織田小星, 오다 노부쓰네[織田信恒])가 쓴 신문 4컷 만화. 다이쇼 시대에 『아사히그라프(アサヒグラフ)』나 『아사히 신문』 등에서 제목을 변경하며 연재되었다. 주인공 소년 '쇼짱'과 파트너 '다람쥐'의 다양한 모험을 그렸으며, 서양적인 센스가 넘치는 그림체와 동화를 연상시키는 환상적인 이야기로 당시의 독자에게 큰 호평을 받았다.

익찬회의 하부 조직인 '도나리구미'였다. 이 캐릭터와 지도를 '세계'로 삼아 다양한 작가가 동시에 작품을 창작했다. 현재는 기업이 '판권'을 집중적으로 관리하여 미디어 믹스를 수행하지만, 그것을 익찬회라는 권력 측 기관이 수행했던 것이다. 그 때문에 「익찬 일가」는 각 신문, 여러 주간지나 월간지에서의 동시 연재, 만화 단행본, 그림책, 연극, 라디오, 레코드, 라쿠고, 로쿄쿠, 그림 연극, 완구, 의류 등 떠올릴 수 있는 온갖 매체나 상품으로 전개되었다.

이 「익찬 일가」는 ①히트작에 대한 편승이나 이미 공유 자산화되어 있던 캐릭터/세계를 원용하는 것이 아니라 새로이 캐릭터/세계를 마련하여 ②그것을 '판권'으로 집중 관리하며 ③동시 다발적으로 복수의 미디어와 복수의 작자에 의해 작품을 창출케 하고 ④그 '작자' 중에 '초심자'에 의한 2차 창작을 포함시킨 참여형이었다는 점에서 특징적이었다.

이것을 전후의 미디어 믹스와 비교해 보겠다. 1980년대, 가도카와 쇼텐(角川書店)이 가도카와 하루키(角川春樹)[21]의 주도로 시도했던, 한 가지 원작 소설을 축으로 삼는 다미디어 전개와 대량 선전이 『킹』 창간 선전이나 기쿠치 간 소설의 영화화를 축으로 삼는 전개에 가까운 것에 비해, 미리 미디어 믹스용 캐릭터/세계를 마련하여 소위 2차

---

20) 시가지인 조나이(町內)에 조직된 주민의 자치 조직. 중일 전쟁 때, 지방 행정의 말단 기구로서 점차 조직화되어 대정익찬회의 하부 조직이 되고, 내부에 도나리구미(隣組)를 편성했다. 1947년 법제상으로는 폐시되었다.

21) 가도카와 하루키(角川春樹, 1942~). 일본의 실업가, 영화 제작자, 하이카이 시인. 가도카와 겐요시의 장남으로 1975년 아버지의 뒤를 이어 가도카와 쇼텐 사장에 취임한다. 이듬해 〈이누가미가의 일족(犬神家の一族)〉으로 영화 제작에 참가하여 〈인간의 증명(人間の証明)〉, 〈야성의 증명(野性の証明)〉 등으로 가도카와 상법(角川商法)이라 불린 미디어 믹스 전략을 이용해 히트를 기록했다.

창작을 그 전개 속에 포섭했다는 점에서, 1990년대 이후의 가도카와 쓰구히코(角川歷彦)[22]형 미디어 믹스와 더없이 유사한 모델이라고 할 수 있다.[*36]

「익찬 일가」가 고노에 신체제에 정확하게 호응했던 것은 이 '초심자' 참여형이었다는 점에 있다. 신문 잡지에 연재된 만화의 태반은 직업적 만화가가 그린 의한 것이지만 오직 『아사히 신문』 도쿄 본사판은 독자로부터 투고를 모았다. 「익찬 일가」의 캐릭터는 처음부터 아마추어 투고를 상정하고 원이나 삼각형, 달 모양 등을 얼굴 윤곽으로 삼아 "누구나 그릴 수 있도록"(『아사히 신문』 1940[쇼와 15].12.5.) 디자인되어 있었다. 즉, '초심자'의 모방을 상정했던 것이다.

고노에 신체제 아래의 '선전'은 '공기의 양성'이라기에는 너무나 노골적인 국가 선전 색채가 강하지만, 그래도 '상의하달'이 아니라 '하의상달'을 이념으로 삼는 '협동주의'라는 점을 감안하여 「익찬 일가」는 '초심자' 참여형으로 설계되었던 것이다.

만화 투고 이외에도 예를 들면 애니메이션의 각본이 공모된다. 하지만 '공모하는 일' 그 자체에 목적이 있으며 입선한 것은 "현재 아버지와 함께 문학을 애호하는 청년"(『요미우리 신문』 1941[쇼와 16].3.2.)이라는 '초심자'였다.

만화의 연재 및 출판이라는 미디어에 한정하자면 「익찬 일가」는 1940년 말부터 이듬해 전반에 집중하여 종결된다. 그 이후의 「익찬

---

22) 가도카와 쓰구히코(角川歷彦, 1943~). 일본의 실업가, 영화 프로듀서, 애니메이션 프로듀서. 주식회사 KADOKAWA 대표이사 회장. 1966년에 가도카와 쇼텐에 입사. 정보지 『더 텔레비전(ザテレビジョン)』, 『도쿄 워커(東京ウォーカー)』, 라이트 노벨 '전격 문고(電撃文庫)', '가도카와 스니커 문고(角川スニーカー文庫)' 등 신규 사업을 일으키며 미디어 믹스라 불리는 수법으로 일본 서브컬처 문화를 견인했다.

일가」는 참여형 후생(厚生) 문화로서의 색채가 점점 농후해진다.

프로에 의한 무대화도 이루어졌으나 다른 한편 학교나 도나리구미 등에서의 상연을 고려한 연극 각본이나 인형, 시나리오, 상연까지를 직접 담당하기 위한 인형극 상연 교본이 「익찬 일가」를 소재로 간행된다. 후루카와 롯파(古川ロッパ)[23]가 노래하는 〈야마토 일가 숫자풀이 노래(大和一家数へ唄)〉는 아동 학생용으로 율동이 만들어짐과 더불어, 인형극의 주제가처럼 쓰이게 되어 연극 교본에도 실렸다.

이렇게 연극 영역을 의식하여 「익찬 일가」가 뚜렷하게 전개된 것은 전후 분가쿠자(文学座)[24]의 창시자로 이름을 남긴 기시다 구니오(岸田国士)[25]가 대정익찬회의 문화부장에 취임했던 것과도 관계가 있다. 익찬회 발족 직후에는 문화부에서 '초심자 연극, 이동 극단에 대한 지도 기관의 확립, 그를 위한 지도자 양성에 관한 사항'이 논의되었다. 익찬회는 '초심자 연극'을 이렇게 자리매김한다.

초심자 연극 운동은 집단생활을 지반으로 삼아 전개되어, 생활의 협동화 촉진에 공헌해야만 한다.

전시하의 국민 생활에는 다양한 곤란이나 장애가 있을 것이다. 물자도 노동력도 부족해지기 쉬울 것이다. 이 곤란을 타개하여 현재의 비상

---

23) 후루카와 롯파(古川ロッパ, 1903~1961). 1930년대 일본의 대표적 코미디언. 본명은 후루카와 이쿠로(古川郁郎). 편집자, 에세이스트로서도 활동했다.

24) 1937년 기시다 구니오, 이와타 도요오(시시 분로쿠), 구보타 만타로를 간사로 삼아 결성된 극단. 정치성을 배제하며 예술 지상주의적인 자세를 취했다. 제2차 대전 후에는 모리모토 가오루의 〈여자의 일생〉 같은 창작극부터 번역극까지 상연하였으며, 스기무라 하루코를 중심으로 활동을 계속한다.

25) 기시다 구니오(岸田国士, 1890~1954). 극작가, 소설가. 도쿄 출생. 프랑스에서 연극을 연구했다. 연출가, 평론가로서 일본의 신극 운동을 지도. 분가쿠자 창립자의 한 사람이다.

시국을 극복하기 위한 생활 신체제의 기본적 방향은 생활의 협동화라는 뜻이다.*37

즉, '연극'을 '협동화'하는 일은 전시 체제에 중요한 물자 이용이나 노동 등 생활에서 협동의 기초를 만드는 것이 그 목적으로 간주되었다. 익찬 체제 아래에서는 잘 알려진 노동 봉사뿐만 아니라 도나리구미 사이에서의 가사, 육아나 물자의 '협동', 즉 요즘 말하는 쉐어링이 권장되었다.

이러한 기시다 체제 아래에서 쓰보우치 쇼요의 공공극, 무라야마 도모요시 등의 프롤레타리아 연극 운동이나 그 수단으로서의 아마추어 연극, 계몽·지도 수단으로서의 이동 극단이라는 관점 등이 신체제 아래의 협동주의 실천 방법으로서, 이를 실천했던 인재들까지 포함하여 차차 전용된다.

'투고'하는 초심자

'협동'을 추진하는 수단으로서는 「익찬 일가」에서도 쓰였던 '투고'라는 시스템이 있었다.

미디어에 투고하는 행위는 메이지 시대의 문예지나 신문에서 확립되었는데, '익찬 체제'가 '투고하는 초심자'의 동원 체제였다는 점은 새삼 주의해야 할 것이다. '사진'에서 아마추어가 예술 사진이 아니라 일상을 옮기는 초심자의 것이 되었다는 점은 이미 이야기했지만, 예를 들면 내각 정보국에서 간행한 국책 화보 잡지 『사진주보(写真週報)』의 동일 페이지에 아버지가 찍은 아이들의 사진 투고와 전후에 『사자에상(サザエさん)』의 작가로 유명해지는 하세가와 마치코(長谷川町子)26)판 「익찬 일가」 만화가 나란히 게재되어 있다는 점 등은 상징적일 것이다.

영화 영역에서는 「익찬 일가」와 마찬가지로 군이나 정부, 신문사 같은 미디어와의 협동을 통한 시나리오 모집이 활발해진다. 이러한 '투고'의 특징은 프로로 가는 등용문이라는 의미는 희박하고, '그림 그리는 초심자'를 동원하는 데에 주안점이 있었다는 점이다.

그리고 만화, 각본 이상으로 투고를 모집했던 것이 표어와 국민가 요였다. 투고하는 초심자는 '공모' 정보를 모은 전문지가 존재할 정도로 비대화되었다. 투고하는 측의 목적은 오로지 상금이었는데, 위에서 내려오는 슬로건과 달리 미디어가 발신하는 것이 아니라 앞서 봤던 바와 마찬가지로 '초심자'가 발신했다는 점에서 '투고'는 '하의상달'이라는 협동주의와 정합성이 높았다. '투고'란 대중을 스스로 동원케 하는 수단인 것이다.

전시하 표어로 잘 알려진 "탐내지 않겠습니다, 이길 때까지는"이 공모에서 뽑혔듯이 전시 슬로건으로서의 표어는 투고가 지탱하고 있었다. 7·5조의 전시 슬로건이나 투고라는 행위 그 자체는 하이쿠, 와카, 센류 등의 전통과 호환성이 있었다. 또한 표어에 특화된 투고 전문지가 존재하여 표어 투고자의 조직화나 입선을 위한 노하우를 설파했다.

전시하에 대량으로 제작된 '국민가요'도 '투고'가 지탱했다. 라디오 방송은 1936년(쇼와 11) 6월부터 〈국민가요(国民歌謡)〉라는 제목의 프로그램을 시작, 동일 악곡을 1주일 동안 연속으로 방송했다. 점차 그 주제는 전시 체제를 반영하게 되었으며 그중에서 지지를 모았던 것

---

26) 하세가와 마치코(長谷川町子, 1920~1992). 만화가. 사가현 출생. 1934년 다가와 스이호를 사사했으며, 1946년부터 47년까지 신문에 연재한 『사자에상(サザエさん)』이 따스한 웃음을 제공하며 가정 만화의 대표작으로 널리 사랑받았다. 1992년, 사후에 국민 영예상을 수상했다.

이 지금도 잘 알려진 〈도나리구미(隣組)〉였다.

당초에는 프로 작사가가 만든 것이 주류였으나 중일 전쟁을 경계로 국가 기관이나 군과 미디어가 협동하여 '국민가요' 공모를 양산하는 체제가 갖추어진다.[*38] 입선곡은 레코드화될 뿐만 아니라 때로는 무대의 리뷰에서 쓰이거나 콘서트가 열리는 등, 다미디어 전개도 이루어졌다. 요코야마 류이치(横山隆一)[27]의 만화 『후쿠짱 부대(フクチャン部隊)』를 테마로 삼은 것 등, 아동을 대상으로 하는 공모도 있었다.

외지에 동원되는 만화를 그리는 독자

「익찬 일가」에서는 만화를 '그리는 독자'를 동원하는 일이 중심이 되지는 않았으나, 만화 영역에서는 1920년대부터 '만화' 관련 서적이 간행되었고 그중에는 '그리는 법'의 교본이 있었다.[*39] 만화 입문서 강좌의 간행이나 통신 교육도 확대되어 '그리는 독자'를 향한 계몽이 활발했다.

그 통신 교육 광고가 중일 전쟁 후인 1938년(쇼와 13)에 "자택에서 대만화가가 될 수 있다"로부터 "중국이며 만주며 국내며 만화가는 정신없이 바쁘다. 나오라! 신진 만화가!"로 바뀐 일은 그저 광고 카피가 시국에 영합하기만 한 사태가 아니다.

만화가는 종종 문화 공작의 전선에 투입되어 신문 등에 대한 기고

---

27) 요코야마 류이치(横山隆一, 1909~2001). 고치현 고치시 출신의 만화가, 애니메이션 작가. 정치 풍자 만화가 주류였던 1930년대 일본의 만화계에서 간략한 그림체와 명쾌한 개그로 구미 스타일의 '난센스 만화'를 지향한 신진 그룹 '신만화파 집단(新漫画派集団)'을 결성하여, 이윽고 전중, 전후 초기 만화계를 리드하였다. 전후에는 애니메이션 제작 회사 오토기 프로덕션(おとぎプロダクション)을 설립한 것 이외에도 광고, 그림책의 일러스트레이션이나 유화를 그렸다.

뿐만 아니라 사람들 앞에서 만화를 즉흥으로 그리는 퍼포먼스나 그림 연극 제작에, 선전 공작으로서 활용되었다. 외지 신문 안에는 '진중 만화(陣中漫画)'라고 하여, 전장에서 '표현하는 독자'를 위한 투고란도 있으며 『탱크 탄쿠로(タンクタンクロー)』로 유명한 사카모토 가조(阪本牙城)[28]는 만주의 개척민들 사이에서 만화를 그리는 초심자를 조직화하여 작품집을 간행했다. '초심자'의 손에 의한 만화는 전장의 양상을 당의정으로 만들어 전달하는 중요한 수단이었다.

만주에서는 같은 시기에 건국 정신을 철저화하기 위해 만화를 '선전 무기'로 활용하자는 제언이 나왔는데, "재만(在滿) 만화가(아마추어도 포함한 적극적인 사상 포교)" 육성이 급선무로서 설파되었다.[*40] 타이완이나 조선 등지에서도 현지 사람들을 대상으로 하는 일본인 만화가의 만화 강좌나 이를 바탕으로 한 만화전도 개최되었다.

「익찬 일가」는 작품의 주제로서 미디어 믹스를 통해 '도나리구미' 및 고노에 신체제 아래의 생활이라는 정치적 메시지를 대중에게 주지시킬 뿐만 아니라, 통일적인 미디어 믹스를 통해 익찬 체제의 '공공권'을 창출할 수 있다는 사고방식의 실천이었다. 이때 「익찬 일가」가 꾀하는 '공공권'에서는 '도나리구미'가 대동아 공영권이라는 '일가'('팔굉일우'로 불렸다)의 구성단위인 이상, 타이완, 조선, 상하이, 만주, 화베이 각 지역에서 신문 게재나 광고에서의 활용 등을 확인할 수 있으며 미디어 믹스의 흔적이 널리 남아 있는 것은 당연하다. 조선에서는 새로이 조선 만화인 협회가 내지 출신인 '시키시마(敷島) 일가', 창씨개명으로

---

28) 사카모토 가조(阪本牙城, 1895~1973). 다이쇼, 쇼와 시대의 만화가. 주가이 상업 신문(中外商業新聞), 오사카 석간 신문(大阪夕刊新聞) 등에 들어가 풍자 만화를 그린다. 1934년부터 『유년 구락부』에 『탱크 탄쿠로(タンクタンクロー)』를 연재하여 인기를 누렸다.

일본 이름이 된 조선인 가족 '가나야마(金山) 일가'라는 두 가족의 캐릭터를 고안하여 복수의 만화가, 매체에서 전개하였다. 화베이(華北)에서는 '초심자'의 투고로 보이는 「익찬 일가」도 확인할 수 있다.

이렇게 만화를 그리는 독자의 확대를 감안할 때, 전시하의 데즈카 오사무 소년이 처음으로 제작한 사가판(私家版)[29] 책자가 만화 입문서라는 점, 직접 그린 미국과 일본의 만화, 애니메이션 캐릭터가 총동원되어 등장하는 습작 「승리의 날까지(勝利の日まで)」(1945)가 방공 체제를 테마로 삼는 프로파간다적 내용임과 동시에 '조나이'를 무대로 하는 익찬 일가의 캐릭터가 등장하는 '2차 창작'이라는 점의 역사적 맥락이 보이기 시작한다. 데즈카 소년은 전시하에 국책 선전 만화를 자작하는 '만화를 그리는 초심자' 중 한 사람이었던 것이다.

이론의 응용 공학화와 문화 공작

대중을 선전을 통해 어떻게 부리며 동원해 나갈 것인가. 그것이 이 시대 미디어의 기조로서 항상 존재했기에 미디어 믹스의 방법도 프로파간다 기술로서 재구축되었다. 그때 미디어 이론은 탁상공론이 아니라 실천과 결합되어 진화한다.

이 이론과 대중문화의 접근이 이 시대의 특징이다. 이 점에서 유의해야 할 것은 '대중문화'에 있어서 이론의 문제이다. 많은 사람들은 고도의 이론과 대중문화는 무관하다는 선입관을 지니지만 이 시기에 특징적인 것은 미디어 이론이 선전이나 문화 공작 이론으로 원용되어, 그것과의 정합성을 통해 방법론이 정비되어 나갔다는 점이다. 이

---

29) 관본(官本)이나 판매를 목적으로 발행한 책이 아닌, 민간에서 개인적으로 새겨서 만든 책.

론은 이론으로 완결되지 않고 실천과 결합하여 '방법'으로서 예리해 진 것이다. '만든다'라는 대중 및 대중문화의 영위를 이론과 무관하다 고 생각하지 않는 것이 중요하다. 거기에는 문화에 있어서 이론의 응용 공학화라는 현상을 볼 수 있는 것이다.

그렇다면 이론의 응용 공학화는 어떻게 이루어졌는가. 이 시기의 일본은 제1차 세계 대전 이후로서의 '전후'를 거쳐 1931년(쇼와 6)의 만주 사변을 통해 '다가올 대전'으로 상정되어 있던 새로운 전시하에 돌입한다. 거기에서 세상에 알려진 전쟁관은 '과학전, 사상전, 선전 전'이었다. '과학전'에는 당연히 근대 병기에 의한 전투가 포함되는데 동시에 '과학'은 전시하를 지배한 중요한 이데올로기였다. 라디오나 기계 예술로서의 영화를 포함하는 과학화된 미디어의 활용으로 '사상 전, 선전전'을 추진함과 동시에 '선전' 그 자체의 과학화, 즉 선전 이 론, 미디어 이론이 대중 표현을 재구축해 나가는 것이다.

다이쇼기 신흥 미술 운동은 수명이 짧았고 쇼와에 들어서자 속도 를 잃었지만, 대중의 계몽을 꾀하는 러시아 아방가르드[30]에 기원을 둔 사회주의의 미디어 이론은 실천과 결합하면서 점차 고도화된다. 공학화라고도 할 수 있을 이러한 미디어의 변화가 가져온 '달성'은 전시하의 시기에 인재와 방법론, 미학 면에서 전후 대중문화의 기초 를 만드는 일로 이어진다.

하지만 이론의 제창자가 전쟁에 대해 특권적인 방관자로 머물 수 있는 담보를 얻었던 것은 아니다. 오히려 미디어 이론이 응용 공학적

---

30) 20세기 초에 러시아에서 입체파·미래파 따위의 서구 예술 사조와 러시아 민중 예술의 영향으로 일어난 미술 운동. 1930년대 초에 사회주의 리얼리즘이 출현하기 전까지 성 행하였던 러시아 모더니즘의 여러 경향을 통틀어 이른다. 기존의 관습에서 벗어나 국제 적이고 근대적인 경향을 추구하였다.

이라는 점은 이론가나 이론적 소양을 지닌 창조자를 문화 공작, 선전 공작의 현장에 내세우게 된다. 그것이 이론과 실천의 정합성을 한층 더 날카롭게 만들게 되기도 하는데, 이러한 문화 공작, 선전 공작의 양상 또한 이 시기 대중문화 연구의 중요한 과제이다.

대정익찬회 선전부나 보도 기술 연구회, 도호샤 같은 공적 기관에서 임의단체, 민간 위장 회사 등에 이르기까지 '공작'에 관여한 조직은 다양하다. 특히 1940년에 결성된 보도 기술 연구회는 '선전'이라는 작업을 국가가 클라이언트가 되는 '국가 선전'으로 자리매김한, 광고 관계자나 연구자들로 이루어진 횡단적인 조직이다. 대정익찬회 선전부 등과 연동하면서 전시 광고의 실천과 이론화를 추진하였다.[*41]

이러한 국책 선전 기관으로서 중요한 것은 도호나 다이에이(大映) 같은 영화 회사이다. 흥행 회사로서의 도호는 1932년(쇼와 7)에 설립된다. 이 회사는 1929년(쇼와 4) 설립된 유성 영화의 실천·연구소인 P.C.L (사진 과학 연구소)을 전신의 하나로 삼는다. 그 자회사인 피·시·엘 영화 제작소는 애니메이션 제작이나 만화의 영화화 등도 시도하여 방법론의 공학화와 실천이라는, 전시하 미디어 기업에 요청되었던 기초를 지녔다. 도호가 국책에 따른 선전 공작을 사업의 하나로 삼는 것은 회사 안내에도 똑똑히 명시되어 있다.

도호의 문화 공작은 국내뿐만 아니라 외지에도 이르렀는데, 상하이에서 수행한 위장 중국 영화 제작에 대해서는 그것을 담당했던 프롤레타리아 예술 운동 출신의 도호 프로듀서 마쓰자키 게이지의 『상하이 인문기(上海人文記)』(高山書店, 1941)에 그 일단이 기록되어 있으며, 요 몇 해 사이에 그것을 뒷받침하는 방대한 문서가 확인되었다.

그때 문화 공작에 관여했기에 암살되었다고 여겨지는 타이완 출신의 신감각파 작가이자 영화 이론가였던 류나어우(劉吶鷗)[31]의 이름은

적어도 '일본' 대중문화사에 남겨 두어야 한다.[*42]

또한 다이에이의 사장이 된 기쿠치 간이 선전 공작용 영화의 원작을 만들기 위한 공방을 준비했다는 지적도 있다.[*43] 기쿠치가 전시하에 미디어 믹스 프로듀서로서의 역할을 맡았다는 점은, 도호가 감독이 아니라 프로듀서를 영화 제작의 근간에 두고 있었다는 점과 더불어 생각하면 보다 흥미진진한 문제이다.

선무(宣撫) 공작이라고도 불렸던, 외지에서의 문화 공작에 관여했던 것은 영화인뿐만 아니라 작가, 저널리스트, 만화가, 연극인 등 다양하다. 예를 들면 그들 중에는 상하이에서 일본인용 신문 『대륙 신보(大陸新報)』를 거점으로 삼아 추축국 계열 만화가 위주의 만화가 협회 결성과 같은 임무를 담당했던 가토 미노스케(可東みの助)처럼 국내의 대중문화사(가령 '만화사')에서는 전혀 이름이 없는 이들이 다수 포함되어 있으며, 그 발자취는 중국 등에 남은 당시의 일본인용 잡지나 신문에서 겨우 찾아낼 수 있다.

5. 아메리카니즘과 아방가르드의 야합

두 가지 글로벌화

'지진' 전후의 대중문화에 대해 고찰하자면 이 시기에 세계를 뒤덮

---

31) 류나어우(劉吶鷗, 1905~1940). 타이완의 소설가, 영화 제작자. 타이완성(臺灣省) 타이난현(臺南縣)에서 태어났다. 원명은 류찬보(劉燦波), 필명은 뤄성(洛生)이다. 어려서부터 일본에서 성장하였기에 일본 현대 문학에 대해 잘 알고 있었으며, 특히 서구의 모더니즘을 수용한 일본의 신감각파로부터 영향을 크게 받았다. 주요 작품으로는 단편 소설집 『도시풍경선(都市風景線)』이 있다.

은 두 가지 글로벌화는 당연히 파악해야만 한다.

1920년대 아시아 대중문화의 허브였던 상하이에서는 거의 실시간으로 할리우드 영화가 공개되었으며 아시아 최초의 장편 애니메이션 〈철선 공주(鉄扇公主)〉(1941[쇼와 16])도 제작된다. 이 시기는 복제 예술로서 대중문화의 글로벌화가 단숨에 진전된 시대였다. 따라서 일본 대중문화사와 세계사의 관계는 그러한 이미지로 파악되어야 한다. 그리고 글로벌화는 그저 세계 문화를 실시간으로 수용한 데 그친 것이 아니라, 문화의 틀 그 자체의 글로벌화였다는 점에 주의할 필요가 있다.

그 글로벌화는 두 가지 물결로 세계를 석권하고 일본에도 도달했다. 하나는 러시아 아방가르드로 상징되는 전위 예술 운동이다. 제1차 세계 대전 후, 유럽의 예술 운동은 실시간으로 일본에 도달하게 되었으며 러시아의 미래파, 구성주의 등의 영향을 받으면서 무라야마 도모요시 등에 의해 다이쇼기 신흥 예술 운동이 시작된다. 그것은 대중에게 복제 미디어를 이용해 예술을 해방하며 동시에 동원한다는 점에서, 그야말로 러시아 혁명이 발견하고 그것의 일꾼으로 정의한 민중을 위한 예술, 즉 대중문화의 한 가지 이상형이었다. 그 수법이 나치스 독일에 의해 파시즘의 기술로 재조성되었다는 점은 말할 필요도 없을 것이다.

또 한 가지는 할리우드 영화, 그중에서도 디즈니 애니메이션이 상징하는 자본주의의 예술, 아메리카니즘의 예술이다. 이것은 자본주의가 초래한 대량 생산품의 소비자라는 대중을 타깃으로 삼은 기계화된 복제 예술이기도 했다.

이 두 가지 물결은 그 이데올로기의 차이와는 대조적으로 '대중'을 동원하기 위한 방법이었다. 이 두 가지 대중 예술의 물결이 세계를 뒤덮었으며 일본 역시 예외는 아니었다.

그리고 주목해야 할 것은 양자가 15년 전쟁(1931~1945) 아래에서 '야합'이라 해도 과언이 아닐 통합을 이루어 나가는 점이다.[44]

미키의 서식

[그림 5] 미키 마우스의 해적판 만화 중 하나. 일본의 생쥐가 미키의 '코스프레'를 하며 이야기가 펼쳐진다.(히로세 신페이[廣瀬しん平], 『미키 주스케[ミッキー忠助]』, 슌요샤, 1934).

아메리카니즘의 도래에서 특필할 만한 일은 디즈니의 유성 애니메이션 〈증기선 윌리(Steamboat Willie)〉가 미국과 거의 실시간에 해당하는 1931년(쇼와 6)에 일본에서 공개되었다는 점이다. 이 시기에 영화는 유성화된다. '육성'과 미디어의 결합이 새로운 국면을 맞이했다. 아방가르드 예술 운동이 원래 지향했던 예술의 종합화는 어떤 의미에서 유성 영화에 의해 구현화되었다고 해도 좋을 것이다.

1931년이라는 해가 중요한 것은 15년 전쟁의 첫해라는 점이다. 일본은 중국 대륙에서 괴뢰 정권의 국가 만주국을 건국한 이래 1945년 패전에 이르기까지 15년간의 전쟁 상태에 돌입하는데, 이 전쟁 시대의 시작은 전황을 뉴스 영화로 전달하는 뉴스 영화 전문 영화관을 낳는다.

그리고 뉴스 영화 전문관에서 차차 병행 상영된 것이 '문화 영화'라 불리는 기록 영화와 할리우드산 애니메이션이었다. 단편 애니메이션과 기록 영화가 동시에 한 장소에서 상영되었다는 사실이 갖는 의미는 크다. 왜냐하면 그 후의 전시하에서 아메리카니즘의 기계 예술 애니메이션과 문화 영화(기록 영화) - 나치스의 프로파간다 계발 영화인 우파(UFA)사의 쿨투르 필름을 일본에 이식하여 프로키노 출신자가 제작을 담당하게 되는 - 는 더불어 국책 영화로서 국가로부터 비호를 받는 새로운 분야가 되기 때문이다. 만화영화와 문화 영화는 국책에 봉사하는 전시하 아방가르드를 상징하는 영역이었다.

1932년에 사회주의자로 검거된 이마무라 다이헤이(今村太平)[32]는 석방 후 뉴스 영화관에서 만화영화와 문화 영화를 만나고 당시 전문가가 없었던 두 영역을 전문으로 하는 영화 이론가가 된다. 이 일은 아메리카니즘과 아방가르드의 통합이라는 이 시대의 문화적 특징을 상징하고 있다. 그 때문에 애니메이션이나 만화 표현의 역사는 15년 전쟁 아래에서 아메리카니즘과 아방가르드의 해후라는 문제를 빼고는 논할 수 없다.

현재의 만화 캐릭터 표현의 유래 중 하나는 앞 장에서 살펴봤듯이, 1900년 전후 알폰스 무하의 로컬라이즈에 있다. 하지만 또 한 가지, 데즈카로 대표되는 양식(즉, 도키와장[トキワ荘] 그룹의 만화)의 확립은 '디즈니와 예이젠시테인[33]의 야합'이라고도 부를 만한 표현이다.

1931년(쇼와 6), 다가와 스이호(田川水泡)[34]는 편집자의 제안을 받아

---

32) 이마무라 다이헤이(今村太平, 1911~1986). 일본의 영화 평론가이자 영화 이론가. 1935년부터 『키네마 준포(キネマ旬報)』에 영화론을 투고했으며, 『영화 집단(映画集団)』의 창간에도 참여했다. 사회적 시야에 선 영화론을 전개하는 저널리스트로서 널리 알려졌다.

33) 세르게이 예이젠시테인(Sergei Mikhailovich Eizenshtein, 1898~1948). 소련의 영화 감독. 몽타주 이론을 개척하여 확립하였으며 초기 영화의 기술과 예술적 수준을 높이는 데 기여하였다. 작품에 〈전함 포촘킨〉, 〈이반 뇌제(雷帝)〉 등이 있다.

34) 다가와 스이호(田川水泡, 1899~1989). 화가, 만화가. 도쿄 출신. 일본 미술 학교 도안과 졸업. 화가를 지망하지만 잡지 『소년 구락부』에 연재했던 만화 『노라쿠로(のらく

들여 미키 마우스나 펠릭스 더 캣 같은 할리우드산 애니메이션의 서식을 차용한 캐릭터 '노라쿠로(のらくろ)'를 발표한다. 1930년대의 일본에서는 이와 같은 여러 가지 '유사 미키'나 해적판이 왕성하게 그려져 현지화되면서 차차 당시의 인기 캐릭터가 만들어진다[그림 5]. 대중문화사에서 해적판이란 문화 사이의 이동이나 로컬라이즈가 이루어질 때 나타나는 현상이다.

　그때 할리우드산 캐릭터 서식을 해석하면서 원용되었던 것이 다이쇼 신흥 예술 운동 속에 있었던 구성주의적인 사고이다. 이 시기의 일본 만화가나 애니메이터는 미키 마우스 같은 캐릭터의 '서식'을 '구성'으로 받아들인 것이다.*45

　그중 하나는 캐릭터를 부품의 조합으로 받아들이는 사고 방식이다. 이것은 몽타주론의 응용이라고 하는 편이 보다 정확하다. 예이젠시테인은 한자의 부수에서 '변(邊)'과 '방(傍)'이라는 상형 문자가 합쳐져 하나의 '기호'가 된다는 점을 몽타주를 설명하기 위해 이용했다. 그것은 원래 눈이나 귀, 코 등 '부품의 조합'으로 설계되었던 할리우드 영화 속 미키의 서식과 호환성이 높았다. 1980년대가 되어 데즈카는 자신의 만화를 '상형문자'적인 부품의 조합으로 이루어진 기호라고 보는 만화 기호설을 제언했는데*46 그것은 전시하에 영향력이 강했던 예이젠시테인의 차용이었다.

　한편으로 미키가 동전의 원을 따라 그리면 그릴 수 있다는 점은 잘 알려져 있었는데, 캐릭터를 원 내지 구의 구성체로 파악하는 사고는 아방가르드에서의 동시대적 사고였다. 데스카도 자신의 개릭터를 원(내지는 구)의 구성체로 설명하기도 했다.

ろ)』가 인기를 얻었다. 다른 작품으로는 『문어 핫짱(蛸の八ちゃん)』 등이 있다.

다만 그림을 부품의 조합이나 도형의 구성체로 파악하는 사고는 근세의 '약화식'에서부터 호쿠사이 만화에서 볼 수 있는 '그리는 법'을 상기시킨다. 호쿠사이의 『약화 하야오시에(略画早指南)』(1812~1814)에는 '분마와시'(컴퍼스)로 그린 원의 구성체로 작화법을 해설하는 대목이 있는데, 그것은 에도 후기의 난학자 모리시마 주료(森島中良)[35]가 쓴 『홍모잡화(紅毛雜話)』(1787)에서 차용한 것으로, 이 책에서는 1920년대에 활발해진 만화 입문서와 겹치는 부분도 적잖이 찾아볼 수 있다. 근세에서 이러한 서식이 '난학'으로서 약화식에 접목되었으며 다시 근대에서 구성주의나 디즈니의 작화법과 조우한 것이다.[*47]

예이젠시테인은 근세 이전의 일본 문화를 모조리 몽타주로 간주하고 그 '원시성'을 강조했으나, 구성주의 또한 어떤 면에서는 민중이 지닌 원시적인 방법을 근대화시킨 것이다. 약화식에서 보이는 붓의 선에서 단조로운 선으로 이루어진 전환은 메이지 시대에 이치조 세이비에 의해 시도되었는데, 부품 내지는 도형의 구성체라는 사고는 아방가르드의 틀에서 아메리카니즘을 도입할 때에 차용되어 '약화식'에서 '미키의 서식'으로 갱신이 이루어졌다고도 할 수 있다.

그리하여 현지화된 '미키의 서식'의 끝에, 전시하의 캐릭터는 전후 데즈카 오사무의 '아톰'이나 '레오' 같은 캐릭터 표현에 도달하는 것이다.

그 결과, 만화 표현에서는 중세로부터 일정한 연속성을 유지했던 〈조수희화〉 이후의 도바에(鳥羽絵)적인 전통과의 '단절'이 일어나는 것이다.

---

35) 모리시마 주료(森島中良, 1756~1810). 에도 시대의 의사, 게사쿠 작가, 난학자, 교카시. 난학자로서의 측면이 곧잘 강조되나 그 저작의 대부분은 게사쿠이다.

북미의 애니메이션 연구자 토머스 라마르(Thomas Lamarre)가 주장하는, 멀티 플레인이라는 '기계'에서 비롯된 일본 애니메이션의 특징으로 간주되는 '레이어의 미학'(라마르가 이렇게 표현한 것은 아니지만) 또한 예이젠시테인의 중층적인 화면 심도=리얼리즘을 〈백설공주〉에서 쓰인 멀티 플레인을 차용함으로써 애니메이션에 이식한 양식이다.[48]

이처럼 만화나 애니메이션 같은 미디어 표현의 경우, 특히 두 가지 글로벌화와 '야합'이 초래한 영향은 적지 않다.

메커니즘과 기계화하는 상상력

전시하의 대중문화는 리얼리즘의 기계화라는 또 다른 측면도 갖고 있다. 아방가르드와 아메리카니즘의 쌍방이 갖고 있던 메커니즘이라는 사고가 15년 전쟁 아래의 이데올로기인 '과학'의 계몽 및 사상 통제 속에서 전시하의 아방가르드라고도 할 만한 기계 예술론을 성립시킨 것이다. 이론가로서는 이타가키 다카호(板垣鷹穂)[36]가 있다.

다이쇼 후기부터 쇼와 초기에 걸쳐 요코미쓰 리이치(横光利一)[37]의 「기계」(1930)가 대표하는 기계 개념(메커니즘)을 볼 수 있는데, 탐정 소설이라는 기계적 로직을 준수한 기계화된 문학이 일부에서 지지를 모았다. 이러한 메커니즘은 다이쇼 신흥 미술 운동이 내재했던 기계화된 예술, 즉 영화나 인쇄 같은 복제 미디어에 대한 관심과 더불어

---

36) 이타가키 다카호(板垣鷹穂, 1894~1966). 미술 평론가. 서양 미술사 연구자로서 그 업적을 저작으로 남겼다. 또한 메이지 이후부터 메이지 11년대까지의 일본 근대 건축에 대한 평론을 비롯하여 영화, 사진 등 새로운 미술 영역을 미디어론으로 논한 개척자적 존재이다.

37) 요코미쓰 리이치(横光利一, 1898~1947). 소설가. 후쿠시마현 출신. 와세다 대학 중퇴. 가와바타 야스나리 등과 함께 『문예 시대(文芸時代)』를 창간하여 신감각파 운동의 중심으로 활약했다. 또한 신심리주의 작품을 시도하는 등 의욕적 활동을 계속했다.

기계 그 자체를 세계 인식의 모델로 삼거나 미의 대상으로 삼는 측면
을 갖고 있었다.

기계화된 예술, 그리고 표현의 대상으로서의 기계의 발견이 대중
문화에 초래한 것의 좋은 예로서, 무라야마 도모요시 등과 함께 다이
쇼 신흥 예술 운동의 일원이었던 다카미자와 미치나오(高見沢路直)가
다가와 스이호로 이름을 바꾸고 만화『인조인간』(1929[쇼와 4])을 통
해 만화가로 변신한 일을 꼽을 수 있다. 다가와는 기계화된 인쇄 미디
어에서 기계 이야기를 그린 셈이다.

다른 한편 다가올 대전(大戰)을 '과학전'으로 파악하는 사고는 국민
생활의 과학화를 계몽의 주제로 삼았다. 원래는 독일의 과학 교육
영화였으나 전시하에서 그 의미가 변모하여 다큐멘터리 형식을 지닌
프로파간다 영화의 총칭이 된 '문화 영화'의 리얼리즘이나, 항공 사상
의 계몽이라는 이름 아래 비호를 받았던 모형 등이 수용자인 아이들
에게 공학적 사고와 미학의 맹아를 싹틔운다. 방공 교육으로서 적
전투기의 3면도가 실린 목록에 아동의 눈길이 닿았고 그 시선을 공학
화했다. 애니메이션 작가 오쓰카 야스오(大塚康生)[38]는 전시하에 자신
의 동급생이 그린 비행기의 측면도를 공개했다.[*49]

혹은 문화 영화의 한 영역이기도 한 철도성(鉄道省) 영화는 기관차
를 미적으로 그렸다. 이러한 미의 대상, 리얼리즘의 대상으로서의

---

38) 오쓰카 야스오(大塚康生, 1931~2021). 구 후생성 직원 등을 거쳐 도에이 동화에 입사,
   일본 최초의 컬러 장편 애니메이션 〈백사전(白蛇伝)〉(1958), 〈서유기(西遊記)〉(1960)
   등의 원화를 담당했다. 다카하타 이사오가 감독하고 미야자키 하야오도 제작에 관여했
   던 〈태양의 왕자 호루스의 대모험(太陽の王子 ホルスの大冒険)〉(1968)에서 작화 감독
   을 맡았다. 〈루팡 3세 칼리오스트로의 성(ルパン三世 カリオストロの城)〉, 〈미래소년
   코난(未来少年コナン)〉 등 인기작의 작화 감독도 담당.

[그림 6] 데포르메된 캐릭터와 리얼한 병기의 공존(세오 미쓰요 연출, 〈모모타로 바다의 신병〉, 쇼치쿠 동화 연구소, 1945)(퍼블릭 도메인).

'기계'는 후지타 쓰구하루(藤田嗣治)[39] 등의 전쟁화에도 뚜렷하게 나타나며 후지타는 전쟁화에서 과학적 관찰의 중요성을 제언하였다.[*50]

내무성 도서과(図書課)에 의한 「아동용 읽을거리 및 그림책에 대한 내무성 지시 사항(児童読物、並に絵本に対する内務省指示事項)」(1938)은 사상 통제를 위해 아동서, 만화 등에서 '공상', '가작(픽션)'을 부정하고 과학적 계몽을 실시하여, 문학사에서는 비전향 시인으로 여겨지는 오구마 히데오(小熊秀雄)는 내무성의 알선으로 만화 출판사 나카무라 쇼텐(中村書店)에서 아사히 다로(旭太郎)라는 명의로 오시로 노보루(大城のぼる) 등에게 국책에 준거한 '원작'을 제공하여 만화의 '과학'화에 관여했다. 오구마의 '원작'으로 오시로 노보루가 작화를 맡은 『화성 탐험(火星探検)』(1940)은 전쟁의 색채를 느끼기 힘든 SF 만화로도 보이지만, '과학'에 의한 '공상'을 부정하는 것이 주제이기에 실은 국책에 충실하다. 전의를 고양하거나 군국주의적 주제를 다루는 것만이 국책 만화는 아니다.

어린이의 '공상'이 '기계화'되었음을 상징하는 것은 표지에도 '국방 과학 잡지'라는 문구를 내걸고 있는 『기계화(機械化)』(1940년 창간)일 것이다. 책머리의 삽화가 '공상 과학 병기'로 장식되어 있다. 그 책머

---

39) 후지타 쓰구하루(藤田嗣治, 1886~1968). 서양화가. 도쿄 출생. 프랑스로 건너가 에콜 드 파리의 일원으로 이름을 얻었다. 유백색의 바탕에 면상필로 선묘를 그리는 독자적인 화풍으로 알려졌다. 제2차 세계 대전 이후 프랑스로 귀화. 훗날 가톨릭의 세례를 받아 레오나르 후지타라 칭하였다.

리 삽화의 상상력이나 리얼리즘은 전
후 애니메이션에 등장하는 '비밀 병
기'의 연원으로 여겨지며, 또한 이를
그린 삽화가 고마쓰자키 시게루(小松
崎茂)[40)]는 전후 소년지에서 만화가 등
장하기 이전에 그림 이야기(絵物語)의
작가로서 인기를 누리게 된다.

[그림 7] 영화 〈메트로폴리스〉의 한 장면(퍼
블릭 도메인).

어린이 문화에 대한 과학의 침입은
과학 그림책을 등장시켰을 뿐만 아니라 만화나 애니메이션 자체의
문화 영화화를 일으킨다. 즉, 이야기를 지니지 않은 다큐멘터리색이
강한 작품이다. 이러한 문화 영화화는 애니메이션 영역에서 해군의
낙하산 부대를 기록 영화 형식으로 그린 〈모모타로 바다의 신병〉으
로 결실을 맺는다.

〈모모타로 바다의 신병〉은 전시하 미디어를 이해하는 다양한 문맥
을 지니고 있는데, 기계 예술이라는 문맥에서는 디즈니풍 캐릭터에
리얼리즘의 병기를 위화감 없이 공존시키는 '병기 리얼리즘'이 성립
하였다[그림 6].[*51]

다가와 스이호가 데뷔작에서 인조인간을 그렸다는 점은 이미 이야
기했는데, 그 이미지의 기조에 존재하는 것은 다이쇼 신흥 예술파
운동의 문맥에서 일본에 유입된 카렐 차페크의 「R.U.R」이나 프리츠
랑의 〈메트로폴리스〉이다[그림 7]. 이들 영화는 대중 사이에서 로봇

---

40) 고마쓰자키 시게루(小松崎茂, 1915~2001). 도쿄 출신의 화가, 일러스트레이터. 공상
과학 일러스트레이션, 전기물, 프라모델 패키지 일러스트와 같은 삽화의 1인자로 폭넓
게 활약했다.

이미지를 형성하는 데에 기여했다. 데즈카는 습작 『로스트 월드(ロス
トワールド)』 이후 '기계'화된 신체와 동시에 「R.U.R」의 로봇처럼 원형
질에서 만들어진 인공 생명체, 즉 인조인간을 거듭하여 그린다. 인조
인간은 대표작 『우주소년 아톰(鉄腕アトム)』(1952~)으로 결실을 맺는
데, 그 텔레비전 애니메이션 주제가의 한 소절 "마음씨 착한 랄랄라
과학의 아이"는 전시하의 슬로건 "과학하는 마음"을 인용하고 있다.

그리고 전후로 넘어오게 된 이들 공학화된 신체에 대한 구애 앞에,
어떤 신체성에 대한 집착이 기다리고 있었는지는 말할 필요도 없을
것이다.

몽타주화하는 '일본'

'이론'에 의한 대중문화 재구축은 영화 이론, 특히 몽타주론과의
관계에서 선명하게 발견할 수 있다. 주의할 점은, 이 시대에 일본에
서 공개된 예이젠시테인의 영화는 한 편뿐이었으며 〈전함 포촘킨〉이
미공개였음에도 불구하고 그 이론만은 유입되었다는 사실이다. 그것
이 이론의 폭주라고도 할 만한 사태를 낳는다.

몽타주 이론은 이제 영화 이론에서는 전혀 재고되고 있지 않지만,
미디어 이론 연구에서는 그것이 대중에게 어떻게 받아들여졌으며 어
떻게 '실용'되었는가 하는 시점에서의 검증이 불가결하다. 그 때문에
15년 전쟁 아래, ①몽타주의 대중화 ②몽타주론에 의한 표현의 갱신
③몽타주론에 의한 일본 문화 다시 보기라는 세 가지 사태가 일어났
다는 점을 무시해서는 안 된다.

몽타주론의 '대중화'는 기누가사 데이노스케(衣笠貞之助)[41]가 예이
젠시테인의 스튜디오를 시찰하고 귀국한 후 첫 번째로 만든 영화가
공개되었을 때 모여든 관객들이 화면에 빨려 들어갈 것처럼 몽타주

신을 바라보았다는 증언으로 뒷받침된다.[*52]

표현의 재조합에 대해서는 앞서 보았던 미키의 구성주의적 수용 등에 더하여, 여명기의 그림 연극 작가 가타 고지(加太こうじ)[42]가 소련의 영화 이론을 이용하여 화면 구성을 했다고 증언한 사실이 알기 쉬운 예가 될 것이다.[*53] 막대기에 붙인 종이 인형의 연극이었던 '그림 연극'이 한 장으로 된 그림을 연속으로 넘기며 보여 주는 방식으로 변화한 것은 '영화'를 그 틀로 차용했기 때문이다.

몽타주는 『FRONT』 등 프로파간다 미디어의 사진에서 보이는 다이내믹한 구성 방법이나 그라프 몽타주, 혹은 한 행을 한 컷으로 간주하는 시네 포엠 등에서도 활발해졌다.

그리고 예이젠시테인은 『영화의 변증법』 안에서, 한자나 하이쿠, 회화 등 일본 문화를 '몽타주'로 논했기 때문에 일본 문화 몽타주설이라고도 할 만한 담론이 등장한다. 전시하의 내셔널리즘이 몽타주론에 의해 꾸며진 것이다. 그리고 이러한 사고는 생각 외로 강력하게 현재의 일본 문화론을 규정하고 있다.

그 한 가지 예는 이 시기에 일본에서 애니메이션 문화 융성의 이유를 에마키모노에서 발견하는 속설이 형성된 것이다. 에마키모노를 억지로 몽타주론으로 해석한 『에마키의 구성(絵巻の構成)』(1940)이 간행되어, 이마무라 다이헤이나 기타가와 후유히코(北川冬彦) 등의 영화 이론가가 에마키모노의 일본 문화성을 선전한 것이다.

---

41) 기누가사 데이노스케(衣笠貞之助, 1896~1982). 영화 감독. 미에현 출신. 시대극 영화의 거장으로 대표작으로는 〈지옥문(地獄門)〉 등이 있다.

42) 가타 고지(加太こうじ, 1918~1998). 일본의 다이쇼, 쇼와 시대의 서민사, 세상, 풍속, 문화사 등의 평론가. 서민 문화 연구가. 그림 연극 작가.

우리는 지금까지도 영화 예술의 현대성이, 실은 예술의 원시성의 새로운 발전 형태라는 사실을 거듭 지적해 왔는데, 이 원시성을 온갖 장르에 걸쳐 남기고 있는 일본 예술이 특히 이 때문에 '영화적'이라 일컬어지는 것은 우연이라고 생각할 수 없다. 이미 에마키, 하이카이 렌쿠와 영화의 관계가 요시무라 후유히코(吉村冬彦) 씨 등에 의해 지적 되었으나, 몽타주론의 예이젠시테인에 이르러서는 일본 문화 전체를 가리켜 영화적이라고 말한다.[54]

이처럼 '영화적'이라는 형용은 몽타주적임과 동시에 '일본'적이라 는 연쇄마저 낳고 있음을 알 수 있다. 그것이 무비판적으로 전후에도 이월되어 애니메이션 에마키 기원설이라는 '일본 문화론'으로서 해외 의 박물관 등에서 개최되는 일본 애니메이션이나 만화 전시회, 아카 데미즘의 영역에까지 버젓이 통용되는 것이다.[55]

만화의 그림적인 기원이 〈조수인물희화〉나 우키요에가 아니라 미 키 마우스나 무하에 있는 것과 마찬가지로, 현재의 대중문화의 방법 이나 미학의 기원은 근세 이전의 전통이 아니라 '근대'가 초래한 것임 을 새삼 명심할 필요가 있다.

오타쿠 문화의 전시하 기원

외지에서 문화 공작의 전선에 섰던 사람들과 대조적으로, 내지의 공작 기관에서 문화 공작의 이론화와 그 응용을 담당했던 사람들 중 에는 전후 미디어의 중추적 존재로 살아남은 이가 적지 않다.

익찬회 선전부의 하나모리 야스지(花森安治)[43]는 전시 광고의 중요 한 이론가이며 담당자였는데, 전후에는 고노에 신체제의 '생활' 문화 를 전후로 탈색시킨 잡지 『생활의 수첩(暮しの手帖)』의 편집장으로 유명해진다. 그런 하나모리도 관여했던 보도 기술 연구회의 아라이 세이이치로는 전후 덴츠에 재적하여 미국형 아트 디렉션이나 카피라이팅 개념의 창시자로 여겨진다. 그러나 그러한 기술들은 전시하의 보도 연구회가 예리하게 다듬어 국가 보도를 통해 실천해 왔던 것을 미국적으로 꾸민 것이라 생각해야 한다. 하나모리와 같이 대정익찬회 선전부 출신자로 매거진하우스(マガジンハウス)의 창업자가 되는 시미즈 다쓰오(清水達夫)[44]가 있다. 보도 기술 연구회의 야마나 아야오(山名文夫)[45], 도호샤에 모였던 사진가 기무라 이헤이(木村伊兵衛)[46]나 디자이너 하라 히로무(原弘)[47] 등은 전후의 광고나 그래픽 디자인의 시조가 된다.

문화 공작의 전선에 선 가토 미노스케는 귀국 후, 처자식을 이끌고 자살, 세오 미쓰요는 애니메이션의 세계에서 사라졌으며 마쓰자키

---

43) 하나모리 야스지(花森安治, 1911~1978). 일본의 편집자, 그래픽 디자이너, 저널리스트, 카피라이터. 생활 잡지 『생활의 수첩(暮しの手帖)』의 창시자.

44) 시미즈 다쓰오(清水達夫, 1913~1992). 쇼와 시대 후기의 출판 경영자. 덴츠에서 잡지 『선전』의 편집을 맡았으며, 1945년 본진사(현 매거진 하우스)를 설립. 『헤이본(平凡)』, 『헤이본 펀치(平凡パンチ)』 등을 창간하고 초대 편집장을 맡아 새로운 잡지 분야를 개척했다.

45) 야마나 아야오(山名文夫, 1897~1980). 일본의 일러스트레이터, 그래픽 디자이너. 일본 그래픽 디자인 여명기의 선구자 중 하나로, 다이쇼 시대부터 쇼와 초기에 걸쳐 모던한 아르데코 스타일로 알려졌다. 화장품 회사 시세이도에서 현재로도 이어지는 키 디자인, 기노쿠니야의 로고, 신초 문고의 포도 마크 디자인으로도 유명하다.

46) 기무라 이헤이(木村伊兵衛, 1901~1974). 20세기에 활약한 일본의 사진가. 전전, 전후를 통하여 활동한 일본을 대표하는 저명한 사진가 중 한 사람이다. 보도, 선전 사진이나 스트리트 스냅, 포트레이트, 무대 사진 등 다양한 장르에서 수많은 걸작을 남겼다. 특히 동시대를 살았던 사진가 도몬 겐(土門拳)과는 리얼리즘 사진에서 쌍벽을 이룬다.

47) 하라 히로무(原弘, 1903~1986). 쇼와 시대의 그래픽 디자이너. 일본 그래픽 디자인의 개척자로, 특히 북 디자이너로서는 헤이본샤의 『세계 대백과 사전』을 비롯하여 많은 사전이나 전집 디자인에 관여하여 이런 종류의 출판물의 기본형을 확립함으로써 큰 영향을 끼쳤다.

게이지는 텔레비전이라는 신흥 미디어에서 활로를 찾았던 것과 대조적이다.

또한 전시하에 형성된 공학적 미의식이 소위 '오타쿠' 문화의 미의식과 방법과 근본에서 통한다는 점은 주의해야 한다. 그것은 '오타쿠' 문화의 전시하 기원이라고 해도 좋을 문제이다. 쓰부라야 에이지(円谷英二)[48]가 〈하와이 말레이 해전(ハワイ·マレ−沖海戦)〉에서 구사했던 특수 촬영 기술, 전시하의 전위 미술 화가 다카야마 료사쿠(高山良策)[49]가 전후에 그렸던 구성주의적 디자인의 괴수, 전쟁화에 기원을 둔 병기의 리얼리즘적 회화는 프라모델의 '패키지 일러스트(箱絵)'가 된다. 전시하의 애니메이션 이론가 이마무라 다이헤이의 『만화영화론』은 전후 이내 복간되는데 그것을 읽고 만화영화에 뜻을 둔 이가 다카하타 이사오(高畑勲)[50]이다. 만화가 모리 미노루(モリ·ミノル)로 전후에 데뷔했던 고마쓰 사쿄(小松左京)[51]의 SF는 전시하의 '과학'과

---

48) 쓰부라야 에이지(円谷英二, 1901~1970). 일본의 특수 촬영 감독, 영화 감독, 촬영 기사, 발명가. 쇼와 시대 특수 촬영 기술의 1인자이며, 독자적으로 만들어 낸 기술로 특수 촬영 영화계에 다대한 공적을 남겨 '특촬의 신'이라고도 불린다.

49) 다카야마 료사쿠(高山良策, 1917~1982). 일본의 화가. 특수 촬영 영화용 괴수의 인형 옷과 같은 조형물 제작자. 특히 제1기 울트라 시리즈에서 나리타 도루(成田亨)가 디자인한 괴수 조형을 잘 살려 제작하여 '괴수의 아버지'라고 불린다.

50) 다카하타 이사오(高畑勲, 1935~2018). 애니메이션 영화 감독, 연출가. 1959년 도쿄대학 문학부 불문과 졸업 후 도에이 동화에 입사. 동료인 미야자키 하야오와 함께 A 프로덕션을 거쳐 즈이요 영상으로 이적, 텔레비전 애니메이션 〈알프스의 소녀 하이디(アルプスの少女ハイジ)〉, 〈엄마 찾아 3만 리(母をたずねて三千里)〉 등의 연출, 감독을 담당한다. 그 후 미야자키 감독의 애니메이션 영화 〈바람 계곡의 나우시카〉의 프로듀서를 맡아, 함께 스튜디오 지브리 설립에 참가. 〈반딧불의 묘(火垂るの墓)〉, 〈추억이 방울방울(おもひでぽろぽろ)〉 등 많은 작품의 각본, 감독을 맡았다.

51) 고마쓰 사쿄(小松左京, 1931~2011). 일본의 소설가. 인류와 문명의 가능성을 지속적으로 모색한 SF 소설의 대가로, 호시 신이치(星新一), 쓰쓰이 야스타카(筒井康隆)와 함께 3대 SF 작가로 불린다. 대표작으로 『일본침몰(日本沈没)』 등이 있다.

무관하지 않다.

그리고 데즈카 오사무는 문화 영화(기록 영화)로 만들어져 다양한 카메라 앵글을 구사했던 〈모모타로 바다의 신병〉이나 전시하의 문화 영화로부터 수용한 몽타주를 이용해 습작 「승리의 날까지」에서 단숨에 '영화적 수법'이라는 결실을 맺는다[그림 8]. 그것은 만화의 한 컷을 카메라 앵글, 라이팅, 블로킹 사이즈 등의 개념을 포함하는 영화의 한 컷에 비유하여 구성하고 그것들을 영화를 편집하듯 '몽타주'하는 수법이다.

이처럼 전후의 '오타쿠 문화'는 방법론과 인재에 있어서 전시하에 많은 기원을 지닌다. 오타쿠 문화를 20세기 말 일본에서 포스트모더니즘 문화가 초래한 새로운 동향이라고 생각하는 것은 그릇된 자포니즘에 지나지 않는다.

[그림 8] 세오 미쓰요 연출, 〈모모타로 바다의 신병〉의 다양한 카메라 워크(퍼블릭 도메인).

대중문화 연구의 역사에 대한 책임

한편으로 전후 대중문화사가 놓친 영역이 있다. 하나는 '외지'라 불린 식민지에서의 대중문화사의 소재이다. 이 시기에 '일본'이 '대동

아 공영권'이라 명명한 영역은 타이완, 한반도에 더해, 괴뢰 정권인 만주국을 포함한 중국 대륙, 동남아시아 등 아시아 태평양으로 확대되었다. 그러한 지역에서는 애니메이션 〈모모타로 바다의 신병〉 속의 〈아이우에오의 노래(アイウエオの歌)〉에서 현지 사람들을 상징하는 야생 동물에게 일본어를 가르치는 장면이 보여 주듯 '일본어'가 강조되었다.

'외지'라 불렸던 이들 지역에서의 문학자의 활동에 대해, 혹은 만주 영화 협회나 화북 전영(華北電影) 같은 국책 영화 회사에 대해서는 상당한 연구가 축적된 한편, 만화·애니메이션 등 대중문화에 대한 연구는 아직 부족하다. 앞서 기록했듯 '외지'에서 활동했던 만화가 중에는 신문사나 군의 직함을 달고 문화 공작에 종사했던 이에 더해 외지의 주민(예를 들면 조선에서 창씨개명으로 인해 이 시기에 일본 이름을 썼던 사람들), 사카모토 가조가 조직했던 구 만주 개척민의 만화를 그린 '아마추어', 징병된 병사가 그린 '진중(陣中)' 만화의 작가 등 다양하다. 다른 영역에서도 마찬가지일 것이다. 이 사람들을 역사에 자리매김하는 일은 당연히 '일본' 대중문화사가 짊어져야 할 연구 영역이다.

그리고 또 한 가지, 정치적으로 민감한 문제로서 현재의 일본에서는 '차별'로 직결되므로 신중하게 다룰 필요가 있는데, 전후 일본의 대중문화의 담당자 중에는 소위 '자이니치(在日)' 인물들이 적지 않게 존재한다는 사실이다. 타이완 출신자도 마찬가지이다. 그들의 존재를 빼놓고는 전후 '일본' 대중문화사를 논할 수 없다. 그들이 표상하려고 했던 전후의 '일본'이란 무엇이었는가. 그것을 차별과 이어지지 않는 형태로 연구할 수 있는 연구 환경 구축 또한 연구자가 짊어져야 할, 전쟁의 역사에 대한 책임의 일단임을 명기하고 싶다.

6. 점령하의 대중문화

잡지 『슈퍼맨』과 점령 정책

일본은 1945년(쇼와 20), 포츠담 선언 수락을 통해 무조건 항복한다. 그리고 GHQ의 점령 아래, 일본은 헌법 제정이나 천황의 인간 선언으로 '민주화'된다. 그것은 일본 사회의 극적인 전환으로 보였으며 패전을 경계로 '전전'과 '전후'를 구분하여 문화사뿐만 아니라 역사를 기술하는 것이 일반적이다.

하지만 이 시기에 실제로 이루어진 것은 전시하의 파시즘적 달성의 표면적인 덮어쓰기에 불과하다. 그때 쓰인 것이 '미국'과 '민주주의'이다. 이 책은 전시하의 역사를 전혀 긍정하지 않지만, 그럼에도 그와 동시에 전시하에 전후 대중문화나 미디어 표현의 많은 근원이 있다는 역사적 사실을 중시한다. 그 때문에 점령기의 표면적인 미국화, 민주화가 '전시하'와 '전후'를 외관상 분단하고 있는 점에는 비판적이다.

예를 들면 데즈카 오사무는 『신보물섬(新宝島)』으로 전후 만화의 '영화적 수법'을 만들었다고 여겨져 왔다. 하지만 그것이 '전시하'의 산물이라는 점은 이미 제시하였다. 그럼에도 불구하고 '전후'를 마치 느닷없이 시작된 '혁신'처럼 바라보는 의식이 대중문화사뿐만 아니라 '전후사'를 지배해 왔다. 전시하와 전후의 연속성에 관한 논의 자체는 다른 영역에서 적지 않게 존재하지만 전시하와 전후를 '단절'하여 역사 구분으로 삼음으로써 보이지 않게 되는 것은 이처럼 '이월된 것'의 소재이다.

애초에 문화 공작의 도구로서의 대중문화라는 관점을 지니면 패전에 의해 갱신된 것은 선전의 클라이언트 교대에 불과하다는 이야기다.

몇 가지 사례를 살펴보자. 점령 시기에 민속학자 오카 마사오(岡正雄) 등 도호샤의 멤버가 GHQ와의 관계에서 미국식 민주주의의 프로파간다 잡지 『슈퍼맨(スーパーマン)』을 간행한 것은 알기 쉬운 한 가지 예이다. 이 잡지에서는 슈퍼맨이 야구를 하거나 베이브 루스가 다뤄지는 등, 민주주의의 계몽 도구로서 야구가 그려진다.

도호샤의 오카는 원래 야나기타 구니오 문하였는데 한번 갈라선 이후 빈에서 유학, 전시하의 일본에 나치스 독일형 민속학을 소개하여 식민지 정책을 위한 민족 연구소 설치에 관여하고 민속학/민족학의 국책화를 추진했다. 그 오카는 패전 후에 GHQ에 호출되어 빈에서 집필했던 일본의 기층문화에 대한 박사 논문을 돌려받았다. 오카와 GHQ가 그 이상 어떤 관계였는지는 불명이지만 『슈퍼맨』 간행의 배경은 점령 정책으로서의 만화 표현과 민속학 쌍방에 관한 문제이다. 그러나 잡지 『슈퍼맨』은 반년이 조금 지나 폐간된다.

전시하 프로파간다의 인프라는 예를 들면 CIE(민간 정보 교육육)가 교육 영화를 '지도'하고, 뉴스 영화를 장려하기도 하면서, '문화 영화'는 민주주의의 프로파간다 방법으로서 살아남는다.

영화에서는 CIE가 1945년 11월 1일, 전시하 정책의 영화 상영 금지와 군국주의적인 주제나 민주주의에 반하는 것, 포츠담 선언 또는 연합국 사령부에 반하는 것 등 13항목을 영화에서 다루지 않도록 금지령을 내렸다. 시대극 제작은 한때 어려워진다. 영화계는 도호 간부나 다이에이의 기쿠치 간 등 '전범' 리스트를 거창하게 발표까지 했다. 그런 한편, CIE의 지도 아래 소위 민주주의 계몽 영화가 만들어졌는데 그 대표적 작품인 구로사와 아키라(黒澤明)[52] 〈내 청춘에 후회

---

52) 구로사와 아키라(黒澤明, 1910~1998). 일본을 대표하는 영화 감독의 한 사람. 도쿄

없네(わが青春に悔なし)〉(1946)의 제작자는 마쓰자키 게이지였다. 마쓰자키는 구로사와의 〈스가타 산시로(姿三四郎)〉(1943)의 기획 담당자이기도 했는데 이미 봤듯이 상하이에서 영화 공작의 중심인물이었다.

전시하, 좌익계 극단이나 요시모토(吉本) 등의 흥행 회사는 이동 연극대를 내무성이나 익찬회의 주도로 조직했는데, 그것을 통괄했던 일본 이동 연극 연맹은 패전 후에도 존속, 민주주의 선전 연극의 상연과 '자립 연극', '직능 연극', '실천 연극'으로 이름을 바꾼 초심자 연극의 '지도'를 계속한다.

이처럼 전시하의 국가 선전 수법과 인재는 점령 정책에 전용된 것이다.

'세계'의 민주주의적 덮어쓰기

이러한 전시하, 전후의 표층적 '갱신'은 예를 들어 만화 영역에서는 '세계'의 바꿔치기, 혹은 덮어쓰기에 의해 이루어졌다는 점도 주의해야 한다.

「익찬 일가」의 캐릭터 입안자 그룹인 신만화파 집단은 만화 집단으로 이름을 바꾸고 복귀한 멤버를 더하여, 전시하부터 내던 기관지 『만화(漫画)』를 계속 간행했는데 익찬 일가의 일상을 대신하여 민주주의화의 일상을 으스대지도 않고 그린다. 전시하, 익찬 체제의 포스터에 동원됐던 요코야마 류이치의 캐릭터 '후쿠짱(フクちゃん)'은 어린이용 신문에서 미국의 핵 실험 성공을 PR하는 역할을 맡는다.

출생. 〈스가타 산시로(姿三四郎)〉로 영화 감독으로 데뷔했다. 1951년, 아쿠타가와 류노스케의 소설을 소재로 삼은 〈라쇼몬(羅生門)〉으로 베네치아 국제 영화제에서 그랑프리를 수상. 그 후 〈7인의 사무라이(七人の侍)〉 등으로 국제적인 평가를 얻어 '세계의 구로사와'라 불렸다.

전시하의 만화 무대는 『노라쿠로』가 '중일 전쟁'을 무대로 삼고, 『모험 단키치(冒険ダン吉)』가 '남방'을 무대로 삼았듯이 허구의 '세계'가 아니라 '대동아 공영권'이라는 현실이었다. 『노라쿠로』의 전쟁은 연재 당초에는 개와 원숭이의 '놀이' 같은 전쟁이었지만 중일 전쟁을 경계로 현실의 전쟁으로 교체된다.

사카이 시치마(酒井七馬)[53]·데즈카 오사무의 『신보물섬』에까지 타잔이 등장했듯이, 점령하에서 '타잔' 만화가 유행한다. 거기서 그려진 '아프리카'로 여겨지는 이미지는 대동아 공영권으로서의 '남방'의 대체물이다. 데즈카의 『밀림의 왕자 레오(ジャングル大帝)』에서조차 〈모모타로 바다의 신병〉의 인도네시아 시퀀스가 '아프리카'로 대체되어 있는 점도 찾아볼 수 있다.

한편으로 「익찬 일가」가 도나리구미 프로파간다에 의한 '조나이'와 '가족'을 세계로 삼았듯이, '일상'이 신문 만화의 무대가 된다. 전시하의 '일상'과 '가족'은 「익찬 일가」의 작자 중 한 사람 하세가와 마치코가 전후에 『사자에상』의 작자가 되었듯이, 전후에서는 민주주의 아래의 '일상'과 '가족'으로 계속된다. 현대 사람들은 신문 만화에서 '일상'과 '가족'을 자명한 것으로 맹신하며 전시하 기원을 망각하고 있다. 『사자에상』은 패전 후의 치크 영의 가정 만화 『블론디』의 아사히 신문 연재가 종료된 것을 이어받아, 1951년(쇼와 26)부터 시작

---

53) 사카이 시치마(酒井七馬, 1905~1969). 일본의 만화가, 애니메이터, 애니메이션 연출가, 그림 연극 작가, 그림 이야기 작가, 편집자. 오사카의 만화계에서 활약하였고 1947년 아카혼 만화 『신보물섬』을 데즈카 오사무와 합작한 것으로 유명하다. 이후 중앙의 출판계에서는 잊힌 존재였으나 다양한 화풍으로 오사카 만화계와 그림 연극계에서 오래 활약했다. 간사이 만화계에서는 방계였으나 만화가 그룹 조성이나 후진 지도에 열심이었으며 만화 잡지 제작에도 나섰다.

된다. 일본판 『블론디』로 형용된 것은 그 때문인데, 「익찬 일가」적
신문 만화 또한 민주화되어 전후 신문 만화로 연명한다.

이러한 점령기에서 CIE의 '지도'와 표층적 민주화에 의해, 전시하
의 방법, 미학이나 표상은 전후에 살아남는다. 그것은 다이쇼 데모크
라시, 다이쇼 아방가르드, 프롤레타리아 예술 운동, 익찬 체제로 이
어져 온 간판 교체의 하나에 불과하다. 이 책이 '패전'에 의한 대중문
화의 갱신이나 단절을 인정하지 않는 것은 대중문화가 이데올로기의
변화에는 표면상 손쉽게 순응하지만 그것이 근본적인 변화라고 말하
기는 어렵기 때문이다.

하지만 그런 한편으로 생각지도 못한 작품이 역사를 정확하게 기
록하는 일도 있다.

1951년 일본의 샌프란시스코 강화 조약 체결을 통해 GHQ의 점령
은 종결된다. 이 조약을 위한 외교 교섭이 각국의 전권 대사 등의
왕래로 이루어지는 가운데 연재된 것이 데즈카 오사무『아톰 대사(ア
トム大使)』이다.

『아톰 대사』는 당초의 구상 메모에서 미국 대통령의 뜻을 받들어
민주주의를 위해 싸우는 로봇의 이야기였다. 하지만 실제로 작품화
된 것은 우주인과의 전쟁을 대화로 회피하는 '대사' 역으로 나오는
아톰이었다. '미키의 서식'에 의해 그려진 캐릭터 아톰은 하늘을 날지
않고 무기를 들지 않는 비무장 로봇이었다.

점령하, 일본은 무력에 의한 전쟁을 포기하며 대화로 국제 사회의
일원이 되고자 하는 일본국 헌법을 정했다. 그런 한편 미국의 점령
정책은 한국 전쟁을 계기로 변화하여 자위대의 전신이 되는 경찰 예
비대가 발족했다. 즉, 『아톰 대사』는 점령하의 일본에서 국제 협조주
의와 미일 동맹으로 발전하는 재군비라는 모순 속에서의 선택을 주

제로 삼았던 것이다.[56] 당연한 이야기지만 거기에서 시대 상황에 대한 대중문화의 고도의 비평성을 발견할 수도 있다.

원저자 주

[1] 佐藤卓己, 『『キング』の時代——国民大衆雑誌の公共性』, 岩波書店, 2002.

[2] 加藤直樹, 『TRICKトリック「朝鮮人虐殺」をなかったことにしたい人たち』, ころから, 2019.

[3] 芥川龍之介, 「大震雑記」, 『中央公論』 1975年11号, 1923.

[4] 谷孫六, 『宣伝時代相』, 春秋社, 1931.

[5] 中村古峡, 『流言の解剖』, 愛之事業社, 1942.

[6] 水野正次, 『戦争と隣組』, 宣傳社, 1941.

[7] 柳田國男, 『明治大正史 世相篇』, 朝日新聞社, 1931.

[8] ケネス・ルオフ 著, 木村剛久 訳, 『紀元二千六百年 消費と観光のナショナリズム』, 朝日新聞出版, 2010.

[9] 高橋雄造, 『ラジオの歴史——工作の〈文化〉と電子工業のあゆみ』, 法政大学出版局, 2011. 吉見俊哉, 『「声」の資本主義 電話・ラジオ・蓄音機の社会史』, 河出書房新社, 2012.

[10] 「おもちゃ映画ミュージアム」, http://toyfilm-museum.jp/blog/column/10252.html (2020년 2월 13일 참조)

[11] 福島可奈子, 「玩具映画産業の実態とその多様性：ライオン、ハグルマ、孔雀、キング、朝日活動、大毎キノグラフ」, 『映像学』 101, 2019.

[12] 「神戸発掘映画祭2017 プログラム」, http://kobe-eiga.net/kdff/program/2017/11/1144/(2020년 3월 3일 참조)

[13] 「日本アニメーション映画クラシックス」, https://animation.filmarchives.jp/works/view/71588(2020년 7월 25일 참조)

[14] 歸山教正, 『シネハンドブック』, 日本アマチュア・シネマ・リーグ, 1930.

[15] 鈴木八郎, 「趣味写真」, 萩本健 編, 『日本写真界年鑑』, 写真機界社, 1931.

[16] 河本正男, 「アマチュア映画と前衛映画並に傾向映画」, 萩本健 編, 『日本写真界年鑑』, 写真機界社, 1931.

[17] 岩崎昶, 『日本映画私史』, 朝日新聞社, 1977.

[18] 佐々元十, 「玩具・武器——撮影機」, 『戦旗』 1928年 6月号.

*19　ピスカトール 著，村山知義 訳，『左翼劇場』，中央公論社，1931.

*20　村山知義，「講座『生きた新聞』の書き方」，『演劇新聞』5号，1931.

*21　昭和研究会　編，『新日本の思想原理・協同主義の哲学的基礎・協同主義の経済倫理』，生活社，1941.

*22　イアン・コンドリー 著，島内哲朗 訳，『アニメの魂：協働する創造の現場』，NTT出版，2014.

*23　禧美智章，「影絵アニメーション『煙突屋ペロー』とプロキノ：1930年代の自主制作アニメーションの一考察」，『立命館言語文化研究』23[3]，2012.

*24　佐野明子，「「影絵映画」再考：戦前・戦中期を中心に」，『表象と文化Ⅲ』，2006.

*25　위와 같음.

*26　多川精一，『戦争のグラフィズム 回想の『FRONT』』，平凡社，1988.

*27　전게 주 9 吉見.

*28　横溝光暉，『ラヂオは全国民の精神的結合の帯』，1938년 12월 12일 전국 방송.

*29　森田創，『紀元2600年のテレビドラマ ブラウン管が映した時代の交差点』，講談社，2016.

*30　太宰治，「十二月八日」，『女性』，博文館，1942.

*31　전게 주 8.

*32　古川隆久，『皇紀・万博・オリンピック』，中央公論社，1998.

*33　전게 주 9 吉見.

*34　大塚英志，『大政翼賛会のメディアミックス「翼賛一家」と参加するファシズム』，平凡社，2018.

*35　渋谷重光，『大衆操作の系譜』，勁草書房，1991.

*36　전게 주 32.

*37　大政翼賛會文化部 編，『素人演劇運動の理念と方策』，翼賛圖書刊行會，1942.

*38　戸ノ下達也，『「国民歌」を唱和した時代 昭和の大衆歌謡』，吉川弘文館，2010.

*39　石子順，『日本漫画史』，大月書店，1979.

*40　今井一郎，「漫画と宣伝(下)その利用価値」，『宣撫月報』1938年 10月.

*41　山名文夫 他 編，『戦争と宣伝技術者――報道技術研究会の記録』，ダヴィッド社，1978.

*42　大塚英志，『手塚治虫と戦時下メディア理論』，星海社，2018.

*43　志村三代子，『映画人・菊池寛』，藤原書店，2013.

*44　Ōtsuka Eiji, Thomas LaMarre 訳，「Disarming Atom: Tezuka Osamu,s Manga at War and Peace」，『Mechademia』3, 2008.

*45　大塚英志，『ミッキーの書式』，角川学芸出版，2013.

*46 香月千成子 企画·構成·制作,「interview 手塚治虫 珈琲と紅茶で深夜まで…」,『ぱ
ふ』1979年 10月号.

*47 大塚英志,「『マンガのかきかた』の棒人間はどこから来たのか」,『美術フォーラム2
1』第41号, 2020.

*48 전게 주 40.

*49 大塚康生,『作画汗まみれ』,徳間書店, 1982.

*50 藤田嗣治,「戦争画制作の要点」,『美術』第四号, 1944年 5月,『藤田嗣治 戦時下に
書く──新聞·雑誌寄稿集 1935~1956年──』, ミネルヴァ書房, 2018.

*51 Ōtsuka Eiji, Thomas LaMarre 訳,「An Unholy Alliance of Eisenstein and
Disney: The Fascist Origins of Otaku Culture」,『Mechademia』8, 2013.

*52 辻久一,「回想のプドキン」,『映画評論』1938年 4月号.

*53 加太こうじ,『紙芝居昭和史』,立風書房, 1971.

*54 今村太平,『日本芸術と映画』,菅書店, 1941.

*55 Ōtsuka Eiji, Julien Bouvard 訳,「POURQUOI LES EMAKI NE SONT PAS DES
MANGAS : QUELQUES OBJECTIONS À CEUX QUI VOUDRAIENT ANCRER LES
MANGAS ET LES ANIME DANS UNE TRADITION ANCIENNE」,『Japon Plurie
l』, 2019.

*56 전게 주 42.

스튜디오는 살아 있다
─애니메이션의 협동/집단 제작─

사노 아키코

우리가 평소에 보는 애니메이션 대다수는 수많은 스태프의 협동/집단 제작으로 태어난다. 애니메이션은 감독뿐만 아니라 다수의 스태프=무리로서의 작가에 힘입은 바가 큰 미디어인 것이다. 애니메이션 제작자가 시대 배경이나 기술, 노동 환경의 변화와 어떻게 관계를 맺으며 작품을 낳고 또한 스튜디오가 작품 생성의 장으로서 어떻게 기능해 왔는지, 도에이 동화 주식회사(東映動画株式会社, 현재의 도에이 애니메이션 주식회사[東映アニメーション株式会社])를 중심으로 검토해 나가겠다.

집단 제작 시스템의 맹아

1917년, 일본 애니메이션의 '세 사람의 창시자'로 불리는 시모카와 헤코텐(下川凹天, 만화가), 고우치 준이치(幸内純一, 만화가), 기타야마 세이타로(北山清太郎, 수채화가, 미술 잡지 편집자)에 의한 작품이 차례차례 극장 공개되었다. 일본 최초의 극장용 애니메이션 작품은 〈데코보 신화첩, 이모스케 멧돼지 사냥 편(凸坊新画帖、芋助猪狩の巻)〉(시모카와 헤코텐, 1917)이다. 만화와 미술 분야에서 활약하는 이가 애니메이션 제작에 기용된 사태의 배경에는 '움직이는 그림'이라는 애니메이션의 특성이나 흥행 이익을 확실하게 거두려는 목적이 있었다.

집단 제작 시스템의 계승

1923년의 간토 대지진을 기점으로 기타야마는 애니메이션 제작에서 멀어졌으나 기타야마의 스태프 중 한 사람 야마모토 젠지로(山本善次郎, 사나에[早苗])는 '야마모토 만화 제작소'를 설립하여 애니메이션 제작에 전념해 나간다. 야마모토는 1956년 도에이 동화 설립에 관여한 인물로서 중요하다. 기타야마가 시작한 집단 제작 시스템은 야마모토에게 계승되었고, 야마모토는 전시하에 약 60명의 스태프를 보유하여 〈오야마의 총동원(お山の総動員)〉(1942) 같은 전의 고양 목적 애니메이션이나 해군의 병기 분해며 군사 총전(軍事総典)의 분해도, 잠수함이나 전함의 전법을 도해화(図解化)하는 작품을 스태프와 제작했다.[*1]

[그림 1] 『도에이 동화 스튜디오 안내』 책자(와타나베 야스시[渡辺泰] 씨 소장).

국책 영화로서의 애니메이션 수요가 증가함과 더불어 스튜디오도 늘어났으며 일본 최초의 장편 애니메이션 〈모모타로 바다의 신병〉(세오 미쓰요, 1945)은 쇼치쿠 동화 연구소에서 약 70명의 스태프에 의해 완성되었다. 하지만 세오는 전후, 주된 활약의 장을 유년 잡지의 삽화나 만화, 어린이용 상품의 캐릭터 디자인으로 옮겼다. 한편 야마모토는 전후 이내 간토의 애니메이션 관계자 100여 명을 모아 신닛폰 동화사(新日本動画社)를 설립하고, 나아가 '일본 애니메이션의 아버지'라 불리는 마사오카 겐조(政岡憲三)[1]와 함께 니혼 동화 주식회사(日本動画株式会社)를 설립. 그것은 훗날 도에이 산하로 들어가며 1956년에 도에이 동화 주식회사로서 새로이 발족했다.

도에이 동화는 장편 애니메이션을 정기적으로 극장 공개한 일본 최초의 스튜디오이며, 집단 제작 시스템을 성숙시켰다[그림 1]. 근년에는 '만화, 애니메이션'을 한데 묶어서 동일시하는 경향이 있는데, 애니메이션은 대개 만화보다 많은 스태프로 제작된다. 예를 들면 일본 최초의 컬러 장편 애니메이션 〈백사전(白蛇伝)〉(야부시타 다이지[薮下泰司], 1958)[그림 2]이 도에이 동화에서 만들어졌을 때, 작업 총인원 1만 3,590명이 필요했다. 도에이 동화처럼 전전부터 전후에 걸쳐 집단 제작 시스템이 계승되는 흐름은 전후 도호의 교육 영화부나 오토기 프로(おとぎプロ), 피 프로덕션(ピー・プロダクション) 등에서도 볼 수 있다.

아울러 집단 제작 시스템을 세계에서 일찌감치 성숙시킨 것은 미

---

1) 마사오카 겐조(政岡憲三, 1898~1988). 일본의 애니메이션 작가, 애니메이션 감독, 연출가. 오사카부 출신. 일본 애니메이션의 여명기에 다대한 공헌을 남겨 '일본 애니메이션의 아버지'로 평가받는다.

[그림 2] 〈백사전〉 극장 팸플릿.

국의 디즈니 스튜디오이다. 1930~1950년대에 걸쳐 디즈니 작품을 비롯한 미국제 애니메이션의 형식을 규범으로 삼는 자세를 아시아나 유럽의 작품에서 널리 볼 수 있었다. 일본에서는 '동양의 디즈니'를 표방했던 도에이 동화의 초기 작품이 그에 해당한다. 도에이 동화는 〈백사전〉처럼 아시아에서 잘 알려진 이야기를 디즈니의 '풀 애니메이션'이라 불리는, 캐릭터가 매끄럽게 움직이는 스타일로 표현했다.

스튜디오 속 '노동'의 변화

도에이 동화는 1959년에 종업원 총수가 284명에 달했으며, 1961년에 노동조합이 정식으로 결성되었다. 노동조합은 직장 환경 개선을 경영 측에게 요청하는 일 외에 동화과나 완성과 등 각 섹션으로 분할된 스태프가 상호 교류하는 장으로서도 기능하여 『조합 뉴스(組合ニュース)』에서는 각 섹션에 발생한 문제 등이 게재되었다.

예를 들어 동화과에서는 애니메이터의 작가로서의 주체성을 인정할 것에 대한 요구, 한편 여성이 많은 완성과에서는 여성에 대한 성추행이나 괴롭힘 방지에 대한 호소를 볼 수 있었다. 오쿠야마 레이코(奧山玲子)나 나카무라 가즈코(中村和子) 등 동화를 담당한 여성 애니메이터도 존재했으나, 여성 대다수는 트레이스나 채색 등의 마무리 작업에 종사했으며 남성과는 다른 직장 환경 개선을 요구했기 때문이다. 이렇게 조합 활동을 통해 스태프의 다양한 논의나 상호 이해가 이루어진 것은 많은 스태프가 하나의 목표(작품의 완성)를 향해 원활하게

작업을 진행하는 데에 유용했다.[*2]

하지만 『우주소년 아톰(鉄腕アトム)』(1963~1966)을 효시로 삼는 본격적인 텔레비전 애니메이션 시리즈가 인기를 모으자, 도에이 동화도 텔레비전 애니메이션 제작에 참여하여 스태프의 노동 환경이 변용되었다. 주 1회 방송에 요구되는 작업량의 증가나, 영화관의 커다란 스크린에서 텔레비전의 작은 화면이라는 플랫폼의 변화로 인해 지금까지의 '풀 애니메이션'에서 '리미티드 애니메이션'으로의 스타일 이행이 요청되었다. '리미티드 애니메이션'은 캐릭터의 움직임이 적으며, 당시 '입만 뻐끔'거린다며 야유를 받을 정도로 제한된 운동을 특징으로 삼는다. 또한 텔레비전 애니메이션은 제작비가 쌌으며 캐릭터 굿즈의 상품화권 수입도 포함하여 상업으로 성립하였다. 그러한 급격한 변화에 적응하고자 도에이 동화는 1964년에 사원 채용을 멈추고 계약자 채용이나 외부 위탁을 늘려 나간다. 나아가 장편 작품의 제작 중지 때문에 대규모 인원 정리가 이루어져 미야자키 하야오(宮崎駿)[2], 다카하타 이사오, 고타베 요이치(小田部羊一)를 포함한 약 100명의 스태프가 1970년대 초에 도에이 동화를 떠났다.

이처럼 애니메이션 제작을 둘러싼 기술이나 환경의 변용은 애니메이터의 자기의식에 변화를 가져왔다. 1960년대 무렵에는 창조성 발휘를 원하는 애니메이터가 우세했으나 근년에는 자신을 '직공'으로 여기는 이가 많다. 현재의 애니메이터의 작업은 창조성을 발휘하기

---

2) 미야자키 하야오(宮崎駿, 1941~). 애니메이션 작가, 영화 감독. 도쿄 출생. 일본 애니메이션계의 1인자로서, 국내뿐 아니라 해외에도 절대적인 영향을 미친다. 1985년 애니메이션 영화 제작 회사 스튜디오 지브리를 설립. 원작, 각본, 감독을 맡은 장편 애니메이션 영화로 〈바람 계곡의 나우시카〉, 〈이웃의 토토로(となりのトトロ)〉, 〈원령공주(もののけ姫)〉, 〈센과 치히로의 행방불명(千と千尋ちひろの神隠し)〉 등이 있다.

보다 상류 공정의 지시에 따른 장인적 기술이 더 중시되기 때문이다. 현재 애니메이터는 비정규 고용이 약 8할을 차지하며, 열악한 노동의 일상화가 계속 문제시되고 있는데, 한편 정규 고용을 실천하는 스튜디오도 존재한다. 교토 애니메이션(京都アニメーション)은 정규 고용으로 인재를 육성하여 성공을 거두어 왔으나 2019년의 방화 살인 사건으로 사상자 69명이라는 막대한 피해를 입었다. 또한 시로구미(白組) 외에 3D CG 계열 스튜디오에서는 정규 고용이 많은 경향이 있다. 넷플릭스(Netflix) 등 인터넷 방영의 해외 시장이 일본 애니메이션의 매출을 늘려 줄 가능성도 있으며, 디지털화와 더불어 애니메이션 업계가 변화해 나갈 여지가 남아 있다.[*3]

개인(소인원) 제작의 재융성

1960년대는 텔레비전 애니메이션의 융성과 집단 제작 시스템 확립 외에, 개인(또는 소인원)에 의한 자주 제작의 재융성이라는 또 하나의 흐름이 있었다.

1960년, 구리 요지(久里洋二, 만화가), 야나기하라 료헤이(柳原良平, 일러스트레이터), 마나베 히로시(真鍋博, 일러스트레이터)가 '애니메이션 3인회'를 설립했다. '3인회'의 목적은 디즈니와는 다른 애니메이션 표현 개척이었으며, 리미티드 스타일에 의한 실험적인 단편 작품이 주로 발표되었다.

리미티드 스타일은 본래 미국의 UPA가 1950년대에 견인하여 파급했던 것이다. 캐나다의 노먼 맥라렌이 시네캘리그라프(필름을 긁어서 그림을 그린다) 등의 실험 작품을 전개했던 것도, 사람들을 다양한 영상 표현 탐색으로 내몰았다. 일본에서는 '3인회'를 필두로 요코오 다다노리(横尾忠則)[3)], 와다 마코토(和田誠)[4)], 데즈카 오사무, 다나아미

게이이치(田名網敬一)⁵⁾ 등 애니메이션 이외의 분야에서 활약하는 제작
자가 실험적인 애니메이션을 제작했고, 그것들은 당시의 전위 예술
중심지 소게쓰 회관(草月会館)에서 상영되었다. 이러한 자주 제작 애
니메이션에 의한 예술 운동은 1930년 무렵 무라야마 도모요시나 오
기노 시게지에 의한 시도의 재래라고 할 수 있다. 그것은 훗날 가와모
토 기하치로(川本喜八郎)⁶⁾와 오카모토 다다나리(岡本忠成)⁷⁾의 〈가와모
토+오카모토 퍼펫 아니메 쇼(川本+岡本パペットアニメーショウ)〉, 가타
야마 마사히로(片山雅博)⁸⁾나 야마무라 고지(山村浩二)⁹⁾의 〈그룹 에비

---

3) 요코오 다다노리(横尾忠則, 1936~). 효고현 니시와키시 출생. 고베 신문사에서 그래픽
  디자이너로 활동 후 독립했다. 1960년대, 데라야마 슈지나 가라 주로의 연극 포스터
  등으로 일약 주목을 받았으며 1969년 파리 청년 비엔날레 판화 부문 대상을 수상. 1972
  년에는 뉴욕 근대 미술관에서 개인전을 개최하는 등의 활약을 보였고, 70년대의 드러
  그 컬처나 카운터 컬처 전성기에 절대적인 지지를 얻었다. 1980년 7월 뉴욕 근대 미술
  관에서 열린 피카소전에 충격을 받고, 이후 화가 선언. 그로부터 미술가로서 다양한
  작품 제작에 관여한다.

4) 와다 마코토(和田誠, 1936~2019). 다마 미술 대학 도안과(현 그래픽 디자인 학과) 졸업
  후, 광고 디자인 회사 라이트 퍼블리시티에 입사. 1968년에 독립하여 일러스트레이터,
  그래픽 디자이너로서뿐만 아니라 영화 감독, 에세이, 작사, 작곡 등 폭넓게 활약했다.

5) 다나아미 게이이치(田名網敬一, 1936~). 일본의 아티스트, 그래픽 디자이너, 일러스
  트레이터, 영상 작가. 무사시노 미술 대학 디자인과 졸업. 1960년대부터 미디어나 장르
  의 경계를 횡단하며 정력적으로 창작 활동을 펼쳤고, 일본에서 사이키델릭 아트, 팝
  아트의 선구자로 알려진다.

6) 가와모토 기하치로(川本喜八郎, 1925~2010). 일본을 대표하는 인형 미술가. 대표작은
  인형극 〈삼국지〉나 〈헤이케 이야기〉. 전후 도호 영화사 미술부에 입사하지만 소위 '도
  호 쟁의'로 인해 해고당한다. 이후 극작가 이이자와 다다스(飯沢匡)의 인정을 받아 인
  형 미술의 길로 본격적으로 진입. 체코슬로바키아의 인형 애니메이션 거장 이지 트릉카
  를 사사한 후 일본 독자의 전통 예능인 노나 분라쿠의 세계관을 인형 제작에 도입해
  나간다.

7) 오카모토 다다나리(岡本忠成, 1932~1990). 쇼와 후기, 헤이세이 시대의 애니메이션
  작가. 1964년 에코사를 설립, 프로듀서 겸 연출가로서 다양한 소재로 단편 애니메이션
  을 만든다. 1982년 〈오콘조루리(おこんじょうるり)〉로 예술제 대상. 마이니치 영화 콩
  쿠르 오후지상을 7회 수상했다.

센(グループえびせん)〉, 미술 대학 학생에 의한 〈애니메이션 80(アニメー
ション80)〉, 요시무라 에리(ヨシムラエリ) 같은 이들의 〈animation
soup〉, 오야마 게이(大山慶)나 와다 아쓰시(和田淳)의 〈CALF〉 등, 현
재에 이르기까지 전개가 이어진다.

집단 제작에 의한 데즈카 오사무의 '실험'

1960년대에 융성했던 텔레비전 애니메이션과 실험 애니메이션에
서는 전자가 대중 지향, 후자가 예술 지향이라는 방향성의 차이를
볼 수 있는데, 리미티드 스타일이 주로 채용된 점은 쌍방이 공통적이
다. 특히 데즈카 오사무가 텔레비전 애니메이션과 실험 애니메이션
을 더불어 리미티드 스타일의 집단 제작을 통해 만들었다는 점은 주
목할 만하다. 데즈카는 1962년에 무시 프로덕션(虫プロダクション)을
설립하여 실험 애니메이션을 텔레비전 애니메이션보다 먼저 제작했
다. 제1작 〈어느 거리 이야기(ある街角の物語)〉(1962)는 데즈카가 원안,
구성을 담당하고 연출에 야마모토 에이이치(山本暎一, 오토기 프로 출
신)와 사카모토 유사쿠(坂本雄作, 도에이 동화 출신), 그 외에 스기이 기
사부로(杉井儀三郎, 杉井ギサブロー, 도에이 동화 출신)[10]나 나카무라 가즈

---

8) 가타야마 마사히로(片山雅博, 1955~2011). 일본의 애니메이션 작가, 일러스트레이터.
   일본 만화가 협회 사무국장, 등을 역임. 다마 미술 대학 그래픽 디자인 학과 교수.
   애니메이션 자주 제작 집단 '그룹 에비센'의 대표로 학생에 의한 애니메이션 제작을
   장려, 추진하여 일본 각 대학에 애니메이션 교육의 도입, 학부 학과 설립에도 기여하였다.
9) 야마무라 고지(山村浩二, 1964~). 아이치현 출생. 도쿄 조형 대학 회화과 졸업. 단편
   애니메이션을 다채로운 기법으로 제작했다. 〈머리산(頭山)〉으로 아카데미상 단편 애
   니메이션 부문에 노미네이트되는 등, 60회를 넘는 국제 수상 경력을 지녔다. 그림책
   작가로도 유명하다.
10) 스기이 기사부로(杉井ギサブロー, 1940~). 일본의 애니메이션 감독, 일본화가. 도에이
    동화를 거쳐 무시 프로덕션에 입사. 단편 애니메이션 〈어느 거리 이야기(ある街角の物

코(도에이 동화 출신) 등 약 30명이 관여했으며 "예술적인 애니메이션"을 지향하는 데즈카의 의향에 따라 리미티드 스타일이 채용되어 제17회 예술제 장려상 등을 수상했다.[4]

이처럼 예술 지향 작품에서 시도되었던 리미티드 스타일이 대중에게도 환영받는다는 것을 〈우주 소년 아톰〉이 증명한 점은 중요하다. 상업적인 성공이 확증되지 않은 단계에서, 텔레비전 애니메이션 시리즈에 리미티드 스타일을 도입한 〈우주소년 아톰〉은 집단 제작에 의한 대규모 '실험 애니메이션'이라고 할 수 있다. 무시 프로덕션은 1973년에 도산하지만, 데즈카는 데즈카 프로덕션(手塚プロダクション)으로 자주 제작을 계속하여 〈점핑(ジャンピング)〉(1984)(전편 원 컷, 1인칭 시점 작품) 등이 국제 영화제에서 상을 획득했다. 이러한 데즈카의 시도에서는 데즈카 개인의 능력에 더하여 복수의 제작자의 아이디어나 기술을 살릴 수 있는 스튜디오라는 환경 또한, 뛰어난 작품의 생성에 기여했던 것이다.

원저자 주

[1]　山本早苗, 『漫画映画と共に』, 宮本一子, 1982.

[2]　木村智哉, 「初期東映動画における映像表現と製作体制の変革」, 『同時代史研究』 3, 2010 및 木村智哉, 「商業アニメーション制作における「創造」と「労働」: 東映動画株式会社の労使紛争から」, 『社会文化研究』 18, 2016.

[3]　増田弘道, 『デジタルが変えるアニメビジネス』, NTT出版, 2016.

語)〉나 〈우주소년 아톰〉에 참가한다. 1965년, 무시 프로덕션에서 나와 데자키 오사무나 오쿠다 세이지 등과 아트 프레시를 설립. 한때 애니메이션 업계를 떠났으나 1982년에 복귀. 이후 감독으로 작품에 관여할 기회가 늘어났다. 〈터치(タッチ)〉로 일본 애니메이션 대상 아톰상을 수상했다.

*4 山本暎一, 『虫プロ興亡記 : 安仁明太の青春』, 新潮社, 1989.

참고문헌

〈백사전(白蛇伝)〉 Blu-ray Box, 부클릿.

마쓰나가 신타로(松永伸太朗), 『애니메이터의 사회학―직업 규범과 노동 문제(アニメーターの社会学――職業規範と労働問題)』, 三重大学出版会, 2017.

야마구치 가쓰노리(山口且訓), 와타나베 야스시(渡辺泰), 『일본 애니메이션 영화사(日本アニメーション映画史)』, 有文社, 1977.

【칼럼】

〈가마타 행진곡〉과 무대 뒤의 드라마
-영화 촬영소의 역사와 전통을 물려받은 이들-

기타우라 히로유키

영화 제작에 관여하는 이들

일본 영화의 역사에 이름을 남긴 이들이라고 하면 구로사와 아키라나 오즈 야스지로(小津安二郎)[1], 미조구치 겐지(溝口健二)[2] 등의 감독, 혹은 미후네 도시로(三船敏郎)[3], 하라 세쓰코(原節子)[4], 다카쿠라

---

[1] 오즈 야스지로(小津安二郎, 1903~1963). 일본의 영화 감독, 각본가. 일본 영화를 대표하는 감독의 한 사람으로, 무성 영화 시대부터 전후까지 약 36년에 걸친 커리어 속에서 54편의 작품을 감독했다. 낮은 포지션에서의 촬영이나 엄밀한 구도 등이 특징적인 독특한 영상 세계로, 부모 자식 관계나 가족의 해체를 테마로 삼은 작품을 계속 촬영한 것으로 유명하다. 구로사와 아키라나 미조구치 겐지와 더불어 국제적으로 높이 평가받는다.

[2] 미조구치 겐지(溝口健二, 1898~1956). 일본 영화를 대표하는 감독 중 하나로 1920년대부터 1950년대에 걸쳐 〈우게쓰 이야기(雨月物語)〉 등 약 90편의 작품을 감독했다. 원 신, 원 쇼트나 이동 촬영을 이용한 영상 표현과 완전주의적인 연출로 사회나 남성의 희생양이 되는 여성의 모습을 리얼하게 그린 것으로 유명하다.

[3] 미후네 도시로(三船敏郎, 1920~1997). 일본의 배우, 영화 감독, 영화 프로듀서. 제2차 세계 대전 후의 일본 영화를 대표하는 배우의 한 사람으로 구로사와 아키라 감독 작품에 출연한 것으로 유명하다. 국제적으로도 지명도가 높으며 1960년대 이후로는 일본 국외의 영화에도 출연했다. 1961년과 65년에 베네치아 국제 영화제에서 남우상을 수상했다.

겐(高倉健)⁵⁾ 같은 배우로 거의 한정된다. 그러한 경향은 꼭 일본에만 있는 것이 아니라 세계를 둘러봐도 마찬가지다. 특히 영화에서 '스타' 로 일컬어지는 배우가 작품의 '얼굴'이 되어 대중의 뇌리에 새겨지고 역사에 이름을 남기게 되는 상황은, 일본에서 1908년 영화 제작의 본격화=최초의 촬영소 개설부터 현재까지 변함이 없다. 하지만 일반 적으로 널리 알려지지 않은 영화의 제작자들, 일종의 무명의 작자들 의 존재 없이는 '스타'가 결코 빛날 수 없었다. 그것이 말할 것도 없 는, 영화라는 종합 예술의 원리이다.

영화의 제작자들은 전통적으로 감독, 촬영, 미술, 조명, 녹음, 의상 등 연출에 관여하는 이들, 예산 관리나 스케줄 관리 등 제작을 관리하 는 이들, 그리고 물론 배우들이 있으며 그중에서도 한 줌의 주연급의 등 뒤에는 큰 방 배우라 불리는(주연급처럼 대기실을 개별로 배정받는 것 이 아니라 공동으로 이용하기 때문에 그렇게 불린다) 많은 단역 배우들이 있다. 그 때문에 상업 영화와 비상업 영화를 구별하는 법 한 가지는, 이러한 무대 뒤를 담당하는 인원 수의 차이라고 볼 수 있다. 상업 영화를 전문으로 하는 대형 영화 회사의 촬영소에는 일반적으로 알 려진 영화의 역사에는 이름을 남기지 않고, 구로고(黒子)⁶⁾ 역할에 헌

---

4) 하라 세쓰코(原節子, 1920~2015). 전전부터 전후에 걸쳐 일본 영화를 대표하는 여배우 의 한 사람으로 '영원의 처녀'라 불렸다. 〈늦봄(晩春)〉(1949)이나 〈도쿄 이야기(東京物語)〉(1953) 등 오즈 야스지로 감독의 작품으로 유명하다. 1963년에 은퇴하여 죽을 때까 지 은둔 생활을 보냈다.

5) 다카쿠라 겐(高倉健, 1931~2014). 일본의 영화 배우. 후쿠오카 출생. 1956년 〈전광 가라테가(電光空手打ち)〉의 주연으로 데뷔. 〈아바시리 번외지(網走番外地)〉, 〈쇼와 잔협전(昭和残侠伝)〉 등 야쿠자 영화에 다수 출연하여 인기를 얻었다. 그 외의 출연작 으로 〈행복의 노란 손수건(幸福の黄色いハンカチ)〉, 〈철도원(鉄道員)〉 등이 있다. 2013년 문화 훈장을 수상했다.

6) 가부키에서 검은 옷을 입은, 배우의 시중꾼, 또는 그가 입은 검은 옷.

신한 사람들로 넘치며, 그/그녀들의 존재로 인해 촬영소가 기능하며 번영을 누렸다는 점을 소리 높여 외치고 싶다.

　그러한 사실을 다시금 떠올리게 해 주는 영화가 있다. 1982년에 대형 영화 회사 중 하나인 쇼치쿠가 가도카와 하루키 사무소와 제휴하여 제작한 〈가마타 행진곡(蒲田行進曲)〉이다. 쓰카 고헤이(つかこうへい)[7]의 희곡을 영화화했으며, 촬영소의 내막을 그린 작품이다.

〈가마타 행진곡〉과 도에이 교토 촬영소

　본래 이 제목은 전전에 발매된 레코드 제목에서 유래했으며, 노래는 일찍이 존재했던 쇼치쿠의 가마타 촬영소(蒲田撮影所)의 소가(所歌)가 되기도 했다. 나아가 그 노래는 쇼치쿠=가도카와의 이 영화에서도 주제가로서, 〈행진곡〉으로 채용되어 어딘가 노스탤지어를 느끼게 하는 울림을 연주하고 있다. 다만 조금 복잡한 것은 가마타라는 제목을 단 쇼치쿠의 영화임에도 불구하고, 무대가 되는 촬영소는 쇼치쿠가 아닌 도에이의 교토 촬영소(이하 교촬)라는 점이다. 왜 도에이의 이야기를 쇼치쿠가 영화화했는가 등, 영화화에 이른 경위에 대해서는 생략하기로 하고 이 교촬에 대해서 말하자면, 1950년대부터 오랜 세월에 걸쳐 일본 영화계를 견인해 온 촬영소였음을 기억해 둬야만 한다. 특히 50년부터 60년대 초두까지의 일본 영화의 황금기로 여겨졌던 시대에는 도에이, 쇼치쿠, 도호, 다이에이, 닛카쓰, 신토호(新東宝)라는 대기업 6사가 위세를 떨치며 대량의 영화를 제작했는데 그중

---

7)　쓰카 고헤이(つかこうへい, 1948~2010). 극작가, 소설가, 연출가. 후쿠오카 출생. 본명 김봉웅(金峰雄). 재일한인 2세. 대학 재학 시절부터 희곡을 집필하여 붐을 일으킨다. 1974년 쓰카 고헤이 극단을 창립. 〈가마타 행진곡〉으로 전후 출생 작가로는 처음으로 나오키상을 수상했다.

에서 도에이는 연간 100편을 넘는 영화를 시장에 배급했다. 도에이는 도쿄에도 촬영소를 갖고 있었으나 주축이 된 것은 교토였고 이 시대에는 일본 영화의 초창기부터 국민적 장르 영화인 시대극을 통해 인기를 누렸다.

〈가마타 행진곡〉이 조명을 비춘 것도 이 시대극 제작과[그림 1], 거기에 관여하는 촬영소의 영화인들이며 시대 또한 전성기의 영화계, 촬영소의 상황을 반영하고 있다. 연간 100편을 넘는 작품 전부를 교촬이 담당했던 것은 아니나, 도에이 전체로서 단순 계산으로도 상업 영화 한 편을 3~4일에 완성하고 그것을 계속 되풀이했던 제작 체제의 모체가 된 것이 교촬이었다. 촬영소 안은 "걸어다니는 사람은 아무도 없다"고 일컬어질 정도로 활기와 소란으로 가득했는데, 그 상황이 실제로 교촬 스태프 등도 참가함으로써 적확하게 재현되고 있다. 아무튼 이 영화의 메가폰을 잡은 감독이 도에이 출신의 후카사쿠 긴지(深作欣二)[8]이며, 전설적인 야쿠자 영화 〈의리없는 전쟁(仁義なき戦い)〉 시리즈(1973~)를 지휘했던 인물이기도 하다.

시대극이 쇠퇴했던 1960년대 중반 이후, 교촬을 지탱했던 장르가 임협/야쿠자 영화이며 그중에서도 1973년부터 나온 〈의리없는 전쟁〉 시리즈에 의해 실록물 야쿠자 영화로 전환되어 유행을 탄생시켰다. 아무래도 실제 폭력단의 항쟁을 바탕으로 삼았던 〈의리없는 전쟁〉과 〈가마타 행진곡〉은 내용이 크게 다를 것 같지만, 그래도 어떤 측면에

---

8) 후카사쿠 긴지(深作欣二, 1930~2003). 영화 감독. 이바라키 출생. 〈떠돌이 탐정 붉은 계곡의 참극(風来坊探偵·赤い谷の惨劇)〉으로 감독 데뷔. 사회에 녹아들 수 없는 사람들의 절망을 그리며 폭력적이고 과격한 작품을 다수 세상에 내놓았다. 대표작으로 〈의리없는 전쟁(仁義なき戦い)〉 시리즈, 〈마계전생(魔界転生)〉, 〈가마타 행진곡(蒲田行進曲)〉, 〈배틀로얄(バトル·ロワイアル)〉 등.

[그림 1] 〈가마타 행진곡〉의 촬영에 쓰인 도에이 우즈마사 영화마을(太秦映
画村)의 세트 일부(필자 촬영).

서 보면 더없이 친화성이 높다고 할 수 있다.

　〈의리없는 전쟁〉은 분명히 주연급 배우들이 다수 모여, 개인이 저
마다의 드라마를 전개해 나간다. 크레디트상으로는 스가와라 분타(菅
原文太)⁹⁾라는 도에이의 대스타가 맨 처음 기록되어 있지만 그렇다고
해서 이야기가 그가 연기하는 야쿠자물의 드라마로 수렴되는 것은
아니다. 오히려 관심은 그러한 무법자들 각자가 충돌하고 고뇌하며
갈등함으로써 발생하는 에너지이며, 그 열량을 발생시킬 수 있는 인
물이라면 주연, 조연, 심지어는 큰 방 배우까지도 구별 없이 화면상
에 존재감을 남길 수 있다. 주연 이하의 서열이 분명히 정해져 있는

9)　스가와라 분타(菅原文太, 1933~2014). 배우. 미야기현 출신. 1958년, 영화 〈백선 비밀
　　지대(白線秘密地帯)〉로 영화 데뷔. 〈살무사의 형제(まむしの兄弟)〉, 『트럭 야로(ト
　　ラック野郎)』 시리즈 등 수많은 영화에서 주연을 맡는다. 그중에서도 〈의리없는 전쟁
　　(仁義なき戦い)〉 시리즈의 성공은 눈 깜빡할 사이에 그를 일본의 톱 배우로 이끌어,
　　국민적인 인기 배우가 되었다. 이후 200편을 넘는 영화에 출연하는 등 성우, 가수로서
　　도 폭넓게 활약했다.

그때까지의 교촬 전통으로는 상상할 수 없는 배우 기용법이다. 특히 지금까지 찬스를 쥐지 못했던 큰 방 배우들에게는 안성맞춤의 호기가 되었다. 실제로 큰 방 배우였던 가와타니 다쿠조(川谷拓三)는 위험을 돌아보지 않는 하드한 액션 신을 자청해서 소화했고, 광기라고도 할 만한 열연으로 평가를 드높여 이후 시리즈 작품에서 보다 중요한 캐릭터로 발탁되었다.

〈가마타 행진곡〉이 진정으로 그리고자 하는 것은 이러한 무명 배우의 분투이자 비애이다. 시대극의 대스타 긴시로(銀四郎, 가자마 모리오[風間杜夫])가 몰락해 가는, 혹은 스타 여배우라는 지위에서 일변하여 사랑과 함께 살고자 하는 고나쓰(小夏, 마쓰자카 게이코[松坂慶子])의 마음의 갈등 등, 중심적인 등장인물의 드라마도 관객의 감정이입을 크게 유도하는 부분일 것이다. 다만 그 양자의 곁에서 원래 이 영화 속에서 묘사되는 방식에 있어서도 글자 그대로 단역에 불과했던 야스(ヤス, 히라타 미쓰루[平田満])의 존재가 어느새 크게 부풀어 가더니, 정도의 차는 있을지언정 그야말로 실제로 도에이 큰 방 배우가 소화해 왔던 위험한 액션에 몸을 던지게 되었을 때, 영화는 그의 이야기로 완전히 수렴하고 있음을 깨닫게 된다. 〈의리없는 전쟁〉에서 가와타니 등 큰 방 배우가 찬스를 붙잡기 위해 과장이 아니라 목숨을 건 연기를 피로했던 일. 그것이야말로 교촬의 전통이자 혼이라고 말하는 듯한 존재로서, 야스의 일거수일투족이 주목을 받으며 카메라=관객의 시선을 점유하게 된다.

〈가마타 행진곡〉의 클라이맥스에는 이케다야(池田屋)에서 신센구미에게 습격을 받은 근왕 낭사(勤王浪士)가 치열한 칼싸움 끝에 대계단에서 굴러떨어지는, '계단 낙하'로 이름 높은 장면이 그려진다. 그 극중극의 낭사를 연기한 것이 바로 야스인데 그 모델이 되었던 도에이의 큰 방 배우가 실재했던 것은 잘 알려져 있다. 역시 그렇게 스타와 같은 광채를 지니지 못한 이들의 '공헌' 없이는 영화 자체가 빛날수가 없다는 사실을 〈가마타 행진곡〉의 클라이맥스는 가르쳐 주고있다.

누가 액션을 탄생시키는가

한편 영화의 내용에서 벗어나 영화를 탄생시킨 실제 스태프의 '공헌'에 대해서 일부이지만 소개해 두고자 한다. 〈의리없는 전쟁〉이건〈가마타 행진곡〉이건 액션이 이런 식으로 볼거리가 되고 있는 셈인데, 그 액션을 고안하고 탄생시키는 것은 누구일까. '유명한' 감독인후카사쿠 긴지라는 이름을 많은 사람이 떠올릴 것이 틀림없다. 다만정답은 후카사쿠뿐만이 아니라는 점이다.

시대극의 액션인 다치마와리(立回り)나 야쿠자 영화의 액션에 관해서 도에이에서는 다테시(殺陣師)라 불리는 사람들이 있으며 액션 신을탄생시키는 중심적인 역할을 담당해 왔다. 영화 황금기에 다테시로활동하고 〈가마타 행진곡〉과 〈의리없는 전쟁〉 시리즈에도 관여했던우에노 류조(上野隆三)에 따르면 후카사쿠 감독과는 함께 액션을 만들어 나갔던 한편, 다른 작품에서는 액션 장면이 되면 전권을 다테시에게 위임하는 감독들도 다수 존재했다고 한다.[*1] 그 때문에 특정한 액션 연출을 근사하게 여겼다고 해서 그것을 감독의 연출 수완이라며뭉뚱그려 평가하는 것은 잘못인 셈이다. 동시에 다테시에 대해서도고려해야만 한다. 그리하여 우에노는 시대극 등 액션을 자신이 담당하게 되었다면 그것을 이야기나 연기의 연장으로 파악하여 결코 액션만 붕 뜨는 연출은 하지 않았다. 어찌 됐든 감독이 영화의 모든연출을 담당하는 것이 아니라, 액션이라는 영화의 볼거리 성립에는 이러한 스페셜리스트의 존재도 **빼놓을** 수 없었던 것이다.

상업 영화 제작의 현재

다만 다테시를 포함한 각 부문의 스페셜리스트의 계승은 영화 황금기보다 작품 수가 감소하여 영화를 만들 기회가 줄어들면서 커다란 문제가 되었다. 도에이의 경우, 자사의 배급 편수가 1961년에 100편을 밑돌더니 65년에는 50편대까지 크게 감소한다. 1960년대에 들어 관객 수 감소가 현저해지자 수요 감퇴가 공급량의 감소를 일으키는 사태가 벌어졌다. 영화 회사는 자사 단독으로 영화를 만드는 데에 소극적이 되어 타사의 힘도 빌리고 제휴하여 영화를 만들거나, 애초에 타사가 만든 것을 사들여 배급하게 된다. 그 상황 아래에서 대두한 것이 1970년대 중반에 영화 산업에 참여한 가도카와이며, 도호나 도에이 같은 기존 영화 회사와 함께 영화를 공개해 나가더니 마침내는 〈가마타 행진곡〉에서 처음으로 쇼치쿠와 손을 잡기에 이르렀다. 이때에는 극영화를 만드는 대형 영화 회사는 이미 그 세 곳뿐이어서, 1950년대의 황금기 여섯 개 사(社)에서 절반으로 줄었다. 그 후에는 가도카와처럼 타 업종으로부터 영화 제작에 참여하는 회사가 늘어, 현재 영화 회사는 텔레비전 방송국이나 광고 회사, 인터넷 관련 회사, 출판사, 신문사, 예능 프로덕션 등 주로 미디어 콘텐츠 계열의 복수 기업과 함께 공동 출자를 통해 영화를 만드는 일이 보편화되고 있다. 미디어 믹스를 주장하는 현대의 콘텐츠 비즈니스의 전략에 영화 산업도 편승하여 산업적 지속이 이루어지고 있다고 하겠다.

이러한 영화 산업사적인 시각에서도 돌아봤을 때에 〈가마타 행진곡〉이 재미있는 것은, 영화 회사 단독 제작에서 영화 회사를 포함한 복수의 기업에 의한 영화 제작으로 향하는 과도기에 쇼치쿠=가도카

와의 제작으로 만들어졌으면서 그 내용에서는 변해 가는 촬영소의
양태를, 그것을 지탱해 왔던 무대 뒤에 초점을 맞추면서 덧없이 지는
시대의 꽃과 같은 호화로움과 아쉬움을 내비치는 점에 있다. 영화란
무엇인가, 그 답의 한 조각이 틀림없이 촬영소의 역사와 문화에 숨어
있음을 이러한 묘사는 가르쳐 주고 있기도 한 것이다.

원저자 주

*1 　2015년 12월 25일에 도에이 교토 촬영소 배우 회관에서 이루어진 우에노 류조 씨의
　　인터뷰에서.

참고문헌

가스가 다이치(春日太一), 『안 될 놈들−도에이 교토 촬영소 혈풍록(あかんやつら──東
　　映京都撮影所血風録)』, 文藝春秋, 2013.
기타우라 히로유키(北浦寛之), 『텔레비전 성장기의 일본 영화─미디어간 교섭 속의 드라
　　마(テレビ成長期の日本映画──メディア間交渉のなかのドラマ)』, 名古屋大学出版
　　会, 2018.
기타우라 히로유키(北浦寛之), 「잃어버린 촬영소 시스템─버블 붕괴 이전/이후 일본의 영화
　　제작(失われた撮影所システム──バブル崩壊以前/以後の日本の映画製作)」, 앤드루
　　고든(アンドルー・ゴードン)・다키이 가즈히로(瀧井一博) 편, 『창발하는 일본으로─
　　포스트 '잃어버린 20년'의 데생(創発する日本へ──ポスト「失われた20年」のデッサ
　　ン)』, 弘文堂, 2018.
후카사쿠 긴지(深作欣二)・야마네 사다오(山根貞男), 『영화 감독 후카사쿠 긴지(映画監
　　督 深作欣二)』, ワイズ出版, 2003.
『쇼치쿠 백년사 본사(松竹百年史　本史)』, 松竹株式会社, 1996.

제6장

뒤늦게 온 텔레비전

- 군중과 동원의 시대: 후기(1950~1980) -

대표 저자 : 오쓰카 에이지
분담 저자 : 곤도 가즈토

1. 민주주의 아래의 아마추어들

덮어쓰기되는 역사

점령하의 일본에서, 일본인은 '재교육'받아야 할 존재였다. 그 방침 아래에서 GHQ 정보 반포부(頒布部)는 1945년(쇼와 20) 9월 17일에 「일본인 재교육 플랜」을 공표했다. 군벌주의, "지나친" 국가주의의 부정, 민주주의나 인권 사상의 계몽과 더불어 거기에는 "일본의 패전 사실을 밝히며 일본 국민에게 전쟁 책임, 일본군이 저지른 잔학한 행위 및 일본 지도자의 전쟁 범죄를 숙지시킨다"라는 구체적 지시도 있었다. 이처럼 '점령하'는 언어나 표현 공간의 관리자 교대를 의미했다. 그 검열의 실태는 플랑게 문고(プランゲ文庫)[1]의 사료로 확인할 수

---

1) Gordon W. Prange Collection. 제2차 세계 대전 이후 1945년부터 1949년까지 일본에서 출판된 인쇄물의 대부분을 소장한 특수 컬렉션이다.

있다. 다만 그로 인해 '전후' 일본인의 사고가 모조리 점령군에게 세뇌되었다고까지 생각하는 것은 어리석은 음모 사관에 불과하다.

언어 공간을 관리하는 인프라로서 중시되었던 것이 라디오이다. 민간 정보 교육국(CIE)은 일본 국민에 대한 문화적 측면의 '민주화'를 직무로 삼는 조직으로, 정교 분리나 사회 과목 설치 같은 교육 제도 개혁을 주도했다. 그 CIE의 라디오과가 기획 제작했던 것이 라디오 방송 〈진상은 이렇다(真相はこうだ)〉이다. 그것은 점령하 프로파간다에서 다미디어 전개를 꾀했다는 의미에서는 미디어 믹스라고 불러도 지장이 없는 것이었다.

이 방송은 위정자로서의 GHQ의 대중 조작 수법과 그 변화를 확인할 수 있다는 점에서 흥미롭다. 익찬 체제의 용어를 굳이 차용하자면 상의하달에서 하의상달로 전환되었음을 볼 수 있는 것이다.

방송의 '원작'은 패전의 해였던 1945년 12월 8일에 모든 전국지에 게재되기 시작했던 「태평양 전쟁사」라는 연재였다. 연재 개시 날짜는 당연히 미일 개전 날짜에 맞추었다. 연말의 모든 전국지가 같은 날 동일한 기획으로 채워지는 것은 익찬 체제하의 「익찬 일가」 고지를 방불케 한다.

연재는 전시하의 대본영 발표의 거짓을 폭로하고, 전시하의 역사를 점령국 측에서 덮어쓰기한 것이었다. 집필은 CIE의 기획과장이 맡았다. 라디오판은 이 연재를 바탕으로 1회 30분, 전 10회의 다큐멘터리풍 드라마로 제작되었다. 방송의 모델이 된 것은 1931년부터 미국에서 방송된 CBS(1942년부터 NBC)의 라디오 다큐멘터리이자, 훗날 동명의 뉴스 영화 시리즈가 되기도 했던 〈더 마치 오브 타임(The March of Time)〉이었다. 거창한 효과음이나 음악으로 연출되어 같은 방송이 주 3회 되풀이되었다. 전시하의 문화 영화가 그랬듯이 이 방

송이 '뉴스 영화의 양식'을 전용했다는 점에 주의하기 바란다. 당초의 기획으로는 음원을 킹 레코드(キングレコード)가 레코드화하여 그것을 전국의 단체나 학교에 배포할 예정이었다. 서적화 계획도 있었다.[*1] 『킹』 창간이나 전시하의 프로파간다를 방불케하는 '역사 덮어쓰기'의 미디어 믹스였다.

하지만 청취자의 반응은 당초에 방송이 CIE의 기획으로 알려지지 않았던 점도 있어, 라디오 방송국의 방송 내용의 표변에 대한 청취자의 비판 투서가 쇄도했다. 그 결과, 서적 간행 등 '미디어 믹스'는 보류되었다. 미국의 민주주의를 노골적으로 지면에 반영했던 잡지 『슈퍼맨』이 반년이 조금 지나 휴간으로 몰렸듯이, 점령군의 위로부터의 프로파간다가 반드시 계획대로 기능하지는 않았던 예의 한 가지이다.

그리고 〈진상은 이렇다〉의 종료를 이어받아 새로이 시작한 것이 청취자로부터의 질문에 답하는 쌍방향 형식의 방송인 〈진상 상자(眞相箱)〉였다. 내용도 '역사'를 억지로 덮어쓰는 것에서 좀 더 광범위한 민주주의 계몽 방송으로 온건화된다. 질문에 대해, 때로는 양론을 병기적으로 회상하는 등 청취자를 존중하는 태도를 보였다.[*2] 말할 것도 없이 그것은 '투서'를 통해 동원에 참여하도록 했던, 익찬 체제가 전시하에 확립했던 기획과 마찬가지였다. 그 과정에서 CIE는 투고를 분석하여 방송의 방침이나 타이틀을 수정해 나갔다. GHQ의 하의상달은 소위 마케팅 리서치에 가까운 것이었다.

이번 방송은 호평을 얻어 서적화도 이루어졌다. 청취차 측에서 봐도 이러한 미디어 사이의 연동은 전시하로부터 계속되는 눈에 익은 광경이었을 것이다.

참여형 천황제

이처럼 점령하의 라디오는 참여형 미디어로 재출발한다. 전전의 라디오에서 '아마추어'란 주로 라디오나 무선을 만드는 아마추어였으나 전후의 라디오는 '초심자'가 참여할 수 있는 미디어로 출발한다.

그 때문에 라디오를 거친 투서를 통한 쌍방향성은 분명히 미디어의 '민주화'로서의 측면을 지닌다. 그것은 민주주의 이데올로기의 직접적 프로파간다의 도구로서의 '민주화'가 아닌, 미디어에 대한 참여의 '민주화'이다. 도시 안에서 통행인에게 사회적 테마에 대해 인터뷰하는 '가두 녹음' 등이 그 대표일 것이다.

전시하의 라디오, 그리고 전후의 텔레비전 전국 방송이 연상케 하는 일극 집중을 통한 정보 발신은 발신자로서의 미디어와 수신자로서의 대중을 확연히 갈랐다고 생각하기 쉽다. 하지만 실제로 라디오는 〈진상 상자〉가 그러했듯이 대중 참여형 미디어로서 재출발하는 것이다.

라디오와 천황의 문제로 패전 시의 옥음 방송만이 특권화되고 있으나, 1945년(쇼와 20) 11월 21일의 라디오 방송을 통한 좌담회 〈천황제에 대해서(天王制について)〉는 천황제 폐지론을 포함한 천황제에 대한 논의가 생생하게 이루어진 점에서 획기적이었다. 언론의 자유에 엉거주춤한 태도였던 신문이나 방송에 대해 천황제를 둘러싼 논의가 라디오 방송되었을 뿐 아니라, 뉴스 영화로서도 상영되었다. 목적은 언론 자유의 계몽이므로 '천황제 절대 호지(護持)'와 '천황제 타도'의 양극이 논의되었다.

그 반향은 투서라는 형태로 신문 지면에도 등장했다. 1946년 1월 19일의 『요미우리 신문』에는 「늘어난 천황제 논의」라는 기사가 게재되었다. 거기에 따르면 투서의 2할이 천황제에 관한 것으로, 그 존폐는 '찬반 반반'을 이루고 있다, 라고 한다.

그와 같은 지면에서 남조계 천황의 후예를 자칭하는, 소위 '구마자와 천황(熊沢天皇)'[2]을 '성조기 신문(星条旗新聞)'[3]이 보도했다는 점을 크게 다루고 있다. 남조의 후예라는 스토리 그 자체가 『태평기』의 틀 안에 수렴되는 것은 말할 필요도 없다. 이와 같은 자칭 천황은 전후 다수 등장하는데, 짓궂은 관점으로 보자면 천황조차 '참여형'이 되었다고 할 수 있지 않을까.

초심자 노래 자랑 시대

'참여형'으로서의 전후 라디오의 특성을 가장 잘 나타내는 것은 〈노래 자랑(のど自慢)〉 방송이다.

1946년(쇼와 21) 1월 19일, 청취자 참여 프로그램 〈노래 자랑 초심자 음악회(のど自慢素人音楽会)〉의 방송이 개시된다. 제목 그대로 초심자가 노래를 피로하는 방송이다.

물론 그때까지 청취자가 마이크 앞에 선 예가 없었던 것은 아니다. 라디오 수신 계약이 100만 건을 돌파했던 1932년(쇼와 7), AK(도쿄 방송국)는 "초심자의 연기를 대중의 귀에"라는 슬로건 아래 〈초심자 덴

---

2) 구마자와 천황(熊沢天皇, 1889~1966). 본명은 구마자와 히로미치(熊沢寛道). 제2차 대전 후, 남조의 정통 황통의 계승자를 자처하며 나섰다. 1946년, GHQ는 나고야 시에서 잡화점을 경영하는 그가 고카메야마 천황의 제19대 정통 후계자로 자처했음을 발표했다. 구마자와는 1945년 말, GHQ 번역부를 방문하여 계보도를 제시하며 남북조 시대 이래의 역사를 이야기하고 자신이야말로 천황가의 정통 후계자임을 주장했으며 현 천황을 추방하고 자신을 즉위시키도록 요청했다. 이에 대응한 담당관 그랜트 굿맨 등은 이를 총사령부에 보고했는데, 총사령부는 46년 1월에 사실 판단을 생략하고 공표하였다.
3) Stars and Stripes. 미국의 신문 중 하나로 미군의 준기관지. 미군과 병사와 주둔지에 관한 기사를 중심으로 전 세계에 펼쳐진 미군 병사와 퇴역 군인에게 읽히는 유서 깊은 신문이다.

구(素人天狗)〉, 즉 아마추어 입담꾼들을 모은 방송을 기획했다. 나가우타(長唄), 만담, 기다유(義太夫) 등의 노랫소리를 전파에 실었던 것이다. 당시의 신문은 오디션에서 '초심자' 참가자들이 긴장한 나머지 실수하는 모습을 "방송 이외의 수많은 진기명기"(『요미우리 신문』 1932.7.28.)라며 보도했다. 출연자는 상위 합격자뿐이었으나 이듬해도 계속 열렸다.

이러한 초심자 가수의 미디어 등장은 쇼치쿠가 유성 영화 보급과 더불어 〈노래 자랑 가락 자랑〉을 전국에서 모집하거나, 3엔으로 "레코드 취입"을 한다는 업자도 등장하는 등, 익찬 체제 이전에 한번 있었던 움직임이었다. '노래 자랑'이라는 표현은 이미 이때에 확립되었다.

음악을 통한 미디어 참여는 전시하, 초심자에 의한 '국민가요' 작사 투고로 변화한다. 또한 라디오 방송은 아니지만, 전몰자의 영령을 위로한다는 명목으로 부활한 우란분재 민속춤(盆踊り) 대회에서 민요의 〈노래 자랑〉이 개최된 예 등도 있었다.

하지만 전전의 라디오에서 "초심자의 노래 자랑"의 주안점이 전문가를 무색게 하는 초심자의 발굴에 있었던 것에 비해, 〈노래 자랑 초심자 음악회〉는 노래 기량의 우열에 관계없이 누구나 참가할 수 있는 점에서 그야말로 '민주적'이었다. 일찍이 〈노래 자랑〉 기사에서 '초심자'의 '방송 이외'의 '진기명기'라고 보도된 부분을 이 방송은 적극적으로 전파에 실었던 것이다. 프로를 무색케 하는 가창력의 참가자가 있는 한편, 음정을 놓치거나 목소리가 뒤집어지는 '초심자'의 모습이 그대로 방송되어 종소리의 수로 평가가 정해졌다. 종이 몇 개 울릴지를 청취자가 이것저것 추측하는 것도 하나의 '참여'였다.

당시의 라디오란에서는 앞서 말한 〈진상은 이렇다〉 이후에 〈노래 자랑 초심자 음악회〉(라고 표기되었다)가 뒤이어 방송되었음을 확인할

수 있다. 라디오는 패전 직후인 1945년 9월에 〈경음악의 시간(軽音楽
の時間)〉 방송을 개시했고 국민가요를 대신하는 전후의 가요곡이 라
디오를 통해 흘러나오게 되는데, 외지로부터 철수한 이들을 모티프
로 삼은 노래 〈이국의 언덕(異国の丘)〉은 '외지'에서 만들어져 〈노래
자랑 초심자〉 음악회에서 시베리아로부터 귀환한 병사가 노래했던
것을 계기로 대히트했다.

〈노래 자랑 초심자 음악회〉는 1948년 3월에 〈노래 자랑 전국 콩쿠
르〉를 개최하여 전국 8개 지구에서 예선을 통과한 '초심자'가 서로
겨루었다. 1949년에는 〈노래 자랑〉에서 종을 세 번 이상 울린 '초심
자'를 모은 프로그램 〈세 번의 종(三つの鐘)〉이 방송되고 레코드 회사
와의 계약을 위한 발판도 마련되면서 라디오가 초심자를 스타로 만
드는 구조가 탄생한다. 레코드 회사도 이를 좇아 컬럼비아 레코드(コ
ロンビアレコード)의 노래 자랑 대회 우승자로서 컬럼비아 로즈(コロン
ビア·ローズ)가 데뷔한다.

1억 총 가수 시대

〈노래 자랑〉은 라디오 방송이나 레코드 회사 주최 대회뿐만 아니
라 해수욕장이나 영화 캠페인 같은 집객 이벤트 등에서도 개최된다.
또한 후루카와 롯파의 유라쿠 극장 공연 〈노래 자랑 수도에 가다(のど
自慢都へ行く)〉(1949[쇼와 24])나 영화 〈노래 자랑광 시대(のど自慢狂時
代)〉(1949), 〈사자에상 노래 자랑 대결(サザエさん のど自慢合戦)〉(1950)
등 〈노래 자랑〉을 테마로 삼은 연극이나 영화도 대량으로 만들어졌
다. NHK 전속 피아니스트가 '노래 자랑 합격자' 여성을 꾀어내 성폭
행한 사건이나, 합격자가 갑자기 가출한 사건 등 〈노래 자랑〉은 '삼면
기사'의 대상이 되기도 한다.

그러한 '혼란'의 기사는 오로지 여성의 노래 자랑 참가자에 집중되었으나 작가 히라바야시 다이코(平林たい子)[4]가 여성의 〈노래 자랑〉 참가는 가족 중에서도 여전히 어렵고 힘든 '젊은 여성'의 '자기 주장'을 '만인'에게 가능케 했다고 옹호했다는 점이 흥미롭다. 라디오는 그것을 가능케 하는 '공공적 시설'이라고 지적하며, 라디오를 통한 여성들의 사회 참여라는 '민주화'를 지지했던 것이다.[3]

이처럼 쇼와 20년대의 광경을 '1억 총 가수 시대'라고 형용하는 가요사까지 있는데,[4] 그것은 결코 호들갑이 아니었다.

'초심자의 노래 자랑'은 라디오에서 텔레비전으로 이행했고(1953), 1970년대에는 〈스타 탄생!(スター誕生！)〉(1971) 등의 오디션 프로그램이 속속 등장하여 '가요곡', 특히 '아이돌' 가수의 등용문이 된다. 1980년대 중반의 '오냥코 클럽(おニャン子クラブ)', 90년대 중반 〈ASAYAN〉에서 등장한 '모닝 무스메(モーニング娘。)', 2000년대 중반부터 이어진 AKB 48 등, '초심자'를 아이돌로 꾸며 내는 구조는 점차 정형화된다.

엽서 장인의 탄생

이미 봤듯이 투고라는 형식도 라디오에서 부활한다.

라디오 프로그램 〈일요 오락판(日曜娯楽版)〉(1947[쇼와 22])의 한 코너로서 미키 도리로(三木鶏郎)가 담당했던 〈농담 음악(冗談音楽)〉(후에 〈유머 극장[ユーモア劇場]〉)은 정치 풍자를 두려워하지 않는 콩트 코너

---

4) 히라바야시 다이코(平林たい子, 1905~1972). 일본의 소설가. 여러 직업을 전전하며 동거, 이별, 검거, 생활 파탄, 중국 대륙이나 조선에서의 방랑 등을 거쳤고 그 체험으로 작품을 발표했다. 프롤레타리아 작가로서 출발하였으며, 전후에는 반공 자세를 강화하였다. 만년에는 난치병으로 고생했으나 사회나 인생의 부조리를 힘 있는 필치로 그린 작품으로 알려졌다.

였는데, 그 소재는 청취자의 '투고'에 의한 것이었다. 방송에 대한 투고는 절정기일 때 한 달에 1만 건을 넘었다고 한다. 프로그램 그 자체는 한국 전쟁에서 시작되는 소위 '역코스(逆コース)'[5] 속에서 1954년에 종료되지만, 그 안에서 투고자로부터 에이 로쿠스케(永六輔)[6]나 훗날 무코다 구니코(向田邦子)[7]에게 시나리오 지도를 하게 되는 이치카와 사부로(市川三郎) 등의 방송 작가를 탄생시킨다. 투고자에서 방송 작가로 나아가는 이 루트는 차차 많은 아마추어를 미디어의 세계로 인도하게 되는 구조가 된다.

1960년대 후반부터 속속 등장한 심야 방송은 음악 리퀘스트나 디스크자키라 불린 아나운서에 더해, 청취자의 엽서 투서로 지탱되었다.

또한 청취자가 참여하는 퀴즈 방송 〈20의 문(二十の扉)〉(1947)의 답신자는 유명인이었지만 출제되는 퀴즈는 청취자의 '투고'였다. 〈초심

---

5) 제2차 대전 후 냉전 격화 속에서 나타나, 대일 강화 조약 발효와 함께 한층 현저해진, 전후 민주주의를 부정하며 전전으로의 복귀를 꾀하는 동향을 말한다. 동서 양 진영의 대립 격화에 따라 1948년 미국의 대일 점령 정책이 전환되어, 자유주의 진영의 일원으로서의 일본 경제 부흥이 진행되었다. 1950년에 들어서자 공산당 탄압, 직장에서의 레드 퍼지가 이루어졌으며 한국 전쟁 이후는 공직 추방이 해제되어 구 정재계 인사 등의 복귀가 시작되었고 맥아더 최고 사령관의 명령으로 경찰 예비대의 편성이 이루어져 재군비의 단서가 되었다.

6) 에이 로쿠스케(永六輔, 1933~2016). 방송 작가, 에세이스트. 도쿄 출생. 본명은 에이 다카오. 텔레비전 방송의 초창기부터 방송 작가나 사회자로 폭넓게 활약했다. 또한 오랜 기간 라디오 방송 토크 쇼의 사회자도 맡았다. 작사가로서도 유명하다. 2000년, 기쿠치 간상을 수상했다.

7) 무코다 구니코(向田邦子, 1929~1981). 방송 작가, 소설가. 영화 잡지 편집을 하는 한편 라디오, 텔레비전의 대본을 집필했다. 1964년부터 방영된 텔레비전 드라마 〈일곱 명의 손주〉가 대히트를 기록하여 인기 작가가 되었다. 이후 내놓는 작품 대부분이 높은 시청률을 기록했으며, 79년부터 소설을 쓰기 시작하여 나오키상도 수상했다. 81년 타이완 여행 중에 비행기 사고로 세상을 떠났다. 83년, 뛰어난 각본에 주어지는 무코다 구니코상이 창설되었다.

자 노래 자랑〉에서 종으로 보는 '심사', 퀴즈 프로그램에서의 '답신'은 청취자가 함께 생각한다는 취지도 있었으니 그런 의미에서도 '참여' 형이 연출되었다.

라디오의 심야 방송은 점령하에 점령군의 관계자용으로 시작되었는데 1960년대에는 젊은이 대상 프로그램으로서 정착하여 청취자가 보낸 투고 엽서가 중요한 위치를 차지했고 '엽서 장인(ハガキ職人)'이라 불리는 투고하는 청취자가 탄생한다.

우타고에 운동

하지만 아마추어의 음악 참가는 〈초심자 노래 자랑〉이 다가 아니다. 그것은 정치 운동과 연결되면서 노동자의 조직화 도구가 되어 간다.

1946년(쇼와 21) 8월에 결성된 전 일본 산업별 노동조합 회의가 주도하여 1947년의 총파업으로 돌입하며 조합 운동이 활성화된다. 그 고양감을 맞이하여 신(新)노동가가 공모, 선정되는 흐름이 탄생한다. NHK 라디오가 전국 방송에서 가창을 지도하고, 레코드 회사가 경연을 통해 발매한다는 전시하 국민가요의 참여형 다(多)미디어 전개와 같은 경로를 따른 것이다.

그 노동조합에서 합창이나 연극 등의 서클 활동이 활발화되어 '우타고에 운동(うたごえ運動)'이 대두한다. 일본 청년 공산 동맹 중앙 합창단의 결성을 맞이하여 공산당원인 성악가 세키 아키코(関鑑子)의 지도 아래 '다 같이 부르는 모임(みんなうたう会)'이라는 노동조합의 문화 운동이 발족하여 조직화되었고 전국적인 '우타고에 운동'으로 발전해 나간다.

'우타고에 운동'이 '공산당의 우타고에 운동'으로 간주됨으로써 정

부나 재계가 위기감을 느낄 만큼 활발했던 것은, 1955년 70만 부에
달했다고 하는 우타고에 운동에 쓰이는 가집『청년 가집(青年歌集)』에
대해 '문부성판' 발행의 검토가 이루어졌던 일이나(『요미우리 신문』
1955.8.31.), 기업 경영자에 의한 경제 단체가 '우타고에' 운동에 "엄중
한 경계"를 호소하는(『요미우리 신문』 1955.9.2.) 등의 보도가 이어졌다
는 점에서도 엿볼 수 있다.

하지만 음악 참가를 통한 직장, 지역 단위의 노동자 동원이라는
기획은 당연히 전시하의 후생 운동으로 거슬러 올라갈 수 있다. 후생
운동이란, 국민이 음악이나 연극, 인형극 등을 스스로 연기하는 나치
스 독일의 KdF(기쁨을 통한 힘) 등 파시즘 체제하의 노동 조직의 노하
우이며, 브라스 밴드나 합창이 '국민 음악'으로서 추진된 것이다. 노
동자 음악 대회의 개최나 지도자 대상 강습회, 노동자 대상 후생 음악
선정 등도 이루어져 그러한 노하우는 '우타고에 운동'과 동일했다.

'우타고에 운동'은 당초에 〈등불〉, 〈트로이카〉 등 러시아 민요나
노동가 중심이었으나 일본 국내의 민요 발굴이나 비키니 환초에서의
핵 실험을 계기로 〈원폭 용서 말자(原爆を許すまじ)〉(1954)와 같은 반전가
나 〈손바닥의 노래(手のひらの歌)〉처럼 널리 애창되는 악곡을 낳는다.

1955년은 찻집에 모인 손님이 합창하는 '우타고에 찻집'이라는 형
태가 태어난 해이기도 했다. 이러한 노래에 의한 정치 참가는 1960년
의 안보에서 국회 앞으로 몰려든 정치에 참가하는 '대중'으로서 최종
적으로 가시화된다.

정치와 노래의 결합은 10년 후인 1960년대 말의 학생 운동과도 호
응하여, 1969년에는 신주쿠역 서쪽 출구 지하 광장에서 '반전 포크
게릴라(反戦フォークゲリラ)'라는 이름의 집회가 열렸다. 포크송은 레
코드를 자체 제작하는 등 새로운 '참가'의 형태도 낳게 된다.

2. 텔레비전에 의한 대중 동원이라는 신화

'반공' 이행을 위한 텔레비전

전후의 혼란기에 있었던 1948년(쇼와 23) 이후, 텔레비전 연구는 일본 방송 협회(NHK)를 중심으로 재활성화되어 간다.[5] 당초 GHQ는 민주화의 도구로서 라디오를 중시했기에 텔레비전의 부활은 늦춰졌다.

전시하에 텔레비전 방송의 공개 실험은 백화점 등의 이벤트 회장, 전람회, 텔레비전 방송 자동차를 이용한 지방 순회 등으로 실시되었는데 전후, 일본 방송 협회는 그것을 재시도하는 데서부터 출발한다. 1950년에는 GHQ의 의향으로 정시의 실험 방송이 개시되어 홈드라마 〈신혼 앨범(新婚アルバム)〉(1952)이 제작된다. 실험 방송이 홈드라마라는 점도 전시하 텔레비전 개발의 되풀이였다.

이러한 과정을 거쳐 1953년에 텔레비전 방송이 개시된다. 먼저 2월 1일에 NHK가, 같은 해 8월 28일에 니혼 테레비 방송망(日本テレビ放送網)이 방송을 시작하게 된다. GHQ는 민주주의를 담보하기 위해 영국의 BBC형에 가까운 공공 방송으로서의 NHK와 미국형의 스폰서가 뒷받침하는 '민방'의 공존을 선택했다고 일컬어진다.

하지만 니혼 테레비의 발족은 좀 더 정치적인 색채가 강했다. 일본 방송 협회보다 먼저 사업 면허 인가를 받은 것은 니혼 테레비 방송망이었다. 그것은 니혼 테레비의 구상이 '반공'의 방파제가 되었기 때문이다. 쇼리키 마쓰타로(正力松太郎)[8]의 니혼 테레비 구상은 1950년,

---

8) 쇼리키 마쓰타로(正力松太郎, 1885~1969). 일본의 실업가, 정치가. 요미우리 신문사 사주, 일본 텔레비전 방송망 대표이사 사장 등을 역임했다. 요미우리 신문사의 경영자로서 이 신문의 부수 확대에 성공하여 '요미우리 중흥의 아버지'로서 대(大) 쇼리키라 불리며 각각의 분야의 도입을 강력히 추진했기에 '프로 야구의 아버지', '텔레비전 방송

미국의 상원의원 칼 문트가 '비전 오브 아메리카'라고 명명하여 공산
주의에 대한 방파제로서 라디오에 더해 텔레비전의 네트워크를 전
세계에 구축해야 한다는 제언에 입각하고 있다고 한다. 참고로 그
연설은 텔레비전이 초래한 대중에 대한 연쇄적 반응을 원폭에 비유
한 경솔한 내용이었으나, 중요한 것은 그것이 텔레비전 프로그램뿐
만 아니라 전화, 전보, 텔레타이프, 팩스 등 쌍방향의 송수신을 포함
한 '멀티 미디어'적 구상이었다는 점이다. 이리하여 '반공'이라는 코
드가 대중문화에도 파고든다. 거기에는 '반공'이라는 대중문화의 소
재마저 확인할 수 있으리라.[6]

후술하듯 이와 같은 텔레비전의 멀티 미디어적 이미지는 전전의
텔레비전 개발 최초기에 있었던 구상이다. 라디오의 시대가 텔레비
전의 시대의 지연 위에 성립했듯이, 텔레비전의 시대는 소위 웹(web)
의 시대를 향한 도움닫기 기간이다. 그 시대의 표면상으로 중심적인
미디어에 눈을 빼앗기면 이와 같은 중층적인 계속성을 놓치게 된다.

요미우리 신문의 사장으로 일대 미디어 기업을 구축한 쇼리키는
전후에 내려진 공직 추방 처분이 해제되자 텔레비전 사업에 관심을
기울인다. 한 인물이 텔레비전 사업에 참가했다는 것 이상으로 중요
한 것은, 냉전의 장기화를 내다본 미국 또한 정보 전달 기술로서의
텔레비전에 높은 관심을 기울이고 있었다는 점이다. 냉전 구조가 떠
오르는 가운데 1947년 이후, 일본에 대한 점령 정책은 '역코스'를 따
른다. 전전의 사회 구조를 단절하는 일에 주안을 두었던 당초의 정책
은 전전의 권력자들을 다시 양지의 무대에 세우는 정책으로 전환되
었다. 그렇게 함으로써 일본에서 공산주의의 대두를 억제하려고 했

의 아버지', '원자력의 아버지'라고도 불린다.

던 셈이다.

그 가운데 공산주의 체제와 대치하면서 일본 사회에 어떻게 미국적인 가치관을 확대해 나갈지가 점차 '반공'과 짝을 이루는 과제가 되었다. 예를 들어 할리우드 영화의 상영이 권장되거나, CIE 아래에서 미국형 라디오 프로그램이 제작되는 등 '미디어 문화'는 아메리칸 웨이 오브 라이프의 전도자로서의 역할을 차차 부여받는다.

미국은 쇼리키 마쓰타로를 정치적으로 지원했다. 쇼리키는 NHK가 개발해 왔던 일본 독자 규격이 아니라 미국의 기술 규격을 답습하는 형태로 계획을 정리하여(소위 '메가 논쟁'), 최종적으로 쇼리키가 승리를 거둔다. 그 결과, 일본의 텔레비전 방송은 기술적으로는 전전부터의 축적뿐만 아니라 미국의 문화, 기술적 영향 아래 출발하게 된다.

니혼 테레비의 방송이 NHK보다 늦은 것은 전면적으로 미국의 기술에 의존하느라 기기류의 수입에 애를 먹었기 때문이라고 하는데, 개시하자마자 '프로 야구'를 방송한 것은 해당 방송국의 태도를 정확하게 이야기하고 있다. 야구도 미국 문화를 전달하는 역할을 맡게 된다. 문화의 '민주화'는 동시에 '미국적'인 것을 향한 고쳐쓰기였지만, 그럼에도 그 대다수는 전시하에서 취했던 방법의 계속적 갱신이라는 점을 잊어서는 안 된다.

프로레슬링과 가두의 텔레비전 경험

텔레비전 방송이 개시되었지만, 당초 수상기 보급률은 여전히 낮았다. 대졸 첫 입금이 1만 엔 정도였던 시대에 텔레비전 수상기는 한 대 20만 엔이었다. 일본 방송 협회가 본방송을 개시한 단계에서 수신 계약 수는 866건에 지나지 않는다. 도저히 대중 대상의 프로파간다 미디어일 수가 없는 숫자이다.

그런 가운데 텔레비전의 보급에 공헌한 것이 '가두 텔레비전'이었다고 한다. 대형 텔레비전 수상기가 사람이 많이 왕래하는 장소에 설치되어 무료로 시청할 수 있었다. 전전, 라디오 방송이 시작되고 나서 한동안은 가두 라디오가 설치되었다. 가두 텔레비전은 그것의 텔레비전판이라 친숙해지기 쉬웠다.

애초에 쇼리키는 1951년(쇼와 26) 단계에서 광고주에 어필하기 위해 가두 텔레비전 설치를 결정했다. 1951년 1월 1일의 『요미우리 신문』은 텔레비전 사업 진출을 알리는 사고를 발표한다. 그 안에서 "본사 옥상에 텔레비전 방송기를 설치, 도내의 각 번화가에 수상기를 상비"하겠다고 선언한 것이다. 그렇게 함으로써 얼마 안 되는 가정의 시청자뿐만 아니라 다수의 통행인을 광고의 타깃으로 자리매김하려고 했다. 그 구상은 이렇게 이야기된다.

공중용 투사형 수상기를, 예를 들어 도쿄의 신주쿠, 시부야, 아사쿠사 같은 번화가에 설치하면 마치 이러한 장소에 광고탑을 세운 것과 마찬가지, 예사롭지 않은 광고 효과를 거둘 것으로 여겨진다.[7]

사실, 개국 후 이내 수도권의 철도역이나 번화가를 중심으로 55개소에 220대의 가두 텔레비전이 모습을 드러냈다. 이러한 광경은 예를 들어 도쿄 시부야의 스크램블 교차로를 둘러싼 빌딩에 여러 개의 모니터가 설치된 '현재'를 오히려 내다본 것 같기도 하다.

쇼리키의 전략과는 별개로 전국 각지의 전기점 앞에도 텔레비전은 설치되었다. 가전으로서의 텔레비전을 판매하기 위해서이다. 가게 앞의 텔레비전이 텔레비전의 보급이나 시청 습관을 형성했다. 텔레비전이 있는 집에 이웃 사람들이 모이는 일도 드물지 않았다

가두 텔레비전의 시대를 상징해 왔던 콘텐츠의 하나가 프로레슬링이었다. 역도산(力道山)은 전시하 '외지'였던 조선 출신의 스모 선수로 1940년에 처음 씨름판을 밟았으나 1950년에 은퇴하고 점령군을 위문하기 위해 개최된 프로레슬링을 관전한 뒤 전향한다. 역도산은 스모 선수 은퇴 후 모모타(百田) 가문에 입양, 귀화하는데 미국 프로레슬링계에서 스테레오타입적으로 연기되었던 일본계 악역 레슬러를 반전시켜 '악역' 미국인 레슬러를 꺾는 정의의 사도형 일본인 레슬러라는 스토리를 제공했다. 역도산이 텔레비전이라는 미디어의 보급을 뒷받침하는 프로레슬링 붐을 만들어 낸 것은 사실이다. 하지만 역도산의 활약이 패전국 일본인의 아이덴티티를 고무했다는 속설 같은 이야기는 일면적일 것이다. 분명히 텔레비전의 여명기에 프로레슬링의 시청률은 압도적이었다. 수상기의 보급률이 7.8퍼센트였던 1957년 10월 7일 역도산 대 루 테즈(Lou Thesz)는 87퍼센트, 보급률이 90퍼센트 가까워진 1963년 5월 24일에 방송된 역도산 대 더 디스트로이어(The Destroyer)의 시합은 64퍼센트의 시청률을 기록했다. 역도산이 '프로레스' 안에서 보여 주었던 '일본'에 그 시청률이 나타내는 '숫자'만큼의 대중이 열광했다고 한다면 대중문화에서 내셔널 아이덴티티를 논할 때 전전, 전시하에 조선 출신자나 그 자제들이 맡았던 표현은 자리매김될 수 있는가 하는, '일본' 대중문화 연구에서 중요한 입론을 제시하게 된다.

텔레비전사에서는 1953년의 복싱, 시라이 요시오(白井義男) 대 테리 앨런(Terry Allen) 전, 혹은 역도산의 프로레슬링 중계에 '2만 명'의 군중이 모였다고 기록되어 있다. 하지만 그것을 뒷받침하는 것은 텔레비전 방송국의 증언이 중심이었다. '2만 명'은 잡지 『킹』이 외쳤던 '만인'과 같은 뉘앙스에 불과하다. 가두 텔레비전은 21인치가 주류였으며 한 군데에 여러 대 설치되었으나 만 명을 넘는 사람들이 그 자리에서 영상을 구석구석 이해하기는 어려웠으며 그들 태반은 '텔레비전'이라는 존재를 '보았음'에 지나지 않는다.[*8]

텔레비전을 보는 '대중'에는 당연히 아이들도 포함된다. 후쿠시마현(福島県)의 초등학생을 대상으로 한 조사에 따르면, 1957년경 초등학생은 밤 7시 이후에 거리에 나와 한 시간 내지 두 시간 정도 텔레비전을 시청했다고 한다. 1941년에 실시된 조사에 따르면, 당시의 아이들은 밤 8시대에는 취침했으며 가두 텔레비전의 인기가 높아지면서 아이들의 생활시간이 크게 변했다고 여겨진다.[*9]

가두 텔레비전이나 가게 앞 텔레비전은 사람들의 시간, 공간 감각을 재편성하는 일정한 힘을 지니고 있었다. 하지만 텔레비전의 타임테이블이 '국민'화함으로써 균질한 시간이 만들어져 나갔다고 하는 논의에 관해서는, 도쿄와 그 이외의 장소의 프로그램 편성 차이를 놓칠 수도 있으므로 주의가 필요하다.

텔레비전은 대중을 동원하는가

당초에는 가두에서 경험되었던 텔레비전은 1958년(쇼와 33)을 경계로 가정으로 보급되기 시작한다. 텔레비전사 안에서는 1953년부터 55년이 텔레비전 방송국에서 설치한 가두 텔레비전이 주류였던 '가두 텔레비전 시대'이며, 1955~1958년은 상점 등에서 전체의 반수가 텔레비전 수상기를 소유했고, 그러한 상점에 사람들이 모여 텔레비전을 시청하는 '근린 텔레비전 시대'에, 그리고 1958년 이후는 가정에 텔레비전이 대폭 보급된 '안방 텔레비전 시대'에 각각 해당한다.

텔레비전 보급의 계기 중 하나는 1959년에 거행된 황태자 아키히토 친왕(明仁親王)[9)]과 쇼다 미치코(正田美智子)의 성혼 퍼레이드에 대한 사람들의 높아진 관심에 있었다고 여겨진다. 그것이 텔레비전 구입의 강한 원동력이 되었다고 일컬어지는 경우가 많다.

분명히 1957년 10월에 텔레비전 방송 43국(NHK 7국, 민방 34사 36국)에 대해 일제히 예비 면허가 교부되어, 각지에 텔레비전 방송국이 서서히 개국하고 전국의 주요 도시에서 NHK와 민방 1국의 채널을 시청할 수 있는 체제가 만들어졌다. 1958년에 100만 대였던 텔레비전의 보급 대수는 이듬해 59년에는 300만 대 이상이 된다.

1956년에 발표된 경제 백서는 전후 부흥이 종료되어 "더 이상 전후가 아니다"라고 선언했다. 하지만 그것은 GNP가 1934년부터 1936년, 즉 중일 전쟁 시기의 정점으로 돌아왔다는 이야기로, 이때에 전시하가 잃어버렸던 것을 겨우 되찾은 데에 불과하다. 그 경제적인 회복이 지연되어 왔던 텔레비전 시대의 도래를 가속화했다고 할 수 있다. 그것은 한국 전쟁의 수요나 샌프란시스코 조약 체결[10]로 아시아에 대한 전후 보상이 감면된 점, 미국이 일본 기업의 권익에 유리하게 돌아가도록 압력을 가했던 점이 작용한 것이다. 그러한 전후 정치가 국내에 가져온 '풍요로움'이다.

텔레비전은 그러한 '풍요로움'의 상징으로서 냉장고, 세탁기와 더불어 '3종의 신기' 중 하나로 여겨졌다. 하지만 그때에 중요한 것은 텔레비전의 보급을 황태자 성혼과 결합시켜, 텔레비전이라는 일방적인 미디어에 의한 내셔널 아이덴티티 확립이라는 논의를 그대로 답습해도 괜찮은가 하는 문제이다. 그것은 어떤 의미에서 쇼리키의 반

---

9) 아키히토(明仁, 1933~). 일본의 제125대 천황으로 1989년부터 2019년까지 재위하였다. 2019년에 헌정 사상 최초로 퇴위하여, 상황(上皇)이 되었다.

10) 1951년 9월에 샌프란시스코에서 연합국과 일본이 체결한 평화 조약. 제2차 세계 대전을 종결하기 위하여 체결하였다.

공 인프라로서의 텔레비전 구상에 지나치게 충실하다. 이미 소개했듯이 쇼리키의 구상은 현재의 인터넷에 가까운 쌍방향성과 텍스트부터 동영상까지 수렴케 하는 미디어 형식이며, 실제로 성립된 텔레비전 네트워크는 기능으로서의 쌍방향성을 아직 지니지 못했다.

이렇게 전후의 텔레비전이 이내 국민 레벨의 '매스(mass)'와 결합했다는 주장은 회의적으로 상대할 필요가 있다.

텔레비전론이 안고 있는 문제는, 하나는 이미 언급했듯이 텔레비전이 전국 미디어라는 '맹신'이다. 실은 민방의 시청 환경에는 극단적인 지역 차가 있어, 시청 체험은 전국이 일률적이지 않다. 또 한 가지는 텔레비전을 일극 집중에 의한 정보 발신 미디어라고 일면적으로 평가함으로써 '대중'상(像)을 일방적인 수용자로 간주해 버리는 점에 있다.

1950년대 '참가하는 초심자'로서의 대중의 움직임은 패전 후, 새로운 미디어나 정치 운동과 결합하면서 활발화된다. 라디오가 '투서'로 지탱되는 참여형 미디어이며, 또한 '우타고에 운동'뿐만 아니라 직장, 학교, 지역 단위에서의 노동 운동과 결합하여 전국에서 전개되며 직장 경험을 스스로 글로 쓰는 '서클 운동' 등이 있었듯이, 참가자 스스로가 표현하는 운동으로서 프롤레타리아 예술 운동이나 익찬 체제 때보다 더욱 철저했다. 그러한 정치적인 참여를 수행하는 초심자 이외에도 전후의 경제 부흥은 다양한 영역에서 취미로서의 표현을 확대해 나갔다. NHK도 전전의 라디오 〈영어 강좌(英語講座)〉(1925)가 전후의 〈영어 회화(英語会話)〉(1946)로 이어지듯, 텍스트와 링크하는 교양 프로그램을 텔레비전으로 이행시켜 원예 등 '취미' 강좌 프로그램을 차례차례 등장시킨다.

분명히 황태자 성혼 퍼레이드에는 53만 명의 군중이 몰려왔으며,

그것을 목적으로 삼는 텔레비전 수신자 계약은 200만 대를 돌파했다고 한다. 그것은 천황이 '대중문화'화한 것처럼 보이기도 했다. 하지만 그 텔레비전 중계는 퍼레이드를 향해 돌을 던졌다가 제압당하는 소년의 모습을 포착했다. 역시 텔레비전 카메라가 돌아가는 가운데 사회당 위원장을 찔러 죽인 소년도 있었다.[11] 그렇게 텔레비전은 대중의 다른 국면을 뜻하지 않게 비추는 미디어이기도 했다.

바로 그렇기에 텔레비전화된 대중이라는 담론의 등장이 이 1950년대 후반 시기였다는 점을 잊어서는 안 된다.

1억 총 백치화와 미디어 믹스

전후의 텔레비전론에서 이야기되는, 일방적인 선언으로 동원 가능한 대중이라는 모습은 텔레비전라는 미디어 자신이나 그것을 조소하는 지식인이 필요로 했던 것이다. 그 논자의 한 사람이 오야 소이치(大宅壯一)이다. 전시하, 도쿄대 신인회[12] 출신의 마르크스주의 청년이자, 사회주의 활동에 경도되어 그 후 문화 영화 회사의 하나인 리켄 영화(理研映画)의 제작부장, 만주 영화 협회, 자바 영화 공사에 소속되었다. 즉, 오야 또한 전시하의 문화 공작 담당자였던 점은 확인할 수 있을 것이다.

그런 오야가 텔레비전은 국민을 '백치화'한다고 발언했던 것은

---

11) 1960년 10월 12일, 도쿄도 지요다구의 히비야 공회당에서 개최된 자민당, 사회당, 민사당 3당수 입회 연설 중 아사누마 이네지로(浅沼稲次郎) 일본 사회당 중앙 집행 위원회 위원장(일본 사회당 당수)이 17세의 우익 소년 야마구치 오토야(山口二矢)에게 찔려 죽은 사건이다.

12) 일본에서 전쟁 전에 존재했던 도쿄 제국 대학을 중심으로 하는 학생 운동 단체. 1918년 12월에 결성되어 1929년 11월에 해산할 때까지, 전전 일본 학생 운동의 중핵적 존재였다. 판명된 회원 수는 모두 합쳐 약 360명이다.

1956년(쇼와 31)의 텔레비전 좌담회라고 하는데, 이듬해 57년에는 "국민을 1억 총 백치화"라는 표현만이 외따로 돌아다녔다. 하지만 다시 확인해 보니, 이 1억 총 백치화론은 사실 광고 비판이었던 것이다. 즉, '백치화'를 초래하는 요인은 텔레비전이 광고와 일체화함으로써 텔레비전 프로그램 그 자체의 광고화에 대한 회의가 논의 전제에 있었다. 그럼에도 불구하고 '총 백치화'라는 말만 혼자 돌아다닌 감이 있다.[*10]

그렇다면 '총 백치화' 비판은 이 시기에 현재화했던 텔레비전 프로그램과 광고의 미디어 믹스가 문제시된 사안이라고 이해해도 될 것이다. 텔레비전 애니메이션 〈우주소년 아톰〉에 대해서는 따로 이야기하겠지만, 이 점과 관련하여 해당 작품이 머천다이징을 통한 판권 수입의 길을 열어 애니메이션이 '미디어 믹스'와 결합했다고 보는 논의[*11]에 관해서는 여기에서 검증해 두겠다. 이 여명기의 애니메이션에서 '미디어 믹스'는, 거듭 말하지만 광고 대행사가 주도하여 전시하의 국가 선전에 기원을 지닌 광고 관계자에 의해 제창된 광고 이론이라는 것을 잊어서는 안 된다.

따라서 애니메이션 〈아톰〉에서 '미디어 믹스'란 기업 광고로서 애니메이션의 캐릭터를 이용하는 일이다. 그것은 작품 그 자체의 광고화와 다를 바 없다. 전시하에 표어 "물리칠 때까지 멈추지 않는다(擊ちてし止まん)"를 이용했던 다미디어 국가 선전에서는 이 프레이즈를 광고용 카피로 삼은 포스터 등이 만들어졌을 뿐만 아니라, 이것을 제목으로 삼는 소설을 요시카와 에이지가 써내었으며, 나아가 다카무라 고타로(高村光太郎)[13] 등의 시의 한 행에 이 구절이 삽입되었다.

---

13) 다카무라 고타로(高村光太郎, 1883~1956). 일본을 대표하는 조각가이자 화가였으며,

즉, 작품 그 자체를 광고화하여 다미디어 전개의 선전 중 일부에 편입시키는 일이 전시하에 형성되어 전후에 명명된 '미디어 믹스'의 사고 방식이다.

따라서 여명기의 애니메이션이나 어린이용 프로그램에서 주의해야 할 것은 CM 시간대뿐만 아니라 프로그램 그 자체가 기업 CM이었다는 사실이다. 애니메이션의 주인공들은 기업 캐릭터에 가깝게 자리매김된다. 「익찬 일가」가 익찬 체제의 아이콘으로 설계되었듯이 〈아톰〉이라면 메이지 제과(明治製菓), 〈철인 28호(鉄人28号)〉라면 에자키 구리코(江崎グリコ), 〈늑대 소년 겐(狼少年ケン)〉이라면 모리나가 제과(森永製菓) 같은 식으로 프로그램과 캐릭터는 스폰서나 상품과 일체화되어 있었다. 테마 송(주제가) 가사의 마지막에 기업명이 끼어들거나 〈바람의 후지마루(風のフジ丸)〉(후지사와 약품[藤沢薬品]), 〈시스콘 왕자(シスコン王子)〉(시스코 제약[シスコ製菓])처럼 기업명을 캐릭터 이름으로 삼거나 하는 작품도 드물지 않았다. 그때 명명된 '미디어 믹스'란 만화의 애니메이션화라는 트랜스 미디어 스토리텔링이나 어댑테이션, 즉 미디어를 넘나드는 콘텐츠 전재로서의 측면과, 작품 그 자체가 광고화하여 다미디어 사이의 광고 전개에 편입되는 일이라는 두 가지 측면이 있다.

그 때문에 전시하의 국책 선전지 『주보(週報)』의 흐름을 이어, 전시하에 내각 정보국 촉탁이었던 유카와 요조(湯川洋蔵)가 편집인을 맡았던 『일본 주보(日本週報)』가 1957년에 "속지 않는 일은 아는 일이다"라는 제목으로 텔레비전 광고에 의한 '1억 총 백치화' 비판을 다루었다

오늘날에는 그가 지은 시들이 교과서에도 실리는 등 일본 문학사상 근현대를 대표하는 시인으로도 자리매김하였다.

는 사실은 주의할 필요가 있다. 애초에 '1억 총'이라는 수사 그 자체가 전시 동원 용어임을 상기해 봐도 좋겠다. 보도 기술 연구회의 아라이 세이이치로 등이 텔레비전을 축으로 삼는 다원적인 광고 전개를 미디어 믹스라는 단어로 이야기하기 시작한 것도, 마찬가지로 익찬회 출신의 하나모리 야스지가 만든 잡지 『생활의 수첩』의 간판이었던 「상품 테스트」가 국가 선전이 아닌 기업 선전을 가상의 적으로 삼는 것도 같은 타이밍이다.

텔레비전이 선전에 의한 대중 동원 인프라로서 실용 단계에 들어서고, 전시하 동원의 선전론이 텔레비전 광고론으로 부활하며 그것을 추진하는 측도 비판하는 측도 전시하 선전의 담당자였다. 오야는 매스컴과 대비되는 '입소문'이라는, '뜬소문'과 마찬가지로 구어적 정보 전달에 이름을 붙여 주었다. 이처럼 전후의 텔레비전론이 전시하의 '선전'에 관여한 사람들에 의해 만들어졌다는 점에는 주의할 필요가 있다.

텔레비전 제작자의 전시하와 전후

NHK가 실험 방송을 재개한 1950년(쇼와 25), 실험 방송으로 〈신주쿠 앨범〉이 제작된 것은 이미 이야기했다.

이러한 가족의 일상을 그리는 표현의 기원을 따지면, 만화 표현에서는 「익찬 일가」적인 '가족', '조나이'가 점령기에는 미국의 가족 만화 『블론디』를 통해 경유되었고, 이 작품의 신문 연재 종료 후에 『사자에상』 연재가 개시되었다는 흐름을 타며 전시하에서 전후로 갱신이 이루어졌다는 점은 이미 언급했다. 전시하와 전후 사이에 '미국 문화'를 끼워 넣음으로써 전시하 기원의 리셋이 이루어진 한 가지 예이다.

라디오에 있어서도 그것은 마찬가지였다. 연속 프로그램인 15분 단위의 연속 드라마는 CIE의 지도 아래 시작된 것으로, CIE 라디오과의 '베르나르 쿠퍼'라는 인물이 북미식 라디오 연출의 노하우를 일본인 제작자에게 교육했다고 당시의 NHK 스태프는 회상하고 있다.[*12] 하지만 그 첫 번째 작품 〈이웃사촌(向う三軒両隣)〉(1947)은 전후 헌법이 시행된 해에 방송이 시작되어 5년 9개월간 이어진다. 전전의 실험 방송 드라마 〈저녁 전〉의 각본을 담당했던 이마 하루베(伊馬春部)가 각본을 맡았다. 이마 역시 오리쿠치 시노부(折口信夫)[14] 문하의 가인이자, 무라야마 도모요시가 일본의 르네 클레르[15]라 평가했다고 일컬어지는 물랑루주 신주쿠 극장 출신의 각본가이다. P.C.L 각본부에 소속되었던 경력도 지닌다.

하지만 〈이웃사촌〉이란, 설명할 필요도 없이 '도나리구미'를 가리킨다. 즉, 전시하의 주제가 이어진 것이다.

분명히 프로그램은 CIE의 지시로 소프 오페라를 모델 삼아 만들어졌다. 그 결과, 익찬 체제 아래의 '가족'과 '이웃'이, 마찬가지로 '미국 문화화'를 통해 덮어쓰기되어 전후에 살아남게 된다.

참고로 이 작품을 비롯하여 전후의 라디오 드라마 히트작 다수를 영화화하고, 주제가를 레코드로 발매한다는 콘텐츠의 다미디어 전개는 늘 끊임없이 이루어졌다.

---

14) 오리쿠치 시노부(折口信夫, 1887~1953). 국문학자, 민속학자, 가인. 문학 박사. 오사카 출생. 고쿠가쿠인 대학을 졸업하고 모교와 게이오기주쿠 대학 교수를 역임했다. 일본 문학, 고전 예능을 민속학의 관점에서 연구하였으며, 가인으로서도 독자적인 경지를 개척하였다.

15) 르네 클레르(René Clair, 1898~1981). 프랑스의 영화 감독, 각본가, 영화 프로듀서로 '시적 리얼리즘'의 감독이라 불린다.

그렇다면 텔레비전에서 드라마는 어떻게 성립했는가.

NHK의 라디오 드라마로서 영화화된 〈신제국 이야기(新諸国物語)〉 시리즈, 〈너의 이름은(君の名は)〉은 NHK에서도 텔레비전 방영되었다. 하지만 당초부터 거대 영화 회사는 NHK에서의 자사 작품 방영을 거부했다.

한편 니혼 테레비는 닛카쓰와 방송 계약을 맺기는 했으나, 전체적으로 영화 회사가 자사 작품의 텔레비전 방영에 협조적이지는 않았다. 1956년 10월에는 닛카쓰를 제외한 대형 5회사가 완전히 자사 작품의 텔레비전 제공을 중지하였고 58년에는 닛카쓰도 거기에 따른다 (1964년까지 그러한 정책은 이어진다).

하지만 그런 한편으로 도에이를 비롯한 영화 회사는 텔레비전, 영화의 일원적 경영을 목표로 삼아 텔레비전 방송국 설치를 신청한다. 단독 설치가 이루어지지는 않았으나 도에이는 오분샤(旺文社)와 니혼 단파 방송과의 공동 출자로 NET(현재의 테레비 아사히[テレビ朝日])를, 쇼치쿠, 도호, 다이에는 분카 방송(文化放送)과 닛폰 방송(ニッポン放送)과 함께 출자하여 후지 테레비(フジテレビ)를 각각 설립하여 1959년에 개국한다. 또한 1958년에는 도에이 테레비 프로덕션이 텔레비전 드라마 제작을 위해 발족되는 등, 영화 회사가 텔레비전 제작에도 나서기 시작한다.[*13] 현재도 테레비 아사히의 형사 드라마나 어린이용 특촬 드라마에 도에이의 계열 회사가 관여하고 있는 것은 그 때문이다.

그런 도에이가 텔레비전 드라마 제작에 나서기 직전에는, 국산 텔레비전 드라마 〈월광가면(月光仮面)〉이 도쿄 테레비(TBS)에서 방영을 시작했으며, 그것도 도에이는 일찌감치 영화화하였다. 라디오에 이어 텔레비전이 새로운 영화의 콘텐츠 제공처가 되기 시작한 것이다.

이처럼 여명기의 국산 텔레비전 드라마에는 전시하의 문화 영화

관계자의 모습이 있다. 도호의 영화 문화 공작의 담당자인 마쓰자키 게이지는 텔레비전 드라마 〈650만 엔의 수수께끼(六百五十万円の謎)〉(1957, 오사카 테레비[大阪テレビ] 방영)을 제작했는데,*14 그 후 텔레비전 드라마 판 〈우주소년 아톰〉(1959)을 제작한다. 쓰부라야 에이지는 전시하에 〈하와이 말레이 해전〉에서 마쓰자키와 협력하였고 전후 공직에서 추방 되었으나 〈고지라(ゴジラ)〉(1954)의 특촬을 담당하며 부활했는데, 원래 는 그가 〈우주소년 아톰〉의 특촬을 담당한다고 고지되어 있었다. 실제 로는 쓰부라야 특기 연구소(円谷特技研究所)가 미니어처 제작을 맡았다. 전시하에 도호 항공 연구 자료실에서 미니어처 제작을 담당했던 아방가 르드 예술가 다카야마 료사쿠가 미술을, 또한 무성 영화 말기의 영화감 독이자 마찬가지로 전시하에 일본군의 남경 침공에 종군 카메라맨으로 참가했던 시바 세이카(志波西果)도 감독으로 참가했다. 쓰부라야나 다카 야마 같은 이들이 지닌 전시하의 특촬 기술은 텔레비전 속에서 〈울트라 Q(ウルトラQ)〉(1966) 등을 배출한다. 이처럼 전시하의 문화 영화, 기록 영화에 관여한 사람들이 전후의 어린이용 영화, 텔레비전에서 맡은 역할은 작지 않다.

대하드라마와 '세계'

쓰루미 슌스케(鶴見俊輔)[16]는 NHK의 대하드라마(大河ドラマ)를 텔레 비전이 전후의 일본에 제공한 공통 문화라고 지적했는데, 그중에서

---

16) 쓰루미 슌스케(鶴見俊輔, 1922~2015). 평론가, 철학자. 도쿄 출생. 미국 하버드 대학 에서 공부한 뒤 1946년 마루야마 마사오 등과 함께 『사상의 과학(思想の科学)』을 창간 했다. 프래그머티즘이나 논리 실증주의를 일본에 소개했다. 1965년에는 오다 미노루 등과 함께 '베트남에 평화를! 시민 연합'(베평련)을 결성. 또한 대중문화에 대해서도 주시하며 폭넓은 분야에서 평론 활동을 수행했다.

도 〈주신구라〉에 주목하여, 그것은 전후 일본에서의 협동주의의 반
영이라고 보았다.[15] 분명히 1년 내내 방영되는 대하드라마라는 시대
극 프로그램의 시청률이 현재도 문제가 되는 것은, 이 시리즈가 '일본
인'의 '공통 문화'의 소재의 지표로서 1년에 한 번 그해 마지막 날에
방영되는 〈홍백 가합전(紅白歌合戰)〉(1953~)과 함께 의식되고 있기 때
문이라고 할 수 있을지도 모른다. 이렇게 텔레비전이 초래하는 '상상
의 공동체'론은 논의로서는 이해하기 쉽지만, 대하드라마나 홍백 가
합전을 '국민적'이라고 간주하는 담론은 시청률이라는 숫자와 함께
풍물시로서 제도화되고 있다. 대중 또한 자신의 대중문화론을 이야
기하며, 연구자는 종종 경솔하게 거기에 발목을 잡힌다.

그러므로 대하드라마가 '공통의 이야기'를 만들어 낸다는 쓰루미
의 주장[16]도 의심해 볼 필요가 있다. 오히려 근세로부터 계속되는
'공통의 이야기'가 대하드라마를 가능케 했다고 생각해야 할 것이다.
표 1은 NHK 대하드라마의 방송 리스트이다. 일부러 '공통의 지'가
제공되는 위키피디아를 바탕으로 작성했다.

[표 1] 대하드라마 일람(Wikipedia 및 NHK 아카이브를 통해 작성)

방송년	제목	시대	주인공
1963	꽃의 생애	막부 말	이이 나오스케
1964	아코 로시	에도	오이시 구라노스케
1965	다이코키	전국, 아즈치모모야마	도요토미 히데요시
1966	미나모토노 요시쓰네	헤이안, 겐페이 내란	미나모토노 요시쓰네
1967	세 자매	막부 말	나가이가 세 자매
1968	료마가 간다	막부 말	사카모토 료마
1969	하늘과 땅과	전국, 아즈치모모야마	우에스기 겐신
1970	전나무는 남았다	에도	하라다 가이
1971	봄의 언덕길	아즈치모모야마, 에도	야규 무네노리

1972	신 헤이케 이야기	헤이안, 겐페이 내란	다이라노 기요모리
1973	나라 훔친 이야기	전국, 아즈치모모야마	사이토 도잔, 오다 노부나가
1974	가쓰 가이슈	막부 말	가쓰 가이슈
1975	겐로쿠 태평기	에도	야나기사와 요시야스
1976	바람과 구름과 무지개와	헤이안	다이라노 마사카도
1977	화신	막부 말	오무라 마스지로
1978	황금의 나날	전국, 아즈치모모야마	루손 스케자에몬
1979	풀 타오르다	겐페이 내란, 가마쿠라	미나모토노 요리토모, 호조 마사코
1980	사자의 시대	막부 말, 메이지	히라누마 센지, 가리야 요시아키
1981	여자 다이코키	전국, 에도	네네
1982	고개의 군상	에도	오이시 구라노스케
1983	도쿠가와 이에야스	전국, 에도	도쿠가와 이에야스
1984	산하 타오르다	쇼와	아모 겐지, 아모 다다시
1985	봄의 파도	메이지, 다이쇼	가와카미 사다얏코
1986	생명	쇼와	이와타(다카하라) 미키
1987	독안룡 마사무네	전국, 아즈치모모야마	다테 마사무네
1988	다케다 신겐	전국	다케다 신겐
1989	가스가노 쓰보네	아즈치모모야마, 에도	가스가노 쓰보네
1990	나는 듯이	막부 말, 메이지	사이고 다카모리, 오쿠보 도시미치
1991	태평기	가마쿠라, 남북조	아시카가 다카우지
1992	노부나가 KING OF ZIPANGU	아즈치모모야마, 에도	오다 노부나가
1993	류큐의 바람 DRAGON SPIRIT	아즈치모모야마, 에도	요케이타이
1993	불타오르다	헤이안, 겐페이 내란	후지와라노 쓰네키요, 기요히라, 야스히라
1994	꽃의 난	무로마치, 전국	히노 도미코
1995	8대 쇼군 요시무네	에도	도쿠가와 요시무네
1996	히데요시	전국, 아즈치모모야마	도요토미 히데요시
1997	모리 모토나리	전국	모리 모토나리
1998	도쿠가와 요시노부	막부 말	도쿠가와 요시노부
1999	겐로쿠 요란	에도	오이시 구라노스케

2000	아오이 도쿠가와 3대	아즈치모모야마, 에도	도쿠가와 이에야스, 히데타다, 이에미쓰
2001	호조 도키무네	가마쿠라	호조 도키무네
2002	도시이에와 마쓰 ~가가 100만 석 이야기~	전국, 에도	마에다 도시이에, 마쓰
2003	무사시 MUSASHI	에도	미야모토 무사시
2004	신센구미!	막부 말	곤도 이사미
2005	요시쓰네	헤이안, 겐페이 내란	미나모토노 요시쓰네
2006	공명의 갈림길	전국, 에도	지요, 야마우치 가즈토요
2007	풍림화산	전국	야마모토 간스케
2008	아쓰히메	막부 말	덴쇼인(아쓰히메)
2009	천지인	전국, 에도	나오에 가네쓰구
2010	료마전	막부 말	사카모토 료마
2011	고 ~공주들의 전국~	전국, 에도	고
2012	다이라노 기요모리	헤이안, 겐페이 내란	다이라노 기요모리
2013	야에의 벚꽃	막부 말, 메이지	니지마 야에
2014	군사 간베에	전국, 에도	구로다 간베에
2015	꽃 타오르다	막부 말, 메이지	스기 후미
2016	사나다마루	아즈치모모야마, 에도	사나다 노부시게(유키무라)
2017	여자 성주 나오토라	전국, 아즈치모모야마	이이 나오토라
2018	세고돈	막부 말, 메이지	사이고 다카모리
2019	이다텐 ~도쿄 올림픽 이야기~	메이지, 쇼와	가나쿠리 시조, 다바타 세이지
2020	기린이 온다	전국, 아즈치모모야마	아케치 미쓰히데

　여기에 제시된 시대나 소재를 봤을 때, 많은 시청자가 그 등장인물이나 일화를 어렴풋이 떠올릴 수가 있다. 그것은 이러한 소재의 태반은 근세에 가부키의 『세계강목』으로 매뉴얼화된 이후로도, 다양한 대중문화 속에서 공유 자산화해 왔던 것이기 때문이다. 대하드라마에 채용되는 시대와 인물은 근대의 강담본, 혹은 소설이나 영화의 시대극, 현재로는 만화나 애니메이션, 게임 속에서 그려짐으로써 갱신된 '세계'이다. 『태평기』가 1991년 겨우 한 번 다뤄진 것은, 그것이

황국 사관에 채용된 경위가 있기 때문이다.

참고로 전전부터 전후에 걸쳐 『태평기』는 『태평기』 그 자체가 아니라, 「부엌 태평기(台所太平記)」, 「싸움 태평기(喧嘩太平記)」, 「사장 태평기(社長太平記)」, 「목수 태평기(大工太平記)」 등 시대극에서 기업 드라마, 영화까지 제목에 차용되어 그 '이름'이 초래한 대중성을 이야기하고 있다.

대하드라마의 '세계'에서 『세계강목』에 없었던 것 중에는, 막부 말 및 메이지 유신을 다룬 것이 새로 덧붙여졌다. 대하드라마에서 거듭 다뤄짐으로써 '막부 말', '유신' 또한 대중문화 속에서 하나의 '세계'가 되어 나갔음을 엿볼 수 있다. 이 '막부 말'이라는 '세계'에서는, 예를 들어 1960년대에 소설가 시바 료타로가 다뤘던 영향은 있으되, 현재의 역사학자로부터는 그 역사적 역할을 반드시 높이 평가받고 있지는 못한 사카모토 료마(坂本龍馬)[17]는 메이지 초년에 교과서에 등장한 이후, 역사서나 소설에서 되풀이되며 그려지고 있다. '막부 말'의 캐릭터들 또한 근대의 역사 교육을 통해 공유 자산이 되어 나갔던 것이다.

전전, 아방가르드 예술 운동에서 프롤레타리아 예술 운동을 거친 무라야마 도모요시는 이미 소설 『신센구미』를 간행했는데, 전후 유물사관에 바탕을 둔 닌자 소설 『시노비노모노(忍びの者)』로 부활, 거듭 영화화되게 된다. 거기에서 다룬 닌자는 다치카와 문고가 '세계'화했던 소재이다.

---

17) 사카모토 료마(坂本龍馬, 1835~1867). 에도 말기의 존양파 지사. 가이엔타이 대장. 도사 번 출신. 19세에 에도로 나가 북진일도류를 배운다. 1862년 탈번하여 가쓰 가이슈의 문하에 들어갔으며 그를 도와 막부 고베 해군 조련소 설립에 노력한다. 훗날 토막파를 결집하여 삿초 동맹을 중개, 전 도사 번주 야마우치 도요시게를 설득하여 대정봉환을 성공시키지만 교토에서 자객에게 암살당했다.

대하드라마의 매년 기획은 어느 시대를 선택하여 어떤 스포트라이
트를 비출지, 즉 '세계'에 대한 '취향'으로서 기획이 발표된다. 가부키
에서의 '세계 확정'을 연상케 하는데, 그것을 '전통'이라 형용하는 것
에 특별한 의미는 없다. 하지만 2019년에 처음으로 현대를 다룬 대하
드라마 〈이다텐(いだてん)〉이 시청률에서는 '참패'했던 것은, 아직도
대하드라마가 '세계'화한 공유 자산에 의존하고 있기 때문이라는 증
거이기는 했다.

　이러한 『세계강목』에 무엇이 새로 덧붙여지고 무엇이 망각되었는
가 하는 시점에서, 대중문화사를 바라볼 수가 있다.

3. 만화, 극화, 애니메이션, 사회

'아톰'의 방법

　1963년(쇼와 38) 1월 1일부터 〈우주소년 아톰〉의 방영이 개시된다.
〈우주소년 아톰〉은 매주 1회 방영, 한 화 30분이라는 현재의 애니메
이션 프로그램과 똑같은 포맷으로 제작된 최초의 프로그램이었다.

　데즈카 오사무는 텔레비전 애니메이션 제작에 임하여, 1초간 컷
수를 줄이는 리미티드 애니메이션 기법을 채용했다고 알려져 있다.
디즈니로 대표되는 부드러운 움직임을 실현하는 '풀 애니메이션'이
1초당 12컷 내지 24컷으로 이루어진 것에 비해, 〈우주소년 아톰〉은
1초당 8컷 이하이며, 그것을 '리미티드 아니메'라고 불렀다. 하지만
동시에 '셀 끌기' 등의 기법이나 뱅크 시스템이라 불리는 원화 재활용도
이루어졌다. 이렇게 데즈카가 활용한 기법은 '리미티드 아니메'가 아니
라, 만화의 '영화적 수법'을 애니메이션에 유용했다고 보아야 한다.

결국 어떻게 했느냐 하면, 풀 애니메이션의 기법이라는 것을 깔끔하게 내던졌지요. 그리고 만화의 컷 분할을 컷 워크로 삼아 그중의 일부분을 움직인다는 완전히 새로운, 게다가 그림에 재능이 있는 사람이라면 사흘 만에 그려 낼 수 있는, 그런 기법을 채택한 것입니다.[17]

〈아톰〉에 관여했던 애니메이터 야마모토 에이이치의 회상이다. 1초당 작화 매수를 줄이는 것과는 별개로, '도메(卜メ, 정지화)'의 편집, '셀 끌기', '겸용(兼用)', 한 컷의 길이 단축에 그 연출 포인트가 있었다고도 회상한다.[18] 이 점에서도 데즈카의 '리미티드 아니메'가 몽타주의 원용을 통한 '영화적 수법'의 차용임을 알 수 있다. '리미티드 아니메'는 애니메이션의 질의 저하를 초래했다고 비판을 받고, 전기 그림 연극이라고 야유를 샀으나 만화의 영화적 수법과의 호환성을 오히려 강하게 느끼도록 만든 것이다.

한편으로 마키노 마모루(牧野守)가 쓴 〈우주소년 아톰〉의 초기 시나리오 속에서 데즈카의 메모를 보면 데즈카가 처음에는 문화 영화적 요소를 도입하려고 했다고도 볼 수 있는데, '리미티드 아니메'를 그저 비용 경감의 문맥으로만 포착하는 것은 옳지 않다.[19] 전시하 영화의 방법 중 어떤 부분을 전후에 계승할 것인가 하는 시행착오가 데즈카의 내면에 존재했다는 점을 간과해서는 안 된다.

데즈카 오사무는 패전 후, 전시하에 위문 만화나 국책 애니메이션에 관여했던 사카이 시치마에 의해 발굴되어 사카이의 '원작'으로 『신보물섬』을 간행한다. 그로부터 영화적 수법이 시작되었다고 여겨져 왔으나, 그것이 패전 직전의 습작 속에서 확립되어 있었다는 점은 이미 살펴보았다.

데즈카는 전후 그리고자 했던 자신의 만화를 '스토리 만화'라고 불렀는데, 그것은 스토리 양식의 만화이다. 전시하에 시대극 등 극영화를 스토리 양식, 문화 영화나 기록 영화를 비(非)스토리 양식이라고 불렀는데, 스토리라는 단어는 후자가 예술적으로 여겨졌다는 점에서 유래한다.

데즈카가 영화적 수법 개발의 영감을 얻은 〈모모타로 바다의 신병〉은 문화 영화, 즉 비스토리 양식이었다. 데즈카는 그 몽타주에 베이스를 둔 '영화적' 수법으로 새로운 스토리 양식의 만화를 시도했다. '영화적'도 '스토리'도 전시하의 영화 용어라는 점에는 주의가 필요하다.

데즈카의 스토리 만화의 주제는, 역사의 흐름 속에 농락당하는 '군중' 속 개인을 그리는 데에 있었다. 그런 의미로는 1920년대에 '대중'을 그리고자 했던 영화의 연장선에 데즈카의 관심이 있었다고도 할 수 있다. '군중'과 '개인'이라는 주제 면에서 일관성이 있는 것이다. 『로스트 월드(ロストワールド)』(1948), 『메트로폴리스(メトロポリス)』(1949), 『넥스트 월드(来るべき世界)』(1951)로 이루어진 초기 SF 3부작에서는 자연재해나 정치적 분쟁에 휘말린 '군중'의 한 사람으로서의 캐릭터들의 '내면'을 그리며, 그것은 『아톰 대사』나 도스토예프스키 소설을 번안한 『죄와 벌』에서도 변함이 없다. 이 군중이라는 테마는 데즈카가 속으로 '파노라마'라고 명명한 한 페이지 크기의 펼침면을 통한 군중 신의 표현을 발생시킨다.

이 기법은 『죄와 벌』에서 노파 살해를 고백하는 주인공이 러시아 혁명의 군중에게 휩쓸리는 장면에서 구사된다.

스토리 만화는 데즈카 자신이 『아톰』의 시리즈화를 통해 캐릭터의 이야기로 왜소화시키는 경우도 있었으나, 거듭 작품화가 시도된 『불새(火の鳥)』 시리즈 등에서 '역사와 개인'이라는 주제는 더욱 철저화된다.

또한 데즈카는 디즈니형 2족 보행 캐릭터를 포함한 등장 인물에게

'성장'이나 '성(性)', '죽음' 같은 신체성을 적극적으로 부여했다는 점에
서도 특징적이었다. 소년기의 레오(レオ)는 하얀 미키라고 해도 좋을
만큼 2족 보행적인 실루엣이었으나 아기 때부터 소년기, 청년기, 성인
기를 거쳐 마지막에는 죽는다. 그리고 캐릭터 한 사람이 살아남기
위해 레오의 시신에서 가죽이나 고기를 발라내는 모습이 묘사된다.

이 캐릭터의 '내면'과 '신체'의 소재는 전후 만화 표현의 기조가 된
다. 그것은 최종적으로 '모에'나 'BL' 같은 성 표현의 만화 도입을 이
끌기도 한다

도키와장 그룹과 만화 동인지

그런 데즈카를 흠모하다 보니, 한 세대 아래의 이시노모리 쇼타로
(石森章太郎, 1984년에 이시노모리[石ノ森]로 개명)와 같은 도키와장(トキ
ワ莊)[18) 그룹이 형성되었다고 보고 있다. 한편 아카혼(赤本)[19) 만화에
서 활동했던 오사카 거주 시절, 데즈카의 거처를 드나들었던 이 중
한 사람이 훗날 극화 공방(劇画工房)을 세우는 다쓰미 요시히로(辰巳ヨ
シヒロ)[20)였다. 극화를 데즈카 계열 만화에 대한 대립 개념으로 지나
치게 강조했을 때 놓치게 되는 것은, 데즈카의 '영화적인 만화'의 간

---

18) 도쿄도 도시마구에 있던 목조 2층 하숙집. 데즈카 오사무, 후지코 후지오, 이시노모리
쇼타로, 아카즈카 후지오 등 저명한 만화가가 거주했던 것으로 유명하며 만화의 '성지'
가 되었기에 도시마구가 복원 시설 '도시마 구립 도키와장 만화 뮤지엄'을 건설하였다.

19) 대단히 짙은 빨간색을 위주로 한 색깔의 표지로 만들어진, 소년들을 대상으로 한 읽을
거리.

20) 다쓰미 요시히로(辰巳ヨシヒロ, 1935~2015). 일본의 만화가, 고서점 경영자. 오사카
출신. 대본소 만화가로 활약하면서 '극화'라는 명칭을 제창, '극화' 탄생에 중요한 역할
을 담당했다. 1970년대 이후는 사회의 저변에 위치한 사람들의 비애나 굴절을 음울한
터치로 그린 작품을 다수 발표한다. 그러한 작품은 해외를 중심으로 높이 평가받아,
일본 얼터너티브 코믹의 1인자로 널리 인식되고 있다.

사이(関西)적인 계보가 극화를 낳았다는 사실이다.

데즈카는 도쿄의 잡지 미디어로 활동의 현장을 옮기는 과정에서, 『소년 구락부』의 전 편집자이자 전후 공직에서 추방된 가토 겐이치(加藤謙一)가 세운 『만화 소년(漫画少年)』에 『밀림의 왕자 레오』 같은 작품을 발표했는데, 그 『만화 소년』의 투고란에 모였던 데즈카 팬으로서, 지방에 거주하던 투고 소년들이 도키와장 그룹이다. 간사이에는 전전부터 '아카혼'이라 불리는 출판 문화가 있었으며, 전후에는 대본소용 출판사로 특화되어 나갔기 때문에 간사이권의 만화 소년들은 고향에 머물지만, 그 이외 지방의 만화 소년들은 상경하여 여명기의 만화 잡지에 극화보다 먼저 도달하게 된다.

이시노모리 쇼타로가 『만화 소년』의 단골 투고자들을 중심으로 '동일본 만화 연구회(東日本漫画研究会)'라는 만화 동인회를 세워, 육필 회람지를 편집했던 것은 잘 알려져 있다.

간사이에서는 히노마루 문고(日の丸文庫)가 창간한 잡지형 단편집 『가게(影)』를 통해 다쓰미나 사이토 다카오(さいとう・たかを)[21] 등이 데뷔, 1959년에 다쓰미는 극화 공방이라고 명명한 그룹을 결성한다. 이를 통해 '극화'라는 호칭이 알려지게 된다. 다쓰미 일동은 극화 공방 명의로 많은 잡지형 단편집을 간행한다.

훗날 직접 잡지 『COM』를 창간하는 데즈카를 포함해, 만화가들은

---

21) 사이토 다카오(さいとう・たかを, 1936~2021). 일본의 극화 만화가. 와카야마에서 태어나 오사카에서 자랐다. 어린 시절부터 그림을 좋아하여 학교 시험은 한 번도 제대로 보지 않았다. 만화를 싫어하는 어머니의 눈을 피해 이발사 일을 하며 17세에 그린 『공기 남작』으로 데뷔. 이후 상경하여 동료와 '극화 공방'을 결성. 어른들도 감상할 수 있을 만한 만화인 '극화'를 정착시키고, 분업제를 도입한 '사이토 프로덕션'을 설립했다. 1968년에 연재를 시작한 대표작 『고르고 13(ゴルゴ13)』은 그의 사후에도 현재까지 스태프들에 의해 연재되고 있다.

동시에 자신의 잡지를 다양한 형태로 편집하고 그룹을 형성해 나갔
다. 이러한 동인지나 잡지를 만드는 만화가의 역사는 전전, 전시하의
'만화 집단'으로부터 설명하기 시작해야 할 테마이다.

극화 단편집의 투고란은 『만화 소년』과는 또 다른 신인의 등용문
이었다.

이렇게 자사의 잡지 독자를 신인상으로 에워싸고 데뷔시켜 나가는
구조는 1970년대에 월간지, 주간지의 신인상으로 이어져 점차 만화
가 육성 시스템이 되었다. 투고 미디어로서의 만화 잡지가 맡은 역할
을 고려하지 않는다면 만화사는 제대로 보이지 않는다.

당연하지만 만화라는 전국 미디어는 독자와 동시에 작가 예비군도
일본 각지에 발생시켰다. 전전에는 중앙의 만화 집단이 지방의 아마
추어 만화가를 배제하는 경향이 보였으나, 거기에는 협소한 만화 시
장이라는 요인도 있었다. 도키와장 그룹이나 극화 공방의 상경은
1950년대의 월간 만화지, 1960년대의 주간 만화지 창간이라는 시장
의 확대가 가능케 했다고도 할 수 있다.

전후 만화사에서 '만화를 그리는 아마추어'를 가장 크게 계몽했던
것은 이시노모리 쇼타로의 『소년을 위한 만화가 입문(少年のためのマ
ンガ家入門)』(1965)이다. 도키와장 그룹의 이론적 중심이었던 이시노
모리는 초등학생용 입문서이면서 데즈카 오사무의 영화적 수법을 심
리 묘사에 특화시킨 몽타주로서 설파했다. 이 책은 24년조(24年組)[22]
라 불리는 소녀 만화가를 배출한 1950년(쇼와 25) 전후 태생의 세대,

---

22) 1949년(쇼와 24)경에 태어나, 1970년대에 소녀 만화의 혁신을 담당한 일본의 여성 만
   화가 일군을 가리킨다. '꽃의 24년조'라고도 불린다. 하기오 모토(萩尾望都), 다케미야
   게이코(竹宮惠子), 오시마 유미코(大島弓子) 등이 특히 유명하다.

[그림 1] 2006년부터 간행된 『초인 로크』 완전판 단행본(역자 촬영).

'오타쿠(おたく)' 제1세대인 1960년 전후의 세대라는 두 세대에 결정적인 영향을 끼친다.

전후 만화사는 데즈카의 상경에 이어 극화 공방 그룹의 상경(1950년대 말), 대본 극화 출판사인 도코샤(東考社)의 출판 시스템을 이용하여 히지리 유키(聖悠紀)[23]의 『초인 로크』[그림 7] 등의 간행을 이루었던 간사이의 동인지 작화 그룹(同人誌作画グループ)의 도쿄 진출(1970년대 전반), 훗날 가이낙스(ガイナックス)[24]가 되는 간사이의 특촬 팬 그룹

23) 히지리 유키(聖悠紀, 1949~2022). 일본의 만화가. 1972년 『우리 형(うちの兄貴)』(『별책 소녀 코믹[別冊少女コミック]』)으로 데뷔. 하지만 이미 1966년부터 동인 모임 '작화 그룹'의 멤버로 활약하고 있었다. 그 동인지에 발표된 『초인 로크(超人ロック)』가 호평을 얻어, 1978년 『주간 소년 킹(週刊少年キング)』에서 연재되는 대히트 작품이 된다. 이 작품은 1984년 극장용 애니메이션화되었으며 그 후로도 게재 잡지를 바꾸며 연재가 계속된다. 데뷔 후 한동안은 실재 인물의 전기적 만화나 TV 애니메이션의 만화판을 그렸다. 2022년 폐렴으로 사망.

제네럴 프로덕츠(ゼネラルプロダクツ) 일파의 상경(1980년대 중반) 등, 만화사의 갱신을 간사이에서 간토를 향한 '신인'이나 '아마추어'들의 이동이라는 형태로 그려 낼 수도 있다.

또한 『COM』은 1970년대에 '그라콘(ぐらこん)²⁵⁾'이라는 명칭으로 지방의 동인지 발족 후원이나 조직화를 실시했다.

이들은 전후 만화사 또한 '일본' 국내에서 균일하게 발족해 온 것이 아니라는 사례로서, 고찰되어야 할 문제일 것이다.

만화와 사회

만화와 극화라는 대립 구도는, 1970년(쇼와 45) 전후, 현대 미술 평론가였던 이시코 준조(石子順造)²⁶⁾ 등의 만화 평론이 만들어 낸 측면이 있다. 데즈카의 간사이 시절의 '사생아'인 극화 공방 그룹과 이시코와 같은 이들이 논하는 시라토 산페이(白土三平)²⁷⁾나 쓰게 요시하루(つげ義春)²⁸⁾의 '극화'는, 독자부터 시작해서 미묘하게 다르다. 전자는 '대

---

24) 일본의 애니메이션 제작 회사로 〈신세기 에반게리온(新世紀エヴァンゲリオン)〉, 〈이상한 바다의 나디아(ふしぎの海のナディア)〉 등 SF 애니메이션의 제작사로서, 패러디나 오마주를 작품에 담기로도 유명하다. 현재는 실질적으로 자사의 판권 정리만을 담당하는 회사가 되었다.

25) 그랜드 컴패니언(グランド・コンパニオン)의 약어로, 잡지 『COM』의 지면에서 마사키 모리(真崎守)가 도게 아카네(峠あかね)라는 이름으로 지도했던 독자 투고 코너의 명칭. '일본 전국의 만화 마니아 집합소'로서 만화가, 만화가 지망생, 독자, 비평가를 전국적으로 조직화한다는 야심적인 구상의 이름이기도 했다.

26) 이시코 준조(石子順造, 1928~1977). 미술 평론가, 만화 평론가. 전쟁 전의 전위, 언더그라운드 예술, 디자인, 만화 등을 대상으로 평론 활동을 전개하여 독자적인 견해를 제시했다. 일본 만화 평론의 선구자적 존재였다.

27) 시라토 산페이(白土三平, 1932~2021). 일본의 남성 만화가. 『닌자무예장 카게마루전(忍者武芸帳 影丸伝)』, 『사스케(サスケ)』, 『카무이전(カムイ伝)』 등 닌자를 다룬 극화 작품으로 인기를 누렸다.

본소(貸本屋)'에 모이는 사람들이며, 대본은 극화뿐 아니라 소녀 만화 등 다양한 만화 장르를 포괄했다. 또한 '대본 소설'이라 불리는, 거의 망각된 대중 소설도 유통되고 있었다.[*20]

쓰루미 슌스케는 극화에서 마르크스주의적인 계급 투쟁을 프롤레타리아 문화 운동에 참가한 화가 오카모토 도키(岡本唐貴)의 아들 시라토 산페이의 『닌자 무예장(忍者武芸帳)』에서 발견하거나, 쓰게 요시하루의 커리어를 '직공'으로서 강조하는 등, 극화를 1960년대 말의 학생들의 좌익 운동과 결부하여 논했는데,[*21] 그것이 대본 극화의 실태를 반드시 반영하고 있는 것은 아니다.

분명히 1960년의 안보 투쟁을 상징하는 '젊은이 문화'가 오에 겐자부로(大江健三郎)[29]나 이시하라 신타로(石原慎太郎)[30]등의 '문학'이었던 것에 비해, 1970년 전후의 학생 운동을 저널리스틱하게 상징하는 것이 '극화'였다. 70년 전후, 『소년 매거진(少年マガジン)』등 만화 극화를 읽는 대학생이 야유를 받고, 요도호(よど号)[31]의 하이재킹 범인이

---

28) 쓰게 요시하루(つげ義春, 1937~). 일본의 만화가, 수필가. 환상성, 서정성이 강한 작품 외에, 테마를 일상이나 꿈에 두고 리얼리즘을 추구한 작품이 특징이며 여행을 테마로 삼은 작품도 많다. 잡지 『가로(ガロ)』를 통해 전공투 세대의 대학생을 비롯한 젊은 독자를 획득. 1970년대 전반에는 『나사식(ねじ式)』등 초현실적 작품이 높은 평가를 얻어 열광적인 팬을 획득했다.

29) 오에 겐자부로(大江健三郎, 1935~2023). 소설가. 에히메 출생. 도쿄 대학 재학 중 『사육(飼育)』으로 아쿠타가와상 수상, 새로운 문학의 기수로 인정받는다. 풍부한 상상력과 독특한 문체를 통해 현대에 깊이 뿌리 내린 작품을 발표한다. 1994년 노벨 문학상 수상.

30) 이시하라 신타로(石原慎太郎, 1932~2022). 소설가, 정치가. 효고 출생. 배우 이시하라 유지로의 형. 『태양의 계절(太陽の季節)』로 아쿠타가와상 수상, '태양족'은 유행어가 되었다. 1968년에 참의원 전국구에 당선. 1972년에는 중의원으로 옮겨, 환경청 장관, 운수 대신을 역임. 1995년 의원직을 사퇴하고 1999년부터 2012년까지 도쿄 도지사를 지냈다.

31) 1970년 3월 31일, 세계 동시 혁명을 노리는 적군파 멤버 아홉 명이 하네다발 후쿠오카

자신을 가지와라 잇키(梶原一騎)[32)]·지바 데쓰야(ちばてつや)[33)]의 『내일의 죠』에 빗대기도 했지만, 극화를 학생 운동과 결부하는 담론과 극화의 독서 실태 사이에는 어긋남이 있다. 이때의 대학생들은 '대중'인데, 그러나 대학이 대중화되었다고는 해도 1970년대에 4년제 대학 진학률은 30퍼센트에 미치지 못하는 소수파였던 것이다.

애초에 '사회 문제'에 대한 접근은 극화의 특권이 아니었다. 도키와 장 그룹의 소녀 만화가 미즈노 히데코(水野英子)[34)]는 1960년대, 도미하여 베트남 반전 운동과 이어진 록 음악과 만난다. 그러한 레코드 재킷이나 포스터에 쓰인 것은 사이키델릭 아트로서 재발견되었던 무하였다. 일본에서 무하는 오랫동안 망각되고 있었다. 소녀화 그리고 소녀 만화가 왜 꽃이나 별, 긴 머리카락을 그리는가, 그 기원으로서의 무하는 잃어버린 지 오래였으나 미즈노는 무하의 묘선이나 표상

행 항공기 '요도호'를 강탈한 일본 최초의 하이재킹 사건. 후쿠오카 공항에 착륙한 뒤 한국 김포 공항에서 승객들을 석방하는 대신, 고 야마무라 신지로 운수정무 차관(당시)을 인질로 잡고 북한으로 건너갔다. 실행 멤버 중 북한에 남은 것은 네 명. 세 명은 사망(그중 한 명은 미확인), 두 명은 귀국하여 체포되었고 유죄 판결을 받았다.

32) 가지와라 잇키(梶原一騎, 1936~1987). 만화 원작자, 남성. 도쿄 출생. 1966년에 『소년 매거진』에 연재된 『거인의 별(巨人の星)』의 원작자로 이름을 떨친다. 이듬해에는 같은 잡지에 『내일의 죠』의 원작을 다카모리 아사오(高森朝雄) 명의로 발표했다. 원작을 맡은 작품 대부분이 텔레비전 애니메이션화되었으며, 몇몇 작품은 사회 현상이 되기까지 했다. 스포츠 근성 만화의 기초를 닦고 현재까지도 유명한 작품을 다수 발표했다.

33) 지바 데쓰야(ちばてつや, 1939~). 만화가. 도쿄 출생. 스포츠를 다룬 만화를 다수 그려 인기를 모았다. 불우하지만 복싱에 재능이 넘치는 주인공이 활약하면서도 고난의 길을 걸어가는 『내일의 죠(あしたのジョー)』는 특히 열광적인 지지를 얻었다. 그 외에 『해리스의 선풍(ハリスの旋風)』, 『열풍! 검도불패(おれは鉄平)』 등의 작품이 있다.

34) 미즈노 히데코(水野英子, 1939~). 만화가. 시모노세키시 출생. 1955년 『소녀 클럽(少女クラブ)』에서 15세로 데뷔. 도키와장 출신의 유일한 여성 만화가로서도 유명하다. 대표작으로 『하얀 트로이카(白いトロイカ)』, 『별의 하프(星のたてごと)』, 『파이어!(ファイヤー!)』 등이 있다. 『파이어!』는 1970년에 쇼가쿠칸 만화상, 2010년에 일본 만화가 협회상·문부과학 대신상을 수상. 현재도 집필 활동을 계속하고 있다.

을 재수용하여 음악과 정치를 소녀 만화의 주제로 삼은 『파이어!(ファ
イヤー!)』를 발표했다. 이치조 세이비나 후지시마 다케지 이후, 소녀
화는 남성들이 그려 왔으나 미즈노는 무하 양식으로 '소년'이나 '청년'
의 신체와 내면을 그렸다. 그 너머에 하기오 모토(萩尾望都)[35]와 같은
'24년조'라 불리는 전후 출생의 1세대 만화가들의 여성 표현으로서의
소녀 만화가 대두하여, 작화에서는 무하를 비롯한 세기말 예술 양식
의 재도입, 언어 표현에서는 근대 문학적인 내면을 말풍선 바깥에
독백으로 배치하는 기법을 통해 표현하는 데에 성공한 것이 1970년
대이다.

그 결과, 소녀 만화는 언어 표현으로서도 고도화된다. 24년조의
한 사람, 기무라 미노리(樹村みのり)[36]는 『해변의 카인(海辺のカイン)』
(1980~1981) 등에서 여성의 모자 관계나 LGBT 같은 주제를 선구적으
로 그렸다.

그 24년조의 문학적이라고도 할 수 있는 성취의 영향 아래에, 1980
년대 이후의 '문예'에서 요시모토 바나나(吉元ばなな)[37] 같은 여성 문학

---

35) 하기오 모토(萩尾望都, 1949~). 후쿠오카현 출생. 1969년 『(루루와 미미(ルルとミミ)』
로 데뷔한 이래, SF나 판타지 등을 도입한 장대한 작품으로 명작을 배출하고 있다.
1976년 『포의 일족(ポーの一族)』, 『11인이 있다!(11人いる~)』로 쇼가쿠칸 만화상,
1997년 『잔혹한 신이 진배한다(残酷な神が支配する)』로 데즈카 오사무 문화상 만화
우수상, 2006년 『바르바라 이계(バルバラ異界)』로 일본 SF 대상 외 수상 다수. 2012년
에는 소녀 만화가로서 처음으로 자수포장 훈장을 수여받았으며, 2019년에는 문화 공로
자로 선출되었다.

36) 기무라 미노리(樹村みのり, 1949~). 만화가. 사이타마 출생. 1964년 잡지 『리본(りぼ
ん)』의 봄 증간호에 게재된 「피크닉(ピクニック)」으로 데뷔. 대표작으로 「유채꽃밭
(菜の花畑)」시리즈(1975~1978), 「어머니의 딸들」(1984), 「겨울의 꽃망울-베아테 시
로타와 여성의 권리(冬の蕾-ベアテ・シロタと女性の權利)」(1993~1994) 등. 그 외에
주옥같은 단편, 시리즈가 다수 존재한다.

37) 요시모토 바나나(吉元ばなな, 1964~). 일본의 소설가. 도쿄 출생. 1987년. 『키친(キッ

의 부흥이 있었다.

소녀 만화 연구가 젠더론과 정합성이 높은 것은 24년조가 우에노 지즈코(上野千鶴子)[38] 등의 페미니즘과 동시대의 사상이기 때문이기도 하다. 그녀들이 '소년'을 즐겨 그린 것은 '소녀'에 대한 안티테제였다.[22]

현재의 일본 문화를 안이하게 표상하는 것으로 '귀여움(かわいい)'이 있는데, 그것은 이 시대, 새로운 문맥 아래에서 쓰이게 된다. 1972년의 연합 적군 사건(連合赤軍事件)[39]에서 여성 '병사'가 남성 간부의 눈을 "귀엽다"라고 형용했다는 점이 방아쇠가 되어 대량의 린치 살인이 일어났다. 즉, 남성을 여성 측에서 상대화하는 말로 쓰인 것이다. 또한 이 시기에 DC 브랜드[40] '핑크 하우스(ピンクハウス)'를 세운 가네코 이사오(金子功)가, 남성으로서 최초로 "귀엽다"라는 말을 즐겨 썼다는 증언도 있다. '귀엽다'는 1970년 전반에 전환이 시작되는, 사물을 사용 가치가 아닌 기호로서 소비하는 사회에서 기호적 가치를 대표하는 말로서도 논의되었다.[23]

チン)』으로 가이엔 신인 문학상을 수상하여 데뷔했다. 1988년 『문라이트 섀도(ムーン ライト・シャドウ)』로 이즈미 교카 문학상, 1989년 『키친』, 『물거품/생추어리(うたか た/サンクチュアリ)』로 예술 선장 문부 대신 신인상, 『티티새(TUGUMI)』로 야마모토 슈고로상, 1995년 『암리타(アムリタ)』로 무라사키 시키부 문학상, 2000년에 『불륜과 남미(不倫と南米)』로 되마고 문학상을 수상. 30개국 이상에서 작품이 번역 출판되고 있다.

38) 우에노 지즈코(上野千鶴子, 1948~). 일본의 사회학자. 전문은 가족 사회학, 젠더론, 여성학. 일본의 대표적인 페미니스트 지식인이다.

39) 1972년, 전국 지명 수배 중인 연합적군 그룹 다섯 명이 엽총으로 무장하고 인질을 잡아 나가노현 가루이자와의 아사마 산장에서 농성했던 사건. 9일 후에 전원 체포된다. 일본 학생 운동의 막을 내린 상징적인 사건으로도 유명하다.

40) 일반적으로 1970년대~80년대 무렵 일본 국내에서 유행한 패션 디자이너 내지 기업이 전개했던, 그 개성이나 캐릭터성을 전면에 내세운 브랜드를 가리킨다. DC는 '디자이너즈(Designer's)' & '캐릭터즈(Character's)'의 약칭으로 보고 있다.

사회와의 대립을 선명하게 드러낸 것은 '어린이' 문화였던 '소년 만화'도 마찬가지였다. 1970년 전후의 소년 만화지에서는 많은 터부가 일단 해체되었다. 학부모 교사 연합회(PTA)와 초등학생의 전쟁으로 주인공들이 살륙당하는 나가이 고(永井豪)의 『파렴치 학원(ハレンチ学園)』(1968~1972), 마찬가지로 자신은 사람을 죽였다며 거짓 고백을 하는 조지 아키야마(ジョージ秋山)의 『고백(告白)』, 카니발리즘을 그린 조지 아키야마 『아슈라(アシュラ)』(1970~1971), 더치와이프[41]를 주인공으로 삼은 데즈카 오사무 『자포자기한 마리아(やけっぱちのマリア)』(1970), 일본의 재파시즘화를 그린 야마가미 다쓰히코(山上たつひこ)의 『빛나는 바람(光る風)』(1970), 패러디라는 개념을 만화에 느닷없이 끌고 와 만화와 극화의 그림 코드 그 자체를 웃음으로 바꿔 버린 미나모토 다로의 『호모호모 7(ホモホモ7)』(1970~1971) 등, 실험적인 작품이 버젓이 초등학생용 만화 잡지에 차례차례 게재되었다. 나가이 고 『데빌맨(デビルマン)』(1972~1973)에서도 선악이 상대화되고 여주인공의 학살 신이 그려졌다.

이러한 '소년 만화'의 급진성은 '극화'의 정치성에 뒤지지 않지만 과소평가되고 있다. 그러나 한편으로는 『파렴치 학원』이 텔레비전 드라마화, 『데빌맨』은 애니메이션화되었다. 이들은 텔레비전의 코드에 맞춰 무난하게 각색되기도 했다. 동일한 콘텐츠이면서 미디어 믹스에서 정치적 코드를 구분하여 활용하는 일이, 미디어 사이에서 이루어졌던 것이다. 이것은 미디어 믹스 연구에서 앞으로 주의해야 할 문제일 것이다.

---

41) 모조 성기를 지닌 등신대의 여성 대용 인형. 남성형도 있다. 네덜란드인(Dutch)에 대한 차별 용어라는 의견으로 인해 최근에는 러브 돌, 섹스 돌 등으로 불리는 일이 많다.

4. 단말로서의 텔레비전

텔레비전의 시대는 어떻게 끝나는가

텔레비전에 대해 시청자는 수동적이라는 이미지가 따라붙는다. 분명히 텔레비전을 본다는 행위는, 방송국이 설정한 프로그램 편성, 방송 시간에 규정되며 그 시간에 텔레비전 앞에 앉아 있어야만 보고 싶은 프로그램을 볼 수 있었다. 그러한 '수동적인' 영상 경험의 양태가 결정적으로 바뀐 것이 1980년대이다. 이 시기를 통해, 텔레비전은 방송이라는 틀에서 풀려나 다양한 정보 기기와 접속되는 '단말(端末)'로서의 위상을 부여받게 된다. 이 책은 거기에서 라디오 및 지연된 텔레비전 시대의 종언을 살펴보고자 한다. 아마추어 무선과 같은 예외를 빼면, 투서나 프로그램 출연을 매개로 해야만 관여할 수 있었던 것이, 한 사람 한 사람이 용도에 맞춰 '사용'할 수 있는 단말로 점차 바뀐 것이다. 이 텔레비전의 단말화, 보다 정확하게 말하면 텔레비전의 브라운관이 비디오 재생기나 게임기 등의 단말을 접속하는 모니터가 됨으로써 텔레비전의 시대는 끝나는 것이다.

그중에서도 1980년대를 통해, VHS 보급률의 대폭 증가가 텔레비전의 단말화에서 맡은 역할은 크다. 이미 라디오 카세트(라지카세)의 보급은 1970년대에 FM 라디오의 보급으로 에어틱이라 불리는 라디오 음원을 카세트테이프에 보존하는 문화를 낳았다. VHS는 1976년(쇼와 51)에 발매된 당초부터 일부의 마니아를 중심으로 구입이 이루어졌는데, 저가격화가 진전됨으로써 일반 가정에도 점차 보급되었다. '우라 비디오(裏ビデオ)'라 불렸던 포르노그래피 비디오가 은밀하게 경품으로 쓰여 보급에 한몫했다는 전설이 있는데, 어덜트 비디오(アダルトビデオ)라 불리는 성적 비디오가 비디오 재생기 보급을 견인

하는 역할을 맡았다는 측면은 부정할 수 없다.

VHS는 그때까지 방송 시간에 구속되어 있었던 프로그램 시청의 '타임 시프트'를 가능케 했다. VHS 등장 전야, 이미 애니메이션 팬은 텔레비전 애니메이션의 음성을 카세트테이프에 녹음, 화면을 카메라로 촬영, 스태프 롤을 목록화하는 것처럼, 일과성인 방송을 어떻게 보존할 것인가의 실천에 한결같이 부심했다. 그들에 의해 애니메이터들의 고유명이나 작가성이 발견되고 작품의 평가가 이루어진다. 애니메이션에 대한 비평이나 심미의 기준이 만들어진 것이다. 그리고 그들이 80년대에 속속 등장한 애니메이션 잡지에 '편집자'로 참가함으로써, 애니메이션을 둘러싼 평가의 기준이 그러한 미디어를 거쳐 발신된다. VHS의 보급은 그러한 심미나 비평의 틀을 녹화나 더빙으로 확인하고 '공유'하는 층을 생성한다.

1988~1989년에 일어난 여아 연속 살해 사건의 피고인 미야자키 쓰토무(宮崎勤) 전 사형수의 방에는 수천 편의 비디오 컬렉션이 있었는데, 그것은 선전되는 바와 같은 대량의 호러 비디오가 아니다. 모든 비디오를 확인한 수사 자료에 따르면 호러 비디오류는 100편이 채 못 된다. 그 컬렉션의 구성은 애니메이션이나 특촬, 아이돌이 등장하는 CM 등으로, 텔레비전 모니터 앞에서 형성된 애니메이션 팬들이 애니메이션 잡지나 동인지를 매개로 발신하는 비평 기준을 추종하는 내용이었다. 즉, 미야자키 쓰토무는 마니아가 제시한 가치를 뒤따르는 소비자였으며, 그 시장 규모는 이후 확대되어 나간다. 이 책은 소위 '오타쿠'론에 학술적 가치를 전혀 발견하지 않지만 애니메이션·만화의 소비자로서의 '오타쿠'가 이처럼 비평적 담론의 주도로 형성된 추종자였다는 점은 지적해 두고자 한다.

1983년에는 가정용 컴퓨터 게임 '패밀리 컴퓨터(ファイミリーコン

ピュータ)'가 닌텐도(任天堂)에서 발매되어, 텔레비전은 게임을 플레이하기 위한 화면으로 쓰이게 된다. 그로 인해 사람들의 능동성이 보다 선명해진다.

이리하여 텔레비전의 '단말'화는, 그에 따라 사람들을 수동적으로 영상을 시청하는 존재에서 능동적으로 영상을 조작하는 주체로, 이념적으로는 변화시켜 나갔다. 그것은 얼핏 보면 영상 문화의 '개인화'처럼 보인다. 하지만 공통 문화의 담당자로서의 텔레비전 역할의 종언을 의미하지 않는다. 그러한 '대중 텔레비전론'의 종언이다.

소비자를 대중이 아니라 '분중(分衆)', 참호화와 같이 형용하며 대중 사회의 종언을 주장하는 논의는 광고업계와 가까운 미디어 이론에서 1980년대 중반 이후에 되풀이되고 있지만, 텔레비전은 2020년 시점에서도 오히려 세분화된 가치나 취미의 상위로서 옛날만큼은 아니지만 '매스'를 통합하는 역할을 맡고 있다. 예를 들면, 현재의 야후 뉴스 같은 인터넷 뉴스가 텔레비전에서 탤런트들이 했던 발언을 뉴스로 삼아 발신하고, 텔레비전이 올림픽이나 럭비, 축구 등 '일본'이 일체화하는 스포츠 이벤트를 주도적으로 계속 방영하고 있는 것을 봐도 분명하다.

여명기 텔레비전의 멀티 미디어 구상

그런데, 1920년대의 여명기 텔레비전 개발에 관한 기사를 읽으면서 흥미로웠던 부분은 '텔레비전'이라는 기계에 대한 이미지이다.

일본의 텔레비전 실험 개시를 고지하는 기사에서는 '텔레비전'을 '라디오 영화'라 형용한다. 그것은 "무선으로 활동사진을 찍고, 그대로 영화를 멀리 떨어진 땅에 무선으로 보내어, 갑자기 그 스크린에 비추어 보여 준다"(『아사히 신문』 1925[다이쇼 15].11.11.)라고 설명된다.

이것은 스포츠 중계 등의 클로즈드 서킷의 이미지에 가깝다. 다른 기사에서는 텔레비전을 "무선 방송의 활동사진"이라고 형용하면서, 영상이 "시간 차가 없는 속도로 전달된다"(『아사히 신문』 1926.5.26.)는 점, 즉 동시성이 첫째로 강조된다. 또한 신문 보도로, 이미 실용화된 사진을 팩시밀리로 보내는 보도용 장비라는 이미지가 덧씌워진다. 소위 '텔레비전 전화'이다.

문화 영화가 맡았던 역할을 기대해서인지, 텔레비전을 뉴스 영화, 문화 영화의 배급 시스템으로서 기대하는 기사도 등장한다.[24] 뉴스 필름의 세계적인 보도망이 확립되고 뉴스 영화관에 '세계 규모'로 뉴스 영화가 발신된다는 것이, 거기에 담긴 텔레비전의 이미지이다. 1945년(쇼와 20) 이후에는 일변하여 병기로서의 응용이 기사의 중심이 된다.

히틀러가 "각 가정에 한 대씩 텔레비전 수상기"를 비치하는 정책을 지시한 것은 1938년(쇼와 13)이다. TV의 개발자 중 한 사람, 다카야나기 겐지로(高柳健次郎)가 각국 TV 개발의 현황을 시찰한 내용을 소개하는 신문 칼럼이 이 점을 전하고 있다.[25] 텔레비전을 각 가정에 한 대씩 둔다는 목표는 고노에 신체제 아래에서 한 차례 제창되기도 했다.

라디오가 당초에는 퍼스널 사이의 통신으로 쓰이는 '무선'이었으며, 1 대 다수의 네트워크 미디어의 모습은 라디오의 가능성에서 선택지의 하나에 불과했던 것처럼, 텔레비전과 안방이 연결되어 '매스' 미디어에 의해 대중이 수동적으로 동원된다는 비전은 히틀러나 고노에 신체제가 꿨던 꿈과 다르지 않았다.

이렇게 다양한 텔레비전 이미지 중에서 가장 흥미로운 것은, 그 가장 초기, 1927년의 '무비 텔레비전' 기사일 것이다. 그것은 다음과 같았다.

나아가 장래에는 전화구에 선 사람은 이야기하고 있는 상대방의 얼굴을 동시에 볼 수 있게 되어, 사람들은 집에 있으면서 자기 집 안에 단 스크린에 전송되는 무비를 보고, 또한 전보는 전보 용지에 쓴 채로, 신문은 인쇄된 채로 사진으로 어디든지 전송할 수 있게 될 것이다.[26]

상대방의 동영상과 함께 대화하고, 텍스트나 화상의 송신, 모니터상의 신문 열람도 가능하게 된다는 '무비 텔레비전'은 텔레비전이라기보다 현재의 PC나 스마트폰에 가깝다. 즉, 정보 단말로서의 이미지이다. 이러한 쌍방향의 멀티미디어는 원래 반공의 방파제로서, 쇼리키 마쓰타로가 텔레비전 네트워크에 대해 품었던 구상임은 이미 살펴보았다. 쇼리키가 실현했던 텔레비전 네트워크는 전전의 라디오 방송망처럼 중앙의 방송국이 지방 방송국을 위계적으로 통합했는데 네트워크화되는 것은 '방송국'이지, 시청자나 한 대 한 대의 텔레비전이 아니다.

하지만 텔레비전이 단말을 연결하는 모니터로 변했을 때 구상되는 것은 이 '단말'의 네트워크화이다.

가도카와 쇼텐의 '사사(社史)'에 따르면 다음과 같은 '신화'가 상징적으로 이야기된다. 1970년 가도카와 쓰구히코가 북미의 타임 잉크사를 시찰했을 때, 이 회사는 CATV 사업에 진출해 있었다. 그리고 이 회사가 간행한 잡지 『TV GUIDE』를 보게 되었다.

쓰구히코는 훗날, '이때 텔레비전의 브라운관 주변에 새로운 출판의 가능성이 있다'고 생각했다, 라고 말한다.[27]

그것은 대략 다음과 같은 의미다. 텔레비전에 케이블 텔레비전의 수상기가 연결된 순간, 텔레비전은 디바이스로서의 측면을 노출한다. 정확하게는 텔레비전은 디바이스를 연결하는 브라운관(모니터)이라는 '상자'에 지나지 않게 된다. 브라운관에 연결된 장치의 하나가옛 텔레비전이며, 텔레비전 잡지는 거기에 대응한다. 거기에서부터가도카와 쓰구히코는 텔레비전에 비디오 재생기나 컴퓨터 게임 등이차례차례 연결되는 이미지를 확장하며, 텔레비전에 이어진 하나하나의 '단말'에 대응하는 텔레비전 정보지나 애니메이션 정보지, 게임정보지를 창간해 나갔다. 그러한 '신화'이다.

분명히, 그가 이끌었던 가도카와 쇼텐이 1990년대 이후, 단말에대응시키며 하나의 '세계'에서 복수의 이야기를 파생시키는 트랜스미디어 스토리텔링을 시도하여 그것을 단말에 대응하는 각 잡지에서집중적으로 다룬다는 미디어 믹스를 전개했던 것은 사실이다.

이때 텔레비전 모니터는 방송국에 한정된 특권적인 수신 장치에서벗어나게 된다. 방송국 또한 플랫폼의 하나에 불과하게 되는 것이다.

단말로서의 텔레비전에 연결된 미디어 기기가 하나로 수렴되어,현재의 텔레비전이나 스마트폰 같은 '디바이스'가 되기 시작한다. 소위 미디어 컨버전스라 불리는 사태이다.

이러한 다미디어의 기능이 융합하여 雙방향성을 지닌 미디어 양식이, 1980년대에 들어서자 이내 제창되었고 뉴 미디어, 멀티미디어라불렸다. 1984년, 아날로그 회선을 이용하여 텔레비전에 단말을 접속하여 문자나 화상 정보를 제공하는 캡틴 시스템이 도쿄도(東京都) 안에서 실험적으로 운용되었다. 그것은 PC 통신을 거쳐 인터넷으로 진화해 나간다.

그와 동시에 단말로서의 텔레비전은 모니터 앞의 인간을 '수동적'인 시청자에서 '능동적'인 참여자로, 그에 어울리게 바꾸어 나간다.

그렇다면 그 '능동성'은 어떤 것인가.

그것을 다음 장에서 고찰해 보자.

원저자 주

*1 竹山昭子, 『ラジオの時代——ラジオは茶の間の主役だった——』, 世界思想社, 2002.

*2 위와 같음.

*3 平林たい子, 「のど自慢の娘たち」, 『朝日新聞』 1950年 3月 5日.

*4 古茂田信男 他 著, 『日本流行歌史』, 社会思想社, 1970.

*5 飯田豊, 「テレビジョンの初期衝動——遠く(tele)を視ること(vision)の技術史」, 飯田豊 編, 『メディア技術史——デジタル社会の系譜と行方』, 北樹出版, 2013.

*6 神松一三, 「「日本テレビ放送網構想」と正力松太郎」, 三重大学出版会, 2005.

*7 正力松太郎, 「日本テレビ放送網会社の立場」, 『電波時報』 1952年 4月号.

*8 北村充史, 『テレビは日本人を「バカ」にしたか? 大宅壮一と「一億総白痴化」の時代』, 平凡社, 2007.

*9 加藤裕治, 「初期テレビ時代における子どもの視聴——1957年本宮小学校のアンケートから」, 『静岡文化芸術大学研究紀要』 18, 2017.

*10 전게 주 8.

*11 Steinberg, Marc, Anime's Media Mix: Franchising Toys and Characters in Japan, the University of Minnesota Press, 2012 (＝マーク・スタインバーグ, 『なぜ日本は〈メディアミックスする国〉なのか』, 大塚英志 監修・中川譲 訳, KADOKAWA, 2015.

*12 湯浅辰馬, 「昭和二十年代のNHK事情」, 日本放送作家協会 編, 『現代日本ラジオドラマ集成』, 沖積舎, 1989.

*13 北浦寛之, 『テレビ成長期の日本映画——メディア間交渉のなかのドラマ——』, 名古屋大学出版会, 2018.

*14 金田益実, 「テレビ映画『鉄腕アトム』解説——TVアニメなき50年前に生まれた未来のロボット少年——」, 『鉄腕アトム《実写版》』DVD-BOX, ジェネオン・ユニバーサル・エンターテイメント, 2001.

*15 鶴見俊輔, 『戦後日本の大衆文化史』, 岩波書店, 1984.

*16 위와 같음.

*17 山本暎一, 「「アトム」初期演出＆原画スタッフ・山本暎一氏」, 『鉄腕アトムDVD-

BOX1 データ·ファイル』，日本コロムビア，2009.

*18 山本暎一，『虫プロ興亡記──安仁明太の青春』，新潮社，1989.

*19 大塚英志，『手塚治虫と戦時下メディア理論』，星海社，2018.

*20 末永昭二，『貸本小説』，アスペクト，2001.

*21 전게 주 15.

*22 大塚英志，『少女民俗学』，光文社，1989.

*23 大塚英志，『「彼女たち」の連合赤軍　サブカルチャーと戦後民主主義』，文藝春秋，1996.

*24 田辺耕一郎，「時局と文化現象」，『朝日新聞』1937年 9月 5日.

*25 高柳健次郎，「世界テレビ行脚（二）」，『朝日新聞』1939年 11月 12日.

*26 『朝日新聞』1927年 1月 13日.

*27 佐藤吉之輔，『全てがここから始まる　角川グループは何をめざすか』，角川グループホールディングス，2007.

모형의 근대사
-미디어로서의 사물-

마쓰이 히로시

대중문화라고 할 때, 만화나 그림책 등의 비주얼에 관한 것, 혹은 음악 등의 음성, 그리고 그것들이 섞인 애니메이션이나 영화 등의 영상이 꼽히는 경우가 많다. 하지만 물리적인 입체물도 또한 대중문화의 중요한 일부이다. 그중 하나로 일본의 역사 속에서 독특한 발전을 이루어 왔던 모형 문화도 있다.

모형이라는 '사물'을 일종의 '미디어'로 파악한다면, 그 물질성과 매개성은 일본 사회의 역사적 문맥과 함께 변천해 왔다.[1] 본 칼럼에서는 전전(戰前), 전중(戰中), 전후(戰後)의 세 시기로 나누어 그것을 개관한다.

전전: 미래를 매개하는 과학 모형

일본 사회에서 '모형'은 model이라고 번역되는 경우도 있지만, 실제로는 그것과 조금 다른 의미를 지닌다. 근대 이전에는 모형에 선행하여 '히나가타(雛形)' 혹은 '히나가타(雛型)'라는 단어가 쓰였다. 예를 들면, 에도 시대에 축일의 대표적인 상품으로 히나 인형(雛人形)이 있었는데, 그것을 만드는 바탕이 되는 입체물이 히나가타(雛形)라고 불렀다. 또한 마찬가지로 에도 시대에 방대한 수가 제작되었던 불상의 히나가타(雛型)가 존재하고 있다.[2]

그 후 메이지 시대가 되면 '모형'이라는 단어가 쓰이게 된다. 모형은 그 이름 그대로 무언가를 '본뜨는' 일을 함의하고 있으며, 그 개념에서의 분절화에는 지금, 여기에는 없는 존재와의 매개성이 상정되고 있다.

그렇다면 메이지 이후 전전기의 모형은, 어떤 특징을 갖고 있을까. 먼저, 당시의 모형은 비행기나 철도, 함선 등을 소재로 삼은 것이 다수 보인다. 이들 모형에 관해 중요한 것은, 철도도 비행기도 실물보다 먼저 모형이 일본에 들어왔다는 점이다[3].

철도보다 철도 모형이 앞섰다는 순서의 배경으로, 일본이 후발 근대화 국가였다는 점이 지적되고 있다[4]. 모형이 먼저이고 실물이 나중이라는 순서는 얼핏 기묘해 보이지만, 당시의 모형이 실물보다 앞서는 프로토타입이었다면 자연스러운 일이라고 할 수 있다. 왜냐하면 과학 기술의 발전과 더불어 일단 모형이 만들어지고 그런 다음 실물이 완성되기 때문이다. 당시의 모형은 이미 존재하는 대상이 아니라 아직 존재하지 않는 대상을 본뜨고 있었던 것이다.

또한 철도나 비행기, 함선 이외의 모형도 건축물이나 라디오 등 어떠한 과학적인 성과에 관한 대상이었다. 1920년대부터 30년대에 걸쳐서는 모형의 전시회나 경기회가 다수 개최되었는데, 그곳에서의 심사 기준에서도 외관보다 성능이 중시되었다. 모형에는 움직이기 위한 기술이나 그 배경이 되는 과학을 제대로 이해하는 일이 필요했던 것이다.

정리하자면 모형은 근대화 안에서 과학과 강하게 결부된 미디어로서 탄생했다. 메이지 시대부터 쇼와 초기, 1930년대까지의 모형은 기능이 중시된 '과학 모형'이 주류이며, 거기에서는 아직 존재하지 않는 '미래'에 실현될 실물을 형태로 만드는 것을 목표로 삼았던 것이다.

전중: 현재를 매개하는 병기 모형

[그림 1] 모형 교육의 활공기 교재(효고현립역사박물관 이리에 컬렉션 소장).

그러한 과학 모형의 양상이 이어지면서도, 어떤 방향으로 응용되기 시작한 것이 중일 전쟁에서 아시아 태평양 전쟁 패전 사이의 시기이다.

이 시대의 과학 잡지를 분석하면 철도 모형은 적지만 비행기나 군함, 전차 모형의 게재가 많아진다[5]. 여기에는 1939년(쇼와 14)부터 심상 소학교, 고등 소학교의 모형 비행기 제작 채용, 1941년(쇼와 16)부터 시작된 국민학교의 모형 항공 교육이 있다. 이러한 모형 교육에서는 '문부성 규격'의 교재 키트가 생산되었다[그림 1]. 이들 규격 교재는, 가격 통제 아래에 일반용 목재보다 싼 값으로 조절되었다.

당시 비행기는 최신 과학 기술의 성과이며, 다가올 전쟁에서 중심이 될 병기로 인식되고 있었다[6]. 1940년(쇼와 15)에는 국책으로 '과학하는 마음'이라는 슬로건이 내세워졌다. 그 안에서 과학 지식과 군사 기술을 실제로 손을 움직여(만들고, 날려서) 배울 수 있도록, 비행기를 비롯한 모형 교육이 실시되었던 것이다.

또한 과학 지식을 이용한 동원은 모형으로 완결되지 않았을 것이다. 예를 들면, 『기계화』 등의 잡지에서 병기 도해에는, 모형과 호응하는 듯한 병기의 표현이 포함되어 있다[7]. 혹은 다른 대중문화에 눈을 돌리면, 전시하에 실행된 대정익찬회에 의한 미디어 믹스[8]와는 같은 시기에 전개되었던 셈이다.

이러한 가운데, 과학이나 군사에 관한 지식을 매개하는 모형은, 태평양 전쟁기에는 '병기 모형'이라 불리게 된다. 나아가 "모형은 병기다"[9]라며, 모형 그 자체가 병기라고 규정되기에 이르렀다. 여기에서는 당시의 모형이 현실의 전쟁에 도움이 될 필요성에 직면해 있었음을 알 수 있다.

병기 모형의 매개성은 전 시대의 과학 모형과 비교하면 눈에 들어온다. 시간적으로 먼(중장기적으로 실현될 수 있는) 미래가 아니라 '현재' 수행되고 있는 전쟁에 유용해야 한다는 목표가 있었던 것이다. '지금, 여기'가 아닌 시공간을 '본떠야' 할 모형이 더없이 단기적, 현재적이 되는 일. 그것이 1940년대 전반의 병기 모형이었던 것이다.

전후: 과거를 매개하는 스케일 모델

앞서 언급하였듯 전전, 전중의 모형의 양상이 패전 후 금세 바뀐 것은 아니다. 예를 들어, 전시하에 휴간되어 1946년(쇼와 21)에 복간된 모형지에서는 "전시 중에는 모형이라고 하면 항공기와 모형 항공기 제작을 통한 군벌의 전쟁에 동원"되는 일이었음에 대한 반성, 비판과 더불어 "과학 일본 건설을 위해서"라는 목적과 모형의 필요성이 거론되고 있다[10]. 이것은 전시하에서 일체화했던 군사와 과학을 분리하여, 후자를 추진하는 선언이다. 이처럼 과학과 모형의 연결은 (일단) 유지되었다.

그러한 종류의 과학을 배우기 위한, 그리고 미래를 매개하는 모형은 현재도 공업 제품이나 건축물의 프로토타입으로서 볼 수 있다[11]. 예를 들어 대학생 독자라면 건축학과에서 모형을 제작한다는 점을 생각하면 이해하기 쉬울 것이다.

하지만 1950년대 이후에는 새로운 모형의 양태도 조금씩 나타난다. 전형적인 예가 1953년(쇼와 28)에 신문 게재된 전함 야마토(大和)의 '1/150 스케일' 자작 모형이다[12]. 여기에서는 군사 병기를 소재로 삼고 있어도 전전의 과학 모형처럼 미래를 실현하는 것도 전시하의 병기 모형처럼 현재의 전쟁을 매개하는 것도 아니며, 일찍이 존재했던 실물의 형상을 정교하게 '재현'하는 일이 목표가 되고 있었다.

이러한 형상을 재현하는 모형은, 정확한 축척이 필요하다는 점에서 '스케일 모델'이라 불린다[13]. 그 후 1960년대가 되면 그때까지 목제의 과학 모형을 다루었던 타미야 모형(田宮模型)이 플라스틱이라는 신소재를 이용한 모형 시리즈를 전개하여 히트시켰다. 플라스틱제 스케일 모델의 대표적인 예가 1968년(쇼와 43)부터 나온 '밀리터리 미니어처' 시리즈다. 이 시리즈가 단적으로 보여 주듯 모형은 실물의 형상을 특정한 스케일로 축소하여 재현하는 '미니어처'적인 존재가 되었던 것이다.

그리고 이렇게 형상을 재현하는 스케일 모델에 있어서 모형의 시간적인 매개성은 그때까지의 과학 모형의 '미래', 병기 모형의 '현재'에 비해 '과거'로 전이하였다. 이로 인해 모형은 '멋진 기계로서의 병기의 외견'을 만드는 것이 된다[14].

또한 애초에 플라스틱 자체가 그때까지의 모형에서 일반적이었던 목재나 금속 등에 비해 무르고 부러지기 쉬운 한편, 정밀한 가공이나 착색이 용이한 소재이다. 그 때문에 스케일 모델과 상성이 좋으며 스케일 모델의 매개성은 플라스틱 모델(프라모델)이라는 물질성과 불가분으로 발전해 왔다.

나아가 플라스틱이 일용품까지 포함하여 널리 이용되게 된 것은 일본에서 전후의 일이며 그런 의미에서도 프라모델은 전후의 문화라고 할 수 있을 것이다. 현재의 일본에서 '모형'이라고 할 때, 프라모델을 상상하는 사람이 많을 텐데 그것은 지난 수십 년, 비교적 근년의 일인 것이다.

현재: 다원적인 모형

지금까지 전시기에 형성된 과학 모형, 전시하에 탄생한 병기 모형, 전후의 스케일 모델이라는, 각각 과거, 현재, 미래를 매개하는 모형에 대해 서술해 왔다.

물론, 그 이후로도 모형 문화의 역사는 존재하며 1970년대 후반부터(특히 80년대 초의 '건프라 붐' 이후) 메이저가 되기 시작한 애니메이션, 만화, 게임 등에 등장하는 허구의 캐릭터를 제재로 삼은 '캐릭터 모델'의 융성은 커다란 변화일 것이다. 하지만 그것은, 이미 존재하는 콘텐츠를 매개한다는 의미에서, 역시 과거의 매개성을 지닌 모형이며, 그 제재가 현실/허구라는 차이는 있을지언정 스케일 모델로부터의 연속성은 크다.[15] 대중문화로서의 모형 문화는 이러한 역사적 문맥 위에 존재하고 있다. 앞서 언급한 세 가지 모형의 매개성은, 차례로 변환했다는 연대기적인 것이 아니라, 특정한 시대 배경 속에서 새로운 형태의 모형이 형성되고 그것이 중층화되어 현재에 이르고 있는 것이다.

원저자 주

*1 松井広志, 『模型のメディア論：時空間を媒介する「モノ」』, 青弓社, 2017.

*2 불상의 히나가타는 커다란 불상을 효율적으로 제작하기 위한 히나가타, 주문주나 발원자에게 보여 주는 완성 예상도, 상을 제작한 기록이라는 세 가지 역할을 지녔다고 한다(丹村, 2020).

*3 철도에 관해서는, 모형이 페리의 제1차 내항(1863) 때 증정된 것에 비해, 실제 철도 개업(신바시~요코하마 간)은 1872년(메이지 5)이다. 또한 비행기에 관해서는 1891년에 니노미야 주하치(二宮忠八)가 만든 고무줄 프로펠러를 통한 대나무제 모형 비행기가 알려진 것에 비해, 히노(日野), 도쿠가와(德川) 대위의 일본 첫 비행이 러일 전쟁 이후인 1910년이다.

*4 辻泉, 『鉄道少年たちの時代：想像力の社会史』, 勁草書房, 2018.

*5 松井広志, 「動員される子供の科学：戦時下の工作と兵器」, 神野由紀・辻泉・飯田豊 編著, 『趣味とジェンダー：〈手づくり〉と「自作」の近代』, 青弓社, 2019.

*6 一ノ瀬俊也, 『飛行機の戦争1914-1945：総力戦体制への道』, 講談社, 2017.

*7 松井広志, 「戦時下の兵器模型と空想兵器図解：戦後ミリタリーモデルの二つの起源」, 大塚英志 編, 『動員のメディアミックス：〈創作する大衆〉の戦時下・戦後』, 思文閣出版, 2017.

*8 大塚英志, 『大政翼賛会のメディアミックス：「翼賛一家」と参加するファシズム』, 平凡社, 2019.

*9 『模型航空』, 毎日新聞社, 1943年 3月号, 表紙.

*10 『科学と模型』, 朝日屋理科模型店出版部 科学と模型社, 1946年 6月(復刊1)号, p.2.

*11 그렇지만 건축 모형의 매개성은 이러한 "미래의 매개"뿐만이 아니다. 개략적으로 논하더라도 네 가지 사분면을 생각할 수 있다(松井, 2018).

*12 『朝日新聞』1953年 7月 13日 朝刊, 「戦艦「大和」を再現」.

*13 스케일 모델이라는 단어에는 모형이라는 단어가 포함되어 있지 않다. 하지만 그것을 주도하는 담당자들 대다수가 그것을 모형의 한 장르라고 인식하고 있었던 것은 분명하다. 예를 들면 전후의 스케일 모델을 산업적으로 주도했던 메이커인 타미야 모형의 명칭이 그것을 방증하고 있다.

*14 坂田謙司, 「プラモデルと戦争の『知』」, 高井昌吏 編, 『「反戦」と「好戦」のポピュラー・カルチャー』, 人文書院, 2011.

*15 실제로 캐릭터 모델에서도 '1/144 건담'과 같이 스케일 모델과 동일한 축척 표기가 이루어지고 있다.

참고문헌

마쓰이 히로시(松井広志), 「건축 모형의 미디어 시론: 〈미래/과거〉와 〈수단/목적〉의 매개
   성(建築模型のメディア試論：〈未来／過去〉と〈手段／目的〉の媒介性)」, 10+1, 2018.
   (http://10plus1.jp/monthly/2018/10/issue-05.php, 2020년 5월 2일 참조.)
니무라 쇼코(丹村祥子), 「특집 전시 '불상 히나가타의 세계' 해설(特集展示, 「仏像ひな型
   の世界」解説)」, 龍谷ミュージアム, 2020.

레이어로서의 유성 애니메이션

왕충하이

음성이라는 레이어

'레이어'의 문제라는 애니메이션 연구의 최첨단 연구 영역은 의외로 일본이 아니라 북미에서 토머스 라마르에 의해 제기된 것이다. 그 내용에는 평면적인 애니메이션이 어떻게 '심도'를 표현해 나가는가 하는 문제에 대해 두 종류의 수법이 정리되어 있다. 하나는 탄환처럼 카메라가 화면에서 저편으로 이동하는 서양의 투시법에 근거한 줌 인이며, 또 하나는 열차의 창문에서 바깥의 경치를 바라보는 일로 대표될 법한, 여러 겹의 레이어가 횡이동할 때 그 스피드 차이가 가져오는 패럴랙스[*1] 효과이다. 『아니메 머신』에서는 전자를 시네마티즘, 후자를 아니메티즘이라고 불렀다.

이 레이어를 겹치는 수법을 현대 사상의 문맥이 아니라 애니메이션사의 초점에서 봤을 경우, 멀티 플레인 카메라에 의해 구축된 레이어의 미학으로 간주될 수 있다. 오쓰카 에이지(大塚英志)는 그 기원을 전시하의 아방가르드 아트나 예이젠시테인의 몽타주 이론에서 찾으며, 이마무라 다이헤이라는 일본 최초의 애니메이션 이론가를 참조하여 디즈니를 예이젠시테인적으로 수용하는 일본의 특수한 상황을

'야합'이라는 단어로 형용하였다.

　하지만 새로이 이마무라 다이헤이의 저작을 되짚어 보면, 당연하지만 그 논술의 핵심에 유성 애니메이션의 문제가 있었다. 라마르로부터 오쓰카에 이르는 레이어 이론은 애니메이션의 본질이 사실적인 운동이라는 종래의 담론을 갱신했지만, 그것은 화면에서의 이야기이며 유성의 문제에 대해서는 충분하게 검토되지 않았다. 그것은 호소마 히로미치(細馬宏通)가 문제시하고 있는 바와 같이, 애니메이션에 음성이 딸려 있다는 것이 너무나도 일상적인 일이라 그 역사적 전망이 매우 불명료해졌기 때문이다. 근래에 서서히 출현한 애니메이션 음악에 관한 담론에 음악 철학이나 분석 미학 같은 사변적인 전개가 많은 것은 그 때문일 것이다.

　애니메이션에서 유성은 영화의 그것보다도 중요하며, 이마무라가 "엄밀하게 운율적인 의미에서의 영상과 음악과의 일치는 우선 만화영화에서 나타났다"라고 말하고 있듯이, 유성의 문제는 영화보다도 애니메이션에서 첨단적으로 나타났다고 할 수 있다. 실제로 당시의 제작 현장에서는 유성이 매우 중요한 문제였다. 가야마 다카시(萱間隆)가 인용했듯이, 전시하의 애니메이터들은 디즈니의 음악적인 유성 애니메이션의 영향으로 애프터 레코딩을 배제하고 프리스코어링*2을 장려했다. 예를 들면 도에이샤의 나카노 다카오는 유성 애니메이션의 제작에 "애프터 레코딩 방법은 신통하지 않습니다"라고 말했으며, 일본 애니메이션의 아버지라 불리는 마사오카 겐조는 국산 애니메이션의 결점에 대해 "우선 첫째로 애프터 레코딩의 해독"을 꼽고 있다. 선행 연구에서는 이 프리스코어링 장려에 대해 싱크로니시티를 실현하기 위한 것으로 파악해 왔다. 그 때문에 립싱크*3의 문제에 초점이 맞춰져 있다. 하지만 기묘하게도, 전시하에서 프리스코어링은 거의 채용되지 않았다.

전시하의 음악 화면 배합 수법

새로이 당시의 애니메이션 음악 화면 배합 수법을 살펴보면, 무라타 야스지(村田安司)가 소개한 대로 "그림의 액션과 음악의 시나리오가 완전히 싱크로나이즈되도록 써낸 대본"과 "음악에 맞춰 인물을 춤추게 하고, 그것을 동시에 촬영 녹음하여 인물의 필름 속 한 컷 한 컷의 움직임을 조사하여 만화로 다시 그린 다음 촬영하는" 방법, 그리고 "일반적인 스코어링에 의한 방법"의 세 가지가 있으며, 무라타의 글과 같은 잡지의 특집에 수록된 디즈니의 스태프 윌리엄 게리티의 글에서도 대개 같은 수법이 소개되고 있다. 이러한 수법은 각각 '바 시트', '프리스코어링', '애프터 레코딩'에 해당하는 것으로, 미국에서 일반적으로 쓰이는 것은 첫 번째인 바 시트이다. 이 바 시트는 오선지에서 오선이나 음표를 빼고 소절(바)만을 남긴 것이다. 한 소절마다 대응되는 신의 M(뮤직) 넘버를 기입하여, 소절을 2x, 4x, 8x와 같이 박자분으로 잘게 쪼개고, 대응되는 액션을 곡선으로 나타내어 시작과 끝의 박자 타이밍을 나타낸다. 소절 아래에는 다른 캐릭터의 대사를, 역시 정확한 타이밍으로 기입하고 위에는 Se(효과음)의 위치를 삽입하고 있다.

전시하의 애니메이터들은 이 바 시트 수법을 중심으로 수용했고, 이 바 시트는 나카노 다카오에 의해 차차 개조된다. 나카노가 말하기를, "유성 만화의 제작 과정에서 아마 가장 큰 난관은 이 콘티뉴이티 작성일 것이다. 여기에서 말하는 '콘티뉴이티'는 동시에 음악의 '스코어'이다". 그가 말하는 '콘티뉴이티'와 디즈니의 바 시트의 가장 큰 차이는 악보면이 미리 표시되어 있다는 점이다.

그의 글에서 가장 놀라운 점은 '콘티뉴이티'라는 이름 자체이다. 주지하는 바와 같이, 현대 일본 애니메이션은 '그림 콘티'가 제작의 중심 설계도인데, '콘티'라는 말은 '콘티뉴이티'를 줄인 것이다. 바꿔 말하면 현대 일본 애니메이션의 중심은 그림의 콘티뉴이티(흐름)인데, 전시하의 일본 애니메이션의 중심은 음악의 콘티뉴이티=흐름이었다. 나카노의 말에 따라 이 스코어가 딸린 콘티뉴이티를 '스코어 콘티뉴이티'라고 부르기로 하자. 이 스코어 콘티뉴이티는 지금까지의 연구에서는 그리 중시되지 않았으나, 전시하의 유성 애니메이션에서는 자주 쓰였던 것으로, 마사오카 겐조도 "음표의 오선이 3단으로 들어 있는 용지" 등 유사한 수법을 사용하고 있다. 그의 가장 음악적인 작품 〈거미와 튤립(くもとちゅうりっぷ)〉도 이 수법으로 만들어진 것이다.

이처럼 새로이 검증하면 선행 연구가 중시했던 싱크로니시티의 문제와 립싱크의 표상은 프리스코어링이 아닌 다른 수법에 의해 실현되었던 셈이 된다. 이와 같은 오판은 전시하의 중국 애니메이션 연구의 장에서도 일어나고 있다. 예를 들어 칭싱왕(程興旺)은 '튀는 공'을 근거로 중국 최초의 장편 애니메이션 〈철선 공주〉를 프리스코어링이라 판단하고 있다. 하지만 감독인 완라이밍(万籟鳴)의 회상에서는 '애프터 레코딩'이라 명기되어 있다. 그렇다면 어째서 이와 같은 잘못된 판단이 내려졌을까. 그것은 〈철선 공주〉가 애프터 레코딩이면서 프리스코어링에 가까운 립싱크를 실현했기 때문이다. 디즈니로부터 로토스코프[*4]를 중심으로 수용한 중국 애니메이션에서는 입의 움직임의 분석이 이루어졌고, 그런 다음 로토스코프되는 배우 본인에게 애프터 레코딩을 지명하고 있다. 그 립싱크의 질은 〈구름과 튤립〉처럼 과장된 것에는 미치지 못하지만, 전혀 립싱크가 이루어지지 않은 〈오

리 육전대(あひる陸戦隊)〉에 비하면 잘 만들어졌다고 할 수 있으리라.

싱크로에서 표현으로

싱크로니시티와 프레스코의 관련성이 불확실해지고, 립싱크의 중요성이 의문시되는 지금, 프리스코어링 VS 애프터 레코딩이라는 단순한 도식을 넘어설 필요가 있다. 이마무라 다이헤이의 유성론으로 돌아가자면, 그는 유성을 "영상×음성이라고 생각하여", "영상과 음악의 일치가 운율적으로 긴밀해진" 것은 "반주악의 주권이 영화의 작자 손으로 옮겨져", 그것이 "최초의 커다란 유성 음악이 지닌 극적 창조력을 낳는 조건이 되었다"라고 말하고 있다.

바꿔 말하자면 이마무라의 고찰에서는 싱크로니시티는 영상과 음성의 제곱 함수를 가능케 하는 조건이며, 또한 음악과 화면 사이에 표현의 공간을 엶으로써 존재했다. 그렇다면 싱크로니시티는 실현되어야 할 목적이 아니라, 소리와 화면의 긴밀 관계에 뒤따라오는 새로운 표현을 실현하기 위한 방법론으로 생각해야 하지 않을까.

그 좋은 예로서, 전후 다카하타 이사오가 스코어 콘티뉴이티를 계승하여 소리와 화면 사이에 '대위법'적인 표현을 탐구해 왔다. 다카하타의 「영화 음악과 하야사카 후미오의 죽음(映画音楽と早坂文雄の死)」에서 '대위법'이라는 단어가 명기되어 있는데, 스즈키 가쓰오(鈴木勝雄)에 따르면, 거기에서 그는 "예이젠시테인의 『영화의 변증법』이나 이마무라 다이헤이의 「만화영화의 음악(漫画映画の音楽)」(『만화영화론[漫画映画論]』)이라는 선구적인 작업을 참조하면서", 자신의 음악 화면 배합 수법을 형성했다. 자작 실사 다큐멘터리 〈야나가와 운하 이야기(柳川堀割物語)〉를, DVD 커버에서 '신(新)문화 영화'라고 부르는 다카하타 이사오가 문화 영화에서 영향을 받았다는 것은 잘 알려져 있는

데, 모리타 노리코(森田典子)가 해명했듯이 전시하의 문화 영화는 '다큐멘터리'의 슬로건을 걸고 있었으나, 실제로는 단순한 자연주의적 사실만은 아니다. 앞서 언급한 이마무라의 생각과 마찬가지로, 기록하는 일을 일종의 표현으로 파악하고 있다. 그것은 음악의 경우에도 마찬가지이다. 1941년에 구성된 「문화 영화의 음악(文化映画の音楽)」이라는 잡지 특집에서 후카이 시로(深井史郎)[1], 하야사카 후미오[2] 등 유명한 영화 음악 작곡가들이 일곱 명이나 모여, 각자 자신의 주장을 펼쳤는데 음악은 사실적인 것이어야 한다는 의견이 주류였으며 표현적인 입장에 서서 대위법적인 수법을 주장하는 하야사카 후미오는 오히려 예외적이다. 이렇게 하야사카 후미오나 이마무라 다이헤이의 주장의 친화성도 살펴볼 수 있을 것이다.

수직의 몽타주

하야사카와 이마무라가 내세운 주장의 유사성은, 예를 들면 '원시성'에 대한 주목도 꼽을 수 있다. 가령 이마무라는 서양의 음악과 비교해 일본 음악은 음악과 이야기=언어가 미분화되었고 그 때문에 원시적이지만, 음악과 화면을 배합하는 영화의 시대에 들어서자 그 원

---

1) 후카이 시로(深井史郎, 1907~1959). 쇼와 시대의 작곡가. 제국 음악 학교에서 스가와라 메이로(菅原明朗)를 사사했다. 1936년 콩세르비주를, 1939년 악단 프로메테를 결성. 영화 음악을 중심으로 활동하여 〈오토리성의 신부(鳳城の花嫁)〉로 아시아 영화제 음악상을 수상. 일본 영화 음악 협회 회장. 그 외의 작품으로는 〈패러디적인 4악장(パロディ的な4楽章)〉, 〈일본의 피리(日本の笛)〉 등이 있다.
2) 하야사카 후미오(早坂文雄, 1914~1955). 작곡가. 미야기 출신. 독학으로 작곡을 공부했다. 이후쿠베 아키라 등과 함께 '신음악 연맹'을 결성. 아악(雅楽)을 제재로 한 관현악곡 〈고대의 무곡(古代の舞曲)〉으로 바인가르트너상을 수상. 〈라쇼몬〉, 〈7인의 사무라이〉, 〈우게쓰 이야기〉 등 영화 음악도 다수 담당했다.

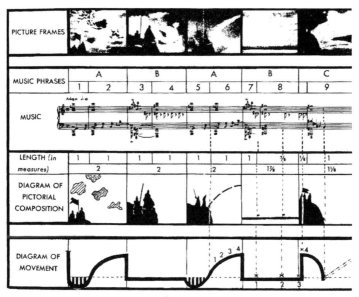

[그림 1] 예이젠시테인의 수직의 몽타주(퍼블릭 도메인).

시성은 오히려 진보적이 되었으며 높은 차원으로 회귀해 온다. 특히 애니메이션의 장에서 그 원시성의 문제가 첨단적으로 나타났다.

여기에서 주의해야 하는 것은 이 '원시성'은 '네이션'이라기보다 '에스닉'적인 것으로, 야나기타 구니오의 '상민(常民)'3)에 가까운 개념이라고 생각되며 또한 예이젠시테인이 일본을 몽타주의 예로서 거론했던 점을 수용한 듯한 일종의 오리엔탈리즘이라고도 할 수 있다. 실제로 이마무라는 예이젠시테인의 몽타주를 거론할 때, 그 근저에는 음악적 구조가 있다고 단언하여 '수직의 몽타주'라는 말을 상기시

---

3) 보통의 국민이나 차별되지 않는 사람들, 대중을 가리키는 말. 민속학에서는 야나기타 구니오가 영어의 folk, 독일어의 Volk에 해당하는 단어로 활용하여 전파된 말이다. 특히 민간 전승을 유지하며 어떤 면에서 모방적, 보수적인 생활 태도를 지닌 계층을 말한다. 인간을 문화적 관점에서 규정한 단어이다.

킨다. [그림 1]은 예이젠시테인이 '수직의 몽타주'를 해설하기 위해 사용한 그림이다. 잘 보면, 앞서 나온 각종 스코어 콘티뉴이티는 바시트보다도 이쪽에 가깝다고 여겨진다.

수직의 몽타주는 그 그림이 보여 주듯이, 어느 순간에서 카메라 워크, 레이아웃, 음성, 색 등의 다른 요소를 동시에 전개하여 그 조합이나 배치에 따라 종합적인 이미지를 만들어 내는 일이다. 그것을 이용하여 스코어 콘티뉴이티를 파악하는 것은, 바꿔 말하면 음성과 화면이라는 다른 미디어의 레이어 조합이 낳는 새로운 '공간' 표현의 규명이다. 디즈니의 음악 화면 배합은 어디까지나 평행법을 관철한 것이라 보다 복잡한 표현을 탐구하는 일은 없었지만 그것을 수용한 일본에서는 그로부터 이러한 '공간'이 점차 개척되었다. 화면상의 공간 표현뿐만이 아니라, 이 음성과 화면 사이의 '공간' 표현, 그리고 그 표상인 스코어 콘티뉴이티를 어떻게 재평가해 나갈 것인가가 아마 앞으로의 애니메이션 연구에서 중대한 과제라고 할 수 있을 것이다.

원저자 주

[*1] 시차 효과라고도 한다. 시점이 횡이동할 때 멀리 있는 물체가 가까운 물체보다 느리게 이동하는 현상, 또한 이 현상을 이용하여 일종의 유사적인 입체감을 만들어 내는 영상적 수법을 가리킨다.

[*2] 애프터 레코딩과는 반대로 먼저 음성을 수록하여 영상을 음성에 맞추는 수법.

[*3] 입(립)의 움직임을 음성에 맞추는(싱크로나이즈시키는) 작업.

[*4] 애니메이션 제작에 있어서 직접 작화하는 것이 아니라 먼저 영상을 찍고 그 영상의 운동을 트레이스하는 수법을 가리킨다. 직접 트레이스하는 것이 아니라 참고하면서 데포르메시킬 경우에는 라이브 액션이라고도 불린다.

참고문헌

호소마 히로미치(細馬宏通),『미키는 왜 휘파람을 부는가(ミッキーはなぜ口笛を吹くの
　　か)』, 新潮社, 2013.

오쓰카 에이지(大塚英志),「레이어의 미학(レイヤーの美学)」,『EYESCREAM』10月 増
　　刊号, 2016.

오쓰카 에이지(大塚英志),『미키의 서식―전후 만화의 전시하 기원(ミッキーの書式――
　　戦後まんがの戦時下起源)』, 角川学芸出版, 2013.

토머스 라마르(トーマス・ラマール) 저, 후지키 히데아키(藤木秀朗) 감수 번역, 오사키
　　하루미(大﨑晴美) 역,『아니메 머신(アニメ・マシーン)』, 名古屋大学出版会, 2013.

프랭크 토머스(フランク・トーマス)・올리 존스턴(オーリー・ジョンストン) 저, 스튜디오
　　지브리(スタジオジブリ) 역, 다카하타 이사오(高畑勲), 오쓰카 야스오(大塚康生),
　　구니코 오쿠보 토머스(邦子・大久保・トーマス) 감수,『생명을 불어 넣는 마법(命を
　　吹き込む魔法)』, 徳間書店, 2002.

이마무라 다이헤이(今村太平),「유성 음악론(トーキー音楽論)」,『영화 예술의 형식(映画
　　芸術の形式)』, ゆまに書房, 1991.

이마무라 다이헤이(今村太平),「만화영화와 일본 예술(漫画映画と日本芸術)」,『만화영
　　화론(漫画映画論)』, ゆまに書房, 1991.

가야마 다카시(萱間隆),「유성 여명기의 애프터 레코딩(トーキー黎明期におけるアフレ
　　コ)」,『アニメーション研究』Vol.18 No.2, 2017.

하기와라 유카리(萩原由加里),『마사오카 겐조와 그 시대(政岡憲三とその時代)』, 青弓
　　社, 2015.

칭싱왕(程興旺),「초기 중국 애니메이션 음악 및 그 역사적 지위(早期中国動画電影音楽
　　及其歴史地位)」, 中央音楽学院学報, 2010年 第2期, 中央音楽学院, 2010.

완궈훈(万国魂), 완라이밍(万籟鳴),『나와 손오공(我與孫悟空)』, 北岳文芸出版社, 1986.

다카하타 이사오(高畑勲),「영화 음악과 하야사카 후미오의 죽음(映画音楽と早坂文雄の
　　死)」,『영화를 만들면서 생각한 일(映画を作りながら考えたこと)』, 徳間書店, 1991.

스즈키 가쓰오(鈴木勝雄),「다카하타 이사오와 음악(高畑勲と音楽)」,『다카하타 이사오
　　전 일본의 애니메이션에 남긴 것 도록(高畑勲展 日本のアニメーションに遺したもの
　　図録)』, 国立近代美術館・NHKプロモーション, 2019.

모리타 노리코(森田典子),「예술영화사에 의한 제작 현장의 변용(芸術映画社による製作
　　現場の変容)」,『映像学』第100号, 2018.

디바이스

다양화된 미디어는 스마트폰이 상징하는 '디바이스'로 점차 수렴된다. 개인 정보는 디바이스에 집약되어 사람들은 SNS를 매개로 '사담'을 발신해 나간다. 대중 동원을 담당했던 정치권력이나 미디어는 플랫폼화되어 소프트한 관리, 감시 사회로 향하고 있다.

키워드 : 플랫폼, 무상 노동, 소셜 사회, 팬 문화, TRPG, 역사 수정주의, 동인지, 마이 넘버

제7장

플랫폼과 디바이스의 시대

- 1980~현재 -

대표 저자 : 오쓰카 에이지
분담 저자 : 곤도 가즈토, 에르난데스 에르난데스 알바로 다비드

1. 플랫폼의 정치적 지배

그것은 민주적인 인프라인가

텔레비전이 디바이스를 연결하는 모니터로 변질된 점이 상징하듯, 새로운 시대에서는 단말을 매개로 미디어가 사람들에게 주체적인 관여를 가능케 한다고 선전되었다. 이 참여형 미디어를 향한 이행을 보다 구체화한 것이 퍼스널 컴퓨터와 인터넷이다.

북미의 웹(web) 역사를 펼쳐 보면, 왕왕 그 역사의 시작은 60년대의 반권위주의적인 카운터 컬처의 정신에서 설명되기 시작한다. 일본에서도 그렇지만 인터넷은 자유 라디오 등을 논했던 좌파의 비평가에게 '참여형 문화'로서 인식되고 환영을 받았다.[*1] 웹이 미디어에 대한 참가 기회를 민주화할 거라는 기대가 있었기 때문이다. 만인에 대한 미디어 참가 권리 보장은 표현이나 언론에 대한 자유를 동시에 담보한다. 적어도 그것이 웹이 가능성으로서 품고 있었던 이념이었다.

'참여형 문화'를 웹이라는 다른 영역에서 주목한 이가 헨리 젠킨스[1]이다. 〈스타트렉〉의 팬진 커뮤니티 분석[2]을 통해 웹 이전의 '참여형 문화'에 일찌감치 접근했던 그는 '참여형 문화'의 특징을 이렇게 정리했다.

①아트의 표현이나 시민 참여에 있어서의 낮은 진입 장벽
②창조성과 창작의 공유를 지탱하는 강한 기반
③경험자가 미경험자에게 기능을 전하는 비공식 멘토십
④자신의 공헌의 자유성을 평가하는 참여자의 관여
⑤서로 사회적인 연결을 느끼는 참여자의 관여

젠킨스는 동인지 등에 대한 참가가 동시에 팬 커뮤니티에 대한 참여이며, 거기에서는 표현하는 일과 표현하기 위한 '지식'이나 '기술'의 공유나 계몽이 이루어져 그것들이 하나의 '환경'을 형성하고 있다고도 생각했다.[3]

거기에서 개개의 참여자의 관계는 상호적이며 중앙 집권적이지 않다. 이것은 팬진이나 팬 커뮤니티뿐만 아니라, 그대로 인터넷의 긍정적인 가능성이기도 하다. 인터넷 또한 중앙 집권적이 아니라는 점이 중요시되었다.

하지만 인터넷의 반권위적이며 중앙 집권적이지 않은, 개인의 평등한 네트워크라는 꿈을 부정했던 것이 플랫폼의 출현이었다고 할

---

1) 헨리 젠킨스(Henry Jenkins, 1958~). 남캘리포니아 대학 교수. 커뮤니케이션 & 저널리즘 연구과, 영화 예술 연구과 및 교육 연구과에서 디지털 시대의 참여형 문화나 팬덤, 젊은이 교육 등에 대해 가르치고 있다. 이 학교에 부임하기 전에는 MIT에서 비교 미디어 연구 프로그램을 설립하고 오랫동안 디렉터로 근무했다.

수 있다. 왜냐하면 플랫폼이란 '참여'를 지원하는 서비스이면서 그것을 일극적으로 관리하는 중앙 집권적인 시스템이었기 때문이다.

플랫폼상의 노동 문제

플랫폼은 얼핏 참여와 협력에 바탕을 둔 지식이나 언어나 콘텐츠의 생산과 발신을 제공하는 서비스로 보인다. 그것은 팬 커뮤니티가 지니고 있던 기능의 일부를 서비스로 제공하는 것이라고 할 수 있을지도 모른다.

책이나 텔레비전 같은 구 미디어에서는 물리적으로 참가의 정원이 제한되어 있는 것에 비해, 확실히 플랫폼은 단말을 구입하여 거기에 등록하면 누구나 '투고'가 가능한 환경을 낳았다. 구 미디어가 실현할 수 없었던 참가의 '민주화'를 실현했던 것이다. 그 점에서 종이 매체에서 메이지 시대에 형성된 '투고'라는 용어가 웹에서 쓰이고 있는 일의 의미는 의외로 중요한 것이다. 플랫폼이란 '투고'에 의해 아마추어/초심자의 '사회'(어떤 체제인가를 불문하고) 참여를 가능케 하려고 해왔던 근대의 이념을 최종적으로 달성한 인프라, 라는 평가를 내리지 못할 것은 없다.

하지만 거기에서 정말로 표현의 민주화는 가능한 것일까.

플랫폼이 품고 있는 근본적인 문제 중 하나로 '무상 노동'이 있다.

투고된 '창조물'(그것이 헤이트 스피치라 하더라도)은 플랫폼이라는 '미디어'의 '콘텐츠'로 소비된다. 플랫폼은 투고의 '장'을 제공하고 있을 뿐이라지만, 수용자 측에서 봤을 때 그것은 '투고'를 콘텐츠로 삼는 미디어인 것이다. 그때 플랫폼에 대해 '투고'한다는 행위는 콘텐츠를 무상으로 제공하는 일을 의미한다.

'투고'에 대가를 지불하지 않고, 그럼에도 콘텐츠로 제시하여 그것을 열람하는 사람들에게 광고를 보여 주고 수익을 올린다는 기획으로서 플랫폼을 고려할 때, 투고라는 행위는 '무상 노동'이 되는 셈이다.[4] 현재로는, 예를 들어 '유튜브(YouTube)'에서 '유튜버'라 불리는 사람들이 그렇듯이 열람 수로 광고 요금의 일부가 킥 백되는 구조가 만들어져 있는데, SNS에서 '투고'의 대부분은 플랫폼에 손님을 모아 이익을 안겨 주는 콘텐츠이면서 '무상 노동'이라는 점은 변하지 않는다. 이처럼 플랫폼에는 보이지 않는 '노동 계급'이 내재해 있다.

소셜 사회

그렇다면 플랫폼이라는 인프라는 어떤 사회를 만드는가.

플랫폼을 둘러싼 논의 중에서 '군중(multitude)'과의 관계가 문제가 되고 있는 점은 주의할 만하리라. 예를 들어 인터넷은 '군중'의 상호 작용으로 다양하게 발생하는 변동이나 차이를 조정할 수 있다는 주장이 있다.[5] 거기에서 기대되는 것은, '중심'을 지니지 않고 자율적으로 '조정'을 실시하는 시스템이다. 하지만 현실의 플랫폼이 이러한 이념으로 향했는가 하면 그렇지는 않다. 플랫폼은 오히려 참여형으로서의 '군중'에 대한 문화적 정치적 지배를 가능케 했다고 할 수 있다.

현재는, 일본이건 그 이외의 장소에서건 플랫폼의 정치 인프라화는 자명하다. 니코니코 동화(ニコニコ動画)처럼 당대의 정권에 중용되는 플랫폼도 있다. 플랫폼이 만들어 낸 언어 공간에 사람들의 말이나 표현이 저장되고 사람들이 그것을 참조하면서 발언하며, 다른 한편으로는 자발적인 참가자에 의한 검열이나 통제와 비슷한 행동이 이루어지는 것은 얼마든지 관찰할 수 있다. 플랫폼은 투고를 포함한 광의의 표현이 태어나고 공유됨과 동시에, 규제되는 장소인 것이다. 바꾸어 말하자면 플랫폼이란 '표현'의 생성 그 자체를 관리하는 시스템이다.

플랫폼 기업의 관계자 중에는, 그러한 플랫폼이 가져오는 사회를 '소셜형 사회'라는 동어 반복으로 이야기하는 사람들도 있는데,[*6] 우리는 그 도착을 비웃을 수 없다. '개인'의 참가에 의한 '사회'의 달성이라는 근대의 목표는 유저가 참가하는 플랫폼으로 바꿔치기되었기 때문이다. 현실의 '사회'가 소멸하는 것은 아니지만 플랫폼은 스스로 최적화한 '사회'로, '사회' 그 자체를 변용시켜 나갈 것이다. 그것은 SNS에 의해 조직화된 사회이다. 그것은 사람들의 발화가 중앙 집권적으로 관리되는 사회와 같은 뜻이다.

'소셜 사회'라는 도착된 사회상의 출현은 '개인'이 참가할 수 있는 '사회'를 꿈꾸어 왔던 '근대'의 종언, 혹은 예상치 못했던 달성으로 향했던 시대로서 1980년대 이후를 자리매김하게 만든다. 메이지 시대의 자연주의 문학자들은 역사나 습관을 제2의 자연이라고 불렀는데, 이제는 플랫폼을 제3의 자연이라고 불러야 할지도 모르겠다.

하지만 그렇다면 우리가 거기에서 만들려고 하는/만들게 되려고 하는 '개인'과 '공동성'이란 무엇인가. 추상적인 논의가 다소 길어졌지만, 이 장에 이르기까지의 근대에 대한 기술은 그러한 시점을 획득하기 위해 존재했던 것이라고 생각해 주기 바란다.

이상의 문맥 속에서 1980년대 이후의 '참여형 문화'에 대해 생각해 보자.

2. 커다란 이야기의 날조와 옴진리교

'수평의 혁명'은 존재했는가

1980년대는 일본에서 버블 경제와 함께 '뉴 아카데미즘'의 시대로,

당대에는 의식되고 있었다. '뉴 아카'라고도 속칭되었던 것은 포스트 구조주의적인 현대 사상인데, 실제로는 구조주의나 러시아 형식주의, 기호론, 젠더론 등도 잡다하게 포함되었다. '지(知)'라는 단어 그 자체가 유행했듯이, 그것은 '지'의 세속화이며 대중화였다.

1980년대 초, 팬용 애니메이션 잡지 『Animec』의 지면에서 훗날 가도카와 쇼텐으로 이적하여 임원이 되기도 했던 이노우에 신이치로(井上伸一郎)가 데리다 등을 차용하여 애니메이션을 논한 적이 있었는데, '뉴 아카'란 아직 그 이름이 없었던 '오타쿠 문화'의 이론 무장에 쓰이기도 했다.

이러한 뉴 아카의 출현이 상징하는 '지'의 대중화는, 온갖 서적이나 지식이 등가이며 그 차이는 수직적인 위계가 아니라는 주장으로 뒷받침되었다.[7]

애초에 굳이 유형화한다면 뉴 아카의 일꾼은 1970년대의 학생 운동에서 아카데미즘으로 귀환한 이들이며, 그 상품화된 지의 '소비자'가 '오타쿠', '신인류(新人類)'라 일컬어지게 되는 1960년 전후 태생의 세대였다. 세대적으로는 후자에 속하는 아사다 아키라(浅田彰)[2]만이 예외적으로 뉴 아카의 '발신자' 측에 있었다.

1980년대의 대중문화 전체가 '발신자'로서의 전공투(全共鬪)[3] 세대와, 수용에서 변신하여 그들 아래에서 '발신자'에 가세한 '오타쿠, 신인류 세대'의 공범 관계로 만들어졌다, 고까지 유형화하는 것은

---

2) 아사다 아키라(浅田彰, 1957~). 비평가. 교토 예술 대학 교수. 1983년 『구조와 힘(構造と力)』을 발표하여 나카자와 신이치와 함께 소위 '뉴 아카데미즘'의 기수로서 일반 미디어를 무대로 폭넓은 비평 활동을 시작했다.

3) '전학공투회의(全学共鬪会議)'의 약칭. 1968~69년의 대학 분쟁 때에 여러 대학에 결성된 신좌익계 내지 무당파 학생 조직으로, 일본의 학생 운동을 상징한다.

극단론이라 하더라도 계급 투쟁이라는 '수직의 혁명'에 실패한 세대가 문화의 위계를 평평한 것으로 만들어 버리는 '수평의 혁명'이라는 방편을 이용했다는 점은 기록해 둬야 할 것이다. 그것은 문화 사이의 계급제는 수평적인 차이에 불과하다고 보는 '기호론'적인 혁명의 논리였다.[8]

그러한 '수평의 혁명'의 실천이라는 방편의 뒷받침을 얻어 뉴 아카나 전공투 세대에 의한 광고 산업과의 야합이 진행되었다. 실제로 뉴 아카의 스폰서가 된 것은 광고 대행사였다. 그런 의미에서 80년대의 광고나 지식, 팝 컬처는 '전향 문화(転向文化)'였다.

가상화하는 커다란 이야기

그 뉴 아카적 현대 사상이 제창했던 주장의 하나로, 리오타르의 '커다란 이야기'의 종언이라는 포스트모더니즘적인 담론이 있었다. 분명히 1970년대 초 학생 운동의 패배는 마르크스주의적인 전망에서 역사를 바라보는 일을 어렵게 만들었다. 그것은 마르크스주의라는 '커다란 이야기'의 종언이라고 할 수도 있을 것이다.

그렇다 해도 근대를 통해 사람들이 '커다란 이야기'에 안겨 있던 시대 따위는 예외적이며, 바로 그렇기에 전시하의 고노에 신체제는 '커다란 이야기'에 사람들을 동원하기 위한 참여형 내셔널리즘을 설계할 필요가 있었다.

하지만 '커다란 이야기'에 귀속되는 실감 그 자체가 착오에 불과했다고 하더라도 포스트모더니즘이 선전한 '커다란 이야기의 종언'과는 반대로 '커다란 이야기'가 현실이 아닌, 가상의 영역에 재구축되었던 시대가 1980년대이다.

미국에 있어서도 톨킨의 『반지의 제왕(The Lord of the Rings)』이 베트남 반전 운동의 패배를 수용하는 형태로 유행하여, 가상의 역사 세계에서 즐기는 TRPG를 탄생시켰고, 〈스타트렉〉의 시리즈화, 느닷없이 〈에피소드 4〉에서 시작되는 〈스타워즈〉 등, 대중문화 영역에서의 '커다란 이야기'의 도입은 찾아볼 수 있다. 마찬가지 현상은 80년대 일본의 만화, 애니메이션 및 문학의 커다란 특징이었다.

그것은 '서브컬처'화했다, 고 일컬어진 문학에서 현저했다. 이 경우 '서브컬처'란 문화가 역사나 지형도에서 괴리된 상태를 형용한 에토 준(江藤淳)[4]의 정의에 준거한다.[*9]

무라카미 하루키(村上春樹)[5]의 초기 3부작 『바람의 노래를 들어라(風の歌を聴け)』(1979), 『1973년의 핀볼(1973年のピンボール)』(1980), 『양을 쫓는 모험(羊をめぐる冒険)』(1982)은 "핀볼의 1호기는 1952년에 완성되었다", "데릭 하트필드는 1938년에 히틀러의 초상화를 안고 엠파이어스테이트 빌딩에서 뛰어내렸다" 같은 '서력'에 의한 무의미한 기술이 가미됨으로써, 3부작 전체에 공통된 기반을 이루는 '커다란 이야기'의 소재가 암시된다. 이처럼 개별 '이야기'에서 공통된 기반을 이루는 '커다란 이야기'를 '사가'라고 잠정적으로 부르겠다.

나카가미 겐지(中上健次)[6]도 자신의 출신지인 피차별 부락을 구마

---

4) 에토 준(江藤淳, 1932~1999). 문예 평론가. 도쿄 출생. 보수주의를 대표하는 평론가로, 일본 문예가 협회 이사장 등을 역임했으나 부인의 사후, 병고에 시달리다 자살했다.
5) 무라카미 하루키(村上春樹, 1949~). 소설가. 교토 출생. 『바람의 노래를 들어라(風の歌を聴け)』로 데뷔. 『세계의 끝과 하드보일드 원더랜드(世界の終りとハードボイルド・ワンダーランド)』로 다니자키 준이치로상 수상. 『노르웨이의 숲(ノルウェイの森)』은 공전의 베스트셀러가 되었다. 그 외에 『양을 쫓는 모험(羊をめぐる冒険)』, 『태엽 감는 새 연대기(ねじまき鳥クロニクル)』, 『해변의 카프카(海辺のカフカ)』. 2006년 프란츠 카프카상, 프랭크 오코너 국제 단편상을 수상하는 등 해외에서도 높은 평가를 받고 있다.
6) 나카가미 겐지(中上健次, 1946~1992). 소설가. 고향인 기슈 구마노의 풍토를 배경으

노(熊野)의 신화적 세계에 접합하는 '사가'로서 이야기했다. 무라카미 건 나카가미건 문학사적으로는 오에 겐자부로나 혹은 포크너가 가공의 대지를 연대기적으로 그렸던 '요크나파토파 사가(Yoknapatawpha Saga)'에서 그 원형을 발견할 수 있지만, 그것이 애니메이션이나 문학 같은 문화 영역을 넘어 다발적으로 나타난 것이다. 서브컬처 문학은 가상의 영역에서 역사와 지형도를 필요로 한 셈이다.

애니메이션이나 만화, 엔터테인먼트 소설의 영역에서 도미노 요시유키(富野由悠季)[7]와 야스히코 요시카즈(安彦良和)[8]가 만든 〈기동전사 건담(機動戰士ガンダム)〉, 스즈키 도시오(鈴木敏夫)[9]의 '편집'에 의한 미야자키 하야오의 〈바람 계곡의 나우시카(風の谷のナウシカ)〉, 가사이 기요시(笠井潔)[10]의 『뱀파이어 워즈(ヴァンパイヤー戰争)』 같은 작품이

로 삼아 복잡한 혈연 관계를 살아가는 인간을 중심으로 그리며 민속, 이야기, 차별 등의 문제를 추구했다.

7) 도미노 요시유키(富野由悠季, 1941~). 일본의 애니메이션 감독, 연출가, 각본가, 만화 원작자, 작사가, 소설가. 본인은 연출가, 원안 제공자로 자처한다. 일본 최초의 30분 텔레비전 애니메이션 시리즈 〈우주소년 아톰〉 제작에 관여하는 등, 일본 텔레비전 애니메이션계를 창세기부터 알고 있는 인물이다. 대표작으로 〈기동전사 건담〉 시리즈, 〈전설거신 이데온〉, 〈성전사 단바인〉 등이 있다.

8) 야스히코 요시카즈(安彦良和, 1947~). 만화가, 애니메이션 감독, 일러스트레이터. 텔레비전 애니메이션 〈기동전사 건담〉의 캐릭터 디자인, 애니메이션 디렉터로서 주목을 모은다. 그 후 〈크러셔 조〉, 〈거신 고그〉 등 애니메이션 작품에서 캐릭터 디자인, 작화 감독, 감독을 맡는다. 1989년 공개된 극장 애니메이션 〈비너스 전기〉를 끝으로 애니메이션 업계에서 물러나 만화가로 활약한다. 2015년에는 자신이 만화 원작자로 있는 애니메이션 〈기동전사 건담 THE ORIGIN〉으로 25년 만에 애니메이션 업계에 복귀하여 총감독을 맡았다.

9) 스즈키 도시오(鈴木敏夫, 1948~). 일본의 영화 프로듀서, 편집자. 주식회사 지브리 스튜디오 대표이사 의장, 도쿠마 기념 애니메이션 문화 재단 부이사장.

10) 가사이 기요시(笠井潔, 1948~). 교토 출생. 추리 작가, SF 작가, 평론가. 79년에 데뷔작 『바이바이 에인절(バイバイ、エンジェル)』로 제6회 가도카와 소설상을 수상. 미스터리 작가, 전기 작가로 활약하는 한편 정력적인 평론 활동을 전개. 98년에『본격 미스터리의

[그림 1] TRPG에서 태어난 라이트 노벨즈 『로도스도 전기』의 문고본. 당초에는 '리플레이'라고 하여, 게임 풍경을 대화 형식으로 재현했던 것으로, '지상 플레이' 라고 명명되었다(역자 촬영).

'사가'를 내포하는 이야기로서 차례차례 등장한다.

이를 짊어진 이들 중 일부는 전공투 세대이며, 그들을 중심으로 정치적인 역사의 대체물로서의 가상의 역사가 차례차례 제공되었다. 이러한 가공의 역사를 내재한 이야기가 다음 세대의 애니메이션이나 게임이나 라이트 노벨의 정형이 되었다.

동시에 가공의 사가는 2차 창작용의 '세계'도 되기 시작한다. 이것은 〈건담〉의 사가화(化)에서 뚜렷할 것이다. 〈건담〉 사가는 동인지의 2차 창작을 낳는 '장'이 됨과 동시에 그 팬들이 애니메이션 제작이나 머천다이징 같은 제작자의 세계로 점차 회수되었던 점에서 특징적이다. 즉, 2차 창작적으로 〈건담〉의 '세계'를 채워 나가는 팬 출신의 창자작들의 참가를 통해 '사가'는 이어져 나가게 된다.

현재(本格ミステリの現在)』의 편자로서 제51회 일본 추리 작가 협회상을 수상, 2003년 에는 『오이디푸스 증후군(オイディプス症候群)』, 『탐정 소설론 서설(探偵小説論序説)』 로 제3회 본격 미스터리 대상을 소설, 평론·연구 양 부문에서 수상. 주요 저작은 『테러의 현상학(テロルの現象学)』, 『뱀파이어 워즈(ヴァンパイアー戦争)』, 『마(魔)』 등이 있다.

이러한 가상의 역사로 이루어진 '세계' 속에서, 한편으로 주사위의 눈 같은 우발성에 준거하면서 플레이어들이 이야기를 만들며 진행하는 것이 TRPG이다. 이 TRPG에서 판타지 게임이나 라이트 노벨즈가 차세대의 문화로 발생한다[그림 1]. 이것은 게임이 소설의 틀로 채용되었다는 점에서 중요한데 그것을 통해 소설에서 리얼리즘이 '게임화'된 것은 아니다.

옴에서 역사 수정주의로

하지만 이와 같은 가상 사가는 무라카미 하루키가 그 근간에 존재하지 않는 작가 데릭 하트필드를 배치했듯이, '현실'과는 단절되어 있었다. 그 경계를 융해시킨 것이 옴진리교 사건이다.

이 교단은 포교에 애니메이션이나 만화의 미디어 믹스를 이용했다. 하지만 그보다도 교조인 아사하라 쇼코가 신도를 귀의시키는 수법으로서 '커다란 이야기'를 이용했다는 점에 주목해야 한다. 사건이 벌어진 후 고학력 신도들이 교단의 황당무계한 교의에 넘어간 것이 수수께끼로 여겨졌는데, 아사하라가 이야기했던 것은 신종교의 정석인 페이크 히스토리였다. 거기에는 애니메이션, 만화적인 키워드나 상상력이 곳곳에 보인다.

신종교가 위사(僞史)적인 '커다란 이야기'를 품는 것은 드물지 않다. 또한 데구치 오니사부로(出口王仁三郎)[11]의 「영계 이야기(靈界物語)」에 '아카다마 포트 와인(赤玉ポートワイン)'이라는 상품명이 등장하

---

11) 데구치 오니사부로(出口王仁三郎, 1871~1948) 종교가. 교토 출신. 데구치 나오의 사위가 되어 신종교 교단 오모토교(大本教)를 조직. 나오의 사후 스스로 교주가 되어 '구세주'라 칭했다. 1935년, 불경죄, 치안 유지법 위반으로 투옥되었다. 제2차 세계대전 후, 오모토교를 아이젠엔(愛善苑)으로 재발족했으나 병사하였다.

듯 세속적인 키워드나 표상의 도입도 종종 볼 수 있다. 80년대에는 복수의 신종교에 애니메이션, 만화적인 키워드나 콘셉트의 유입도 확인할 수 있다. 아사하라는 교단의 간부들을 이 위사의 '역사상의 인물'로서 한 사람 한 사람 자리매김했다. 즉, '커다란 이야기'에 그들을 귀환시켰던 것이다.[*10] 그러한 흔해 빠진 수법이 효과를 발휘한 것은 어째서일까.

1989년(쇼와 64)에는 일본에서 쇼와 천황(昭和天皇)[12]이 죽는다. 그것은 천황주의가 아니더라도 무언가 역사의 종언과 비슷한 감개를 지니고 받아들여졌다. 게다가 소비에트 연방의 붕괴라는 냉전 구조의 종언과도 중첩된 우연이 '커다란 이야기의 종언'에 더욱 기묘한 리얼리티를 부여했다. 그것은 '커다란 이야기의 종언이라는 이야기'였다고 해도 좋겠다. 옴의 간부는 그러한 '커다란 이야기의 종언이라는 이야기'를 주관적으로 경험한 젊은이였다.

그 옴의 등장과 전후 민주주의적인 역사 교과서를 비판하는 형태를 띤 '역사 수정주의'의 대두가 1990년대 중반에 타이밍을 하나로 맞췄던 것은 우연이 아니다.

옴진리교의 페이크 히스토리를 지탱했던 것은 내러티브, 즉 이야기하는 기술이다. 자기 작품을 사가화시킨 무라카미 하루키는 80년대 초, 스티븐 킹 등을 자신과 동시대의 문학으로 꼽으며 스테레오타입적인 이야기의 복권을 공통의 경향으로 거론했다.[*11] 위사나 사가

12) 쇼와 천황(昭和天皇, 1901~1989). 제124대 천황(재위 1926~1989). 다이쇼 천황의 제1황자. 이름은 히로히토(裕仁). 대일본 제국 헌법 아래에서 유일한 주권자로 통치권을 총람했으나 제2차 세계 대전 후 신격화를 부정하는 '인간 선언'을 발표, 일본국 헌법의 성립으로 일본국 및 일본 국민 통합의 상징이 되었다. 생물학의 연구로도 알려졌다.

를 배경으로 이야기되는 개별의 텍스트를 지탱하는 것은 '이야기'의 설득력이며, 무라카미 하루키는 서브컬처적인 정크를 긁어모아 이야기하는 아사하라의 존재를 '이야기 메이커'라 형용하며, 자신의 문학 수법과 동일하다고 보았다.[*12]

교과서 비판자들은 마르크스주의를 대신할 역사관에 바탕을 둔 역사 교과서 제작을 목표로 삼지만, 결국 시바 료타로의 역사 소설적인 이야기를 대체물로 삼을 수밖에 없었다. 역사 수정주의가 단순화된 사가(음모사관도 그중 하나다)와 구조적으로 단순화된 이야기로 이루어지는 것은 말할 필요도 없다. 그런 의미에서 역사 수정주의자도 옴도 위사 운동의 하나였다.

이처럼 포스트모던은 80~90년대에 걸쳐 선전된다. 그 끝에 일본은 선진 자본주의국에서도 가장 빨리 포스트모던에 돌입하였고 그것을 체현하는 것이 오타쿠 문화라는 새로운 자포니즘마저 들려왔다.

하지만 가상의 사가를 날조하여 거기에 '나'를 귀의시키는 옴진리교나 역사 수정주의로는 '나'의 근거나 '역사'에 대한 갈망이 채워지지 않는다는 점에서, 포스트모던의 도래 따위는 없었다고 하는 편이 정확할 것이다.

3. 인터넷 전사(前史)—발신자와 수신자의 융해

동인지와 미니코미

1980년대는 발신자와 수신자의 융해가 서브컬처 영역에서 표층화하여 수신자 주체의 양식으로 갱신되는 단초라고 파악할 수 있다. 그것은 우선 동인지나 미니코미(ミニコミ) 등의 형태로 형상화되었다.

이 장에서는 만화, 애니메이션 동인지, 혹은 '미니코미'라 불렸던 개인 출판, 소출판, 직접 판매 등에 의한 잡지군을 언급할 텐데, 이들의 형식 그 자체는 당연하게도 새로운 현상이 아니다. 근대 이후, 인쇄 미디어로서의 '잡지'가 성립된 이후 일관되게 존재해 왔다. 메이지 시대의 문예지나 쇼와 초기의 영화 잡지 등, 새로운 영역은 항상 '동인지'를 대량으로 배출했고 그것을 매개로 아마추어 그림 작가의 일부가 차차 프로로 전향했다. 그 점에서 1980년대에 일어난 일은 본질적으로 아무것도 달라지지 않았다.

1975년(쇼와 50)에 개시되어, 현재도 계속되는 코믹 마켓(약칭 코미케)은 창작 활동과 씨름하는 사람들에게 '동인지'를 널리 반포하는 장을 제공했다. 코믹 마켓이 가져 온 동인지의 시대에 역사적인 의미가 있다면, 그것이 플랫폼 시대의 직접적인 전사(前史)라는 점이다. 동인지 그 자체보다, 코믹 마켓의 플랫폼성에 더 주목해야 한다.

만화 영역에서 '동인지'의 출현이란 1960년대 말의 대본 극화지 중에서 '단편집'이라 불린 잡지형 간행물이 젊은 극화가들의 그룹에 재하청을 주는 모양새를 띠며 실질적으로 동인지화된 점이나, 데즈카 오사무가 주재하는 『COM』에서 '그라콘'의 명칭으로 동인지 설립을 재촉함과 동시에 조직화한 일 등을 직접적인 전사로서 돌이켜 볼 수 있다.

코믹 마켓은 1970년대 초의 만화 팬 이벤트 '만화 대회'의 일각에서 개최된 동인지 판매회의 발전형이다. 70년대 초의 시점에서는 '동인지'는 육필 회람지와 등사판 인쇄, 그리고 트레이싱 페이퍼에 그린 원화를 복사하는 그대로 베끼기가 중심이었다. 대량으로 인쇄할 수 있으며, 만화 원화의 재현성이 높은 옵셋 인쇄 동인지는 아직 예외적이었다.

　동인지 안에서 옵셋 인쇄의 채용은 대본 출판사의 말기에 그 인쇄기를 이용하여 단행본 시리즈를 간행했던 작화 그룹(1962년 결성)이 앞장섰는데, '그라콘' 간사이 지부에서 파생된 오토모 출판(大友出版, 1980) 등 동인지 전문 인쇄소의 등장이라는 인프라의 정비가 있었기에 비로소 '코미케'가 가능했다. 만화라는 형식에 대응할 수 있는 인쇄 서비스가 아마추어를 향해 보급되었다는 점이 포인트였다. 만화뿐만 아니라 '동인지'의 보급은 인쇄 양식의 보급, 대중화와 밀접한 관계가 있다.

　이처럼 코믹 마켓은 앞서 젠킨스가 참여형 문화의 특성으로 맨 처음 꼽았던 '낮은 진입 장벽'을 인쇄의 저가격화나 코미케에 대응한 입고, 납품의 커스터마이즈를 통해 실현시켰다고 할 수 있다.

　또 한 가지 코미케는 아마추어가 '유통', '판매' 같은 중개(책을 전문으로 하는 도매상)와 서점에 의해 과점되고 있었던 '책을 파는 구조'를 손에 넣은 점에서도, 발신자와 수신자의 장벽을 융해시켰다고 할 수 있다.

　아마추어의 '낮은 진입 장벽'은 '미니코미'에서도 특징적이었다. 『다쿠스(だっくす)』(훗날의『파후[ぱふ]』) 같은 만화 비평지가 '미니코미' 붐 속에서 등장하는 것도 편집자나 라이터의 진입 장벽이 낮았기 때문이다.

　'미니코미'라 불렸던 소자본(그중에는 '총회꾼'의 자본으로 나오던 잡지가 스폰서를 잃고 자립할 수밖에 없었던 것도 포함된다), 개인 출판, 중개를 거치지 않는 자주 유통 잡지 등도 또한 미디어에 대한 진입 장벽을 낮추는 역할을 했다. 1972년에 창간된 『로킹 온(ロッキング・オン)』은 독자가 투고한 평론을 주축으로 삼아 게재하는 잡지로, 『로킹 온』의 편집에 관여했던 기쓰카와 유키오(橘川幸夫)는 1978년에 일반 독자의 투고로 성립하는 잡지 『펌프(ポンプ)』를 창간한다.

잡지 투고를 플랫폼화하는 고안은 메이지의 문예지나 야나기타 구니오가 몇 번 도전했던 민속학의 기관지 등에서 몇 차례나 시도되었다. 또한 투고만으로 '책'을 만든다는 실천은 전시하에 만주 개척민의 만화집을 만든 사카모토 가조, 공장 노동자의 만화집을 만들었던 가토 에쓰로(加藤悦郎), 전후의 서클 운동 등, 이 또한 늘 시도되어 왔던 것이다.

따라서 70년대에서 80년대의 잡지 미디어에 대한 낮은 진입 장벽은 참여형 플랫폼 사회를 향한 이행의 전사라는 관점에서 언급하는 것이며, 갑자기 잡지 미디어에 대한 진입 장벽이 '낮아진' 것은 아니다.

1970년대 초 학생 운동의 패배자들이 약소 자본의 출판사에서 일종의 카운터 컬처적인 잡지 제작에 도전하던 차에, 이윽고 한 세대 아래의 '오타쿠', '신인류' 등으로 형용되는 1960년 전후 출생의 아마추어들이 라이터나 편집자로서 참가한다. 그 현장의 하나가 80년대 초에 속속 등장하는 애니메이션 정보지나 '모에(萌え)'[13] 계열 만화를 상품화시킨 '로리콘(ロリコン)'[14] 만화 잡지, 자판기 책(자동판매기 한정으로 판매되는 포르노 잡지) 등이다.

이러한 잡지들은 '오타쿠', '신인류' 세대들의 '동인지'화되는 경향이 있었다. 그들은 원래 편집부를 방문한 '독자'이며, 친구를 통해 고

---

13) 일본 서브컬처의 은어로, 주로 애니메이션, 게임, 아이돌 등의 캐릭터, 인물에 대한 강한 애착, 정열, 욕망 등의 마음을 나타내는 속어다. 의미에 대해서는 확실한 정의는 없지만 대상에 대해 품는 여러 가지 호감을 나타낸다.

14) 롤리타 컴플렉스의 약자로, 블라디미르 나보코프의 소설 『롤리타』에서 12세의 소녀 '롤리타'에게 주인공 남성이 사랑에 빠진 것을 빗대어, '10대 전반 이전의 여성에게 특별한 감정을 품는' 것을 의미한다.

구마 줄기식으로 현장에 참가했다. 그때 '오타쿠', '신인류' 세대에게
요구되었던 것은 '전공투 세대'와의 사이에 존재하는 문화적 갭을 메
울 '지'였다. 그들이 한 세대 아래의 1960년 전후 출생 세대를 맞아들
이고 '방목'했던 것도, 아래 세대의 무가치한 문화에 활동의 장을 부
여하는 것이, 윗세대에게는 진부한 '수평의 혁명'이란 의미를 갖고
있었기 때문이다. 이 점에서 전공투 세대는 한 세대 아래가 열광하는
팝 컬처 그 자체에는 실은 관심이 없었다는 점은 강조해 두고자 한다.
예를 들면 학생 운동 출신으로 『아니메주(アニメージュ)』[15] 편집의 중
심이 되는 스즈키 도시오는 후에 미야자키 하야오 등과 스튜디오 지
브리(スタジオジブリ)를 발족하는데, 애니메이션의 스태프 롤에서 미
야자키 하야오 등의 이름을 발견하여 지면에 등장시킬 것을 주장한
것은, 같은 잡지에 모였던 한 세대 아래의 아르바이트생이나 프리
라이터들이었다.

그리고 거기에서 형성되어 발신된 '지'는, 예를 들어 지금은 현대의
아카데미즘적 만화·애니메이션 연구의 '지'를 지탱하는 틀로서 존재
한다. 그 사실을 학술화된 만화·애니메이션 연구는 명심해 둘 필요
가 있다.

하지만 확인만을 해 두자면, 쇼와 초기 후루카와 롯파나 이마무라
다이헤이가 '투고가'에서 비평가, 가토 미노스케가 스튜디오에 팬
으로 드나들던 가운데 영화 잡지의 편집자가 되었듯이, 팬이나 투고
가의 프로화와 그들의 '지'가 새로운 영역의 비평의 틀을 만들어 나갔
던 것은 되풀이되어 온 역사이기도 하다.

---

15) 도쿠마 쇼텐(德間書店)에서 1978년 5월에 창간된 월간 애니메이션 잡지. 매월 10일
발매한다. 현존하는 애니메이션 잡지 중 최고참에 해당한다.

아니파로의 탄생

80년대 초의 동인지는 『그라콘』이 조직한 것처럼 자작 만화를 중심으로 하는 창작 계열과 작가나 작품의 팬클럽이 혼재되어 있었다. 창작 계열의 일부는 로리콘 만화 잡지 등의 에로 서적 계열이나 소출판사의 신흥 만화 잡지, 팬 계열은 애니메이션이나 만화 등의 정보지에서, 점차 그들을 담을 그릇을 찾았다.

그중에서 기존 캐릭터를 이용한 팬들의 패러디, 소위 '아니파로(アニパロ)'가 〈건담〉을 중심으로 활발화된다. 훗날 '2차 창작'이라 불리는 만화, 애니메이션, 게임 영역의 팬 참여형 문화이다.

1980년(쇼와 55)에 애니메이션 잡지 『OUT』이 '아니파로 특집'을 구성한다. 상업 미디어상에서도 2차 창작이 다수 공개, 유통되는 시대가 찾아왔다. 그들 중 일부는 단행본화도 되었으며 애니메이션이나 만화는 그저 받아들이기만 하는 것이 아니라 그것을 소재로 삼아 스스로 창작 활동에 나서기 위한 소스로 자리매김되기도 했다.

즉, 애니메이션, 만화, 게임 작품의 『세계강목』적인 의미에서의 '세계'화가 일어난 것이다. 코미케 이후, 종래의 '세계'에 대해 새로운 '세계'가 대량으로 출현했다. 현재의 '2차 창작' 문화는 이와 같은 '세계'의 비대와 갱신 위에 존재한다.

팬 계열 상업 잡지는 각지에 만들어진 팬 서클을 네트워크로 만드는 장으로서도 기능했다. 그것은 『COM』에서 '그라콘'이 꾀했던 아마추어의 조직화는 아니었지만, 동인지의 조직화가 〈우주전함 야마토(宇宙戦艦ヤマト)〉나 〈바람 계곡의 나우시카〉 같은 애니메이션의 캠페인 수단으로 쓰인 일도 있었다. 애니메이션 잡지나 SF 잡지 등에는 독자 투고란이나 팬 서클란 같은 페이지가 마련되어, 그것들을 매개로 전국의 팬은 연락을 주고받으며 창작물을 배포해 나갔다. 잡지를

매개로 '편지'를 통해 사람과 사람의 연결이나 커뮤니티가 형성되어
나갔는데, 그것은 메이지 시대의 『묘조』 등에서 시작되는, 잡지가
커뮤니티일 수 있었던 시대의 맨 끝줄에 나타난 현상이다.

익명의 공공 공간

'투고'라는 행위는 종종 본명과는 다른 펜네임 등으로 익명화가 이
루어지는 것이 메이지 시대부터의 특징이었다. 따라서 그런 의미에
서 투고 공간은 익명의 공동체로서의 성격을 띠는 경향이 있다.

코믹 마켓이나 애니메이션 잡지가 익명의 투고로 이루어진 플랫폼
으로 변모해 나간 것과 동시대의 현상으로, 혹은 웹의 전사로서, 몇
가지 비슷한 현상이 자리매김될 수 있을지도 모른다. '혼선 다이얼'
(특정 번호에 걸면 전화가 혼선되어 제3자와 연결된다)이나 '다이얼 Q2' 서
비스[16] 등은 전화 회선상에 익명의 공공 공간을 만들어 냈다는 점에
서는, PC 통신의 선구로 자리매김될 수도 있을 것 같다.

코믹 마켓 등의 대면형 팬 이벤트도 웹의 오프라인 모임이 그렇듯
이 익명의 공공 공간이었다. 이 현실 세계 속 익명의 공공 공간이
'오타쿠'라는 호칭을 발생시킨다. 거기에서 대면한 팬끼리 대화가 무
르익는 가운데, 눈앞에 있는 이의 이름을 직접 부를 정도로 친하지
않고, 혹은 이름 그 자체를 모를 때에 2인칭으로 상대를 부를 필요가
생겼고, 일상 회화에서 아내가 남편을 부를 때에 쓰이는 인상이 강한

---

16) 전화를 통해 정보를 제공하는 사업자를 대신하여, 일본 전신 전화(NTT)가 이용자로부
   터 정보료를 징수하는 서비스. NTT에서는 원래 뉴스 등에 이용될 것을 상정했으나,
   성인용 서비스로 이용되는 경우가 많아져 고액을 청구당하는 사례가 빈발했다. 2000년
   대 들어서는 인터넷이 보급되어 정보 제공 수단이 다양화됨에 따라 이용자 감소,
   2014년에 서비스가 종료되었다. 한국의 700 음성사서함 서비스나 ARS와 유사하다.

'당신'이나 경의가 부족한 '너'가 아닌, 어느 정도 경의가 담긴 '오타쿠'[17]가 2인칭으로 쓰였다. 그 어법을 야유함으로써 '오타쿠'의 호칭이 차별어로 만들어졌다는 것이 역사적 사실이다. '오타쿠'라는 단어에 그 이상의 문화사적인 의미는 없다.

풍문이나 뜬소문이 '도시 전설'로 명명되어 미디어론 등의 대상으로 재발견된 것도 '익명'의 정보 발신이 초래한 공공성이라는, 가령 야나기타 구니오가 「소문의 연구」에서 제기한 문제의 부활이라고 할 수 있다.

이렇게 참가자의 스토리텔링을 유발함으로써 커머셜의 선전 효과를 거두는 수법으로, '스토리 마케팅'[*13]이나, 수신자가 자발적인 창작을 하고 있다고 믿게 만들어 '이야기하는 행위'를 '소비' 행동화하는 '이야기 소비'[*14] 같은 스토리텔링형 동원의 이론이 80년대 말부터 90년대 초의 광고업계에서 만들어졌다는 점은 주의할 만하다. '이야기 소비론'은 1980년대적 마케팅 이론의 하나에 불과하다.

이러한 이론은 참여형 문화를 '선전'으로 전용하는 일을 목적으로 삼았다. 그 점에서, 고노에 신체제 아래의 국가 선전에서 실천되었던 일의 부활이라고까지 할 수 있다. 이 시기에 광고 대행사가 '소문'의 이용을 통한 마케팅을 실험하기도 한다. 이것은 '뜬소문'을 통한 대중 관리라는 '대지진 후의 사고'의 반복 그 자체다.

---

17) 표기는 '御宅', 'おたく', 'オタク', 'ヲタク' 등으로 다양하며, 한국어로는 '댁' 정도의 의미를 지니고 있다.

4. PC 통신에서 플랫폼으로

내부자 언어의 공개화

발신자와 수신자 관계의 융해는 여명기의 인터넷 이론에서 뚜렷하게 드러나듯, 80년대 이후의 '이념'이었다. 사람들은 발신자가 되고 싶다는 욕망을 민주화하는 인프라를 고대하고 있었다.

그 인프라 중 하나로 1980년대 후반부터 사람들을 연결하는 새로운 네트워크 기술로 'PC 통신'이 등장한다. PC 통신이란, 계약한 서버에 접속함으로써 정보를 주고받는 닫힌 네트워크이다. 그 때문에 현재의 인터넷 같은 분산성, 개방성이 아니며, 주고받는 것은 '문자' 중심이었다.

하지만 그것은 '편지'와는 다른 '문자화된 회화'라는 언어의 양식을 낳는다. 즉, 메이지 후기에 볼 수 있었던 구어와 문어의 접합이 다시 시작되었다고도 할 수 있겠다. 이 PC 통신에서 시작되어 현재의 라인 (LINE)이나 트위터(Twitter) 등 SNS에서 '문자화된 구어'(소위 새로운 '언문일치체')가 사람들의 말과 사고를 어떻게 바꾸었는가(혹은 바꾸지 못했는가)는 앞으로 흥미로운 연구 테마가 될 것이다.[15]

한편으로 회화의 문자화는 팬/마니아들이 간행했던 적은 부수의 팬진이나 구술 회화 속에 있었던 '내부자'의 해석 및 논의를 가시화했다.

PC 통신은 포럼이라는 형태로 같은 취미를 가진 사람들의 영역이나, 저마다의 기호에 따른 커뮤니티를 전뇌 공간상에 가시화했다. 커뮤니티 안에서만 통하는 은어도 탄생했으며 교양이나 매너의 공유 등, 젠킨스의 참여형 문화론이 정확하게 들어맞을 것이다. 내부자 언어의 공개화는 후술하는 니찬네루(2ちゃんねる) 등의 SNS에서도 볼 수 있는 현상이다. 이러한 비공개적 언어의 '공개화'는 PC 통신 이후에 초래된 사태이다.

〈신세기 에반게리온(新世紀エヴァンゲリオン)〉 방송 당시 최종회가 가까워짐에 따라 다양한 논의의 장이 세워졌으며, 최종회 방송 직후에는 PC 통신에서 '불바다(炎上)'[18]와 비슷한 현상이 나타났는데, 그 것은 구술로 이루어진 비공개적인 논의가 반쯤 공개화된 결과라고 할 수 있다.

〈에반게리온〉 방영에 즈음한 타이밍에, 1990년대 중반부터 일본 어로 표시할 수 있는 브라우저가 등장하면서 PC 통신으로부터 인터 넷을 향한 이용자의 이행이 시작된다. 당초에는 서비스 제공 요금이 비싸서 개인이 자택에 회선을 끌어 와 접속하는 일은 거의 불가능했다. 그러한 상황에서 인터넷을 적극적으로 활용해 나갔던 것이 당시 의 대학생들이었다. 도쿄 대학(東京大学) 등 몇 군데의 대학은 연구 정보를 발신한다는 명목으로 학생에게 인터넷 회선을 개방했다.[*16] 그것은 IT 계열의 기업가들을 낳는 계기의 하나가 되기도 한다.

1994년 8월에는 개인 사이트의 선구적 존재인 'Japan Edge'가, 학 생에 의해 규슈 공업 대학(九州工業大学)의 서버상에 개설된다. 제작자 인 학생들은 미니코미 잡지 발행에 관여하여 잡지 문화의 연장선상 에서 초기 사이트가 차차 구상되었다고 할 수 있다. 해외에서는 E-ZINE이라 불리는 팬 잡지나 미니코미 잡지를 인터넷상으로 전개 하는 시도가 유행했는데, 이러한 동향이 일본의 인터넷 문화에도 흘 러들어 와 잡지 같은 읽을거리를 축으로 삼는 사이트가 다수 개설되 기 시작했다.

---

18) 일본어로는 '엔조'라고 읽는다. 인터넷상의 리플란 등에서 치졸한 비판이나 중상 비방 등을 포함한 게시물이 집중되는 일을 가리킨다.

이처럼 근대를 통해 형성되어 온 '투고 문화' 내지 '참여형 문화'가 최종적으로 인터넷 문화로 회수되어 나갔으며, 누구나 '투고'할 수 있는 사회가 시작되는 것이다.

니찬네루의 출현

1990년대를 통해 유저의 투고를 정보 콘텐츠로 제공하는 플랫폼이 탄생하기 시작한다. 예를 들어 1999년, 유저의 투고로 성립하는 니찬네루가 개설되었다. 니찬네루는 저작권이나 인권 침해가 될 수 있는 투고를 통해 비합법적인 공공 공간을 창출하였고, 그것은 현재 웹상에서 공공의 양태에 상당한 영향을 미쳤다.

그와 병행하여 2000년대 중반부터 다양한 SNS가 등장한다. 2004년에는 그 후 일세를 풍미하는 믹시(mixi)가 서비스를 개시, 믹시는 일기를 상호 승인한 유저(친구)에게 공개하는 서비스가 중심이었는데, 커뮤니티 기능도 충실했다. 사람들은 자신의 취미나 기호에 맞는 커뮤니티에 자유로이 참가, 이탈하면서 다양한 정보를 발신, 수신했다. 매스 미디어와는 다른 콘텐츠의 흐름이 웹상에 탄생했다.

그러한 익명의 불특정 다수에 의한 공공 공간은 플랫폼에 의해 웹상의 '사회'로 가시화되었고, 사람들은 복수의 '사회'에 다원적으로 참여하기 쉬워졌다. 회사, 가정, 친구 관계 등 장이나 커뮤니티에 따라 나누어 활용했던 '나'의 구분이 인프라화되었다, 고 할 수 있다.

이러한 플랫폼의 유행과 그것을 수용하기 위한 단말의 변화가 연결되는 점을 파악하는 것도 중요해진다. 2000년대 후반부터 패킷 정액제의 계약자 수가 늘어나기 시작하여 휴대 전화로 가볍게 웹 사이트에 접속하는 사람들이 증가했고, PC보다 휴대 전화에서 인터넷을 이용하는 층이 많아졌다. 늘 들고 다니며 인터넷에 항상 접속된 단말

인 휴대 전화는, 플랫폼에 대한 정기적인 접속을 가능케 했으며 그것
이 유저 사이트의 융성을 가져오게 된다.[17]

80년대에 '텔레비전이라는 모니터에 연결된 게임기 등 다양한 디
바이스'는 휴대 전화라는 디바이스로 수렴되기 시작하는 것이다.

니코니코 동화와 동영상 투고

초기 인터넷은 기술적으로는 화상이나 동영상, 음악, 텍스트를 복
합적으로 페이지에 표시할 수 있었으나, 회선이나 단말의 성능이 그
것을 쫓아가지 못했다. 그 때문에 인터넷에서는 텍스트 커뮤니케이
션이 주류가 되었다. 이러한 상황의 변화를 상징하는 것이 2005년의
유튜브 개설이었다. 유저의 동영상 투고에 바탕을 두는 유튜브는 사
람들의 정보 발신 수단에 동영상을 추가했다. 훗날 스마트폰으로 동
영상을 간단히 편집할 수 있게 되자, 동영상 투고의 문턱은 더욱 낮아
지게 된다.

일본에서는 2006년에 유튜브의 인터페이스를 모방한 니코니코 동
화가 개설된다. 개발에 니찬네루의 창시자인 히로유키가 관여했다는
선전을 통해, 그 언더그라운드성이 시장적 가치가 되었다. 니코니코
동화는 다른 동영상 배포 사이트에는 없는 특징으로, 영상에 코멘트
를 오버랩시키는 기능을 갖고 있었다. 이 기능은 제각각의 시간대에
달린 코멘트가 마치 '현재' 달린 듯한 유사적 동기화의 감각을 사람들
에게 부여했으며 그것이 동영상 시청자의 공동성을 지탱했다. 어떤
타이밍에 어떤 코멘트를 달 것인가 하는 맥락에서, 다양한 룰이 생성
되었고 그것을 통해 독특한 커뮤니케이션 관행이 점차 형성되었다.
니코니코 동화를 통해 '춤춰 보았다' 등, 지금까지는 없었던 동영상
형식이 태어났으며 그 후로도 보컬로이드(ボーカロイド)와 같은 애플

리케이션과 결부되어, 그러한 관행들이 공유되고 투고형 미디어 문화의 중심으로 자리잡게 되었다.

표현의 최적화와 자동화

이러한 동영상 플랫폼은 휴대 전화나 스마트폰의 동영상 촬영 기능의 진화의 뒷받침으로, 텔레비전에서는 힘들었던 아마추어의 영상 발신 참여를 차차 가능케 했다.

동영상 촬영 플랫폼과 휴대 전화, 스마트폰의 동영상 촬영 기능은 웹상의 영상 표현에 대하여 웹에 최적화시킬 것을 요구한다. 그런 가운데 종종 지적되는 것이 자동화에 더해 단순화, 단축화되는 경향이다.

하지만 현대인의 생활시간이 분단화되고 거기에 맞춰 웹 콘텐츠의 단시간화가 이루어진 것은 아니다. 웹의 동영상뿐만 아니라 아마추어가 가볍게 제작할 수 있는 표현으로서, 짧은 길이나 단순함, 반복 같은 경향은 일관되어 있다. 그것은 '투고' 표현 그 자체의 특징이다. 이러한 단순화나 자동화는 '문자' 투고에도 해당된다.

드왕고(ドワンゴ)의 사원 중 한 사람이 니코니코 동화의 코멘트를 자동 생성하는 AI를 '취미'로 제작했듯이, 코멘트는 룰화되고 루틴화된다. 루틴화된 표현은 자동 생성을 용이하게 한다. 헤이트 스피치를 자동적으로 고쳐 쓰며 증식해 나가는 봇(bot)의 존재는 잘 알려진 사실이다. AI나 봇이 '투고'하는 일의 의미는 경시하지 않는 편이 좋다.

동영상뿐만 아니라 웹 콘텐츠를 논할 때 중요한 것은 ①구 미디어에서 같은 종류의 표현이 웹상의 체제로 이행되면서 표현상에 어떤 최적화가 일어나는가 ②그때까지 기술적으로 어려웠던 수신자/발신자의 욕망에 대해 무엇이 새로이 가능해졌는가, 하는 두 가지다.

누구나 참여할 수 있는 미디어의 검증에는, 논자나 연구자 자신이 거기에서 '만든다'는 경험을 한번 거치는 일이 필요해질 것이다.

앞으로 웹상에서 어떤 표현이나 어떤 방법이 사장되거나 혹은 살아남아 최적화될 것인가. 웹상에서의 방법론 재편은 중요한 연구 테마가 된다. 미디어 사이의 콘텐츠 이동 또는 공유 같은 어댑테이션(각색)이나, 트랜스 미디어 스토리텔링에 있어서, 콘텐츠의 알맹이뿐만 아니라 표현 양식의 최적화라는 문맥에서 논의되어야 할 것이다.

5. 웹 시대의 '주체'성

편집이라는 창작

다종다양한 참여형 플랫폼이 태어나, 사람들은 일상적으로 투고=콘텐츠 생성을 수행하는 주체로 변화해 갔다.

2000년대 이후는 플랫폼에서 참여형 문화를 지원하는 애플리케이션이 음악 영역의 보컬로이드 등과 같이, 다양한 영역에서 등장하게 되기도 한다.

이러한 창작 행위를 포함하여 웹에 사람들이 접촉한다는 것은, 개개의 플랫폼을 횡단하면서 편집적인 생산 행위에도 관여하기 시작했다고 보는 논의가 있었다.[18]

단순히 영상을 '본다'라는 행위조차 일시 정지나 스크린 숏 찍기가 더없이 간단한 조작으로 가능하기 때문에 사람들은 일종의 '편집자'로서 정보를 잘라 붙여 발신을 수행해 나간다. 마토메 사이트(まとめサイト)라 불리는 정보 사이트는 스크린 숏과 단문 텍스트로 이루어진, 오리지널 콘텐츠를 단축화한 콘텐츠로 넘쳐 난다.

그 결과, 오리지널 콘텐츠는 접하지 못했지만, 이러한 콘텐츠 편집을 통해 어쩐지 그 내용을 이해한 기분이 드는 사람들도 많아져 갔다. 즉, '편집'은 공유 자산을 낳고, 공유 자산의 '편집'을 통해 새로운 '창조물'이 만들어지는 것이다.

누구나 즉흥적으로 생산 행위에 참가할 수 있게 되며, 게다가 타인의 생산물을 리트윗하거나 복사, 붙여넣기함으로써 타임라인으로 가시화되어, 사람들의 웹상의 행동 그 자체가 편집적이 되었다고 할 수 있다.

PC상에서 윈도우를 몇 개나 열어, 동시에 작업이나 콘텐츠의 수용을 실행하는 '멀티 태스크성'[*19]은, 각각의 윈도우의 중첩을 동시에 해석하는 점에서, 레이어 사이의 '편집'이라 간주할 수 있을 것이다.

다만 이와 같은 레이어 사이의 '편집' 문제는 토머스 라마르나 마크 스타인버그의 애니메이션론, 미디어 믹스론의 베이스에 존재하며, 멀티 태스크성이라는 논의에 한정하지 않고 보다 널리 미디어론으로서 검증됨으로써 확장성을 가질 것이다.

2차 창작이라는 문제

원래 이 책은 대중문화를 공유 자산화한 '세계'(캐릭터나 이야기의 단편)의 해석과 편집에 의해 계속 생성되는 양식 그 자체라고 생각해 왔다. 하지만 그것은 실제로는 '문화' 그 자체의 본질이다. 소세키의 '숙련자/초심자'론이 지적했듯이 오히려 '숙련자'의 예술이야말로 양식이나 형식의 반복의 역사이며 예술이나 문화의 특권성을 지키고 싶은 사람들에 대한 야유의 의미에서 '대중문화'의 문제로 기술해 왔을 뿐인 이야기이다. 『세계강목』에서 '세계'란, 근세의 시점에서 사람들이 공유한 '세계'의 목록인데, 지금까지 살펴보았듯이 거기에 근대를 통해 차례차례 새로운 '세계'가 더해지고 한편으로는 망각되며 부흥해 왔다.

팬이나 창작자가 '세계'를 공유하고 그 틀 안에서 창작을 즐긴다는 문화는 코난 도일의 '셜록 홈즈', 러브크래프트의 '크툴루 신화' 등에서 볼 수 있는 현상이다. 애초에 구승 문예나 민간 문예는 어느 문화권에서도 '공유 자산'으로부터 그때마다 나타나는 것이다. 공유되는 '세계'에서 그때마다 이야기한다는 구조가 특별히 일본 문화의 특징은 아니라는 점은 다시 한번 확인해 두겠다.

'2차 창작'의 2000년대 이후의 특권화와 정치화는 이안 콘드리가 그것을 일본의 소프트 파워의 요인이라며 경솔하게 거론하고, 또한 발신자·수신자의 컬래버레이션에 '협동'이라는, 고노에 신체제까지 거슬러 올라갈 수 있는 '아마추어 동원'을 의미한 용어를 번역어로 끼워 맞춤[20]으로써 성립한, 쿨 재팬 정책 속에서 '만들어진 전통'에 불과하다는 점은 다시 한번 명기해 두겠다.

물론 2차 창작에는 다양한 가능성이 있다.

근세의 가부키에서는 직접 표현할 수 없는 정치 스캔들이나 쿠데타 미수를 『태평기』 등의 '세계'로 표현하는 '2차 창작'도 이루어졌다. 한편으로는 전시하의 「익찬 일가」에서 볼 수 있듯이 국가 권력에 의한 판권 관리 아래에서 '창작시키는' 구조를 낳기도 했다.

그리고 근대 대중문화사는 이러한 공유 자산에서 나온 소재를 갖고 '취향'적으로 창작하는 구조를 근대 미디어와 결부하여, 참가 그 자체를 어떻게 대중화해 나가는가 하는 시도의 반복으로 존재한다, 라고 하는 것이 이 책의 입장임은 말할 필요도 없다. 이 '세계' 속에서 '이야기한다'는 대중문화의 구조 그 자체를 새삼 제도화시킨 것이 '2차 창작'이다.

SNS 자체가 웹상의 정보 공간에 저장되고 있는 '말'이나 '표상'의 재창조이며, 동일한 키워드나 스토리가 반복된다. 헤이트 스피치나 음모 사관은 그 전형이다.

이러한 '세계'로부터의 창작에서 염두에 두어야만 하는 것은 그 관리자의 소재이다. 에도 시대의 서민과 창작자들의 습관화된 집합지였던 '세계'로부터 나온 생산물은 근대를 통해 '판권' 관리되게 된다. 그리고 「익찬 일가」에서 국가 권력이, 플랫폼에서는 기업이, '세계'로부터 비롯된 참여형 창조 시스템 그 자체를 '관리'하고 있는 것이다.

현재 '2차 창작'은 원저작이 '판권'으로서 기업에 관리되는 가운데, 회색 지대로서 허용되고 있다. 그것은 '2차 창작'에서 원저작의 소비뿐 아니라 유저의 자발적인 광고 선전을 통한 경제 효과를 기대하고 있기 때문이다. 그 가운데 '표현의 자유'를 '2차 창작의 자유'로 치환하고 한정하여 문제화하는 논의도 적지 않다.

이 관리된 시스템 아래의 '표현의 자유'는 플랫폼과의 정합성이 더없이 높다. 2차 창작의 '판권'이 장래 플랫폼에 의해 일원 관리되어 나갈 것도 고려되며, 그 문제를 포함하여 플랫폼에 의한 참여형 문화가 자유롭고 민주적인 인프라인가, 표현한다고 하는 인간의 행위 그 자체를 제도화하여 관리하는 인프라인가, 이를 위해 어떤 논의나 제도 설계가 이루어졌는가는, 우리 표현의 존재 양식을 관리하는 중요한 문제이다.

'표현하는 주체'는 끝나는가

표현하는 '개인'이나 '개인의 주체성' 그 자체가 플랫폼에 의해 다시금 재정의되고 있다. 우리가 지금 살고 있는 것은 그러한 시대이다.

많은 인터넷 기업은 유저 정보의 수집과 활용에 공을 들이고 있다.

유저가 사이트를 방문하면 사이트 안에서 어떤 행동을 취했는가를 차례로 기록하여 그 기록을 활용해 개개의 기호에 맞춘 광고를 게재하거나, 상품의 가격을 변경하는 것은 매일 경험하는 바이다. 유저의 투고로 성립하는 플랫폼 또한 마찬가지의 기술을 이용해 유저가 어떤 콘텐츠를 선택했는지, 또한 어떤 시청 행동을 취했는지를 수집해 나간다. 그렇게 함으로써 개개의 '취향'에 맞춘 콘텐츠를 추천하기 위한 선택지를 그때마다 구축해 나간다.

수신자의 투고가 게재된 플랫폼은 그 투고가 열람되면 될수록 광고 수입을 얻을 수 있는 구조로 이루어져 있는데, 뉴스 사이트에서는 저널리즘이 열람되기 쉬울 키워드나 문제로 이루어진 텍스트로 '최적화'되는 경향을 보인다.

이제는 '좋아요'나 '♡'를 클릭하는 일마저 '투고'이다. '투고'라는 자각이 없어도 구입 이력이나 위치 정보 등이 플랫폼에 빅 데이터로서 빨려 들어간다.

이것들은 무자각적인 '투고'이며, 우리는 플랫폼에 '참가'함으로써 '무상 노동'자로서 무자각적으로 행동하고 있는 것이다. 일찍이 거론되었던 '이야기 소비'란 '이야기 노동', 즉 크리에이티브한 창조를 자유롭게 행하고 있다고 주관적으로 생각하면서, 실제로는 착취당하고 있다고 생각해 볼 수도 있다.[21]

한편으로는 웹상의 경험은 알고리즘에 의해 점차 개별화된다. 예를 들어 개개의 열람 이력에 바탕을 두고 선택지가 제시됨으로써, '예상 밖'의 콘텐츠와 조우할 가능성이 줄어들고 만다. 그것은 '필터 버블'로 거론되는데, 개인의 이력 정보에 바탕을 두고 제시된 선택지 안에서 선택함으로써 자신의 가치관을 흔들고 시야를 넓혀 줄 정보를 접할 기회를 잃어버린다.[22] 유저마다 '보이는 사회'가 최적화되어 개인이 존중되는 것처럼 보이면서, 다양성이 보이지 않게 되는 것이다.

플랫폼에 대하여 '유저'로서 안락함을 요구한 나머지 자신의 가치 바깥에 존재하는 것에 대한 불관용이 비대화한다. '타자'는 소거되며 저마다 같은 속성을 지닌 사회로 분단된다. 분단의 수는 무수하지만 항상 '우리'와 그렇지 않은 것으로 이분되어 있는 것처럼 받아들여진 다. 그러한 폐해를 없애기 위해 예상 밖의 뉴스를 표시하는 뉴스 사이 트의 시도도 있지만, 그조차도 알고리즘을 매개로 우리 삶의 통치가 시작되고 있는 것이다.

PV(페이지 뷰)와 대응하는 광고 수입의 논리는 콘텐츠의 성질도 규 정한다. 주의를 끌기 쉬운 타이틀이나 단시간에 읽을 수 있는 문장이 PV를 올리기 위해서는 효과적이며, 그와 더불어 효율에 바탕을 둔 경제성이 저널리즘뿐만 아니라 사람들이 웹상에서 사용하는 일상어 를 지배한다. 일부의 신문사 계열 뉴스에서는 열람 수가 평가의 대상 이 되고 있다. PV 수를 통해 승인을 요구하는 유저도 이러한 경제성 에 바탕을 둔 투고를 실천하게 된다. 그 결과, 진/위라는 기준은 후퇴 한다. 텍스트는 배후에 있을 문맥에서 분리되어 텍스트 안의 정보가 지닌 설득력만으로 판단된다. 그리고 바야흐로 '페이크 뉴스'란, 정 보의 정확함이 아니라 '우리'가 아닌 이의 발화를 매도하는 용어로 변하고 있다.

하지만 이러한 경제성에 바탕을 둔 평가 축조차, 다음에 찾아올 시대에는 인간의 판단을 떠나게 될지도 모른다.

라이트 노벨의 투고 사이트나 웹 코믹 등도 열람 수만으로 서적화 나 연재의 지속이 결정되는데, 그것은 일부에서 이미 AI로 예측이 가능해졌다. 즉, '투고'된 순간에 AI가 콘텐츠의 경제적인 '판단'을 내릴 수 있는 것이다.

이렇게 '평가' 그 자체가 인간의 손에서 떠나가고 있다.

쇼커의 야망

정보의 발신권을 만인에게 널리 부여하여 민주적인 인프라가 될 터였던 인터넷은 이제 플랫폼에 의한 개인 발화의 관리 시스템이라는 측면을 강하게 드러내고 있다. 이미 기업은 개인의 속성의 집적을 빅 데이터라 부르며, 이제는 '군중'의 관리가 교통망 등 한정적으로나마 '활용'되고 있다.

개인 정보는 각 플랫폼으로 축적되고, 그것이 마이 넘버[19] 등과 연결되는 식으로, '개인'을 관리하면서 '최적화'해 나가는 정치 시스템의 실현이 이제는 사이언스 픽션이 아니게 되었다. 그 '최적화'에 있어서 'AI'의 이용은 이미 자명한 시나리오이다.

1970년대 말, 이시노모리 쇼타로가 텔레비전과의 미디어 믹스용 원작으로 집필한 『가면 라이더(仮面ライダー)』의 만화판 라스트에서, 악의 조직 쇼커(ショッカー)의 최종적인 목표는 일본 정부가 추진하려고 했던 컴퓨터를 이용하는, 국민 총 등번호를 통한 국민 관리 시스템의 계승이었다.

하지만 이러한 관리 사회에 대한 우려는 확실하게 후퇴하고 있다. '마이 넘버 카드' 교부(2016) 실시에 즈음하여 '국민 총 등번호'라는 비판이 거의 가해지지 않았는데, 플랫폼이 ID를 통한 개인 관리를

---

19) 일본의 전 주민에게 부여된 개인 식별용 번호. 열두 자리로 되어 있다. 이 개인 번호는 「행정 절차에서 특정 개인을 식별하기 위한 번호의 이용 등에 관한 법률(통칭: 마이 넘버 법)」에 바탕을 두고 각 지자체가 모든 주민(주민표를 지닌 모든 국민[일본인] 및 모든 외국인)에게 지정(번호 부여 및 통지)한다. 2015년 10월 5일부터 개인 번호 지정이 시작되었으며, 2016년 1월부터는 행정 절차에 개인 번호 이용이 개시되었다.

유저에게 습관화시켰기 때문이다. 사람들은 플랫폼에 '쾌적하게 관리되는' 것을 희망한다. 각 플랫폼을 상위에서 통합해 나가는 '국가' 그 자체의 플랫폼화가 그리 멀지 않았을 것이다.

과연 그때, 근대의 과제로 일관되게 존재했던 '나'나, 나의 '언어'나 '표현'이나, 그로 인해 가능해질 터였던 '사회'는 달성되었다고 할 수 있을 것인가.

우리는 그 점을 고찰하기 위해, 항상 표현하고 참가하기를 희구해 온 '초심자'로서의 우리가 어디에서 와서 어떤 길을 걸어 왔는지, 그 가능성과 실패의 역사를 되돌아 볼 필요가 있다. 그것은 당연하지만 '일본대중문화사'에만 그칠 문제가 아니다.

이 책은 그 보편적인 물음을 던지는 책이고자 한다.

원저자 주

*1 粉川哲夫, 『もしインターネットが世界を変えるとしたら』, 晶文社, 1996.

*2 Jenkins, Henry, Convergence Culture: Where Old and New Media Collide, New York University Press, 2006.

*3 Jenkins, Henry, Confronting the Challenges of Participatory Culture, Media Education for the 21st Century, The MIT Press, 2009.

*4 Terranova, Tiziana, Free Labor producing culture for the digital economy, Social Text 63, Vol.18, No.2, Duke University Press, 2000.

*5 Terranova, Tiziana, Network Culture: Politics for the Information Age, Pluto Press, 2004.

*6 遠藤諭, 「はじめに」, アスキー総合研究所 編, 『新IT時代への提言2011 ソーシャル社会が日本を変える』, アスキー・メディアワークス, 2011.

*7 吉本隆明, 『重層的な非決定へ』, 大和書房, 1985.

*8 大塚英志, 『戦後民主主義の黄昏』, PHP研究所, 1994.

*9 江藤淳, 「村上龍・芥川賞受賞のナンセンス──サブカルチュアの反映には文学的感

銘はない」, 『サンデー毎日』1976年 7月 25日号.

*10 大塚英志, 「麻原彰晃はいかに歴史を語ったか」, 『RONZA』1995年 7月 1日号.

*11 村上春樹, 「同時代としてのアメリカ1 疲弊の中の恐怖──スティフン・キング」, 『海』 1981年 7月号, 中央公論社.

*12 村上春樹, 『アンダーグラウンド』, 講談社, 1997.

*13 福田敏彦, 『物語マーケティング』, 竹内書店新社, 1990.

*14 大塚英志, 『物語消費論──「ビックリマン」の神話学』, 新曜社, 1989.

*15 佐藤健二, 『ケータイ化する日本語──モバイル時代の"感じる""伝える""考える"』, 大修館書店, 2012.

*16 ばるぼら, 『教科書には載らないニッポンのインターネットの歴史教科書』, 翔泳社, 2005.; 飯田豊, 「インターネット──大学生文化としてのWeb1.0」, 高野光平・加島 卓・飯田豊 編著, 『現代文化への社会学──90年代と「いま」を比較する』, 北樹出版, 2018.

*17 佐々木裕一, 『ソーシャルメディア四半世紀──情報資本主義に飲み込まれる時間と コンテンツ』, 日本経済新聞出版社, 2018.

*18 전게 주 2.

*19 Friedberg, Anne, The Virtual Window: From Alberti to Microsoft, The MIT Press, 2006＝アン・フリードバーグ, 井原慶一郎・宗洋 訳, 『ヴァーチャル・ウインドウ──アルベルティからマイクロソフトまで』, 産業図書, 2012.

*20 イアン・コンドリー, 島内哲朗 訳, 『アニメの魂: 協働する創造の現場』, NTT出版, 2014.

*21 大塚英志, 『感情化する社会』, 太田出版, 2018.

*22 Pariser, Eli, The Filter Bubble: What the Internet is Hiding from You, Penguin, 2011＝イーライ・パリサー, 井口耕二 訳, 『フィルターバブル──インターネットが隠していること』, 早川書房, 2016.

보컬로이드란 무엇인가

-하츠네 미쿠라는 창작 활동 무브먼트 -

에르난데스 에르난데스 알바로 다비드

2007년부터 인터넷에서 인기를 모았던 음악 제작 툴의 이미지 캐릭터 '하츠네 미쿠'는 '보컬로이드 무브먼트'라 불리는 것의 한 예이다. 유튜브가 상징하는 미디어 환경의 변천에 의해 이 시기, 아마추어 음악 제작 등 다양한 창작 활동에 관여하는 사람들의 연결이 가속되었다. 하츠네 미쿠는 이 무브먼트에 형태를 부여한 것이다. 무수한 사람의 손으로, 하츠네 미쿠는 음악 제작 툴에서 캐릭터로 바뀌었으며 그 과정에서 명확한 접점이 없었던 다양한 사람과 그 활동의 연결에 계기를 부여하여, 한층 더 활동의 촉진을 가져왔다.

음악 제작 툴과 캐릭터의 탄생

표현의 가능성을 넓히는 툴이 무브먼트의 출발점이 되는 것은 흔히 있는 일로, 하츠네 미쿠도 그런 예 중 하나다. 2004년에 '웹(Web) 2.0'이 화제가 되고, 2005년에는 '유튜브'가 설립되었다. 2006년 이후 '디지털 데모크라시'나 인터넷상의 유저 참여에 대한 기대나 흥분이 퍼졌다. 마치 80년대에 앨빈 토플러가 그렸던 미래상이 비로소

[그림 1] '하츠네 미쿠' KEI
© Crypton Future Media, INC. (ht
tps://piapro.net/)

실현되는가 싶었다. 일본에서는 2006년 12월부터 동영상 투고 사이트 '니코니코 동화'가 활동을 시작했으며, 2007년 3월부터는 일반 유저의 동영상 업로드가 가능해져, 금세 애니메이션이나 미소녀 게임의 패러디 동영상 작성이나 공유에 전념하는 네트워크의 중심이 되었다. 그로부터 5개월 후 '하츠네 미쿠'라는, 야마하가 개발한 보이스 신서사이저 소프트웨어 '보컬로이드'의 보이스 라이브러리가 크립톤사에서 발매되었다.

　소프트웨어의 패키지에는 '하츠네 미쿠'라는 캐릭터 이름과 애니메이션 같은 귀여운 일러스트가 있었다. 이름, 목소리, 일러스트, 그리고 체중과 나이, 좋아하는 음악 장르 이외에 캐릭터의 배경을 그리는 이야기는 없었다. 발매 3개월 뒤, 하츠네 미쿠는 일본의 아마추어 전자 음악(데스크톱 뮤직=DTM)에 '혁명'을 일으킨 '기적의 가희(歌姬)'라 불렸다. 니코니코 동화에 하츠네 미쿠의 목소리를 사용한 오리지널 송이 차례차례 업되었다. 높아지는 인기 속에서 하츠네 미쿠는 수개월 만에 소프트웨어에서 리얼한 아이돌처럼 대우받는 캐릭터로 변신을 이루었던 것이다.

　하츠네 미쿠의 배후에는 이야기로서 그려진 세계관이 없었기 때문에 유저가 가사 등을 통해 공동으로 하츠네 미쿠의 세계를 만들었다고 평가받았다. 즉, '집단 지식'의 구현화로 간주되어 웹 2.0 시대의 유저 참여형 문화 무브먼트의 아이콘 중 하나가 되었다. 2007년에 고교생으로 작곡 활동을 시작했던 페페론P(ぺぺろんP)는 당시의 분위기를 이렇게 술회한다.

"하츠네 미쿠를 테마로 삼은 곡이 많았지요. 아직 다들 찾고 있던 중이었습니다. 설정 같은 게 전혀 없잖습니까. 그러니 '이 아이는 어떤 아이일까' 하는 것은, 아마 자신의 곡으로 표현하고 싶겠지요."[*1]

하지만 이야기가 뚜렷하게 그려지지 않은 캐릭터의 전례는 드물지 않다. 거기에 더해 유저가 만든 하츠네 미쿠의 이미지나 이야기는 일관된 공동 제작에 비해, 병행되어 쌓이는 무수한 배리에이션에 의해 어수선해졌다. 그렇다면 어째서 하츠네 미쿠는 '기적의 가희'가 될 수 있었던 것일까?

전자 음악과 미소녀 게임의 합류

발매 당시, 하츠네 미쿠에게는 스토리의 형태를 지닌 명확한 '세계'는 없었지만, 그 캐릭터나 이름이나 디자인에 명확한 세계관이 갖춰져 있었다. 그 세계관은 당시, 니코니코 동화에 모여 있었던 많은 사람들이 공감할 수 있는 세계관의 통합으로 이루어졌다. 그중 하나는 80년대의 전자 음악이나 퍼스널 컴퓨터 시대의 개막을 경험한 세대의 근미래상이었다. 나아가 2000년대 전반의 미소녀 게임이나 캐릭터 문화의 세계관에 물든 세대의 세계관도 있었다. 니코니코 동화 유저는 그런 하츠네 미쿠를 받아들였다. DTM에서는 70년대 후반부터 80년대에 걸쳐 디지털 신서아이저의 저가격화와 확대, 그리고 80년대 어귀에 PC로 음악을 만드는 일을 가능케 했던 MIDI 규격이나 카세트테이프 방식 멀티 트랙 레코더의 등장이, 점차 기술적인 면에서 아마추어의 전자 음악 제작과 녹음을 가능케 했다.[*2] 그 배경에는 60년대의 카운터 컬처 정신을 이어받은 인디즈 음악의 문화가 있었다. DTM이라는 말은 1988년에 롤랜드(ローランド)의 상품 '뮤지 군(ミュージくん)'의 패키지에서 처음 쓰였다.[*3]

90년대 끝 무렵부터 PC용 미소녀 게임의 음악이 커다란 부분을 차지하게 된다. 그 이유는 당시의 아마추어 음악 문화에 관여한 청년 남성과 미소녀 게임의 친화성이 높았던 것에 더하여, "미소녀 게임을 제작하는 제작사 대다수가 자사 작품의 음악에 바탕을 둔 2차 창작을 용인하는 자세를 취했다는 점"에 있다고 이데구치는 추측한다.[4] 그 음악의 커다란 트렌드로서, 인기 게임 메이커 리프(Leaf)와 키(Key)의 이름을 딴(Leaf-葉과 Key-鍵) '하카기계(葉鍵系)'라는 총칭으로 알려져 있는 장르를 꼽을 수 있다.

하츠네 미쿠의 캐릭터 디자인은 DTM과 미소녀 게임이라는 이 두 세계를 합류시켰다. 담당 일러스트레이터 KEI가 프로젝트에 호출됐을 때는 아직 콘셉트도 제대로 정해지지 않았으며 야마하의 신서사이저 'DX 7'의 이미지를 담는 것, 그리고 '근미래적'인 분위기를 만드는 것에서부터 작업은 시작되었다.[5] 소프트웨어의 이미지 캐릭터 기획에 관연했던 크립톤(クリプトン) 사의 사사키 와타루(佐々木渉)에 따르면 신체성을 떠올리게 하는 '모에' 일러스트가 아니라 KEI의 일러스트에서 느낄 수 있는 '무기질'이 필요했기에 KEI가 선발되었다. 그 이유는 "육체성과 VOCALOID는 전혀 다르다"[6]라고 사사키가 말했듯이, 보다 기계에 가까운 것을 필요로 했기 때문이다. 거기에 더해 '하츠네 미쿠'의 목소리는 싱어가 아니라 성우를 사용할 것이 처음부터 결정되어 있었다. 뉴트럴한 목소리가 아니라 귀여운 성격을 어필할 수 있는 목소리가 필요했으며, 애니메이션 등에서 활약하는 성우 후지타 사키(藤田咲)의 음성이 수록되어 소프트웨어가 개발되었다.

상품으로서의 '하츠네 미쿠' 소프트의 타깃은 캐릭터 기호와 높은 친화성을 지닌 동인 음악의 애호가와 더불어, 캐릭터 문화에 익숙하지 않은 DTM 유저도 포함되어 있었다. 다른 뿌리를 지닌 두 타깃에 어필할 수 있도록, 중성적인 디자인이나 콘셉트보다 두 가지 성격을 뚜렷하게 드러내는 개성적인 디자인이 시도되었다.

무브먼트의 형태가 되어 준 하츠네 미쿠와 니코니코 동화

하츠네 미쿠는 그 개발 당초부터 DTM과 미소녀 게임의 아마추어 음악 문화에 의한 토대가 이미 존재했다. 보컬로이드의 개발자, 야마하의 겐모치 히데키(劍持秀紀)에 따르면 보컬로이드는 음악 제작에서 가수를 부르기 전의 단계, 즉 데모 송 등을 만드는 데 사용될 것을 상정했지, 보컬로이드 그 자체를 완성 작품으로 사용하는 일은 상정되지 않았다고 말한다. 특히 하츠네 미쿠의 개발 2개월 뒤에는 명확했던 폭발적인 인기를 봤을 때, "아무래도 곡을 만들고 싶다, 자신의 곡을 발표하고 싶다는 사람들이 역시나 존재했구나, 싶었지요. 게다가 가사가 있는 곡을요. 그런 사람들은 가사가 있는 곡을 만들고 싶어도 만들 수 없는 상황에 처해 있었구나, 지금에 와서는 그렇게 생각하고 있습니다"라고 말하고 있다.[7] 하츠네 미쿠는 아마추어 음악 제작의 현장에서 표현 방법의 가능성을 확대했다. 그리고 곡에 '가사'를 붙을 뿐만 아니라 같은 가성을 공유하는 일도 가능케 했던 것이다.

이 새로운 표현의 가능성을 지탱한 것은 '니코니코 동화'였다. 니코니코 동화에 관한 정보 분석을 당초부터 수행하고 있는 야마다 도시유키(山田俊幸)에 따르면 "니코니코 동화는 원래 그다지 접점이 없었던 영역의 사람들을 서로 연결시켰다. (중략) 다양한 매체에서 활동하고 있는 사람들이 한 군데에 모였다. 인터넷 안에 여러 매체가 있지만 그런 사람들은 비교적 독립하여 활동하는 이들이 많았다. 자신들의 커뮤니티에서밖에 활동하지 않았다".[8] 니찬네루의 사람들이나 하테나 블로그의 사람들, 여러 아마추어 활동을 하던 사람들, 지금까지

서로 접점이 없었던 사람들이 '니코니코 동화'에서 합류하게 되었다. 당시의 다른 투고 서비스와 달리 유저가 편집할 수 있는 태그, 그룹으로 작품을 감상하는 감각을 만들어, 유저가 작품을 평가할 수 있는 시스템 등을 통해 '니코니코 동화'에서는 커뮤니티를 만들기 쉬웠다.

또한 애초에 니코니코 동화에 투고된 다양한 작품은, 니코니코 동화에 처음 투고되었던 것이 아니었다. 음악, 동영상이나 가사를 만들고 그림을 그리는 사람들은 각자 보이지 않는 형태로 활동하고 있었기 때문에, 서로가 이렇게 많을 줄은 생각지 못했다. 이 사람들의 모임에서 무브먼트가 시작되었다. 니코니코 동화와 하츠네 미쿠는 복수의 서로 다른 활동에 관여하는 사람들의 합류의 장과 접점을 만듦으로써 이 무브먼트에 형태를 부여했다.

확대되는 세계와 쇠퇴하는 무브먼트

2007년의 하츠네 미쿠는 악곡, 동영상이나 관련 작품, 그리고 니코니코 동화 그 자체 등, 복수의 활동이 연결됨으로써 태어난 신선한 무브먼트의 구현화였다. 작품이 축적되고 하츠네 미쿠의 스토리, 디자인이나 성격 등의 버전이 확장되어, 음악이나 동영상의 표현이 다양화되고 세련화되었다. 수년간에 걸친 활발한 활동 기간 사이, 취미에 몰입하는 불특정한 애호가 다수의 느슨한 연대, '컬래버레이션'에서 태어나는 표현의 힘은 프로페셔널의 음악 업계를 놀라게 했다. '디지털 데모크라시'의 융성 속에서, 보컬로이드 문화 등은 어쩌면 음악이나 작품의 제작 방식 자체를 전복하는 것이 아닐까 하는 생각까지 들게 만들었다. 콘텐츠 제작에서 아마추어의 시대가 도래할 가능성이 엿보였다.

하지만 10년 이상 경과해 보니 무브먼트의 당초부터 참여했던 사람들 사이에도, 그 무브먼트가 이미 끝났다는 감각이 퍼져 있었다. 하츠네 미쿠 관련 콘텐츠가 확장됨에 따라 '제작 활동'에 관여하지 않는 수동적인 팬의 증가도 지적되었는데, 그보다 아마추어가 만든 작품의 상품화나 플랫폼에서의 유저 활동 관리에서 제창되는 무상 노동에 대한 여러 문제가 명확해졌다. 그에 더해, 일시적으로 아마추 어리즘을 특징으로 삼았던 인터넷상의 플랫폼이 종래의 콘텐츠 업계 의 발신 루트에 수용되는 경향이 확인되었다. '아마추어의 시대'라 불렸던 것이 애초에 생각했던 것보다 복잡해졌다.

이상과 같이 하츠네 미쿠의 작품은 새로운 미디어 환경과 표현 방 법의 융합에 의해 한때 융성했던 '무브먼트'의 역사를 말하고 있다. 21세기 초두에 인터넷상의 창작 활동 세계는 니코니코 동화에서 표현 방법의 가능성을 확대한 하츠네 미쿠에 의해 가시화되었다. 그 세계 를 배경으로 삼은 하츠네 미쿠는 지금도 무브먼트에 관여했던 사람 들의 리얼한 창조물이다.

원저자 주

*1 페페론 P, 집필자에 의한 인터뷰, 도쿄, 2014.

*2 柴那典, 『初音ミクはなぜ世界を変えたのか?』, 太田出版, 2014.

*3 井手口彰典, 『同人音楽とその周辺──新世紀の振源をめぐる技術·制度·概念』, 青弓社, 2012.

*4 위와 같음.

*5 前田久·平岩真輔, 「電子の歌姫『初音ミク』──キャラクターと歌声が出会った日」, Bonet.info., 2007.

*6 佐々木渉(聞き手＝冨田明宏), 「生みの親が語る初音ミクとアングラカルチャー」, 『総特集初音ミク──ネットに舞い降りた天使』, 青土社, 2008.

*7 겐모치 히데키, 집필자에 의한 인터뷰, 도쿄, 2014.

*8 야마다 도시유키(myrmecoleon), 집필자에 의한 인터뷰, 도쿄, 2014. 인터뷰 당시,

야마다는 니코니코 학회 β 실행 위원으로, 「ascii.jp」에서 니코니코 동화에 관한 분석 정보 등을 게재하고 있었다.

참고 문헌

스튜디오 하드딜럭스(スタジオ·ハードデラックス) 편집, 『보컬로이드 현상 신세기 콘텐츠 산업의 미래 모델(ボーカロイド現象　新世紀コンテンツ産業の未来モデル)』, PHP研究所, 2011.

미술수첩 편집부(美術手帳編集部) 편집, 『하츠네 미쿠(初音ミク)』, 第65卷2013年6月, 美術出版社.

유리카(ユリイカ), 『총특집 하츠네 미쿠 - 인터넷에 내려온 천사(総特集初音ミク──ネットに舞い降りた天使)』, 2008年12月臨時増刊号, 青土社.

그 외.

후기

이 책은 「일문연 대중문화 연구 총서」의 제1권에 해당한다. 「일문연 대중문화 연구 총서」란 2016년도부터 6년 계획으로 발족된 국제일본문화연구센터(일문연), 기관 거점형 기간 연구 프로젝트 '대중문화의 통시적, 국제적 연구에 의한 새로운 일본상의 창출'(약칭 '대중문화 연구 프로젝트')의 연구 성과 중 하나로, 현재 5권 시리즈로 간행 준비를 진행하고 있다.

이 책은 대중문화 연구 프로젝트의 일부인 교과서 제작 프로젝트에 관여한 멤버가 활동이나 토의를 거듭한 끝에, 공동으로 집필한 것이다. 교과서 제작 프로젝트는 각 시대의 연구를 횡단하는 시도로서, 오쓰카 에이지(일문연 교수)의 발안에 의해 2017년도부터 개시되었다. 멤버는 다양한 전문 분야를 가진 젊은 교원을 중심으로 한다. 이 프로젝트의 최종적인 목표 중 하나는 국내외의 대학생용 대중문화 연구의 입문서로서도 사용할 수 있도록 통시적인 교과서로 이 책을 간행하는 일에 있었는데, 그 활동의 특징으로 '일본대중문화사'의 교육 프로그램 작성을 겸한 시도였던 점을 꼽을 수 있다.

지금까지의 활동을 돌아보면 2017년도에는 국제 심포지엄 '해외가 필요로 하는 일본 대중문화 연구를 위한 교과서란 무엇인가'를 개최하여 친강(秦剛) 씨(베이징 외국어대학 교수), 김용의 씨(전남대학교 일본문화 연구 센터 소장), 마크 스타인버그 씨(콘코디아 대학 준교수), 일본 대중문화를 연구하는 유학생이 참가해 주었으며 각자의 보고와 그것을 토대로 한 토의가 이루어졌다.

　2018년도에는 본서 제작을 위한 시작판으로서 『동태로서의 '일본' 대중문화사 – 캐릭터와 세계(動態としての「日本」大衆文化史―キャラクターと世界)』(일문연 프로젝트 추진실)를 작성했다. 그 내용은, 표현 형식을 바꾸면서 각 시대를 통해 되풀이되어 표현된 '캐릭터'와 '세계'를 해설한 것으로, 이 책에서의 골자가 된 '대중문화의 무수한 제작자 및 수용자의 존재' – 무리로서의 작가 – 를 부각시키고자 시도했던 것이기도 했다. 나아가 몇 명이 멤버가 이 시작판을 사용하여 베이징 외국어대학에서 모의 수업을 진행했다. 친강 씨에게는 이 수업의 코디네이터와 더불어 이 책의 기획에 즈음하여 귀중한 조언도 얻었다.

　이러한 활동을 바탕으로, 본서 제작을 위한 연구회에서는 집필자에 더해 고교의 미술 교원이자 교과서 편집 경험을 지닌 사쿠라기 지에(桜木千恵, 효고 현립 스마 도모가오카 고교 교원)가 편자의 한 사람으로 참가하여 토의를 거듭했으며, 시작판에서도 협력을 얻었던 이시다 미키(石田美紀, 니가타 대학 교수) 등 여러 관계자에게 조언을 얻음으로써 간행까지 도달한 참이다. 이러한 우여곡절을 거쳐 정리된 본서가 대중문화 연구의 입문을 위해 소소하게나마 도움이 되기를 기원하고 있다.

　끝으로, 나 자신은 미숙한 프로젝트 사무국 담당으로 멤버나 관계자에게 폐를 끼쳤지만, 젊은 연구자에 의한 전공의 울타리를 초월한 자극적인 논의의 장에 입회할 수 있어서 더없이 감사할 따름이다.

　또한 출판에 즈음하여 힘을 써 주신 이노우에 나오야(井上直哉) 씨(KADOKAWA)에게 감사와 더불어, 이 프로젝트에 협력해 주신 모든 관계자 여러분께도 거듭 감사의 말씀을 올린다.

2020년 8월
마에카와 시오리(前川志織)

집필자 소개

이토 신고(伊藤慎吾)
담당: 2장 대표 저자. 1장 분담 저자. 칼럼 「'그림책'의 역사—작은 그림부터 아동 문학까지」.
1972년생. 고쿠가쿠인 대학 도치기 단기 대학 준교수. 전문은 일본 고전 문학. 저서로 『중세 이야기 자료와 근세 사회(中世物語資料と近世社会)』, 『의인화와 이류 전투의 문예사(擬人化と異類合戦の文芸史)』(三弥井書店), 『미나카타 구마구스와 일본문학(南方熊楠と日本文学)』(勉誠出版) 등.

구루시마 하지메(久留島元)
담당: 1장 대표 필자.
1985년생. 교토세이카대학 특별 임용 강사. 전문은 일본 중세 문학. 논고로 「『곤자쿠 이야기집』 진단부의 위치—성인과 외도가 없는 나라—(『今昔物語集』震旦部の位置—聖と外道のいない国—)」(『설화 속의 스님들[説話の中の僧たち]』, 新典社選書), 「요괴·괴이·이계—중세 설화집을 사례로—(妖怪·怪異·異界—中世説話集を事例に—)」(『괴이학의 지평[怪異学の地平]』, 臨川書店) 등.

기바 다카토시(木場貴俊)
담당: 3장 분담 저자. 칼럼 「『태평기(太平記)』 읽기—텍스트, 강석, 미디어」, 칼럼 「오즈 요시사다 청년의 딜레탕티즘—에도 오타쿠 청년 머릿속의 조카마치」.
1979년생. 교토첨단과학대학 문학부 준교수. 전문은 일본 근세 문화사. 저서로 『괴이를 만들다(怪異をつくる)』(文学通信) 등.

가가와 마사노부(香川雅信)
담당: 3장 대표 저자. 칼럼 「귀매의 이름은—요괴 명칭과 대중문화」.
1969년생. 효고현립역사박물관 학예과장. 전문은 민속학. 저서로 『에도의 요괴 혁명(江戸の妖怪革命)』(河出書房新社, 후에 角川ソフィア文庫), 공저로 『요괴학의 기초 지식(妖怪学の基礎知識)』(角川選書) 등.

사노 아키코(佐野明子)

담당: 4, 5장 분담 저자(애니메이션 영역), 칼럼 「스튜디오는 살아 있다-애니메이션
    의 협동/집단 제작」.

도시샤대학문화정보학부 준교수. 전문은 영상 문화론. 논문으로 「다카하타 이사오
와 이마무라 다이헤이 『만화영화론』(高畑勲と今村太平 『漫画映画論』)」, 「유레카
총특집 다카하타 이사오의 세계(ユリイカ 総特集 高畑勲の世界)」(青土社), 「『모모
타로 바다의 신병』론: 국책 애니메이션의 영상 실험(『桃太郎海の神兵』論 : 国策アニ
メーションの映像実験)」(『アニメーション研究』 20 [1]) 등.

기타우라 히로유키(北浦寛之)

담당: 4, 5장 분담 저자(영화 영역), 칼럼 「〈가마타 행진곡〉과 무대 뒤의 드라마-영
    화 촬영소의 역사와 전통을 물려받은 이들」.

1980년생. 가이치국제대학 국제교양학부 준교수. 전문은 영화학. 저서로 『텔레비전
성장기의 일본 영화(テレビ成長期の日本映画)』(名古屋大学出版会) 등.

야마모토 다다히로(山本忠宏)

담당: 4장 분담 저자. 칼럼 「파노라마의 경험-허구화되는 전장」.

1976년생. 고베예술공과대학 예술공학부 조교, 국제일본문화연구센터 공동 연구
원. 전문은 사진 표현, 만화 표현사. 논고로 「페어플레이와 혼동의 틈새에-점령기
야구 만화의 전시하·전후(フェアプレイと混沌の狭間に-占領期の野球マンガにお
ける戦時下·戦後)」(『동원의 미디어믹스-〈창작하는 대중〉의 전시하·전후[動員の
メディアミックス-〈創作する大衆〉の戦時下·戦後]」, 思文閣出版) 등.

마에카와 시오리(前川志織)

담당: 4장 분담 저자(디자인 영역), 칼럼 「화공과 화가-광고의 도안 제작자들」.

1976년생. 교토예술대학 전임 강사. 전문은 일본 근대 미술사, 디자인사. 편저로
『박람회 그림엽서와 그 시대(博覧会絵はがきとその時代)』(青弓社), 논문으로 「잡지
『시사 만화 비미술 화보』로 보는 캐리커처와 도안(雑誌『時事漫画 非美術画報』にみるカ
リカチュアと図案)」(『근대 교토의 미술 공예[近代京都の美術工芸]』, 思文閣出版) 등.

곤도 가즈토(近藤和都)

담당: 6, 7장 분담 저자(텔레비전, 인터넷 영역).

1989년생. 오쓰마여자대학 사회정보학부 준교수. 전문은 미디어 연구. 저서로『영화관과 관객의 미디어론ー전전기 일본의 '영화를 읽다/쓴다'라는 경험(映画館とメディア論ー戦前期日本の「映画を読む/書く」という経験)』(青弓社) 등.

마쓰이 히로시(松井広志)
담당: 칼럼「모형의 근대사ー미디어로서의 사물」.
1983년생. 아이치슈토쿠대학 창조 표현학부 준교수. 전문은 미디어론, 문화 사회학. 저서로『모형의 미디어론ー시공간을 매개하는 '사물'(模型のメディア論ー時空間を媒介する「モノ」』(青弓社), 편저로『다원화하는 게임 문화와 사회(多元化するゲーム文化と社会)』(ニューゲームズオーダー) 등.

왕충하이(王琼海)
담당: 칼럼「레이어로서의 유성 애니메이션」.
1993년생. 국제일본문화연구센터 공동 연구원, 리쓰메이칸대학 선단총합학술연구과 박사과정. 전문은 애니메이션사, 표상 문화론. 논문으로「신카이 마코토의 사상에 대하여(新海誠の思想について)」(『東アジア文化研究』[東アジア文化研究会]) 등.

에르난데스 에르난데스 알바로 다비드(Hernández Hernández Álvaro David)
담당: 7장 분담 저자(팬 문화 연구, 정보와 미디어 연구 영역), 칼럼「보컬로이드란 무엇인가ー하츠네 미쿠라는 창작 활동 무브먼트」.
1983년생. 간세이가쿠인대학 언어교육연구센터 강사. 전문은 문화 사회학. 논고로「교육 이스토리에타의 역사 묘사법ー1950~70년대 멕시코 문화 시장을 중심으로(教育イストリエタの歴史の描き方ー一九五〇～七〇年代におけるメキシコ文化マーケットを中心に)」(『동원의 미디어믹스ー〈창작하는 대중〉의 전시하·전후[動員のメディアミックスー〈創作する大衆〉の戦時下·戦後]』, 思文閣出版) 등.

오쓰카 에이지(大塚英志)
담당: 서론, 4~7장 대표 저자.
1958년생. 만화 원작자. 국제일본문화연구센터 교수. 전문은 만화 표현사. 만화 원작으로『언럭키 영멘(アンラッキーヤングメン)』(角川書店) 등, 저서로『정본 이야기 소비론(定本物語消費論)』(角川文庫),『대정익찬회의 미디어 믹스(大政翼賛会のメディアミックス)』(平凡社), 기획 감수로『만화역 슈텐 동자 에마키(まんが訳酒呑童子絵巻)』(ちくま新書).

역자 소개

엄인경(嚴仁卿)

고려대학교 글로벌일본연구원 교수. 한국일본문학회 회장.

고려대학교 일어일문학과와 같은 대학원에서 일본문학 연구로 문학 박사 학위를 취득하였고, 20세기의 '외지' 일본어 문학, 전통 시가문학의 현재성, 한일 비교문화 및 일본의 문화콘텐츠 산업 등에 관심을 가지고 번역과 연구를 진행 중이다.

논저에 『한반도와 일본어 시가문학』(고려대학교 출판문화원, 2018), 『조선의 미를 찾다-아사카와 노리타카의 재조명』(공저, 아연출판부, 2018), 「日韓相互コンテンツツーリズムの比較研究─ テキストマイニングを用いて」(『跨境・日本語文学研究』17, 2023) 등이 있고, 역서에 『쓰레즈레구사』(문, 2010), 『몽중문답』(학고방, 2013), 『단카로 보는 경성 풍경』(역락, 2016), 『나카지마 아쓰시의 남양 소설집』(보고사, 2021), 『자바 사라사』(보고사, 2022), 『콘텐츠 투어리즘 연구』(보고사, 2023) 등이 있다.

하성호(河盛皓)

고려대학교 대학원 중일어문학과 박사과정 수료.

근현대 아동 시각 문화 속의 전쟁과 기계 병기 묘사와 리얼리즘의 관계 및 의의를 살펴보고 있다. 논문으로 「유사적 '큰 이야기'와 '아니메'의 리얼리티-1980년대 초의 '리얼 로봇 아니메'를 중심으로」(『일본문화연구』 87, 동아시아일본학회, 2023) 등, 역서로는 『미래를 위한 독서법』(북스토리, 2024) 등이 있다.

일문연 대중문화연구 프로젝트란?

국제일본문화연구센터(国際日本文化研究センター, 일문연)가 2016년도부터 2021년
도에 걸쳐 인간문화연구기구·기관 거점형 기간 연구 프로젝트로서 착수한 프로젝트
(정식 명칭은 '대중문화의 통시적·국제적 연구에 의한 새로운 일본상 창출')이다.
이 프로젝트는 일본 문화 전체를 구조적·종합적으로 다시 파악하기 위해 대중문화의
통시적·국제적 고찰을 시작하여 새로운 일본상과 문화관 창출에 공헌하는 것을
목적으로 한다.

일본대중문화총서 05

일본대중문화사

2024년 2월 5일 초판 1쇄 펴냄

엮은이 일문연 대중문화연구 프로젝트
옮긴이 엄인경·하성호
펴낸이 김흥국
펴낸곳 보고사

책임편집 이경민
표지디자인 김규범

등록 1990년 12월 13일 제6-0429호
주소 경기도 파주시 회동길 337-15 보고사
전화 031-955-9797
팩스 02-922-6990
메일 bogosabooks@naver.com
http://www.bogosabooks.co.kr

ISBN 979-11-6587-667-8 94300
      979-11-6587-555-8 94080 (set)
ⓒ 엄인경·하성호, 2024

정가 32,000원